utb 5899

Eine Arbeitsgemeinschaft der Verlage

Brill | Schöningh – Fink · Paderborn
Brill | Vandenhoeck & Ruprecht · Göttingen – Böhlau · Wien · Köln
Verlag Barbara Budrich · Opladen · Toronto
facultas · Wien
Haupt Verlag · Bern
Verlag Julius Klinkhardt · Bad Heilbrunn
Mohr Siebeck · Tübingen
Narr Francke Attempto Verlag – expert verlag · Tübingen
Psychiatrie Verlag · Köln
Ernst Reinhardt Verlag · München
transcript Verlag · Bielefeld
Verlag Eugen Ulmer · Stuttgart
UVK Verlag · München
Waxmann · Münster · New York
wbv Publikation · Bielefeld
Wochenschau Verlag · Frankfurt am Main

Dietrich Busse · Lali Ketsba-Khundadze

Grundzüge der germanistischen Sprachwissenschaft

Eine Einführung

BRILL | FINK

Die Autoren:
Dietrich Busse, Dr. phil., ist Universitätsprofessor im Ruhestand und war bis 2018 Inhaber des Lehrstuhls für Germanistische Sprachwissenschaft an der Heinrich-Heine-Universität Düsseldorf.

Lali Ketsba-Khundadze, Dr. phil., ist Universitätsprofessorin und Lehrstuhlinhaberin sowie Leiterin der Abteilung für Deutsche Philologie an der Fakultät für Geisteswissenschaften der Staatlichen Ivane-Djavakhishvili-Universität Tbilisi, Georgien.

Online-Angebote oder elektronische Ausgaben sind erhältlich unter **www.utb.de**

Bibliografische Information der Deutschen Nationalbibliothek

Die Deutsche Nationalbibliothek verzeichnet diese Publikation in der Deutschen Nationalbibliografie; detaillierte bibliografische Daten sind im Internet über http://dnb.d-nb.de abrufbar.

Internet: www.fink.de

Printed in Germany.
Herstellung: Brill Deutschland GmbH, Paderborn
Einbandgestaltung: Atelier Reichert, Stuttgart

UTB-Band-Nr: 5899
ISBN 978-3-8252-5899-3
eISBN 978-3-8385-5899-8

Inhalt

[Ein ausführliches Inhaltsverzeichnis, das auch die Unterkapitel zweiter und dritter Ordnung auflistet, findet sich am Ende dieses Bandes.]

Vorwort

Dieses Buch ist geplant und gedacht als vergleichsweise knapp gehaltene Einführung in die Germanistische Sprachwissenschaft, welche sich auf die wichtigsten Grundzüge dieses Teilfaches der Germanistik beschränkt und zugleich zu vertiefendem Selbststudium und zu Übungen anregt, die geeignet sind, das erworbene Wissen anzuwenden und zu festigen. Eingeflossen sind dabei die über fast vier Jahrzehnte reichenden universitären Lehrerfahrungen der Autorin und des Autors im Fach Germanistik, speziell auch der Germanistischen Sprachwissenschaft, sei es aus der Perspektive einer Germanistik als Fremdsprachenphilologie, sei es aus der Perspektive der Muttersprachen-Philologie. Basierend auf dieser langjährigen Lehre in unzähligen Einführungsvorlesungen und -seminaren in die Germanistische Sprachwissenschaft insgesamt, sowie auf Vorlesungen, Vertiefungsseminaren und Forschungsseminaren zu allen in diesem Lehrbuch behandelten Teilgebieten der germanistischen Linguistik und Philologie, war es unser Bemühen, diese Einführung zwar möglichst kompakt, aber dennoch die aus unserer Sicht wichtigsten Inhalte des Teilfaches Germanistische Sprachwissenschaft enthaltend, zu gestalten.

Jedes Kapitel ist im Anhang ergänzt durch Hinweise zu Vertiefungs- und Spezialliteratur zu den einzelnen Teilgebieten, sowie durch Übungsaufgaben, die im Selbststudium oder in der Lehre genutzt werden können.

Dieses Buch ist entstanden als Kooperationsprojekt in gemeinsamer langjähriger Zusammenarbeit zwischen der Verfasserin und dem Verfasser. Diese Kooperation wurde im Rahmen einer Germanistischen Institutspartnerschaft (GIP) zwischen dem Institut für Germanistik der Heinrich-Heine-Universität Düsseldorf, Deutschland, und der Abteilung für Deutsche Philologie der Fakultät für Geisteswissenschaften der Staatlichen Ivane-Djavakhishvili-Universität Tbilisi, Georgien, über ein Jahrzehnt lang vom Deutschen Akademischen Austauschdienst (DAAD) unterstützt und damit überhaupt erst in dieser Intensität und Dauer ermöglicht. Dafür möchten wir dem DAAD danken.

Wir danken Anna-Verena Cafitz-Freigang M.A. für die Überarbeitung eines Teilkapitels (Pragmatik) und die kritischen Anmerkungen und Anregungen zu einer früheren Fassung des Gesamtmanuskripts.

Dietrich Busse/Lali Ketsba-Khundadze Düsseldorf/Tbilisi, im Sommer 2022

1. Einleitung: Geschichte, Tendenzen und Gegenstände der Germanistischen Sprachwissenschaft

Unter der Bezeichnung *Germanistische Sprachwissenschaft* versteht man in den Ländern mit Deutsch als Nationalsprache (Deutschland, Österreich, Schweiz) heute nicht mehr – wie noch bis zur Mitte des 20. Jahrhunderts – die Sprachwissenschaft der Germanischen Sprachen, sondern die Sprachwissenschaft des Deutschen. Als Wissenschaft der Landes- und Muttersprache beschäftigt sie sich nicht nur mit den Eigenschaften speziell des Deutschen; vielmehr verstehen sich die meisten Forscherinnen und Forscher dieser Teildisziplin der Germanistik in den deutschsprachigen Ländern so, dass sie sich auch für die Eigenschaften von Sprache generell interessieren, diese erforschen und über diese lehren. Sie leisten damit Beiträge zur allgemeinen Sprachwissenschaft, und dies nicht nur dort, wo das Deutsche solche Eigenschaften in besonderem Maße aufweist, die bei anderen Sprachen fehlen oder weniger häufig sind, wie etwa besondere Prozesse der Wortbildung. Jede Einzelsprachwissenschaft (des Deutschen, des Englischen, des Französischen usw.) hat zudem besondere Forschungstraditionen (Theorien, Modelle, Forschungsgegenstände) hervorgebracht, die in anderen Einzelsprachwissenschaften weniger im Vordergrund stehen oder sogar ganz fehlen. So spielen etwa in der Germanistischen Sprachwissenschaft Forschungsbereiche wie die Textlinguistik und die linguistische Stilistik eine sehr viel größere Rolle als in der angelsächsisch dominierten Sprachwissenschaft. Auch wenn die Germanistische Sprachwissenschaft aufgrund der hohen Zahl der in ihr arbeitenden Wissenschaftlerinnen und Wissenschaftler (mehrere hundert, wenn nicht tausend) wie jede wissenschaftliche Disziplin sehr heterogen ist, so gibt es doch einen Grundbestand an Grundlagenwissen, der den meisten im Fach gemeinsam ist.

> Das Wort „**Germanistik**" bezeichnete ursprünglich die wissenschaftliche Beschäftigung mit dem germanischen Recht (im Unterschied zum römischen Recht). Erst später wurde es auf die Philologie der germanischen Sprachen übertragen und bezieht sich heute nur noch auf die Erforschung der deutschen Sprache und Literatur.

Das Nachdenken über Sprache ist sehr alt. Wichtige Beiträge dazu hat bereits die Philosophie der griechischen Antike (Platon, Aristoteles) geleistet. Bestimmte antike Grundannahmen, etwa von Aristoteles, prägen die Sprachwissenschaft bis heute. Dennoch ist eine Sprachwissenschaft im engeren Sinne eine relativ junge Disziplin. Über viele Jahrhunderte finden sich Beiträge zum Nachdenken über Sprache eher im Bereich des Schulunterrichts, so etwa in der Schulgrammatik, in Wörterbüchern oder in Rechtschreiblehren. Als im 19. Jahrhundert die Germanistik im heutigen Verständnis entstand, war es eine Selbstverständlichkeit, dass Forscher den gesamten Bereich der Philologie des Deutschen bearbeiten konnten (also Literatur und Sprache, und zwar vom Althochdeutschen über das Mittelhochdeutsche bis zur Gegenwartssprache). Die Brüder Jakob und Wilhelm Grimm, die als Begründer der Germanistik, aber auch der Germanistischen Sprachwissenschaft gelten, waren ein Beispiel dafür: Sie begründeten nicht nur ein großes Wörterbuch-Projekt und schrieben Grammatiken für alle historischen Sprachstufen des Deutschen, sondern sind bekanntlich auch als Herausgeber der „Grimmschen Märchen“ weltberühmt geworden. Spezielle Lehrstühle und Abteilungen für Germanistische Sprachwissenschaft wurden an den deutschen Universitäten erst ab den 1960er Jahren eingerichtet.

Während die Sprachwissenschaft im 19. Jahrhundert vorwiegend historisch orientiert war (z. B. durch die Untersuchung von Lautwandelgesetzen, Wortgeschichte/Etymologie, historischen Grammatiken und von Dialekten und Berufssprachen), dominierte nach der Rezeption von Ferdinand de Saussures (1916) Neubegründung der Sprachtheorie ein unhistorischer, systematischer Blick auf die Sprache die moderne Linguistik. Während man sich in der modernen Linguistik nach ihrer Neuausrichtung durch de Saussure lange fast nur oder vorwiegend mit Lautlehre (Phonologie und Phonetik), Wortgrammatik (Morphologie), Satzgrammatik (Syntax) und Wortbedeutungsforschung (Semantik) beschäftigte, wurden die Gegenstandsbereiche der Linguistik erst ab den 1970er Jahren um neue Gebiete wie Sprachhandlungsforschung (Pragmatik), Erforschung weiterer Teilsprachen und speziellerer Sprachgebrauchsformen (Sozio- oder Variationslinguistik) und Textlinguistik erweitert. Sehr aktuell sind Tendenzen, Sprache kognitionswissenschaftlich zu untersuchen (etwa in der kognitiven Semantik).

Die moderne internationale Sprachwissenschaft (und auch die germanistische) war lange Zeit durch die Grundannahmen des auf de Saussure zurückgehenden linguistischen Strukturalismus geprägt, wonach jede Sprache ein strikt geregeltes, systematisch organisiertes und beschreibbares System aus Regeln der Wortverwendung, der Struktur und Bildung von Wörtern und Sätzen darstellt. Später kam die vom amerikanischen Sprachwissenschaftler Noam Chomsky geprägte „generative Grammatik“ hinzu, und trat zu ihr in Konkurrenz, nach deren Theorie Sprache ein den Menschen angeborenes System ist. (Nach Chomsky sollte die Sprachwissenschaft ein Teil der Biologie sein.) Erst Anregungen aus der Philosophie (Linguistische Pragmatik), der Soziologie (Varietätenforschung, Soziolinguistik, linguistische Gesprächsanalyse) und der allgemeinen Philologie (Textlinguistik, linguistische Stilistik) öffneten in der modernen (germanistischen) Sprachwissenschaft wieder den Blick über die Grenzen eines engen systemlinguistischen Sprachverständnisses hinaus. In jüngerer Zeit gibt es gerade in der Germanistischen Sprachwissenschaft daher wieder intensiver werdende Versuche, diese Disziplin stärker für kulturwissenschaftliche Fragestellungen, Theorien und Methoden zu öffnen. Die traditionellen „Kerngebiete“ (etwa der Grammatik) werden dadurch aber nicht vernachlässigt, sondern eher mit anderen Augen gesehen. (Eine solcher neuer Sichtweisen ist die sehr aktuelle Strömung der sog. „Konstruktionsgrammatik“; siehe dazu unten S. 97.)

2. Über Sprache nachdenken und reden

Zur Einstimmung auf das Thema Sprache lesen Sie bitte den nachfolgenden Ausschnitt aus dem Theaterstück *Kaspar* des (mit dem Nobelpreis für Literatur ausgezeichneten) österreichischen Schriftstellers Peter Handke. Nachfolgend ist nur der von den (auf der Bühne nicht sichtbaren) „Einsagern" gesprochene Text abgedruckt, der kommentiert, was der Schauspieler des Kaspar auf der Bühne tut.

Schon hast du einen Satz, mit dem du dich bemerkbar machen kannst. Du kannst dich mit dem Satz im Dunkeln bemerkbar machen, damit man dich nicht für ein Tier hält. Du hast einen Satz, mit dem du dir selber schon alles sagen kannst, was du anderen nicht sagen kannst. Du kannst dir selber erklären, wie es um dich steht. Du hast einen Satz, mit dem du dem gleichen Satz schon widersprechen kannst.

Der Satz ist dir nützlicher als ein Wort. Einen Satz kannst du zu Ende sprechen. Mit einem Satz kannst du es dir gemütlich machen. Du kannst dich mit dem Satz beschäftigen und unterdessen schon einige Schritte weitergekommen sein. Mit dem Satz kannst du Pausen machen. Ein Wort gegen das andre ausspielen. Ein Wort mit dem andern vergleichen kannst du mit dem Satz. Nur mit dem Satz, nicht mit einem Wort, kannst du dich zu Wort melden.

Du kannst dich mit dem Satz dumm stellen. Dich mit dem Satz gegen andre Sätze behaupten. Alles bezeichnen, was sich dir in den Weg stellt, und es aus dem Weg räumen. Dir alle Gegenstände vertraut machen. Mit dem Satz alle Gegenstände zu einem Satz machen. Du kannst alle Gegenstände zu deinem Satz machen. Mit diesem Satz gehören alle Gegenstände zu dir. Mit diesem Satz gehören alle Gegenstände dir.

Zum Widerstandleisten. Einen Satz zum Ablenken. Du hast einen Satz, mit dem du dir eine Geschichte erzählen kannst. Du hast einen Satz, an dem du zu beißen hast, wenn du hungrig bist. Einen Satz, mit dem du dich verrückt stellen kannst: mit dem du verrückt werden kannst. Einen Satz zum Verrücktsein: zum Verrücktbleiben. Du hast einen Satz, mit dem du auf dich selber aufmerksam werden kannst: mit dem du von dir selber ablenken kannst. Einen Satz zum Spazierengehen. Zum Versprechen. Zum Stocken. Zum Schrittzählen

Du hast einen Satz, den du vom Anfang zum Ende und vom Ende zum Anfang sprechen kannst. Du hast einen Satz zum Bejahen und zum Verneinen. Du hast einen Satz zum Leugnen. Du hast einen Satz, mit dem du dich müde und wach machen kannst. Du hast einen Satz, mit dem du dir die Augen verbinden kannst. Du hast einen Satz, mit dem du jede Unordnung in Ordnung bringen kannst: mit dem du jede Unordnung im Vergleich zu einer anderen Unordnung als verhältnismäßige Ordnung bezeichnen kannst: mit dem du jede Unordnung zur Ordnung erklärt kannst: dich selber in Ordnung bringen kannst: jede Unordnung wegsprechen kannst. Du hast einen Satz, an dem du dir ein Beispiel nehmen kannst. Du hast einen Satz den du zwischen dich und alles andere stellen kannst. Du bist der glückliche Besitzer eines Satzes, der dir jede unmögliche Ordnung möglich und jede mögliche und wirk liehe Unordnung unmöglich machen wird: der dir jede Unordnung austreiben wird.

Du kannst dir nichts mehr vorstellen ohne den Satz. Ohne den Satz: kannst du keinen Gegenstand sehen. Du kannst ohne den Satz keinen Fuß mehr vor den andern setzen. Du kannst dich mit dem Satz erinnern, weil du beim letzten Schritt den Satz gesprochen hast, und du kannst dich an den letzten Schritt erinnern, weil du den Satz gesprochen hast.

Du kannst dich hören. Du wirst aufmerksam. Du wirst mit dem Satz auf dich aufmerksam. Du wirst aufmerksam auf dich. Du stößt auf etwas, wodurch der Satz unterbrochen wird, wodurch du aufmerksam werden kannst, daß du auf etwas gestoßen bist. Du wirst aufmerksam: du kannst aufmerksam werden: du bist aufmerksam.

Du lernst mit dem Satz zu stocken und du lernst mit dem Satz, daß du stockst, und du lernst mit dem Satz zu hören und du lernst mit dem Satz, daß du hörst, und du lernst mit dem Satz, die Zeit einzuteilen in die Zeit vor und nach dem Aussprechen des Satzes und du lernst mit dem Satz, daß du die Zeit einteilst, so wie du mit dem Satz lernst, daß du woanders warst, als du das letzte Mal den Satz gesprochen hast, so wie du mit dem Satz lernst, daß du jetzt woanders bist, und mit dem Satz lernst zu sprechen und mit dem Satz lernst, daß du sprichst; und du lernst mit dem Satz, daß du einen Satz sprichst, und du lernst mit dem Satz, einen anderen Satz zu sprechen, so wie du lernst, daß es andere Sätze gibt, so wie du andere Sätze lernst, und zu lernen lernst; und du lernst mit dem Satz, daß es Ordnung gibt, und du lernst mit dem Satz, Ordnung zu lernen.

Die Bühne wird schwarz.

Noch kannst du dich hinter dem Satz verkriechen: verstecken: ihn abstreiten. Der Satz kann noch alles bedeuten.

Der Satz tut dir noch nicht weh kein Wort. Tut dir weh. Jedes Wort tut dir. Weh, aber du weißt nicht, daß das, was dir weh tut, ein Satz ist der. Satz tut dir weh, weil du nicht weißt, daß es ein Satz ist. Das Sprechen tut dir weh, aber das Sprechen tut dir nicht. Weh nichts tut dir weh, weil du noch nicht weißt, was. Weh tun ist alles tut dir weh, aber nichts. Tut dir wirklich weh der Satz tut. Dir noch nicht weh,

weil du noch nicht weißt, daß es ein Satz. Ist obwohl du nicht weißt, daß es ein Satz ist, tut er dir weh, weil du nicht weißt, daß es ein Satz ist, der dir weh. Tut:
Du fängst, bei dir, an du, bist ein, Satz du, könntest von, dir unzählige, Sätze bilden, du sitzt, da aber, du weißt, nicht daß, du dasitzt. Du sitzt nicht, da weil du, nicht weißt daß, du dasitzt du, kannst von dir, keinen Satz bilden, du sitzt dein, Rock ist zugeknöpft. Der Gürtel, an deiner, Hose ist, zu weit geschnallt, du hast, kein Schuhband du, hast keinen, Gürtel dein Rock, ist aufgeknöpft, du bist gar nicht, da du, bist ein auf, gegangenes Schuh, Band. Du kannst dich gegen keinen Satz wehren:
Du hörst Sätze: etwas Ähnliches wie deinen Satz: etwas Vergleichbares. Du vergleichst. Du kannst deinen Satz gegen andere Sätze ausspielen und schon etwas ausrichten: dich an das offene Schuhband gewöhnen. Du gewöhnst dich schon an andere Sätze, so daß du ohne sie nicht mehr auskommst. Du kannst dir deinen Satz für sich allein schon nicht mehr vorstellen: schon ist er nicht mehr dein Satz; schon suchst du andere Sätze. Etwas ist unmöglich geworden: etwas anderes ist möglich geworden:
Wo sitzt du? Du sitzt still. Was sprichst du? Du sprichst langsam. Was atmest du? Du atmest gleichmäßig. Wo sprichst du? Du sprichst schnell. Was atmest du? Du atmest aus und ein. Wann sitzt du? Du sitzt stiller. Wo atmest du? Du atmest schneller. Wann sprichst du? Du sprichst lauter. Was sitzt du? Du atmest. Was atmest du? Du sprichst. Was sprichst du? Du sitzt. Wo sitzt du? Du sprichst aus und ein:
Die Einsager reden sehr heftig auf Kaspar ein:
Ordnen. Stellen. Legen. Setzen.
Stellen. Ordnen. Legen. Setzen. Legen. Stellen. Ordnen. Setzen.
Setzen. Legen. Stellen. Ordnen.
Ordnen. Stellen. Legen. Sitzen.
Stellen. Ordnen. Sitzen. Liegen.
Sitzen. Liegen. Ordnen. Stehen.
Stehen. Sitzen. Liegen. Ordnen.
Liegen. Stehen. Sitzen. Geordnet sein:
Das Schuhband tut dir weh. Es tut dir nicht weh, weil es ein Schuhband ist, sondern weil dir das Wort dafür fehlt, und der Unterschied zwischen dem festen und dem lockeren Schuhband tut dir weh, weil du nicht weißt, was der Unterschied zwischen dem festen und dem lockeren Schuhband ist. Der Rock tut dir weh, und die Haare tun dir weh. Du, obwohl du dir nicht weh tust, tust dir weh. Du tust dir weh weil du nicht weißt, was du ist. Der Tisch tut dir weh, und der Vorhang tut dir weh. Die Worte, die du hörst, und die Worte, die du sprichst, tun dir weh. Nichts tut dir weh, weil du nicht weißt, was weh tun ist, und alles tut dir weh, weil du von nichts weißt, was es bedeutet. Weil du von nichts den Namen weißt, tut dir alles weh, wenn du auch nicht weißt, daß es dir weh tut, weil du nicht weißt, was das Wort Wehtun bedeutet:

Die Einsager sprechen dazu jetzt ruhig, ihrer Sache schon sicher:
Hören?
Bleiben?
Aufmachen?
Hören!
Bleiben!!
Aufmachen!!!
Die Einsager lassen ihn stumm sich bemühen.
Der Tisch steht. Der Tisch ist umgefallen? Der Stuhl ist umgefallen! Der Stuhl steht! Der Stuhl ist umgefallen und steht? Der Stuhl ist umgefallen, aber der Tisch steht. Der Tisch steht oder ist umgefallen! Weder ist der Stuhl umgefallen noch steht der Tisch noch steht der Stuhl noch ist der Tisch umgefallen?! Du sitzst auf einem umgefallenen Stuhl:
Der Tisch ist dir ein Ekel. Aber der Stuhl ist ein Ekel, weil er kein Tisch ist. Aber der Besen ist ein Ekel, weil der Stuhl kein Tisch ist. Aber dein Schuhband ist ein Ekel, weil der Besen kein Stuhl ist. Aber der Besen ist kein Ekel, weil er ein Tisch ist. Aber der Stuhl ist kein Ekel, weil er sowohl der Tisch als auch das Schuhband ist. Aber das Schuhband ist kein Ekel, weil es sowohl kein Stuhl als auch kein Tisch als auch kein Besen ist. Aber der Tisch ist ein Ekel, weil er ein Tisch ist. Aber Tisch, Stuhl, Besen und Schuhband sind ein Ekel, weil sie Tisch, Stuhl, Besen und Schuhband heißen. Sie sind dir ein Ekel, weil du nicht weißt, wie sie heißen:
Sie füttern ihn weiter mit enervierenden Wörtern: Denn ein Schrank, auf dem du sitzt, ist ein Stuhl, oder? Oder ein Stuhl, auf dem du sitzt, ist ein Schrank, wenn er auf dem Platz des Schranks steht, oder? Oder ein Tisch, der auf dem Platz des Schranks steht, ist ein Stuhl, wenn du darauf: sitzt, oder? Oder ein Stuhl, auf dem du sitzt, ist ein Schrank, sobald er mit einem Schlüssel zu öffnen ist und Kleider darin hängen auch wenn er auf dem Platz des Tisches steht und du mit ihm den Boden reinfegen kannst; oder?
Ein Tisch ist ein Wort, das du auf den Schrank anwenden kannst, und du hast einen wirklichen Schrank und einen möglichen Tisch an der Stelle des Tisches, und? Und ein Stuhl ist ein Wort, das du auf den Besen anwendest, so daß du einen wirklichen Besen und einen möglichen Stuhl an der Stelle des Stuhls hast, und? Und ein Besen ist ein Wort, das du auf dein Schuhband anwenden kannst, und du hast ein wirkliches Schuhband und einen unmöglichen Besen an der Stelle des Schuhbands, und? Und ein Schuhband ist ein Wort das du auf den Tisch anwendest, so daß du plötzlich weder einen Tisch noch ein Schuhband an der Stelle des Tisches hast, und?
Der Stuhl tut dir noch weh, aber das Wort Stuhl freut dich schon Der Tisch tut dir noch weh, aber das Wort Tisch freut dich schon. Der Schrank tut noch ein wenig weh, aber das Wort Schrank freut dich schon mehr. Das Wort Schuhband tut schon weniger weh, weil dich das Wort Schuhband immer mehr freut. Der Besen

tut dir umso weniger weh, je mehr dich das Wort Besen freut. Die Worte tun dir nicht mehr weh, wenn dich das Wort Worte freut. Die Sätze freuen dich umso mehr, je mehr dich das Wort Sätze freut:
Worte und Dinge. Stuhl und Schuhband. Worte ohne Dinge. Stuhl ohne Besen. Dinge ohne Worte. Tisch ohne Dinge. Schrank ohne Schuhband. Worte ohne Tisch. Weder Worte noch Dinge. Weder Dinge noch Schuhband. Weder Schuhband noch Worte. Weder Worte noch Tisch. Tisch und Worte. Worte und Stuhl ohne Dinge. Stuhl ohne Schuhband ohne Worte und Schrank. Worte und Dinge. Dinge ohne Worte. Worte ohne Dinge. Weder Worte noch Dinge. Worte und Sätze. Sätze: Sätze: Sätze:

Quelle:
Peter Handke: Kaspar.
Frankfurt am Main: Suhrkamp Verlag 1967.
(edition suhrkamp 322) S. 16–28.

Welche Aspekte, Funktionen, Leistungen der Sprache werden in diesen ersten Absätzen des Stücks angesprochen? Bilden Sie sich zuerst selbst ein Urteil, schreiben Sie sich selbst Ihre eigenen Gedanken zu dem Text auf, bevor Sie die nachfolgende Liste lesen!

Einige Aspekte, wie sie Studierende in Seminaren und Vorlesungen zum Handke-Text herausgefunden haben, sollen nachfolgend einfach aufgelistet werden:

Man kann mit Sprache andere auf sich aufmerksam machen.
Durch Sprache unterscheidet man sich (als Mensch) von den Tieren.
(Nur) mit Sprache kann man sich über sich selbst verständigen (nachdenken).
Nur mit und in Sprache kann man widersprechen (anderen und sich selbst).
Man braucht Sätze (und nicht nur Wörter), um sich verständlich zu machen.
Man kann es sich in Sätzen „gemütlich machen“; sich vielleicht die Welt so erklären, dass sie einem nicht mehr unheimlich ist.
(Nur) mit Sätzen kann man im Denken voranschreiten, weiterdenken.
„Nur mit dem Satz, nicht mit einem Wort, kannst du dich zu Wort melden.“
Man kann sich hinter Sätzen verstecken, sich mit Sätzen „dumm stellen“.
Mit Sätzen (und damit mit Sprache) macht man sich die Welt und ihre Gegenstände vertraut. (In Sprache eignet man sich gedanklich die Welt an.)
Mit Sätzen verwandelt man die Welt in Sprache (in Texte?).
Sätze haben (Sprache hat) viele nützliche Funktionen: Widerstand leisten; ablenken, Geschichten erzählen. (Vielleicht denkt Handke hier an sprachliche Handlungen wie in der Sprechakt-Theorie?)

Mit Sprache kann man „verrückt werden“. (Wer nicht „dieselbe Sprache spricht“ wie die anderen, wird – wenn es ganz extrem ist – von seiner Gesellschaft oft als „verrückt“ erklärt und in psychiatrische Anstalten gesperrt.)
Man kann sich in Sprache versprechen, verreden, sich in der Sprache irren.
Nur in Sprache (mit Sätzen) kann man etwas Bejahen oder Verneinen.
Nur in Sprache (mit Sätzen) kann man etwas leugnen.
Man kann sich mit Sprache aufmuntern, wach halten.
Man kann sich aber auch mit Sprache etwas vormachen, sich blind machen (z. B. wenn die Sprache verschleiernd, beschönigend ist).
Mit Sprache (Sätzen) ordnen wir unsere Welt; wir können damit aber auch Unordentliches als eine Ordnung darstellen (behaupten), oder eine Ordnung (unserer Gedanken?) verwirren, zur Unordnung machen.
Man kann sich (sein Leben, seine Handlungen) an Sätzen orientieren. Das heißt auch: Nur in Sprache kann man sich ein Ziel geben (nach dem man dann handelt).
Man kann Sprache (Sätze) wie einen (Schutz-)Panzer um sich legen.
Wenn wir Sprache haben, können wir uns ohne sie nichts mehr vorstellen.
Unser ganzes Denken ist in und durch unsere Sprache geprägt.
Sprache hilft uns, uns zu erinnern. Unser Gedächtnis, unsere Erinnerung, ist eng mit unserer Sprache verknüpft, durch sie geprägt, vielleicht nur in ihr möglich.
In Sätzen, in Sprache wird man auf etwas, auch auf sich selbst, aufmerksam.
Nur in Sprache, wenn man Sätze kennt, kann man hören, auf jemanden hören, den anderen verstehen.
Sprache vermittelt uns ein Zeitgefühl. Wir können ein Vorher und ein Nachher unterscheiden. (Auch: Sprache ist etwas, das in der Zeit verläuft, eine Abfolge von Wörtern und Sätzen.)
Man kann (nur) mit Sprache über sich selbst, aber auch über seine eigene Sprache (die eigenen Wörter und Sätze) nachdenken. (Sprache ist selbstreflexiv.)
Mit den Sätzen (den Regeln und Mustern für ihre korrekte Bildung) lernen wir eine Ordnung (der Sprache, der Gedanken): *„Du lernst mit dem Satz, Ordnung zu lernen.“*
Nur mit Sätzen (nur mit Sprache) kann man etwas abstreiten.
Nur in Sprache (mit Sätzen) kann man einen Satz gegen andere Sätze ausspielen.
Mit Sätzen (in Sprache) können Menschen anderen Menschen etwas befehlen.
Mit Sätzen (in Sprache) können Menschen andere Menschen verwirren (dies machen die Einsager im Stück).
Mit Sätzen (in Sprache) können Menschen andere Menschen hetzen.
Nur mit Sätzen (Sprache) kann man logische Beziehungen zwischen Gedanken fassen und ausdrücken.

Nur in Sprache können wir über Mögliches reden (Fiktion, z. B. erfundene Geschichten erzählen).
Nur in Sprache können wir Wirkliches und Mögliches (und Unmögliches) unterscheiden.
Sprache kann einem Kopfschmerzen bereiten (auch das Nachdenken über Sprache?): *„Damals, als ich noch weg war, habe ich niemals so viele Schmerzen im Kopf gehabt, und man hat mich nicht so gequält wie jetzt, seit ich hier bin."*

Peter Handke, von dem bekannt ist, dass er sich mit dem Werk des wichtigsten Sprachphilosophen des 20. Jahrhunderts, Ludwig Wittgenstein, beschäftigt hat, spielt in seinem Stück *Kaspar* auf zahlreiche Aspekte und Funktionen der Sprache an. Viele dieser Aspekte werden auch in der Sprachwissenschaft beachtet und erforscht, andere der erwähnten Aspekte hingegen nicht (oder außerhalb der Sprachwissenschaft in anderen Disziplinen, die es – auch – mit Sprache zu tun haben). Die sich als „modern" verstehende Sprachwissenschaft nach Saussure hat sich nur wenig mit den *Zwecken* und *Funktionen* der lebendigen, benutzten Sprache beschäftigt (wie sie in dem abgedruckten Textausschnitt des *Kaspar*-Stücks überwiegend angesprochen werden), sondern sich mehr für *Strukturen, Formen* und *Regeln* des abstrakten Sprachsystems interessiert. Doch kann man aus Handkes Text auch ein ganze Reihe von Hinweisen auf formale Aspekte der Sprache gewinnen: etwa die zentrale Rolle von Sätzen und (teilweise auch logischen) Satzstrukturen; die wichtige, Welterkenntnis ermöglichende Rolle von Wörtern/ Begriffen, aber auch von Sätzen über die Welt (wie z. B. Behauptungen/Aussagen). Daneben spricht er Aspekte an, die erst nach Erscheinen seines Stücks in der Sprachwissenschaft überhaupt berücksichtigt wurden, wie etwa sprachliche Handlungen (Sprechakte) und ähnliches. Wir sind uns sicher, dass die Leser und Leserinnen dieser Einführung bei einem zweiten Lesen des abgedruckten Textausschnitts aus Peter Handkes *Kaspar*-Theaterstück ihn mit anderen Augen sehen und darin viel mehr Anspielungen auf Sprachliches und Sprachwissenschaftliches entdecken werden als bei der Erstlektüre.

3. Grundbegriffe der Sprachwissenschaft

Die moderne Sprachwissenschaft ist stark geprägt durch mehrere begriffliche Festlegungen und Unterscheidungen, die der in Genf lehrende Schweizer Sprachwissenschaftler Ferdinand de Saussure (1857–1913) zu Anfang des 20. Jahrhunderts vorgenommen hatte. Nach Saussure sollte man zwei Seiten oder Aspekte des Gegenstands „Sprache“ (beziehungsweise: zwei Formen der Sprachwissenschaft) unterscheiden. Die allgemeine Sprachfähigkeit „langage“ unterscheidet er in zwei Aspekte, die er mit den Begriffen „langue“ (die Sprache, das Sprachsystem) und „parole“ (menschliche Rede, Sprachgebrauch) benannt hat: „Die Sprache, vom Sprechen unterschieden, ist ein Objekt, das man gesondert erforschen kann.“ (Saussure 1916, 17)

> Die Unterscheidung in **zwei Aspekte jeder Sprache** (bei Saussure: Sprachsystem und Sprachgebrauch) ist nicht ganz neu, sondern wurde vor ihm auch schon von anderen formuliert. So etwa bei dem deutschen Sprachphilosophen Wilhelm von Humboldt (1767–1835) als Unterscheidung von „Sprache als Werk“ (altgriechisch *ergon*) und „Sprache als Tätigkeit“ (altgriechisch *energeia*), bei dem wichtigen Sprachwissenschaftler Hermann Paul (1846–1921) schon 1880 als Unterscheidung von „Sprache“ und „Rede“ oder „Usus“ (Sprachgewohnheit) und „Sprechtätigkeit“ und bei Georg von der Gabelentz (1840–1893) 1901 als „Sprachsystem“ und „aktualisierte Rede“.

Diese Unterscheidung führte dazu, dass vielleicht nicht Saussure selbst, aber seine Nachfolger im sog. „linguistischen Strukturalismus“ und damit fast alle führenden Sprachwissenschaftler der folgenden 60 Jahre (und viele bis heute) als eigentlichen Gegenstand der Linguistik die Erforschung des abstrakten „Sprachsystems“ sehen. Dahingegen wurde und wird die „parole“, der „Sprachgebrauch“, als etwas angesehen, für das strenge wissenschaftlicher Erklärungen und Gesetzmäßigkeiten nicht möglich seien, weshalb ihre Erforschung von vielen Linguisten und Linguistinnen als nicht im strengen Sinne „wissenschaftlich“ betrachtet wird (und folglich für sie persönlich als uninteressant oder nicht erforschenswert angesehen wird). Zur „Parole-Linguistik“ wurden dann häufig auch solche interessanten Bereiche wie die ganze Variationslinguistik, die linguistische Pragmatik, Textlinguistik, Gesprächsanalyse, Stilistik, um nur die wichtigsten zu nennen, gezählt. Kurz gefasst kann man die „langue“, die „Sprache als System“, folgendermaßen kennzeichnen (nach Saussure 1916, 18):

langue/Sprache als System = (1) das Inventar an sprachlichen Zeichen und (2) die Menge von Regeln zur Verknüpfung von Zeichen zu vollständigen Äußerungen/Sätzen/Texten; dagegen ist
parole/Sprachgebrauch = die „menschliche Rede", d. h. Sprache so, wie sie in einem konkreten Text oder einer mündlichen Äußerung vorkommt und verwendet wird

Die von Saussure geprägte Unterscheidung von zwei verschiedenen Gegebenheitsweisen des Gegenstands Sprache ist nicht ganz unvernünftig, weil sie mit einem Grundproblem jeder Sprachwissenschaft zusammenhängt, das der amerikanische Philosoph und Zeichentheoretiker Charles Sanders Peirce (1839–1914, CP 4.537) mit den Begriffen *type* (Typ, Muster, allgemeine Regel) und *token* (Einzelfall, Muster- oder Regel-Anwendung) benannt hatte. Wendet man dieses Begriffspaar (Dichotomie) auf sprachliche Zeichen (z. B. Wörter) an, kann man auch von „Systemzeichen" und „Textzeichen" sprechen.

type/Systemzeichen = das Zeichen als Element des von den konkreten Verwendungsweisen abstrahierten und abstrahierenden Sprachsystems
token/Textzeichen = das Zeichen bzw. Wort so, wie es in einem konkreten Text vorkommt, wie es tatsächlich verwendet wird

So kann ein und dasselbe Sprachzeichen auf ganz verschiedene Vorstellungen oder Typen von Verwendungssituationen verweisen. Z. B. gibt es das Wort *Pferd* im Deutschen nur einmal (als Teil des Wortschatzes, des Sprachsystems). Diesem einen und einzigen „Systemwort" *(type)* stehen aber tausende von Anwendungsfällen dieses Wortes in konkreten Sätzen und Texten (Textwörter, *token*) gegenüber, in denen ganz viele verschiedene Vorstellungen oder Aspekte bezeichnet werden können, wie etwa *Pferd* im Zusammenhang mit *Acker, Reitstall, Rennbahn, Zirkus* oder *Turnübung*.

Neben der Unterscheidung von *langue* (Sprachsystem) und *parole* (Sprachgebrauch) hat eine weitere Unterscheidung Saussures (1916, 96) die moderne Linguistik stark geprägt. Ihr zufolge untersucht die Linguistik die Sprache dann, wenn sie diese als abstraktes Sprachsystem analysiert, zunächst *synchron*, das heißt „zeitlos" (ohne jegliche Berücksichtigung des Sprachwandels). Erst danach kommt die *diachrone* Dimension der Sprachwissenschaft (die Sprachgeschichte und die Untersuchung des Sprachwandels) hinzu. Diese Unterscheidung hat im 20. Jahrhundert dazu geführt, dass die sich als „modern" verstehende Linguistik ausschließlich *synchron* und *langue*-bezogen geforscht hat, und die Dimensionen der *Diachronie* und der *parole* nahezu völlig vernachlässigt hat. Erst seit den 1980er

Jahren gab es wieder eine stärkere Hinwendung nicht nur zu Phänomenen des Sprachgebrauchs, sondern auch zur zeitlichen, historischen, eben diachronen Dimension der Sprache.

Eine weitere für die moderne Linguistik sehr wichtige Grundannahme von Saussure betrifft den Begriff des sprachlichen Zeichens. Bevor wir darauf eingehen, betrachten wir kurz den traditionellen Zeichenbegriff, wie er sich über viele Jahrhunderte in der allgemeinen Zeichenlehre (Semiotik) entwickelt hat (nach Nöth 1985, 20 ff.).

Am Anfang jeder traditionellen Zeichentheorie steht die Definition des sprachlichen Zeichens als „etwas", das „für etwas anderes steht". Gefasst in die berühmte lateinische Formel: „*Aliquid stat pro aliquo*". Zeichen sind damit zumindest schon einmal als Relationen (Beziehungen) definiert, die zwischen zwei Elementen bestehen. Präziser als in der noch sehr unspezifischen Formel drückt es der spätantike Philosoph Augustinus aus:

> Augustinus (354–430): „Ein Zeichen (signum) ist nämlich eine Sache, welche außer der Erscheinung, die sie den Sinnen vermittelt, noch etwas anderes vermittelt."

Zeichen sind also wahrnehmbare Dinge (im Falle der menschlichen Sprache handelt es sich um akustisch wahrnehmbare, physikalisch nachweisbare Lautformen), die für etwas anders stehen, das wir nicht wahrnehmen können. Auf die Frage, was wir uns unter dem, worauf mit einem Zeichen (genauer: mit einem als Zeichen wahrgenommenen Objekt) verwiesen wird, vorzustellen haben, gibt 1300 Jahre später der schottische Philosoph John Locke (1632 –1704) folgende Antwort:

> John Locke (1690): „Die Wörter vertreten also ihrer ursprünglichen oder unmittelbaren Bedeutung nach nur die Ideen im Geiste dessen, der sie benutzt."

Andere Denker vertraten aber die Auffassung, dass das, worauf durch ein Zeichen verwiesen wird, als konkretes Objekt (wie bei den natürlichen Zeichen, aber auch: wie die von einem Wort bezeichneten Gegenstände in der Welt) definiert werden soll. Im sog. „Zeichendreieck" der klassischen Semiotik kommt diese zweifache Deutungsmöglichkeit der Zeichenrelation zum Ausdruck, indem der Zeichen-Ausdruck einerseits als auf die Zeichenbedeutung (die „Ideen" John Lockes), andererseits als auf die Gegenstände und Dinge der Welt direkt verweisend definiert wird (erstmals als Dreieck gezeichnet bei Ogden / Richards 1923, 11, der Grundgedanke ist aber viel älter):

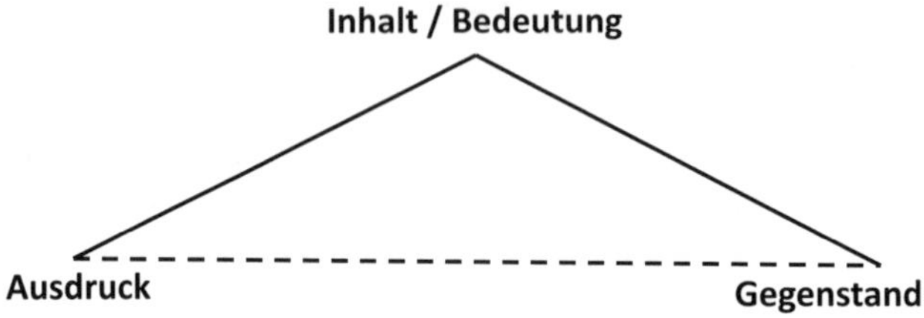

Abb. 1: Klassisches Zeichendreieck der Semiotik

Man unterscheidet heute zwischen (mindestens) drei Typen von Zeichen: Ikon, Index, Symbol (nach Peirce, CP 1.372, siehe auch 1983, 64 f.).

Ikonische Interpretation erfolgt aufgrund von Ähnlichkeits-Beziehungen. Bei einer indexikalischen Interpretation deuten wir Zeichen aufgrund von natürlichen Zusammenhängen (etwa Ursache – Wirkung, Teil – Ganzes). Die „indexikalische Interpretation“ ist das Verfahren, das wir bei den sog. „natürlichen Zeichen“, wie sie in der klassischen Zeichentheorie genannt und diskutiert wurden, anwenden (wenn wir z. B. Rauch als verursacht durch Feuer deuten, also von dem gesehenen Rauch auf das nicht gesehene, aber von uns aufgrund unseres Wissens über natürliche Verhältnisse als dessen Ursache vermutete Feuer schließen). Bei symbolischen Zeichen, zu denen die Sprachzeichen in aller Regel gehören, schließen wir aufgrund einer Konvention der Zeichenverwendung, die wir kennen, auf die vermutlich gemeinte Bedeutung.

Keller (1985, 117) schlägt daher auch vor, statt „Zeichentypen“ besser Typen von menschlichen Schlussfolgerungen (Typen der Interpretation) zu unterscheiden.

Ikon → Abbild-Beziehung
(Ich weiß, dass das Zeichen dem Abgebildeten ähnlich ist)

Index → Folgerungs-Beziehung
(Ich weiß, dass das Zeichen eine Folge von etwas ist, das ich kenne)

Symbol → Beziehung auf Grund einer Konvention
(Ich weiß, dass jemand, der das Zeichen verwendet, damit etwas bezeichnen möchte, das ich kenne)

Abb. 2: Die drei Typen von Zeichen (bzw. der Zeichen-Interpretation)

Nun aber zum Zeichenbegriff von Saussure, wie er für die moderne Linguistik nach ihm prägend wurde: Jedes (sprachliche) Zeichen besteht nach Saussure aus zwei „Seiten", die „zusammenhängen wie die zwei Seiten eines Blattes Papier oder einer Münze", also untrennbar voneinander sind. Diese zwei Seiten nannte Saussure entweder, konkreter, „Lautbild" (*image acoustique*) und „Vorstellung" (*concept*), oder, abstrakter, „Bezeichnendes" (*signifiant*) und „Bezeichnetes") (*signifié*). In der Germanistischen Linguistik werden diese beiden Seiten des Zeichens meistens als „Ausdrucksseite" und „Inhaltsseite" bezeichnet. So steht auf der einen Seite der lautliche Ausdruck. Auf der anderen Seite der entsprechende Vorstellungsinhalt, die sich jeweils gegenseitig hervorrufen (nach Saussure 1916, 78):

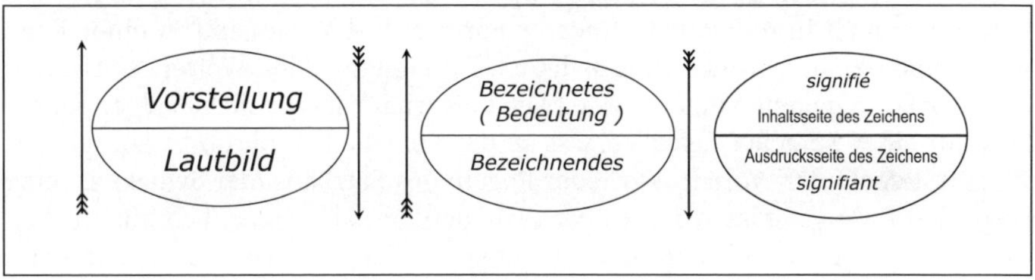

Abb. 3: Zweiseitiges Zeichenmodell von Saussure mit verschiedenen Bezeichnungs-Varianten

Sprachliche Zeichen haben nach Saussure (1916, 79 ff.) folgende drei zentrale Eigenschaften: *Arbitrarität, Konventionalität, Linearität*. Hinzu kommen noch die *Assoziativität* und die *Iterativität*. Der Begriff der *Arbitrarität* besagt: Die Beziehung zwischen Ausdruck (= Lautgestalt, Schriftgestalt) und Inhalt eines sprachlichen Zeichens ist willkürlich; zwischen beiden besteht keinerlei innerer („natürlicher") Zusammenhang. Weil beide Seiten des Zeichens nur willkürlich, zufällig miteinander verbunden sind, muss es etwas geben, das diese Verbindung stabil macht. Ohne diese Stabilität und Verlässlichkeit könnten ja die sprachlichen Zeichen nicht ihre wichtigste Funktion erfüllen: der menschlichen Kommunikation (dem Informationsaustausch) zu dienen.

Diese Stabilität der Zeichenbeziehung entsteht aus ihrer *Konventionalität*. Damit ist gemeint: Die Beziehung zwischen Ausdruck und Inhalt eines sprachlichen Zeichens beruht ausschließlich auf gesellschaftlichen Konventionen (Regeln); sie ist nur veränderbar, wenn sich die gesellschaftlichen Konventionen ändern. Arbitrarität und Konventionalität hängen untrennbar miteinander zusammen: *Weil* die Beziehung zwischen Ausdrucksseite und Inhaltsseite des Zeichens arbiträr/beliebig ist, *muss* sie konventionell sein. (*Weil* sie konventionell ist, ist sie *notwendigerweise* arbiträr.)

Verdeutlichen lässt sich dies gut an einem Beispiel: Die Wahl des sprachlichen Zeichens *Hund* für das entsprechende Konzept erscheint zunächst völlig willkürlich, ist aber konventionell innerhalb der deutschen Sprachgemeinschaft so festgelegt. Sichtbar wird dieses Zusammenspiel von Arbitrarität und Konventionalität hierbei vor allem daran, dass kleine Kinder bei der Bezeichnung des Tieres oft zuerst die lautmalerische Variante *Wauwau* wählen und erst später im Spracherwerbsprozess das konventionell festgelegte Wort *Hund* erlernen.

Die Eigenschaft der *Linearität* besagt: Sprachliche Zeichen treten im konkreten Sprachgebrauch immer nur in linearer Form auf; d.h., sie sind in einer Kette hintereinander angeordnet. (Das bedeutet: Lautketten bilden Wörter; Wortketten bilden Sätze; Satzketten bilden Texte.) Die Linearität hat erhebliche Folgen für die Struktur einer Sprache. Fast alles, was an der Sprache komplex bzw. kompliziert ist, z. B. Regeln der Wortstruktur oder Regeln des Satzbaus (der Syntax), ist eine Folge des Zwangs, dass wir alles, was wir denken oder sprachlich ausdrücken wollen, in das lineare *Hintereinander* einer sprachlichen Zeichenkette (z. B. eines Satzes oder einer Folge von Sätzen) bringen müssen.

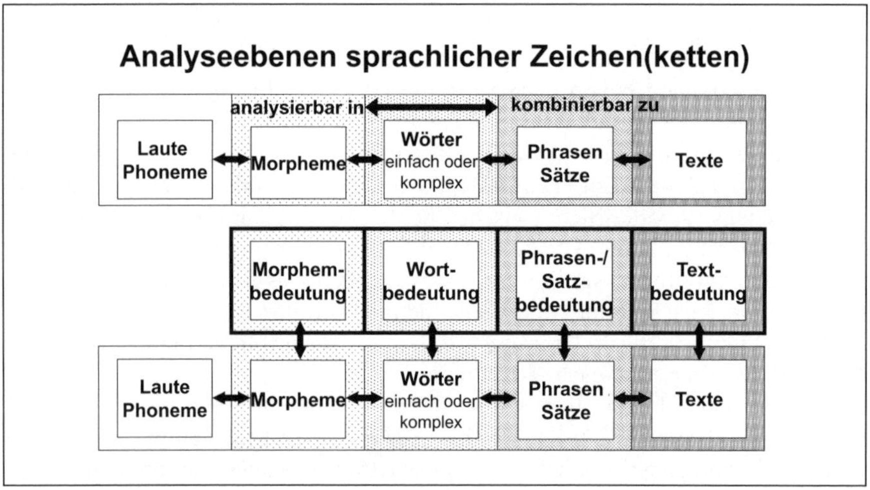

Abb. 4: Analyseebenen sprachlicher Zeichen und Zeichenketten (nach Linke u.a. 2004, 40)

Verbindet man das Prinzip der Linearität der Sprache mit dem Prinzip der Zweiseitigkeit aller sprachlichen Zeichen bzw. Zeichenketten, dann lässt sich die Zweiteilung des sprachlichen Zeichens in Ausdrucksseite und Inhaltsseite auf alle Ebenen der Organisation und Kombination von sprachlichen Zeichen anwenden:

Morpheme (Wortteile), Wörter (meist Kombinationen von Morphemen), Sätze (Kombinationen von Wörtern) und Texte (Kombinationen von Sätzen).

Mit *Assoziativität* des sprachlichen Zeichens meinte Saussure (1916, 147 f.), dass jedes sprachliche Zeichen in assoziativen Beziehungen zu anderen Zeichen steht, die ihm in irgendeiner Hinsicht (Lautgestalt, Wortart, grammatische Funktion, Wortbedeutung) ähnlich sind. Auf diese beiden Prinzipien (*Linearität* und *Assoziativität*) führt Saussure die zwei zentralen Typen von Beziehungen/Relationen zwischen Zeichen zurück, die in der Sprache existieren. Er nennt sie die „syntagmatischen" (linearen) und „paradigmatischen" (assoziativen) Beziehungen (siehe Abb. 5): Syntagmatische Beziehungen sind die Beziehungen, die zwischen den sprachli-

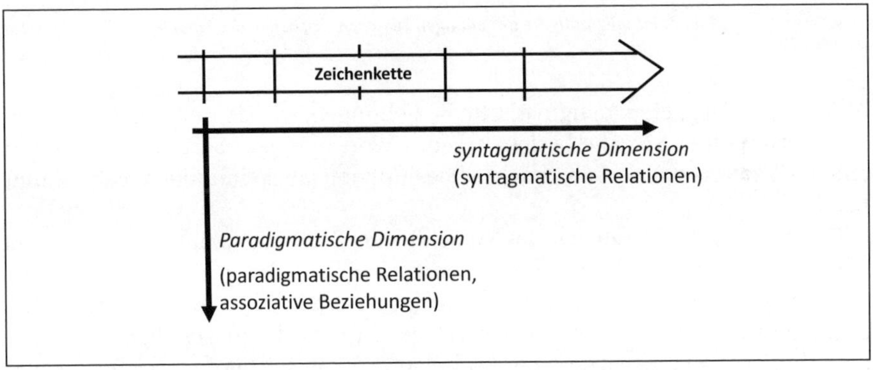

Abb. 5: Syntagmatische und paradigmatische Beziehungen der Zeichen

chen Zeichen in einer Zeichenkette (z. B. in einem Satz, aber auch in einem komplexen Wort oder in einem Text) bestehen. So ist in dem Beispiel (Abb. 6) die Beziehung zwischen *wachte* und *auf* eine Beziehung zwischen zwei Wortbestandteilen innerhalb ein und desselben Wortes; die Beziehung zwischen *sie* und *wachte auf* ist hingegen eine Beziehung zwischen zwei Wörtern im Satz (syntaktische Beziehung), und die Beziehung zwischen *wachte (auf)* und *an einem schönen Morgen* ist eine Beziehung zwischen zwei Satzgliedern (hier: dem Prädikat der und von diesem Prädikat abhängigen Präpositionalgruppe, hier als adverbiale Bestimmung der Zeit).

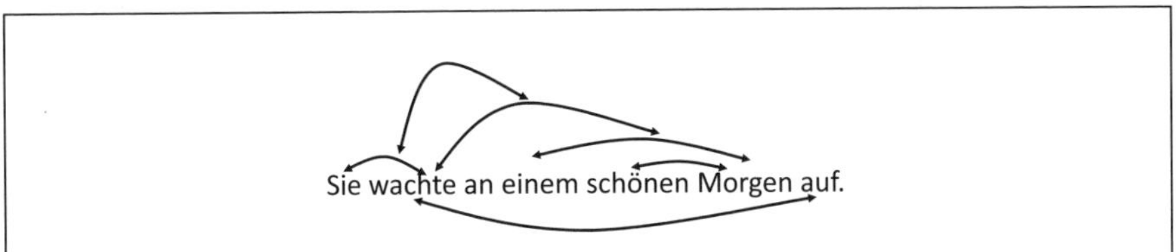

Abb. 6: Syntagmatische Beziehungen zwischen Zeichen in einem Satz

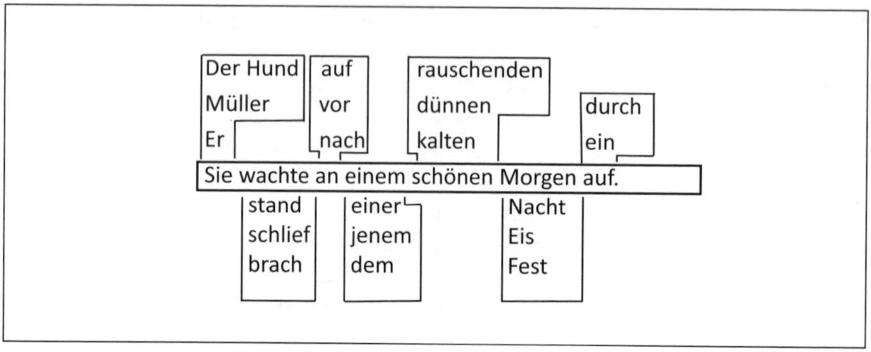

Abb. 7: Paradigmatische Beziehungen zwischen Zeichen in der Sprache

Abb. 7 zeigt dagegen paradigmatische Beziehungen, wie sie im System (hier: im Wortschatz) einer Sprache bestehen. Jedes Wort in einem Satz kann durch ein anderes Wort ersetzt werden, das dieselbe Funktion (aber eine andere Bedeutung) hat.

Das Prinzip der *Iterativität* des sprachlichen Zeichens hängt mit der bereits erwähnten Unterscheidung zwischen einem Zeichen als *type* (allgemeines Muster/Regel) und einem Zeichen als *token* (Einzelexemplar, konkret geäußertes Zeichen) zusammen: Sprachliche Zeichen leben nur durch ihre ständige Wiederholung (Iterierung), ihre wiederholte Artikulation. „Das Zeichen" als solches ist eine Abstraktion (type); tatsächlich produziert (in sprachlichen Äußerungen zu Zwecken der Kommunikation) werden Exemplare des Zeichens (token), die (zumindest in inhaltlicher, semantischer Hinsicht) nicht unbedingt völlig identisch sind.

Die moderne Sprachwissenschaft hat – je nach Theorie und Sprachauffassung – unterschiedliche wissenschaftliche Betrachtungsweisen von bzw. Zugangsweisen zur Sprache entwickelt: Sprache als abstraktes Sprachsystem, Sprache als Strukturgefüge, Sprache als (kognitive) Fähigkeit, Sprache als soziales Handlungsgefüge (als Fähigkeit zum kommunikativen Handeln). Aus diesen Unterschieden folgen oft auch ganz unterschiedliche Begrifflichkeiten innerhalb der linguistischen Teilgebiete. Die wichtigsten Teilgebiete der Linguistik sind nach heutigem Verständnis: Phonetik/Phonologie, Graphematik, Morphologie, Syntax, Semantik, Pragmatik, Textlinguistik, Soziolinguistik, Sprachgeschichte, Psycholinguistik, kognitive Linguistik. Hinzu kommen verschiedene Anwendungsgebiete wie Sprachdidaktik, Lexikographie, Computerlinguistik, Sprachheilforschung. Die vorliegende Einführung kann nur die wichtigsten dieser Gebiete behandeln.

4. Das Material der Sprache I: Laute, Silben, Morpheme

In der Linguistik werden die sprachlichen Mittel meistens beginnend bei den kleinsten Einheiten und fortschreitend zu den jeweils größeren bis zu den größten Einheiten der Sprache beschrieben. Die kleinsten sprachlichen Einheiten sind die Laute und Buchstaben, danach kommen die Silben und Morpheme, danach die Wörter, die Sätze und schließlich die Texte. Im Prinzip könnte man es auch genau anders herum machen, mit den Texten beginnend bis zu den kleinsten Einheiten herabsteigend.

Die meisten Linguist*innen gehen davon aus, dass das Grundmaterial einer Sprache die Laute sind. Dann wären die Schriftzeichen (Buchstaben/Grapheme) von diesen abgeleitet und somit sekundäre Sprachmittel. Es gibt jedoch auch Linguist*innen, die der Meinung sind, dass die Schriftzeichen genauso elementar sind wie die Laute und nicht von diesen abgeleitet. Wir werden in dieser Einführung – wie in der Linguistik meist üblich – vorrangig auf die Laute als Grundmaterial der Sprache eingehen.

4.1 Laute

Einen Sprachlaut nennt man hinsichtlich seiner physikalisch feststellbaren (hörbaren, messbaren) Substanz ein *Phon* (pl. Phone). Hinsichtlich seiner abstrakten Eigenschaften (als Teil der langue, des Sprachsystems) nennt man den Sprachlaut *Phonem* (pl. Phoneme). (Ein *Phon* ist ein *token*, eine konkrete Realisierung eines Sprachlauts, ein *Phonem* der *type*, das allgemeine Muster.) Entsprechend der Unterscheidung zwischen Phon und Phonem hat die moderne Linguistik seit Trubetzkoy (1932, 7) zwischen *Phonetik* und *Phonologie/Phonemik* als zwei verschiedenen Varianten der Sprachlautlehre unterschieden. Die Phonetik beschäftigt sich mit der Lautsubstanz, der materiellen Seite der Lautproduktion, d. h. den Merkmalen der Hervorbringung der Laute durch den menschlichen Stimmapparat und deren Klassifikation. Die Phonologie dagegen betrachtet das Lautsystem und die Lautstruktur einzelner Sprachen unter funktionalen Aspekten, d. h. die Art und Weise, wie die Laute einer Sprache als System geordnet sind und wie sie untereinander in Beziehung stehen.

Es gibt verschiedene Definitionen des Begriffs *Phonem*:

(a) Die kleinste bedeutungsunterscheidende segmentale (abstrakte) Lauteinheit einer Sprache.

(b) Die Klasse phonetisch ähnlicher Lautvarianten, die entweder frei variieren oder komplementär verteilt sind (taxonomischer Strukturalismus).

(c) Ein Bündel distinktiver (bedeutungsunterscheidender) lautlicher Merkmale.

Was bedeutet das? Lautliche Merkmale der Artikulation, anhand derer Phoneme unterschieden werden können, nennt man distinktive (= unterscheidende) Merkmale. Solche Merkmale findet man durch Laut-Kontraste heraus. Der Vergleich von zwei Wörtern wie *Peter* und *Beter* zeigt, dass der Unterschied in der lautlichen Substanz des jeweiligen Anlautes (d. h. des ersten Lautes des Wortes) liegt.

> Die Verwendung von /p/ einerseits und /b/ andererseits ermöglicht es, diese beiden Wörter voneinander zu unterscheiden. Phonetisch gesehen liegt nämlich der Hauptunterschied zwischen /p/ und /b/ darin, dass die Stimmbänder bei der Produktion des /b/ schwingen (es ist stimmhaft), während dieses beim /p/ nicht der Fall ist (es ist stimmlos). Dieses Merkmal (Stimmhaftigkeit) ist bei diesem Wortpaar bedeutungsunterscheidend (es ist distinktiv und damit im Lautsystem des Deutschen ein phonologisches Merkmal). Ein anderes Merkmal ist, dass das /p/ im Deutschen behaucht ausgesprochen wird; dieses hörbare phonetische Merkmal (= Aspiration) ist im Lautsystem des Deutschen aber nicht bedeutungsunterscheidend (es ist nicht distinktiv und damit nicht phonologisch, sondern rein phonetisch). Spricht man jedoch in einer Fremdsprache, in der das /p/ nicht aspiriert/behaucht ausgesprochen wird, wie z. B. das Französische, dann wird die aspirierte Aussprache des /p/ von den französisch-muttersprachlichen Sprecher*innen als „starker (deutscher) Akzent“ wahrgenommen.

Wenn man für alle Laute einer Sprache systematisch solche (bedeutungsunterscheidenden) Lautkontraste beschreibt, kann man am Ende alle Laute einer Sprache bestimmen. Man nennt dies auch „Minimalpaartest“.

> Mit der systematischen Durchführung von Minimalpaar-Tests sollten alle distinktiven Laute ermittelt werden können:

bald	*wald*	/b/
	bild	/a/
	band	/l/
	balg	/d/

Sprachlaute können nicht aufgrund eines einzelnen Merkmals bestimmt (unterschieden) werden. Man benötigt immer mehrere Merkmale. Man spricht daher auch von einem *Merkmalsbündel* (Phonem = bestimmt durch ein Merkmalsbündel). (Dabei werden alle irrelevanten, nicht bedeutungsunterscheidenden lautlichen Merkmale nicht berücksichtigt. Dies nannte Bühler (1934, 44) das *Prinzip der abstraktiven Relevanz.*)

Eine traditionelle Unterscheidung ist die zwischen *Vokalen* und *Konsonanten.* Zu deren näherer Bestimmung betrachtet man genauer die an der Hervorbringung der Laute durch den Stimm-Apparat (= Artikulation) beteiligten Faktoren. Für die Charakterisierung von Konsonanten ist das traditionelle phonetische Beschreibungssystem ausreichend, das auf der Unterscheidung von Artikulations*art* und Artikulations*ort* (Artikulationsstelle) im menschlichen Mund-/Rachenraum aufbaut. Konsonanten sind daher sog. „Hindernislaute". Eine wichtige Rolle spielt dabei, *wo* (Artikulationsort) und *wie* (Artikulationsart) für den Luftstrom im Mund-/Rachenraum eine Enge oder ein Hindernis gebildet wird. Bei der Charakterisierung von Vokalen berücksichtigt man dagegen die Gestalt und die Lage der Zunge im Mundraum. Zusätzlich beschreibt man noch die jeweilige Stellung der Lippen, d. h. ob diese gespreizt, neutral oder gerundet sind, wie der Öffnungsgrad und wie die Klangfarbe ist.

Im Phonemsystem des Deutschen werden dann etwa folgende Typen von Lauten unterschieden (vgl. Abb. 8). Bei Plosivlauten (oder Verschlusslauten) wird der Luftstrom ganz unterbrochen (bei /p/ und /b/ durch die Lippen, bei /t/ und /d/ durch Zunge und vorderen Gaumen, bei /k/ und /g/ durch Zunge und hinteren Gaumen). Bei Affrikaten (Reibelauten) wird die Luft durch eine von Zunge und Gaumen gebildete Engstelle ausgestoßen. Bei Nasalen wie /m/ und /n/ wird die Luft durch die Nase ausgestoßen; /l/ und /r/ bezeichnet man als Liquide, und /j/ und /w/ als Gleitlaute.

- **Plosivlaute** **/ p b t d k g /**
- **Affrikaten** **/ tS dZ /**
- **Frikative** **/ f v T D s z S Z (h) /**
- **Nasale** **/ m n N /**
- **Liquide** **/ l, r /**
- **Gleitlaute (Halbvokale)** **/ j w /**
- **Vokale** **/ i e O A u /**

Abb. 8: Typen von Lauten im Deutschen

Laute einer Sprache (Phoneme) sind abstrakte Muster, an denen sich die Menschen bei der Artikulation der Wörter orientieren. Da die Menschen ganz verschiedene Stimmen haben (hoch, tief, leise, laut, kindlich, erwachsen, manche behaupten auch: weiblich, männlich), gleicht fast kein ausgesprochener Laut in seiner konkreten Lautgestalt dem anderen. Die konkreten Hervorbringungen der Laute sind also sehr verschieden. Man hat festgestellt, dass es kaum möglich ist, menschliche Sprachlaute mit technischen Mitteln ganz exakt festzustellen. (Auch den Computern gelingt dies bis heute noch nicht richtig.) Die verschiedenartigen konkreten Lauthervorbringungen für ein und dasselbe Phonem nennt man daher in der Linguistik *Allophone*. Manche Lautforscher*innen sprechen, wenn sie die Phoneme meinen, daher auch von einer *Lautfamilie*. Im Deutschen gibt es dafür ein extremes Beispiel: Da der Unterschied zwischen „gerolltem" /r/ und „Rachen-/r/" nirgendwo bedeutungsunterscheidende Funktion hat, handelt es sich um zwei (lautlich sehr verschiedene) „Allophone" ein und desselben /r/-Phonems. (Ähnlich bei den in der Schreibung mit „ch" wiedergegebenen Lauten, die man meist als „*ich*-Laut" und „*ach*-Laut" bezeichnet.)

Die bisher behandelte Phonologie bezieht sich auf die einzelnen Sprachlaute im Sinne von Segmenten von Wörtern (man nennt sie daher auch „segmentale Phonologie"). Davon unterscheidet man die „supra-segmentale Phonologie", die sich mit Aspekten befasst, die mehrere Segmente (Einzel-Laute) zugleich betreffen. Gegenstandsbereiche der supra-segmentalen Phonologie sind:

- Silben-Phonologie
- Analyse von Satz-Akzent-Verhältnissen und Intonation (metrische Phonologie); die Silbe fungiert dabei als Trägerstruktur für prosodische Eigenschaften wie Akzent und Intonation.

(Aus Platzgründen werden wir auf diese Aspekte nicht weiter eingehen.)

4.2 Morpheme und Silben

Geht man von den Lauten einer Sprache (*Phone* und *Phoneme*) zu der nächsthöheren Ebene der sprachlichen Mittel weiter, muss man wieder zwei Arten von sprachlichen Einheiten klar unterscheiden, die im Alltagsleben von den Menschen häufig verwechselt bzw. nicht unterschieden werden: *Silben* und *Morpheme* (Abb. 9).

Silben	Morpheme
lau – fen	*lauf – en*
ge – stal – ten	*ge – stalt – en*
lü – gen	*lüg – en*
Va – ter	*Vater*
du lügst	*du lüg – st*

Abb. 9: Unterschied zwischen Silben und Morphemen

Silben sind solche Kombinationen von Lauten, die keinerlei bedeutungstragende Funktion haben, sondern reine Lauteinheiten eines (phonetischen) Wortes sind. Im Unterschied dazu sind Morpheme die kleinsten bedeutungstragenden Einheiten in der Sprache. (Damit sind im Grunde die Morpheme die kleinsten und daher elementaren sprachlichen Zeichen im Sinne des zweiseitigen Zeichenbegriffs von Saussure. Wörter haben diese Funktion der elementarsten sprachlichen Zeichen nur, wenn sie aus einem einzigen Morphem bestehen, so wie *Hund* oder *Vater*, nicht aber, wenn sie aus mehreren Morphemen zusammengesetzt sind, wie etwa *Kirchturm*.) Bei vielen Wörtern verlaufen die Grenzen zwischen den Silben (= Lauteinheiten) an anderer Stelle als die Grenzen zwischen den Morphemen (= Sinneinheiten). An einem Wort wie *saftigere (Birnen)* kann man den Unterschied besonders gut deutlich machen (Abb. 10; „prosodische Hierarchie“ = Wortstruktur unter Intonations-Aspekten):

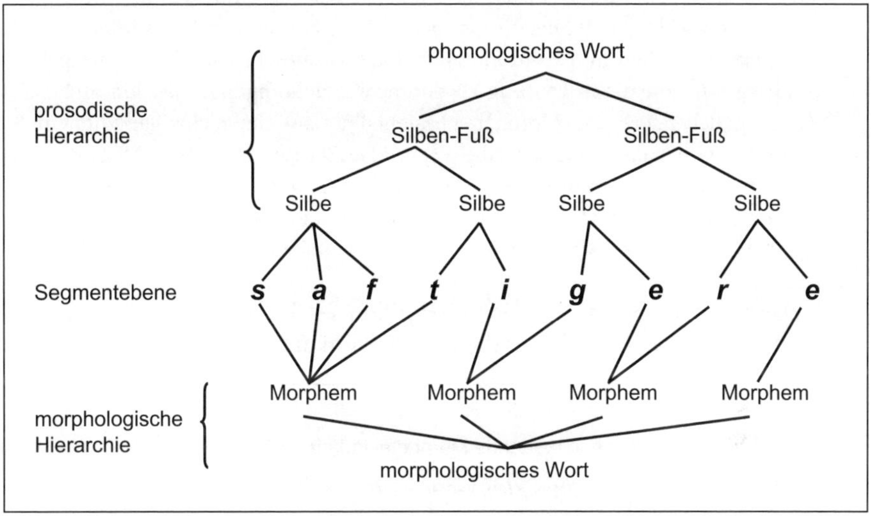

Abb. 10: Der Unterschied zwischen der Silbenstruktur und der Morphemstruktur eines Wortes (nach Grewendorf/Hamm/Sternefeld 1987, 257)

Morpheme sind für die Sprachwissenschaft die wichtigsten Wortbestandteile, da nur sie sprachliche Zeichen (mit einer Ausdrucks- *und* einer Inhaltsseite) im Sinne Saussures sind. Der Begriff *Morphem* wurde zuerst 1880 von dem auf Deutsch schreibenden, in Russland lehrenden polnischen Sprachwissenschaftler Jan Baudouin de Courtenay (1845–1929) geprägt:

> „Morphem = jeder mit dem selbständigen psychischen Leben versehene und von diesem Standpunkte (d. h. von dem Standpunkte eines selbständigen psychischen Lebens) aus weiter unteilbare Wortteil. Dieser Begriff umfaßt also: Wurzel (radix), alle

möglichen Affixe, wie Suffixe, Praefixe, als Exponenten syntaktischer Beziehungen dienende Endungen usw." (Baudouin de Courtenay 1895, 10)

Man sieht an dieser Definition gut, wie der Autor den neuen Kunst-Terminus *Morphem* als Oberbegriff für die aus der traditionellen Grammatik bekannten Begriffe wie *Wurzel, Affixe, Endungen* eingeführt hat. Mit *Affixe* meint er das, was man präziser heute als *Wortbildungsmorpheme* beschreibt (wie *-bar, -heit, -schaft*), mit *als Exponenten syntaktischer Beziehungen dienende Endungen* das, was man heute als *Flexions-Morpheme* bezeichnet (wie: *st, en, s* in *mach-st, sing-en, Auto-s*). Die Definition ergibt damit zugleich eine erste Typologie von Morphemen. Es gibt in der Linguistik zahlreiche weitere Morphemdefinitionen. In ihnen werden vor allem folgende Eigenschaften der Morpheme herausgehoben:

(1) Morpheme sind die kleinsten sprachlichen Zeichen-Einheiten, die nicht mehr weiter in noch kleinere Einheiten, die ebenfalls Zeichen sind, zerlegt werden können.
(2) Kleinste Zeichen in diesem Sinne sind alle Phonemketten, die eine festgelegte Lautung und eine dieser Lautung zugeordnete Bedeutung und/oder grammatische Funktion haben. (Manche Morpheme bestehen nur aus einem einzigen Phonem. So ist im Deutschen das /ə/ (Buchstabe {e}) in *sie lacht-e viel* ein Flexions-Morphem, das die Funktion hat, die Information Vergangenheit (Präteritum) anzuzeigen.)
(3) Von einem Morphem sollte man nur dann sprechen, wenn einer *bestimmten* Lautfolge eine *bestimmte* Bedeutung/Funktion genau zugeordnet ist.

Diese klassische segmentale Morphemdefinition des Strukturalismus ist nun, wie man an Beispielen aus dem Deutschen sehen kann, nicht ganz unproblematisch:

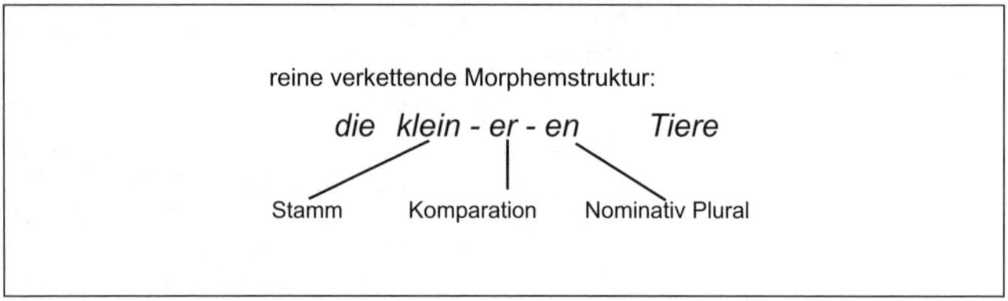

Abb. 11: Unproblematischer Fall einer rein verkettenden Morphemstruktur

Während in den unproblematischen Fällen tatsächlich jedem Laut-Segment genau eine Bedeutung bzw. Funktion entspricht (vgl. das Beispiel in Abb. 11: die lexikalische Bedeutung von {*klein*}, die Steigerung/Komparation und der Nominativ Plural eines Nomens), ist dies sowohl bei multifunktionalen Morphemen wie bei diskontinuierlichen Morphemen nicht so. So vermittelt (vgl. Abb. 12) das Morphem *gab* sowohl die lexikalische Bedeutung (des Verbs *geben*) als auch die gram-

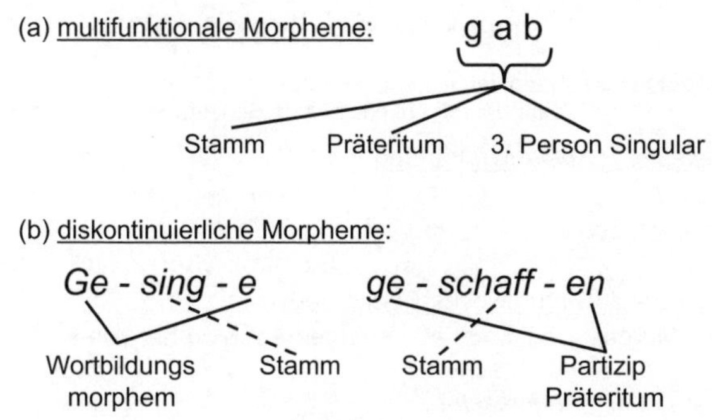

Abb. 12: Problemfälle für den segmentalen Morphem-Begriff

matischen Informationen Vergangenheit (Präteritum) und 3. Person Singular. Hier haben wir also den Zusammenfall von drei verschiedenen Inhaltsseiten in einer einzigen Ausdrucksseite. Genau umgekehrt verhält es sich bei den sog. „diskontinuierlichen Morphemen", wie etwa die Morpheme für das Partizip Präteritum {*ge-/-en*} und {*ge-/-t*} in *ge-schaff-en* und *ge-sung-en* oder in *ge-lach-t* oder das Wortbildungsmorphem {*ge- /-e*} wie in *Ge-sing-e*.

Der Begriff *Morphem* ist aber noch aus einem weiteren Grund ein schwieriger Begriff der Linguistik. Nach dem Beispiel der Lautlehre/Phonologie, in der zwischen Phon und Phonem unterschieden wird, hat man auch in der Morphologie (der Lehre von der „Gestalt" und Struktur der Wörter) zwischen *Morph* und *Morphem* unterschieden:

Morph	= konkrete Realisierung (gegebenenfalls Formvariante) eines Morphems (= kleinste sprachliche Teileinheit unter Berücksichtigung von Ausdruck und Inhalt)
Morphem	= kleinstes segmentierbares sprachliches Teilzeichen (Ausdruck und Inhalt, aber häufig dominant inhaltsseitig aufgefasst, d. h. unter Zulassung stark unterschiedlicher Ausdrucksseiten/ Morphe als zugehörig zu demselben „Morphem")

Alle Morphe, die als verschiedene Realisierungsvarianten zu ein und demselben Morphem gehören, nennt man *Allomorphe*.

Typen von Allomorphie

Allomorphe = Varianten ein und desselben Morphems
oder: Morphe mit derselben Bedeutung

Beispiel 1: Auslautverhärtung

des Rades *das Rad* *lieb | en* *lieb | lich*
/ra:d/ - /əs/ */ra:t/* */li:b/ - /ən/* */li:p/ - / liç /*
Stamm: */li:b/* */li:p/*

Beispiel 2: Stammwechsel beim Verb

Ein Morph: *ich mach-e* / *du mach-st* / *sie mach-t*
mehrere Morphe: *seh-e* / *sieh-st* / *sieh-t*

Beispiel 3: Umlaut beim Nomen / Substantiv:

das Haus *die Häus - er*

Beispiel 4: Umlaut + Auslautverhärtung

{ /haus/ }*das Haus*
{ /hauz/ }*des Haus - es*
{ /hois/ } *das Häus - chen*
{ /hoiz/ } *die Häus - er*
} = Plereme mit dem Inhalt 'Haus' abgekürzt: { /haus/ }

Beispiel 5: Ablautreihen beim Verb

ich find - e
ich fand
ich fänd - e
ge - fund - en
fünd - ig
} {Lexem *'finden'*}

Beispiel 6: Flexionsmorpheme

die Katze - n *-n*
die Mensch - en *-en*
die Kind - er *-er*
die Hund - e *-e*
die Auto - s *-s*
die Kaiser - ∅ *-∅*
} {'Plural des Nomens'}

Abb. 13: Beispiele für Allomorphie (nach Bergenholtz/Mugdan 1979, 50 ff.)

Zur Erläuterung: (1) Ein typischer (und unproblematischer) Fall für Allomorphie sind etwa die Aussprachevarianten von Wortstämmen, die sich aus bestimmten phonetischen Gesetzmäßigkeiten des Deutschen, wie hier Beispiele der sog. „Auslautverhärtung", ergeben. (2) Einen anderen typischen Fall von Allomorphen findet man bei manchen Verben, bei denen ein Lautwechsel im Verbstamm erfolgen kann. (3) Ein klarer Fall ist auch der Umlaut bei manchen Nomina des Deutschen. (4) Fallen Umlaut und Auslautverhärtung zusammen, dann kann es sein, dass der Stamm eines Nomens vier verschiedene Lautvarianten (Allomorphe) aufweist. (5) Etwas problematischer ist der Fall bei den lautverschiedenen Stammformenvarianten (sog. „Ablautreihen“) bei den unregelmäßigen (starken) Verben. Hier signalisieren diese Vokaländerungen immer zugleich auch inhaltliche/funktionale Veränderungen, z. B. {*fand*} das Präteritum, {*fänd*} den Konjunktiv.

Manche Linguist*innen gehen davon aus, dass unterschiedliche lautliche Ausdrucks-Formen (Morphe) immer zu ein und demselben Morphem gerechnet werden sollten, wenn sie jeweils für dieselbe Bedeutung bzw. Funktion stehen. Siehe etwa die Formen für die Information „Plural des Nomens“. Diese Annahme führt aber im Deutschen zu problematischen Konsequenzen (Beispiel 6), da hier völlig lautverschiedene Morphe als Allomorphe ein und desselben Morphems aufgefasst werden.

Verletzt wird hier das Kriterium aus der Morphem-Definition, wonach von einem Morphem nur dann gesprochen werden sollte, wenn eine Bedeutung einer „bestimmten Lautung“ zugeordnet ist. Man kann dann etwa davon sprechen, dass {-n} und {-en} Allomorphe desselben Morphems sind, da sie lautlich zusammenhängen (e-Tilgung). Hingegen wären {-er}, {-e}, {-s} jeweils eigenständige Zeichen, die mit den anderen Lautfolgen (Morphen), die für die Information „Plural des Nomens“ stehen, synonym (bedeutungsgleich) sind.

Neben der Synonymie gibt es bei Morphemen auch Fälle von Homonymie (Ausdrucksgleichheit bei Bedeutungsverschiedenheit); so steht etwa das Morph /zi:/ (geschrieben *sie* oder *sieh*) für drei verschiedene Bedeutungen: „Femininum Singular des Pronomens“, „Plural des Pronomens“, „Imperativ Singular von sehen“.

Morpheme verhalten sich damit semantisch gesehen genauso wie Wörter: Sie können synonym (bedeutungsidentisch) sein, sie können homonym (ausdrucksidentisch) sein, sie können polysem sein (über mehrere Bedeutungen zugleich verfügen) und sie können phonetische Varianten aufweisen (Allomorphe im eigentlichen Sinne).

4.3 Morphemtypen

Wir haben gesehen, dass der heute übliche Begriff *Morphem* ursprünglich eingeführt worden ist als Sammelbegriff für das, was in der traditionellen Grammatik als *Wurzeln*, *Affixe* und (Flexions-)*Endungen* bezeichnet worden war. Diese traditionellen Begriffe stehen für unterschiedliche Typen von Morphemen. Die Unterscheidung von Morphemtypen ist in der Linguistik leider nicht ganz einheitlich; sie arbeitet mit unterschiedlichen Begriffspaaren und Kriterien, die sich teilweise überschneiden, aber nicht ganz dasselbe meinen:

Dichotomien zur Unterscheidung von Morphemtypen:
(1) „freie" vs. „gebundene" Morpheme
(2) „lexikalische" vs. „grammatische" Morpheme
(3) „offene" vs. „geschlossene" Morphemklassen
(4) „Stämme" („Wurzeln") vs. Affixe

Die Dichotomie „frei" vs. „gebunden" geht auf den amerikanischen Linguisten Leonard Bloomfield (1887–1949) zurück. Als „freie" Morpheme werden dabei solche verstanden, die auch selbständig vorkommen können (dann sind sie zugleich Wörter), wie *Haus, oder* usw.; „gebundene" Morpheme wären dagegen solche, die niemals allein im Satz stehen können, sondern immer nur als Wortteil vorkommen, d. h. gebunden an ein anderes Morphem, wie *un-, -tum,* usw.. Die „lexikalischen" Morpheme sollen eine selbständige („lexikalische") Bedeutung haben und sich auf Außersprachliches beziehen, wohingegen die „grammatischen" Morpheme nur Beziehungen zwischen lexikalischen Morphemen herstellen sollen bzw. nur „grammatische" Bedeutung haben bzw. eher „innersprachliche signifiés" tragen. Gemeint sind die Flexionsmorpheme (für Konjugation der Verben und Deklination der Nomen, Adjektive und Pronomen) und die Wortbildungs-/ Derivations-Morpheme. Die Dichotomie „lexikalische"/„grammatische" Morpheme ist ganz offensichtlich parallel gebildet zu der bedeutungstheoretischen/semantischen Unterscheidung zwischen „Autosemantika" (sog. „Vollwörter" wie Nomen, Verben, Adjektive, Adverbien) und „Synsemantika" (sog. „Funktionswörter" wie Artikel, Pronomen, Präpositionen, Konjunktionen usw.). Diese Unterscheidung ist semantisch gesehen aber sehr problematisch.

Die Unterscheidung in „offene" vs. „geschlossene" Morphemklassen beruht auf der Annahme, dass die „grammatischen Morpheme" eine relativ kleine geschlossene Klasse von Elementen (Lexikoneinheiten) bilden (besser: Klassen); der große Rest bildet dann eine offene Klasse (sog. „lexikalischer Morpheme"). „Stämme" sind solche Morpheme, die andere Morpheme an sich binden können, oder die mit anderen Stämmen zu einem komplexen Wort zusammengesetzt werden können. „Affixe" (wörtlich: „das Hinzugefügte") sind diejenigen Morpheme, die selbst zu anderen (Stamm-)Morphemen hinzutreten, selbst aber keine anderen Morpheme (Affixe) an sich binden können. Man unterscheidet folgende Arten von Affixen:

Arten der Affigierung (nach Bergenholtz/Mugdan 1979, 59):

(1) Suffigierung:
Die Anfügung eines Affixes an einen Stamm, das nach der Basis steht (= Suffix)
Bsp.: *Bett* → *Bett* → *en* = ‚*Bett*' + Plural
klein → *klein* → *er* = ‚*klein*' + Komparativ

(2) Präfigierung:
Die Anfügung eines Affixes an einen Stamm, das vor der Basis steht (= Präfix)
Bsp.: *schön* → *un* → *schön* = ‚*nicht* + *schön*'
reis/en → *ab* → *reis/en* = ‚*fort* + *reisen*'

(3) Infigierung:
Die Anfügung (oder besser Einfügung) eines Affixes an (in) einen Stamm, das innerhalb der Basis steht (= Infix) [Im Deutschen nicht vorhanden]

(4) Zirkumfigierung:
Die Anfügung eines Affixes an einen Stamm, das die Basis umschließt, also zugleich vor und nach der Basis steht (= Zirkumfix).
Bsp.: *<frag>* → *<ge + frag + t>* = ‚*frag* + Partizip Präteritum'

Fasst man all diese Unterscheidungsversuche nach dem Kriterium der Funktion zusammen, dann kommt man beim Deutschen zu folgender sinnvoller Einteilung in Morphem-Typen (bzw. Typen von Wort-Bestandteilen):

Funktions-Typen von Morphemen (bzw. Wort-Bestandteilen):

- Stammmorpheme
- Flexionsmorpheme
- Wortbildungs-Morpheme (bzw. Derivations-Morpheme)

[• Fugenelemente (keine Morpheme, da nicht bedeutungstragend)]

Stammmorpheme sind diejenigen Morphemtypen, die üblicherweise auch als „lexikalische" Morpheme bezeichnet werden und oft fälschlich mit den „freien" Morphemen gleichgesetzt werden. Es sind solche Morpheme, die über eine eigene lexikalische Bedeutung der Art verfügen, die über die Bezeichnung grammatischer Kategorien deutlich hinausgeht. Stammmorpheme bilden die semantische Grundlage unseres Wortschatzes und sind derjenige Morphemtyp, der unser Weltwissen in der Sprache aufbewahrt und transportiert. Sie bilden die einzige Morphemklasse, deren Elemente auch frei vorkommen können. Die Zugehörigkeit von Stammmorphemen zu einer Wortklasse (z. B. *Verb, Nomen/Substantiv,*

Adjektiv) legt in der Regel auch fest, mit welchen weiteren Morphem-Typen sie kombiniert werden können.

Das heißt: Man kann aus morphologischer Sicht innerhalb der Klasse der Stammmorpheme unterschiedliche Typen danach unterscheiden, ob und wie sie mit anderen Morphem-Typen (Flexionsmorpheme, Wortbildungsmorpheme, andere Typen von Stammmorphemen) kombinierbar sind. Partikelmorpheme (Präpositionen, Konjunktionen, Modalpartikeln, Adverbien) sind in der Regel durchgängig freie Morpheme, d. h., sie sind gleichzeitig Wörter und werden nicht flektiert oder mit Wortbildungs-Morphemen verbunden. Bei den übrigen Stammmorphemen (also den Stämmen von Substantiven, Adjektiven, Verben, [evtl. Pronomina]) verhält es sich dagegen so: Diese Stämme kommen überwiegend nur in Verbindung mit einem Flexionsmorphem vor (einem Deklinationsmorphem bei Substantiven, Adjektiven [und evtl. Pronomina, wenn man deren grammatische Formen zur Deklination rechnet, was nicht alle Forscher*innen tun] oder einem Konjugationsmorphem bei Verben). Zwar gibt es bei solchen Stämmen auch frei vorkommende Formen, doch sind diese freien Formen dann immer schon in grammatischer Hinsicht *markiert*, d.h., die Verwendung eines Stamms ohne ein Ausdruckselement, das z. B. für eine Flexionskategorie steht, vermittelt selbst schon eine grammatische Information:

„Markiertheit" von Stamm-Morphemen:
Stammmorpheme können zwar auch bei Verb-, Adjektiv- und Substantivstämmen frei vorkommen, doch vermitteln sie dann stets in semantischer Hinsicht über ihre lexikalische Bedeutung hinaus zusätzliche grammatische Information (dies nennt man „Markiertheit").

- *„Haus"* steht für den Nominativ oder Akkusativ Singular des Substantivs (während der Genitiv und Dativ durch zusätzliche Ausdrucks-Elemente gekennzeichnet sind);
- *„Frau"* steht zwar für alle vier Kasus, zeigt aber immerhin noch den Singular an.
- *„geh"* steht ohne weitere Ausdrucks-Elemente für die Kategorie Imperativ Singular.

Der typische Fall (Normalfall) für Stammmorpheme der Wortklassen Substantiv, Verb, Adjektiv ist jedoch die Kombination des Stamms mit einem oder mehreren Flexionsmorphem(en).

Flexionsmorpheme sind solche Morpheme, die an ein flexionsfähiges Stammmorphem angehängt werden, um eine Wortform zu bilden, d. h. ein grammatisches Wort, das in einen syntaktischen Rahmen eingefügt werden kann, weil es über konkrete grammatische Informationen verfügt (z. B. KASUS und NUMERUS beim

Substantiv, Genus, Kasus, Numerus, Komparation beim Adjektiv, Tempus, Modus, Numerus und Person beim Verb). Die Kombinationen aus Wortstamm und Flexionsmorphem(en) eines Wortes werden meist auch als „Flexionsformen des Wortes" bezeichnet und in Flexionsparadigmen zusammengefasst.

Die Abgrenzung zwischen **Flexionsmorphemen und Wortbildungsmorphemen** (Derivationsmorphemen) ist nicht so festgefügt, wie es viele Linguist*innen annehmen, denn: Flexionsmorpheme können zusätzlich die Funktion der Wortbildung (Derivation), z. B. der Überführung von Stammmorphemen aus einer Wortklasse in eine andere Wortklasse, übernehmen. Das ist etwa dann der Fall, wenn ein Flexionsmorphem, das eindeutig zur Konjugation von Verben gehört, an einen Stamm angehängt wird, der eindeutig zur Wortart der Substantive oder Adjektive gehört:

Bsp.:	*Haus*	–	*haus-en*	–	*er haus-t*
	schön	–	*schön-en*	–	*er schön-t*

Unter *Wortbildungsmorphemen* (bzw. *Derivationsmorphemen*) wird derjenige Morphemtyp verstanden, mit dem verschiedene Wörter (im Sinne von: Wortarten bzw. Wortklassen) gebildet werden. Häufig werden Wortbildungs-Morpheme auch benutzt, um einen Stamm der einen Wortart in ein Wort einer anderen Wortart zu überführen:

Wortbildungsmorpheme: *kind-<u>isch</u>, kind-<u>lich</u>*
<u>er</u>-suchen
<u>ver</u>-sprechen
<u>Ge</u>-sing-<u>e</u>

Wortartwechsel durch Anfügen von Wortbildungsmorphemen

N → A	*Haus*	→ *häus-lich*
A → N	*schön*	→ *Schön-heit*
V → N	*fahr/en*	→ *Fahr-er*
V → N	*überschreit/en*	→ *Überschreit-ung*
V → A	*hinder/n*	→ *hinder-lich*
	lach/en	→ *lach-haft*

Einen Sondertyp der Wortbildung stellt die sog. „Präfigierung" dar, d. h. die Bildung neuer Verben mit Präfixen, die oft ursprünglich aus der Klasse freier Morpheme (Stammmorpheme, z. B. Präpositionen) kommen: *stehen* → *auf-stehen.*

Bei den *Fugenelementen* ist der Morphemstatus fraglich, da sie keine Information vermitteln und ihnen daher die Eigenschaft fehlt, ein (zweiseitiges) Zeichen zu sein (mit Ausdruck- und Inhaltsseite). Daher ist auch ihr morphologischer Segmentstatus fraglich (Bsp. *Kind-er-bett, Heiterkeit-s-anfall, Regierung-s-chef*). Sie existieren ausschließlich aus phonetischen Gründen (zur Erleichterung der Aussprache).

5. Das Material der Sprache II: Wörter, Wortstrukturen, Wortbildung, Wortbedeutung

5.1 Wortbegriffe, Worttypen, Wortarten

Die Morphologie ist die Erforschung der inneren Struktur und der Bildung der Wörter. Wörter können aus einzelnen Morphemen bestehen (*Kind, Haus, Garten, Kaninchen, mach, schön*), sie können aber auch aus mehreren Morphemen zusammengesetzt sein (*Kind-er, Haus-tür, Haus-ier-er, Garten-haus, Kaninchen-stall, mach-t-e, un-schön*). Wenn dies der Fall ist, spricht man von einer inneren Wortstruktur. Für diese Wortstruktur gibt es in jeder Sprache besondere Regeln, so auch für das Deutsche.

Wortbegriffe

Der alltagssprachliche Begriff „Wort“, der uns so klar und einfach zu sein scheint, ist wissenschaftlich gesehen tatsächlich aber ein schwieriger Begriff. In der traditionellen Sprachwissenschaft und Sprachphilosophie wurden die Wörter oft fälschlicherweise mit den elementaren sprachlichen Zeichen gleichgesetzt. Dass dies nicht immer zutrifft, haben wir an einigen Beispielen gesehen. Manche Wörter, darunter gerade die wichtigsten, wie etwa die Verben, kommen so gut wie nie als einzelnes Morphem vor, sondern enthalten immer mindestens zwei Morpheme. (Bei deutschen Verben ist die einzige Form, in der sie als einzelnes Morphem vorkommen, der Imperativ Singular: *mach* vs. *ich mach-e, du mach-st, sie mach-t, wir mach-en* usw.) Wenn dennoch in vielen linguistischen Arbeiten (so etwa auch bei de Saussure) fälschlich gesagt wird, dass Wörter die elementaren sprachlichen Zeichen seien, dann liegt das daran, dass in solchen Arbeiten unter „Wort“ meist an ein sog. „lexikalisches Wort“ gedacht wird. Bevor wir uns mit der inneren Struktur, der Funktion und der Bedeutung von „Wörtern“ näher beschäftigen, ist es daher notwendig, zunächst einmal verschiedene Wort-Begriffe auseinanderzuhalten.

In der Linguistik verwendete Begriffe zur Ersetzung von „Wort“:
- Wortform
- grammatisches Wort (syntaktisches Wort)
- Textwort
- Morph/Morphem
- Lexem

Mit „Wort" wird auf phonetischer, phonologischer, morphologischer, syntaktischer, lexikalischer und stilistischer Ebene jeweils etwas sehr Unterschiedliches bezeichnet.

Die wichtigste Unterscheidung ist die zwischen „Wortform" und „Wort" (bzw. „Lexem"). Man kann diesen Unterschied leicht an einem Beispiel klar machen. Betrachten Sie die folgenden Sätze: (1) *„Der Vorplatz muss überdacht werden."* (2) *„Der Vorschlag muss überdacht werden."* Hier haben wir zweimal die Wortform überdacht. Man kann den Terminus „Wortform" dann auch definieren als die reine Ausdrucksseite eines Wortes (sozusagen ein „phonetisches Wort"). In unserem Beispiel haben wir aber nun den Fall, dass ein- und dieselbe Ausdrucksseite (Laut- oder Buchstabenkette, „phonetisches Wort") für zwei verschiedene lexikalische Wörter (Lexeme) steht: (1) für das Lexem überdachen; (2) für das Lexem überdenken. Dabei ist die grammatische Funktion beider Wortformen identisch, nämlich Partizip II: Der Unterschied besteht darin, dass die beiden Wortformen die Flexionsformen von zwei verschiedenen Lexemen darstellen.

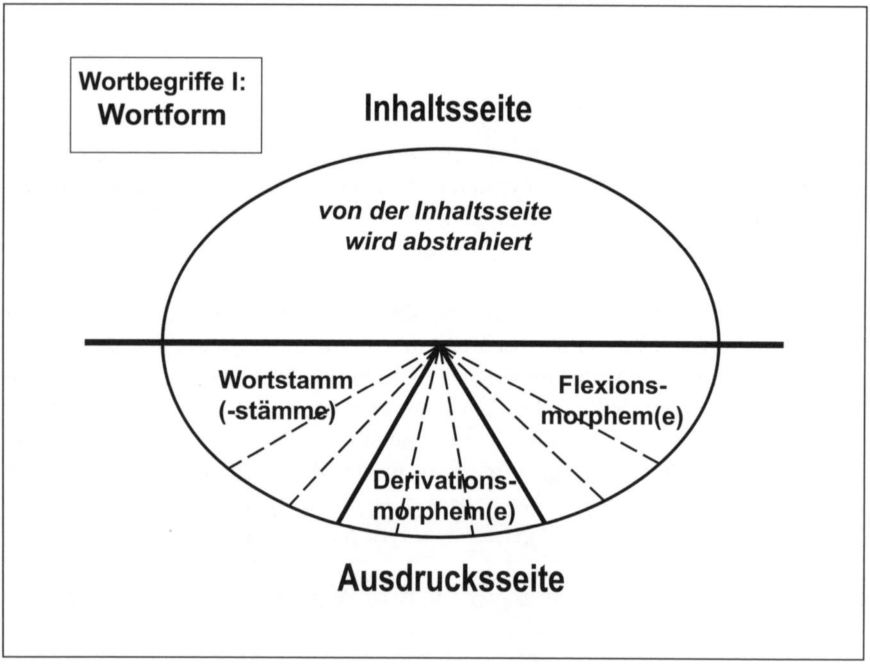

Abb. 14: Wortbegriffe I: Wortform

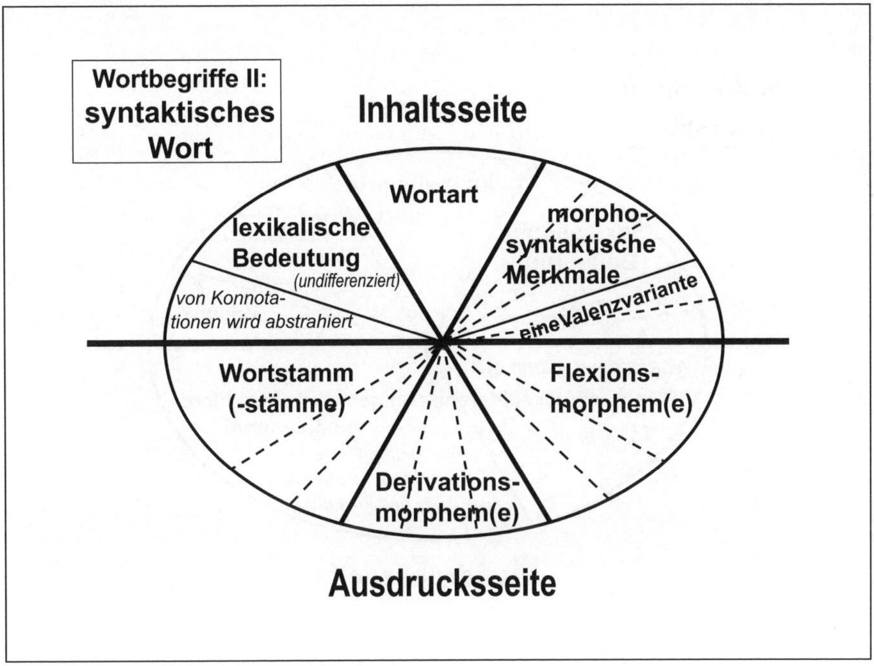

Abb. 15: Wortbegriffe II: syntaktisches Wort

Häufig wird daher vorgeschlagen, zusätzlich zwischen „Wortform" (vgl. Abb. 14) und „syntaktischem/grammatischem Wort" (vgl. Abb. 15) zu unterscheiden. Man kann dann diese Begriffe folgendermaßen definieren:

Wortform = ein sprachliches Zeichen unter rein ausdrucksseitiger Betrachtung
syntaktisches Wort = elementares sprachliches Zeichen, das alle Merkmale aufweist, um in einen syntaktischen Rahmen eingesetzt zu werden. (Zu diesen Merkmalen zählen: Flexionsform, d. h. Morpheme, die die dafür notwendigen morpho-syntaktischen Kategorien anzeigen; und sog. „Wortartenmerkmale", d. h. entweder spezielle Morpheme, die eine bestimmte Wortart anzeigen, oder eine Ausdrucksgestalt, die das Wort geeignet macht, um als Vertreter einer bestimmten Wortart eingesetzt zu werden.)

Morpho-syntaktische Kategorien, die durch Flexionsmorpheme ausgedrückt werden, sind etwa Kasus und Numerus bei Substantiven, Numerus und Genus bei Adjektiven, Tempus, Numerus und Person bei Verben.

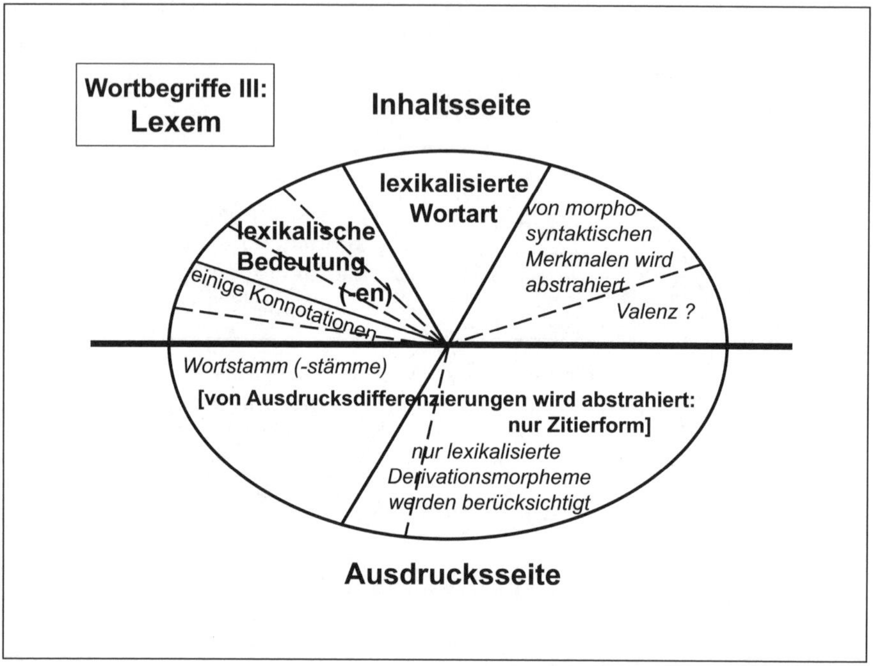

Abb. 16: Wortbegriffe III: Lexem

Eine Gruppe von syntaktischen Wörtern, die zu demselben Lexem gehören, nennt man auch das Flexionsparadigma (bzw. das morpho-syntaktische Paradigma) eines Lexems.

Wichtig ist, dass man ein Wort, betrachtet als Wortform oder syntaktisches Wort, eindeutig unterscheidet von dem Wort, wenn man es als Einheit des Wortschatzes (z. B. hinsichtlich seiner lexikalischen Bedeutung) betrachtet. In diesem Fall nennt man es ein „Lexem“ oder „lexikalisches Wort“.

Als Lexem bezeichnet man ein Wort, insoweit es eine eigene lexikalische Bedeutung besitzt und Teil des Lexikons, des Wortschatzes einer Sprache ist. Gemeint ist das „Systemwort“, d. h. ein elementares sprachliches Zeichen, das unter Abstraktion von seinen Flexionsformen und unter Zusammenfassung seiner Bedeutungsvarianten betrachtet wird (vgl. Abb. 16). Lexeme werden im Wörterbuch mit einer Zitierform aufgenommen. Dies ist im Deutschen bei Verben z. B. der Infinitiv (im Lateinischen und in vielen romanischen Sprachen aber die 1. Pers. Sing. Präs. Ind. Akt.), bei Nomen der Nom. Sing., bei Adjektiven die unflektierte Form des Positivs, also so, wie das Adjektiv als eigenständiges Satzglied vorkommt, ohne gesteigert zu sein. Lexeme weisen lexikalisierte Wortarten-Merkmale auf, d.h., dass wir in unserem Wortschatz zusammen mit den Wortformen die Information abspeichern, zu welcher Wortart sie (standardmäßig) gehören.

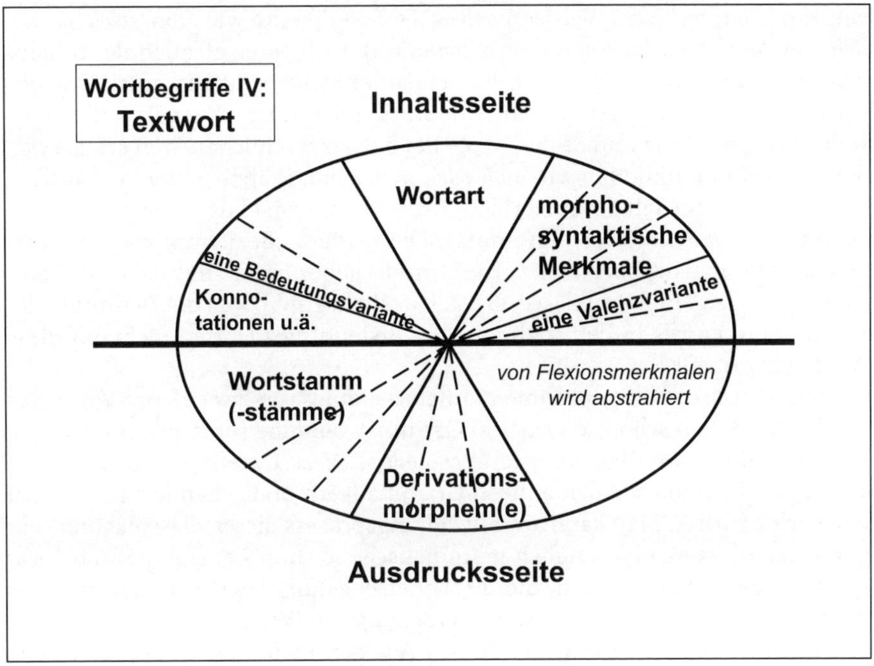

Abb. 17: Wortbegriffe IV: Textwort

Da der Begriff Lexem oft so verstanden wird, dass darunter alle Bedeutungsmöglichkeiten einer Wortform gefasst werden, wogegen im konkreten Sprachgebrauch in Texten oder mündlicher Rede immer nur eine bestimmte Bedeutungsvariante gültig ist (von den ev. verschiedenen, die es für das jeweilige Lexem gibt), könnte es Sinn machen, zusätzlich zum Begriff Lexem einen Begriff wie Textwort einzuführen (vgl. Abb. 17). Im Unterschied zu einem Lexem wäre ein Textwort dann ein elementares sprachliches Zeichen, das syntaktisch *und* semantisch disambiguiert ist (d. h. eine Flexionsform und zugleich *eine* konkrete Bedeutungsvariante von verschiedenen möglichen Varianten vertritt). Ein solcher Begriff ist aber in der Linguistik derzeit nicht eingeführt und nicht üblich.

Worttypen und Wortarten

Die Wörter einer Sprache gehören unterschiedlichen Worttypen und Wortarten an. Hinsichtlich ihrer Bedeutung werden traditionell zwei Worttypen unterschieden: „Autosemantika" und „Synsemantika". Unter „Autosemantika" werden solche Wörter verstanden, die über eine eigene, vollständige begriffliche Bedeutung verfügen. D. h.: Die Bedeutung solcher Wörter kann dadurch erklärt werden, dass diese Wörter auf bestimmte Gegenstände, Sachverhalte, Zustände, Vorgänge usw. der außersprachlichen Welt verweisen. (Substantive/Nomen wie *Haus, Baum, Katze, Wasser, Freiheit, Liebe,* Adjektive wie *groß, reich, gemütlich* und Verben wie *lachen, hoffen, schwimmen*). Sie werden oft auch als „Inhaltswörter“, „Hauptwörter“ usw. bezeichnet. Unter Synsemantika werden dagegen solche Wörter verstanden, deren Bedeutung nicht durch Verweis auf irgendwelche Gegenstände und Sachverhalte der außersprachlichen Welt erklärt werden kann (Konjunktionen wie *und, oder, weil, denn,* Präpositionen wie *auf, vor, zwecks, wegen,* ein Teil der Adverbien, Pronomen, Artikel usw.). Sie werden oft auch als „Funktionswörter“, „grammatische Wörter“, „Beziehungswörter“, „Nebenwortarten“ usw. bezeichnet. Im Grunde genommen sind daher die sog. „Synsemantika“ eine Restklasse, die sich deshalb ergibt, weil die Definition des Bedeutungsbegriffs in den traditionellen Bedeutungstheorien nicht auf diese Wortarten zutrifft.

Im Gegensatz zu der erwähnten Unterscheidung von zwei Haupt-Worttypen werden Wortarten schon seit jeher in Grammatiken (und sonst auch in der Lexikologie und in Wörterbüchern) unterschieden. Diese Unterscheidungen haben eine lange Tradition seit den antiken Grammatikern und gehen letztlich bis auf Aristoteles zurück. Man kann am Entstehungsprozess dieser Klassifikation sehr gut sehen, dass es ursprünglich grammatische, d. h. im engeren Sinne sogar syntaktische Kriterien waren, die die Unterscheidung begründet haben. (Dies wirft die schwierige Frage nach der Abgrenzung von Wortarten und Satzgliedern auf, die nicht immer klar zu treffen ist.) Aus den ursprünglich sehr einfachen Einteilungen ist durch weitere Differenzierung eine Vielzahl von Wortarten-Begriffen geworden, die in gängigen traditionellen Grammatiken des Deutschen zu einer „10-Wortarten-Lehre“ geführt haben. Zahl und Art der angenommenen Wortarten sind aber immer noch sehr uneinheitlich und schwanken derzeit noch (je nach theoretischer Position) zwischen 4 und 15 Wortarten. Für das Deutsche werden z. B. folgende angenommen:

Klassische 10-Wortarten-Lehre:

1. Substantiv/Nomen (*Haus, Liebe, Dampfschiff*)
2. Verb (*lachen, singen, untergehen*)
3. Adjektiv (*blau, groß, vielfältig*)
4. Artikel (*der, die, ein, eine*)
5. Pronomen (*dieser, jene, welche*)
6. Adverb (*schnell, vorhin, dort*)
7. Konjunktion (*und, oder, weil*)
8. Präposition (*auf, unter zwecks*)
9. Numerale (*zwei, dritte*)
10. Interjektion (*Oh, Au*)

Diese klassische Einteilung der Wortarten wirft gewisse Probleme auf: Das Hauptproblem ist, dass sie „Wörter“ klassifiziert, ohne die Frage zu stellen, ob Lexeme, syntaktische Wörter oder Wortformen beschrieben werden. D. h. es stellt sich die Frage: Was klassifiziert das Modell eigentlich? Eine weitere Frage ist: Wie wird hier klassifiziert, nach welchen Kriterien? Hierzu muss festgestellt werden, dass die Kriterien selten offengelegt werden, ein Anhaltspunkt kann die verwendete

Terminologie sein, die aber keine einheitlichen Kriterien zeigt: Manche der Wortarten-Bezeichnungen sind eher semantisch/inhaltlich motiviert (z. B. *Nomen/ Substantiv, Numerale*), andere eher syntaktisch (z. B. *Präposition, Konjunktion, Adverb*), andere beziehen sich eher auf textuelle Strukturen und Zusammenhänge (z. B. *Pronomen*), andere betreffen eher die pragmatische Ebene (z. B. *Interjektion*). Es ist also der typische Fall einer Mischklassifikation mit uneinheitlichen Einteilungskriterien.

Im Grunde scheint bei der traditionellen 10-Wortarten-Lehre eine Klassifikation von Lexemen vorzuliegen nach dem Kriterium, für welche morpho-syntaktischen Merkmale die Lexeme jeweils zugänglich sind, d. h. nach welchen Kriterien sie jeweils flektieren: Nomen/Substantive sind deklinierbar (flektierbar nach Numerus, Kasus) und haben ein fixes Genus. Adjektive sind ebenfalls deklinierbar, und zwar außerdem nach Genus, und sie werden mittels anderer Morpheme als die Substantive dekliniert (hinzu kommt die Steigerung). Verben sind hingegen konjugierbar (flektierbar nach Person, Numerus, Tempus, Modus). Eine solche Differenzierung nach morphologischen Aspekten klassifiziert indirekt auch nach syntaktischen Gesichtspunkten.

Ein weiteres Problem ist, dass die traditionelle Wortarten-Einteilung uneinheitlich ist und dass es ihr an Konsequenz mangelt. Zum Beispiel ist es möglich, dass bestimmte Wörter zwei Wortarten angehören können:

Bsp.: *schön* — Adverb / Adjektiv

seit — Präposition / Konjunktion

Das heißt aber tatsächlich, dass sich Lexeme nach dem Kriterium „syntaktische Verwendbarkeit“ unterscheiden können. Dabei besteht immer die Gefahr, dass die Einteilung in Wortarten verwechselt wird mit der Einteilung in Typen von Satzgliedern.

5.2 Wortbildung

Ein wichtiger Aspekt bei der linguistischen Untersuchung von Wörtern (neben der Erforschung und Beschreibung der Wortbedeutungen in der Semantik) ist die Untersuchung der Prozesse der Wortbildung, die eng mit der Untersuchung von Wortstrukturen zusammenhängt. Jedoch gibt es in der Linguistik unterschiedliche Vorstellungen darüber, was die Wortbildungsforschung erklären soll. Vorgeschlagen wurden folgende Auffassungen: (a) die systematische deskriptive Untersuchung der Struktur vorhandener deutscher Wörter; (b) die Erforschung der Regeln und Prinzipien, nach denen neue deutsche Wörter gebildet werden; (c) die grundlagentheoretische Untersuchung der Fähigkeit deutscher Sprecher, neue

Wörter regelmäßig zu bilden. Letztlich hängen diese drei Aspekte aber eng miteinander zusammen.

Was heißt Wortbildung?

Der übliche Begriff „Wortbildung" ist wegen der Mehrdeutigkeit des Begriffs „Wort" alles andere als klar und eindeutig. Traditionell meint man mit „Wortbildung" nur die Bildung neuer Lexeme; die Bildung neuer syntaktischer/grammatischer Wörter bzw. Wortformen nennt man üblicherweise „Flexion" (siehe Abb. 18). Wortbildung und Flexion sind demnach die beiden wichtigsten morphologischen Prozesse. Mit beiden Prozessen werden „Wörter erzeugt", nur in unterschiedlichem Sinne: einmal Lexeme, einmal Wortformen bzw. grammatische Wörter.

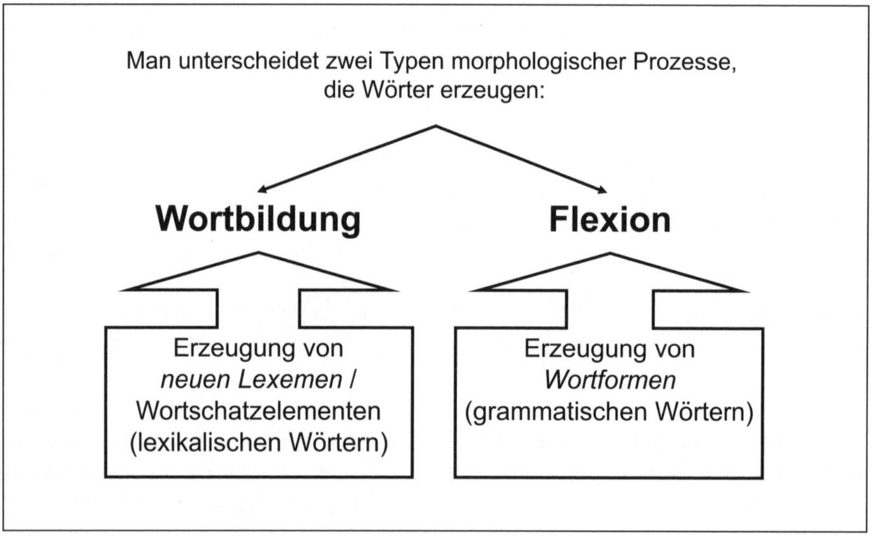

Abb. 18: Unterscheidung Wortbildung vs. Flexion

Ebenso wichtig wie diese Unterscheidung ist die Unterscheidung von „Wortbildung" und „Wortschöpfung". Während Wortschöpfung, als die Erfindung völlig neuer Ausdrucksseiten für neue Wörter, eher selten vorkommt (typischerweise eher für neue Produktnamen und in der Werbung), ist Wortbildung ein alltäglicher und damit äußerst häufiger Prozess, durch den aus vorhandenen Wörtern und Morphemen neue lexikalische Wörter erzeugt werden (siehe Abb. 19).

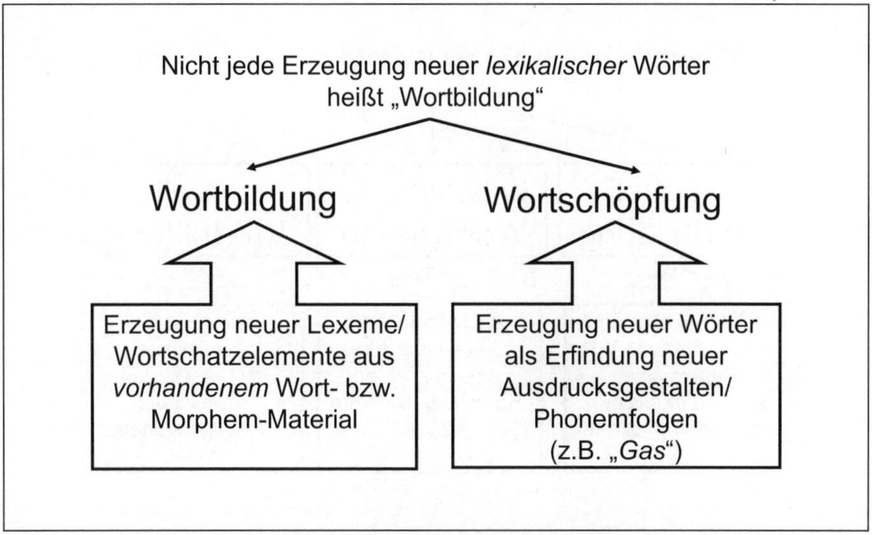

Abb. 19: Unterscheidung Wortbildung vs. Wortschöpfung

Wichtig ist es, dabei zwischen verschiedenen Stufen der Wortbildung zu unterscheiden (siehe Abb. 20). Die Regeln der Sprache erlauben es, in bestimmter Weise neue Wörter zu bilden. Alle Wörter, die aus dem vorhandenen Wortschatz und Morphem-Material einer Sprache im Prinzip neu gebildet werden könnten, nennt man „potentielle (mögliche) Wortbildungen“ (nach Grewendorf/Hamm/Sternefeld 1987, 265 f.). Nur ein kleiner Teil dieser Möglichkeiten wird tatsächlich genutzt. Dies sind zunächst die „okkasionellen Wortbildungen“, also solche neugebildeten Wörter, die von Sprecher*innen und Schreiber*innen spontan neu gebildet werden, manchmal aber danach sofort wieder in Vergessenheit geraten. Nur wenn andere Sprachteilhaber*innen solche ad-hoc-Wortbildungen aufgreifen und diese Wörter allmählich fest in den Wortschatz eingehen, sind tatsächlich neue Lexeme als dauerhafte Elemente des Wortschatzes entstanden. Dann spricht man von „usuellen Wortbildungen“. (Man sieht hieran, wie das Spiel von *type* und *token* verläuft, und wie wichtig das von Saussure genannte Prinzip der Iterativität der sprachlichen Zeichen ist: Nur wenn Wörter tatsächlich immer wieder benutzt werden, gehen sie fest in den Wortschatz ein.) Das Deutsche gilt als sehr „wortbildungsfreudige“ Sprache.

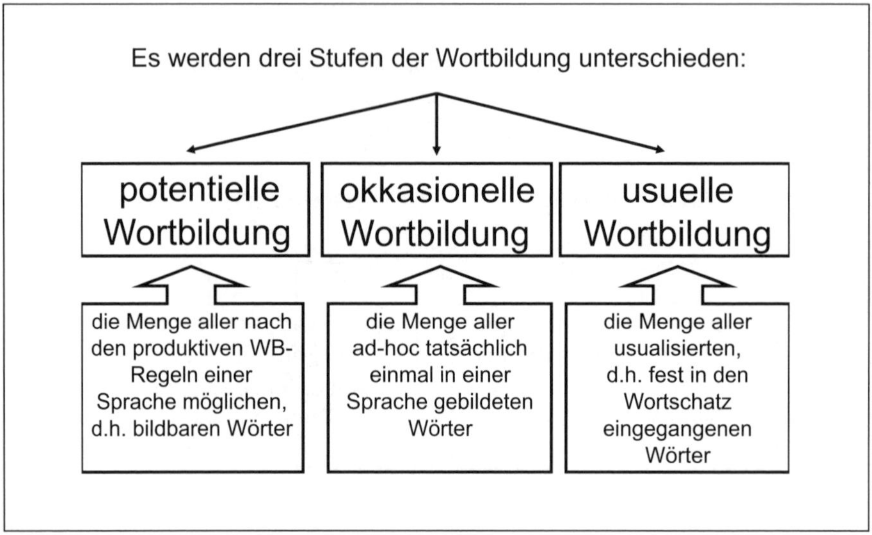

Abb. 20: Stufen der Wortbildung (nach Grewendorf/Hamm/Sternefeld 1987, 265 f.)

Dass nicht alle potentiellen Wortbildungen tatsächlich genutzt werden, hat verschiedene Gründe. Z. B. bilden manchmal Kinder ein neues Wort wie *Stehl-er*. Dieses Wort ist völlig korrekt gebildet, und man sollte das Kind nicht dafür tadeln, sondern es stattdessen loben, weil es eine wichtige Wortbildungsregel des Deutschen gelernt und korrekt angewendet hat. Allerdings wird sich ein solches Wort nicht im Sprachgebrauch durchsetzen und auch nicht in den Wortschatz eingehen, weil es mit derselben Bedeutung bereits das Wort *Dieb* gibt. Man nennt diesen Vorgang „Blockierung".

Die Gründe für solche Blockierungen sind manchmal semantisch sehr komplex und hängen außerdem mit unserem Alltagswissen zusammen. So wird ein Wort wie *Ein-mast-er* nicht gebildet, obwohl es Wörter wie *Drei-mast-er* gibt; wohl, weil es für die Information, dass ein (Segel-)Schiff mindestens einen Mast hat, keinen Bedarf gibt, weil dies als selbstverständlich vorausgesetzt wird.

Zwei weitere wichtige Begriffe der Wortbildungsforschung neben dem Begriff der „Blockierung" sind die Begriffe „Produktivität" und „Motiviertheit":

produktiv, Produktivität: Eine Wortbildungsregel ist produktiv, wenn durch ihre Anwendung heute noch neue Wörter hervorgebracht werden.
motiviert, Motivierung/Motiviertheit: Eine Wortbildung ist motiviert, wenn ihre innere Bedeutungsstruktur für alle Sprecher*innen des Deutschen semantisch durchsichtig/nachvollziehbar ist.

Während manche Wortbildungsforscher*innen sich nur für die potentiellen und okkasionellen Wortbildungen interessieren (weil sie die Aufgabe der Sprachwissenschaft vor allem darin sehen, die menschliche Fähigkeit bzw. die „Kompetenz“ zur Erzeugung sprachlicher Zeichen und Zeichenketten zu erklären), beschreibt die traditionelle Sprachwissenschaft auch solche Wortbildungen, die auf die Anwendung von (älteren) Wortbildungsregeln zurückgehen, nach denen aber in der heutigen Sprache keine neuen Wörter mehr gebildet werden. Man sagt dann: Diese Wortbildungsregeln sind „nicht mehr produktiv“. Die Beschreibung der Produktivität von Wortbildungsregeln ist ein wichtiger Teil der empirischen Wortbildungsforschung. Die verschiedenen Typen und Mittel der Wortbildung (Wortbildungsmorpheme) sind in sehr unterschiedlichem Ausmaß produktiv.

Es müssen solche Wortbildungs-Affixe, die heute noch produktiv sind, d. h. mit denen aktuelle neue Wörter gebildet werden können, von den Affixen unterschieden werden, die heute nicht mehr produktiv sind.

(a) Hochproduktiv sind heute u. a.:
- deverbale Adjektive auf *–bar* → *trink-bar*
- deverbale Substantive auf *-ung* und *–er* → *Heiz-ung, Schreib-er*
- deverbale substantivische Konversionen

(b) Schwach produktiv sind dagegen z. B.
- substantivische Präfixbildungen mit *erz-, ur-* → *Erz-Gauner, Ur-Erlebnis*
- verbale Suffixbildungen mit *-(l)n* → *tanzen tänze-ln*
- desubstantivische Adjektive auf –e(r)n → *stein-ern, gold-en*

(c) Nicht mehr produktiv sind heute z. B.:
- desubstantivische nominale Ableitung auf *-el* → *Arm, Ärmel; Eiche, Eichel*
- Nominalisierungen auf *-icht:* → *Röhr-icht, Kehr-icht*
- deverbale Nominalisierungen auf *-sal:* → *Rinn-sal*
- deadjektivische Ableitungen auf *-bar* → *offen-bar*

Typen der Wortbildung

Im Deutschen gibt es mehrere Typen der Wortbildung (Abb. 21):

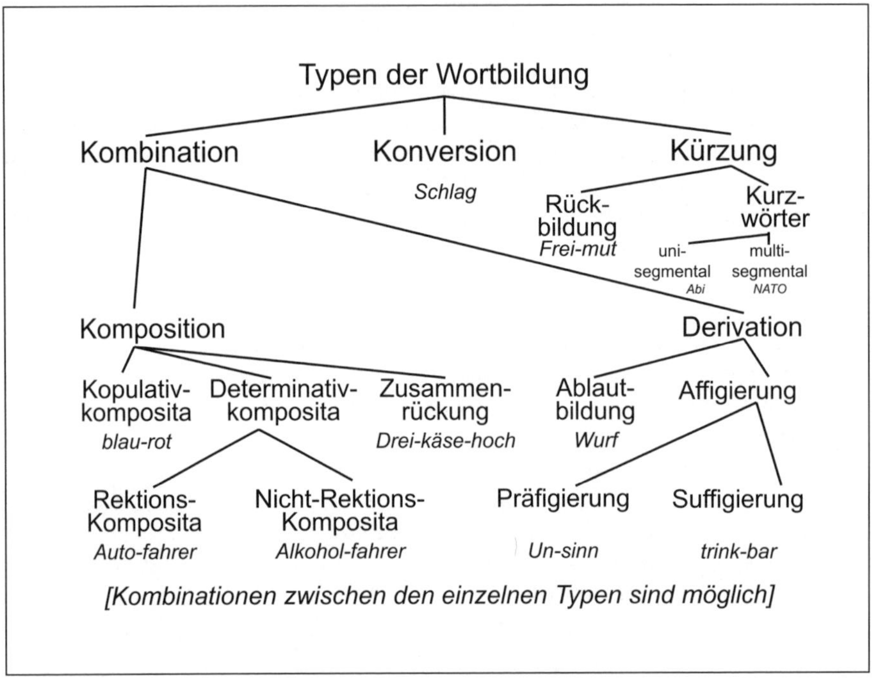

Abb. 21: Typen der Wortbildung im Deutschen

Man kann sie zunächst danach unterscheiden, ob durch die Wortbildung mehrere Morpheme aneinandergefügt werden (verkettende oder kombinatorische Wortbildung), ob durch die Wortbildung vorhandene Wortteile weggelassen/getilgt werden (Wortkürzung) oder ob das Wort eine andere Funktion (meist: eine andere Wortart) erhält, ohne dass etwas hinzugefügt oder weggenommen wird (dies nennt man Konversion). Die bei weitem wichtigsten Wortbildungstypen des Deutschen sind die Komposition und die Derivation, wobei man innerhalb der Derivation noch einmal zwischen Suffigierung (oder Derivation im engeren Sinne) und Präfigierung unterscheidet.

Komposition

Komposition bzw. Zusammensetzung ist die Bildung neuer Wörter (Lexeme) durch Kombination (Zusammenfügung) von zwei Wortstämmen solcher Lexeme, die bereits im Lexikon der Sprache enthalten sind. Die zusammengefügten Teile können entweder freie Morpheme sein (d. h. Stämme bzw. Kernmorpheme von Simplizia), sie können aber auch selbst schon aus mehreren Morphemen zusammengesetzt sein (also Komposita oder Derivata sein, vgl. Abb. 22 für die Verkettung von einem Kompositum, einem Derivat und einem einfachen Wort zu einem neuen Kompositum).

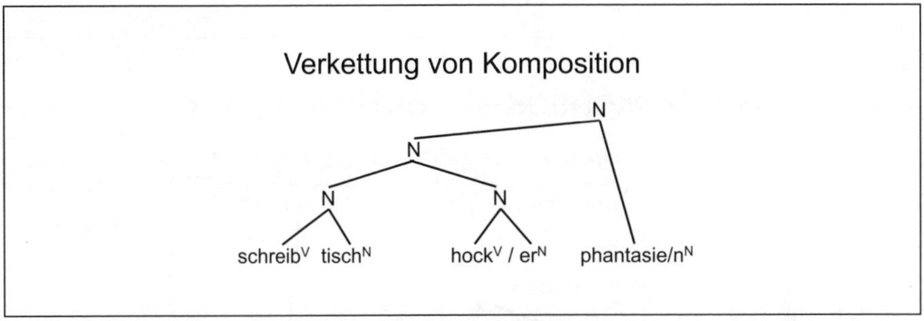

Abb. 22: Verkettung von Komposition

Komposita

- sind binär strukturiert
- haben den Hauptakzent auf dem Erstglied (bis auf wenige Ausnahmen)
- bestehen aus freien, aber nicht unbedingt selbständigen Morphemen
- sind mindestens zweigliedrig, ihre Gliederanzahl ist theoretisch unbegrenzt möglich, aber selten länger als sechsgliedrig
- werden durch das Zweitglied in Wortart, Genus, Numerus und Flexionstyp bestimmt
- ihre Glieder besitzen ein entweder determinatives oder kopulatives Verhältnis zueinander

Ein wichtiges Prinzip von Wortbildungen ist, dass jedes Wortbildungsprodukt (jedes durch die Verkettung mehrerer Morpheme oder Wörter erzeugte neue Wort) eine innere grammatische Struktur aufweist (ähnlich wie Sätze), wonach eines der Elemente das „regierende“ Element oder der „Kopf“ der Wort-Konstruktion ist. Für die Kopf-Struktur der Wortbildungen gilt im Deutschen folgende Regel:

Regel der Rechtsköpfigkeit („Righthand Head Rule“): Im Deutschen gilt für alle Wörter/Wortbildungen die Regel, dass der grammatische Kopf („Head“) die am weitesten rechts stehende Komponente des Wortes ist. Der grammatische Kopf bestimmt im Deutschen die Wortart/syntaktische Kategorie (Nomen, Verb ...), das grammatische Geschlecht (Genus) und Numerus. Sind zwei Wortglieder hierin unterschiedlich, dominiert stets die letzte Komponente des Wortes (Bsp.: *Hoch-haus* vs. *haus-hoch*). (Regel nach Selkirk 1982, 20)

Die „Regel der Recktsköpfigkeit" gilt uneingeschränkt, egal, wie lang oder komplex ein Wort ist (vgl. das Bsp. in Abb. 23):

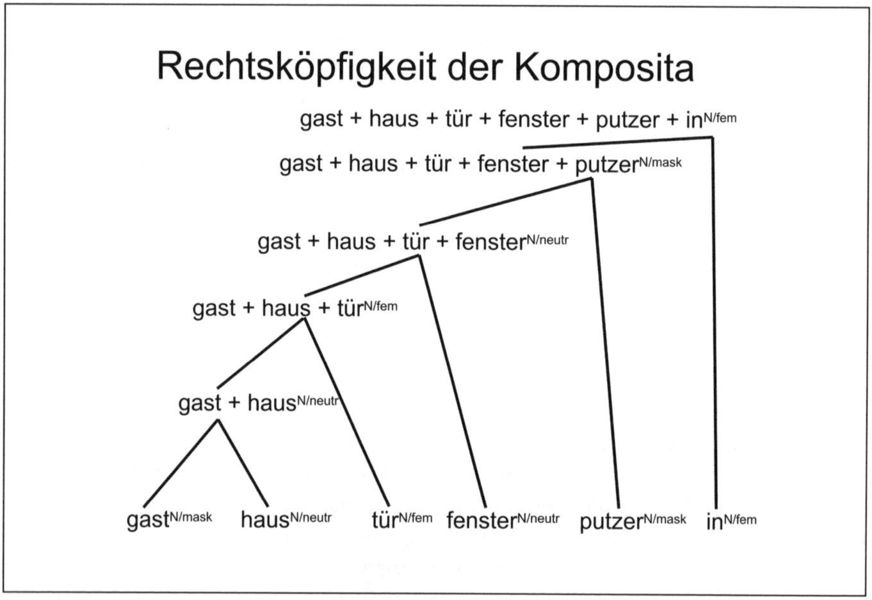

Abb. 23: Rechtsköpfigkeit der Komposita

Nicht alle Wörter/Stämme (bzw. Morphemtypen) können gleich gut zur Komposita-Bildung genutzt werden. Man unterscheidet nach der Ursprungs-Wortart der zusammengefügten Elemente folgende Kompositionsmöglichkeiten im Deutschen:

N →	N + N	*Eisen+bahn*	*Sommer+hut*
	A + N	*Klein+holz*	*Groß+maul*
	V + N	*Geh+weg*	*Start+bahn*
A →	N + A	*stein+reich*	*farb+echt*
	A + A	*dunkel+blau*	*hell+gelb*
	V + A	*trink+fest*	*fahr+bereit*
V →	N + V	*haus+halten*	*rad+fahren*
	A + V	*schön+färben*	*groß+schreiben*
	V + V	*renn+segeln*	*walz+fräsen*
N →	P + N	*Zwischen+bericht*	*Vor+schule*
	Q + N	*Drei+rad*	*Zwei+master*

Innerhalb der Komposition wird nach folgenden Kompositionstypen unterschieden:

Kopulativkomposita:		*blau-rot*
		Fürst-bischof
Determinativkomposita:	(a) Rektions-Komposita:	*Auto-fahrer*
	(b) Nicht-Rektions-Komposita:	*Alkohol-fahrer*
Zusammenrückungen:		*Drei-käse-hoch*

„Kopulativ-Komposita" sind solche Zusammenfügungen von zwei freien Morphemen derselben Wortart, bei denen keine eindeutig erkennbare semantische Dominanz-Relation (Bestimmungsverhältnis) zwischen Erstglied und Zweitglied besteht, man spricht auch von „Bindestrich-Komposita". Die im Kompositum verbundenen Wörter sind semantisch gleichranging und stehen in einem Verhältnis „sowohl als auch" – das Essen ist *süß-sauer*, das Essen ist demnach sowohl süß als auch sauer.

„Determinativ-Komposita" sind hingegen solche Zusammenfügungen von zwei „freien" Morphemen (Wort-Stämmen), bei denen eine semantische Dominanz-Relation (Bestimmungsverhältnis) zwischen Erstglied und Zweitglied besteht. Das Erstglied (Bestimmungsglied) bestimmt das Zweitglied (Grundglied) in semantischer Hinsicht näher.

„Rektionskomposita" sind dann innerhalb der Klasse der Determinativ-Komposita solche Komposita, deren Erstglied als logisch-semantisches Argument des Zweitgliedes dient (Abb. 24 und Abb. 25).

Bildung von Rektionskomposita:

Zeitung	- *s*	- *les*	- *er*	- *in*
Nomen	Fugen-element	Verb-stamm	Derivations-suffix	Movierungs-suffix

Argumentstruktur:

Die Frau	*liest*	*die Zeitung*
E^1	V	E^2
Subjekts-Ergänzung	zweiwertiges Verb	Objekts-Ergänzung
Semantische Rolle: AGENS		Semantische Rolle: AFFIZIERTES OBJEKT

Abb. 24: Bildung von Rektionskomposita auf der Basis einer Argumentstruktur

Beispiele für Rektionskomposita

(*Pfarrer*^{N} – *s*^{Fuge} – *tochter*^{N})^{N} → *Tochter*^{N} (N$^{[+pers ...]}$)

(*Universität*^{N} – *s*^{Fuge} – *kanzler*^{N})^{N} → *Kanzler*^{N} (N$^{[+Inst]}$)
(*Bundes*^{N} – *s*^{Fuge} – *kanzler*^{N})^{N}

(*Garten*^{N} – *architekt*^{N})^{N} → *Architekt*^{N} (N^{AOB})

(*Renten*^{N} – *reform*^{N})^{N} → *Reform*^{N} (N^{AOB})

(*Bundestag*^{N} – *s*^{Fuge} – *wahl*^{N})^{N} → *Wahl*^{N} (N^{EOB})

(*Toten*^{N} – *klage*^{N})^{N} → *Klage*^{N} (N^{AOB})

Abb. 25: Beispiele für Rektionskomposita

Während bei den Rektionskomposita die Bedeutung und innere Struktur des Wortes klar ist, weil sie auf die Argumentstruktur eines Verbs (z. B. *lesen*) zurückgeht, für das das Erstglied (z. B. *Zeitung*) eines der Objekte (eine der syntaktischen Verb-Ergänzungen) darstellt, fehlt diese Hilfe beim Verstehen von Nicht-Rektions-Komposita. Hans-Jürgen Heringer (1984, 2) hat dafür ein anschauliches und darum viel zitiertes Beispiel gegeben: *Fisch-frau*. Dieses Wort kann vieles bedeuten:

Frau, die Fisch verkauft
Frau des Fischs
Frau, die im Sternbild der Fische geboren ist
Frau und Fisch (= Nixe)
Frau, die Fisch is(s)t
Frau, die Fisch produziert
Frau, die vom Fisch abstammt
Frau, die kühl wie ein Fisch ist
Frau, die den Fisch gebracht hat
Frau, die beim Fisch steht

Man sieht daran gut, dass Komposita häufig so etwas sind wie „verkürzte Sätze". Es ist darum nicht verwunderlich, dass im Sprachgebrauch als Stilmittel häufig zwischen Sätzen und Komposita gewechselt werden kann.

Derivation

Derivation bzw. Ableitung ist die Bildung neuer Wörter (Lexeme) durch Kombination (Zusammenfügung) von einem Wortstamm eines Lexems, das bereits im Lexikon der Sprache enthalten ist (= selbständiges oder „freies" Morphem) und einem Affix (= unselbständiges oder gebundenes Morphem), das kein Flexions-Morphem ist. Der Stamm kann selbst schon aus mehreren Morphemen zusammengesetzt sein (also Kompositum oder Derivat sein).

Unterschieden werden Suffigierung, Präfigierung und Ablautbildung (Abb. 26). Manche Sprachwissenschaftler*innen sehen die Präfigierung auch als eigenen Typ der Wortbildung an und stellen sie neben die Derivation im engeren Sinne (als Suffigierung und Ableitung).

Arten der Derivation

(1)	Affigierung (Derivation im engeren Sinn):		
	(a) Suffigierung:	*frei*	→ *Frei-heit*
		trink/en	→ *trink-bar*
		geigen	→ *Geig-er*
	(b) Präfigierung:	*Sinn*	→ *Un-sinn*
		teilen	→ *ver-teilen*
(2)	Ablautbildung („implizite Ableitung")		
		werfen	→ *Wurf*

Abb. 26: Arten der Derivation

Auch bei der Suffigierung sind längere Ketten von Derivationsmorphemen möglich (siehe Abb. 27. Das Wort im Beispiel gibt es so nicht, es ist aber eine regelhaft gebildete potentielle Wortbildung). Ausschlaggebend für Wortart und Genus des Gesamtwortes ist aber stets das letzte, am weitesten rechts stehende Derivationsmorphem (d. h. auch hier gilt die Regel der Rechtsköpfigkeit).

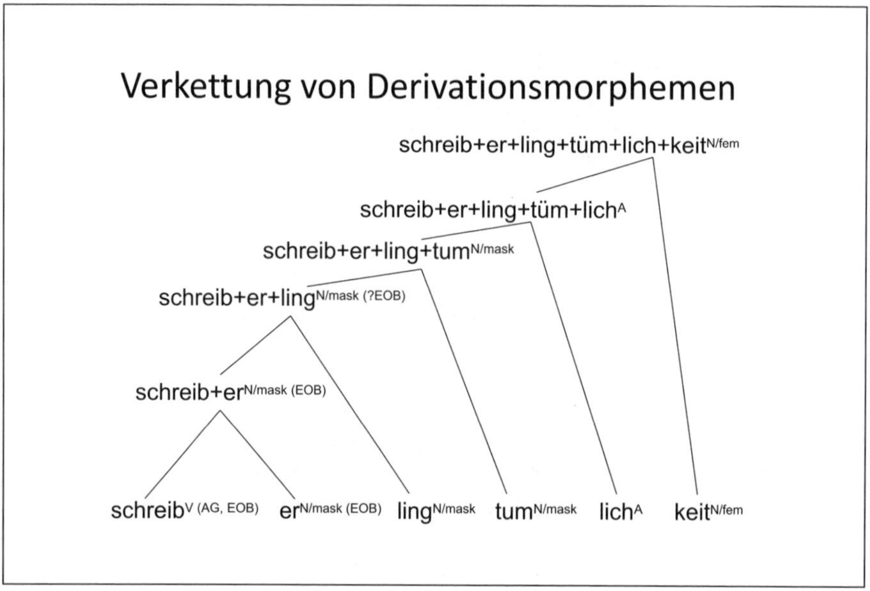

Abb. 27: Verkettung von Derivationen

Derivationen

- sind binär strukturiert
- bestehen aus einem Wortstamm („freien“ Morphem bzw. Morphemkombination) und einem gebundenen Morphem (Affix), das dem Stamm entweder angehängt (Suffix) oder vorangestellt (Präfix) ist
- sind mindestens zweigliedrig; Kombinationen mehrerer Derivationsmorpheme sind möglich, aber selten und zahlenmäßig begrenzt
- werden durch das Suffix in Wortart, Genus, Numerus und Flexionstyp bestimmt
- die Affixe können Wortart, Bedeutung und Argumentstrukturen verändern

Derivationen werden eingeteilt nach den zur Anwendung kommenden Derivationsmorphemen. Das Problem dabei ist, dass fast alle Derivations- bzw. Wortbildungsmorpheme eine große Bedeutungsvielfalt aufweisen (mehrdeutig bzw. multifunktional sind). Hierin sind sie den Lexemen (lexikalischen Wörtern) ähnlicher als den Flexionsmorphemen. Man unterscheidet zwischen solchen Derivationsmorphemen, die lediglich einen Wortartenwechsel bewirken, solchen, bei denen zum Wortartenwechsel eine semantische Modifizierung (Bedeutungsveränderung) des Gesamtwortes hinzukommt, solchen, die nur eine semantische Modifizierung (ohne Wortartenwechsel) bewirken, und schließlich solchen, die eine Änderung der Argumentstruktur des Gesamtwortes bewirken:

Derivationsmorpheme: Semantische Leistungen/Möglichkeiten

(a) Nur Wortartwechsel:

A → N:	*frisch+e*	
V → N:	*pfleg+e*	*atm+ung*
N → A:	*gold+en*	*fleiß+ig*

b) Wortartwechsel + semantische Modifizierung:

A → N:	*sauber+keit*	*finster+nis*
V → N:	*tanz+erei*	*erlaub+nis*
N → A:	*dienst+bar*	*skrupel+haft*
V → A:	*wasch+bar*	*nasch+haft*
N → V:	*krise+ln*	*buchstab+ieren*
A → V:	*er+stark/en*	*ver+arm/en*

(c) Nur semantische Modifizierung:

N → N:	*kritik + er*	*kinder+ei*
	mensch+heit	*wald+ung*
A → A:	*krank+haft*	*wahr+haft*
	antik+isch	*rein+lich*
V → V:	Suffigierung selten: *falten* → fält + eln	
	meist Präfigierung: *frieren* → *erfrieren*	
	lügen → *be + lügen; eilen* → *ent + eilen*	

(d) Mit Änderung der Argumentstruktur:

V → N:	*find+er*	*prüf+ling*
V → A:	*?brenn+bar*	*?wehr+haft*
N → V:	*?asphalt+ieren*	*?diplom+ieren*

Eine weitere Form der Wortbildung ist die *Konversion*. Darunter versteht man den Wechsel eines Wortes in eine andere Wortart, ohne dass zum Wortstamm etwas hinzugefügt wird (sie wird auch Umkategorisierung genannt). Die Ausdrucksseite bleibt hierbei erhalten. Beispiele für Konversionen:

N →	A → N		*alt → der/die Alte* *neu → der/die Neue* *die Linke (Hand)*
	V → N	Verbstammkonversion:	*fang/en → der Fang* *fall/en → der Fall* *verzehr/en → der Verzehr*
		Infinitivkonversion:	*essen → das Essen*
		Departizipiale Konversion:	*lesend → der Lesende* *vermisst → der Vermisste*
		Konversion von Wortgruppen/Sätzen:	*→ das Auswendiglernen*
A →	N → A		*Ernst → ernst (nehmen)* *Angst → angst (und bange sein)*
V →	N → V		*Hunger → hungern* *Text → texten*
	A → V		*weit → weiten* *grün → grünen*
Präp →	N → Präp		*Ernst → ernst* *Zeit → zeit*

Kurzwortbildung

Bei der Kurzwortbildung entsteht kein neues Wort, sondern nur eine Wortvariante der Vollform: *Foto(grafie), (Fahr)rad, Bier(glas)deckel.* Ein Spezialfall sind die Initialwörter, die entweder buchstabiert (*LKW, UKW, USA*) oder wie normale Wörter (*NATO, Edeka*) ausgesprochen werden. Spezialformen der Wortbildung sind noch die *Zusammenrückung* (*Vaterunser, Dreikäsehoch*) und *Wortkreuzung*/ Amalgmierung (*smoke+fog = smog; ja+nein = jein*).

5.3 Wortbedeutung/Wortsemantik

Die Semantik (Bedeutungslehre) ist zunächst diejenige Teildisziplin der Sprachwissenschaft, die sich mit der Erforschung der Bedeutung(en) sprachlicher Zeichen und Zeichenketten (Syntagmen, Sätze, Texte) befasst. Analog zu den Ebenen der Organisation komplexer sprachlicher Ausdrücke können Wortsemantik bzw.

lexikalische Semantik, Satzsemantik und Textsemantik unterschieden werden. Die Semantik weist enge Bezüge zur Zeichentheorie (Semiotik) und zur Sprachphilosophie auf und ist durch deren Modelle in verschiedenster Richtung immer wieder beeinflusst worden. Prominent geworden ist die Einteilung des Zeichentheoretikers Morris (1938, 6 f.) in *Semantik, Syntaktik* und *Pragmatik*. Ebenso wie die Sprachwissenschaft als eigene akademische Disziplin ist die Semantik im 19. Jahrhundert zunächst im Kontext der historischen Wortforschung und unter starkem Einfluss sprachpsychologischer Ansätze entstanden. Nach der durch de Saussure (1916) eingeleiteten systemlinguistischen Wende wurde sie jedoch zunächst lange zugunsten der leichter systematisier- und formalisierbaren Teildisziplinen der Sprachwissenschaft (wie Phonologie, Morphologie, Syntax) vernachlässigt und erst seit den sechziger und siebziger Jahren des 20. Jahrhunderts stärker theoretisch und methodisch ausgebaut.

Kern der Semantik als sprachwissenschaftlicher Teildisziplin ist ohne Zweifel die lexikalische oder Wortsemantik, und zwar sowohl in theoretisch-begrifflicher als auch in empirisch-forschungspraktischer Hinsicht. Die Ansicht, dass die semantischen Modelle der Spracheinheiten höherer Organisationsebenen (Sätze, Texte) theoretisch wie methodisch aus den Konzepten der Wortbedeutung abgeleitet werden müssten (= Kompositionalitätsthese), ist aus unserer Sicht problematisch, aber immer noch weit verbreitet. Ausgehend von der durch de Saussure kanonisch gewordenen Definition der Zweiseitigkeit (Binarität) des sprachlichen Zeichens als einer aus Ausdrucksseite (Lautgestalt, Schriftgestalt) und Inhaltsseite (Vorstellung, Bedeutung, Begriff) bestehenden untrennbaren Einheit wurde die moderne Semantik durch das Prinzip der doppelten Gliederung (*double articulation*, nach Martinet 1949, 30 ff.) geprägt. Den modernen (wort-)semantischen Modellen liegt daher das Analysierbarkeitspostulat zugrunde (Wiegand/Wolski 1980, 206, nach Hjelmslev 1943), d. h. die Auffassung, dass die Bedeutungsseite sprachlicher Zeichen keine unauflösliche Ganzheit darstellt, sondern (ähnlich wie auf der Ausdrucksseite das Wort in Morpheme und Phoneme) in Teileinheiten analysiert werden kann. Ob es solche Teileinheiten auf der Bedeutungsseite tatsächlich gibt, ist allerdings zwischen den verschiedenen Modellen und Schulen der Wortsemantik äußerst umstritten. (Vor allem wenn implizit unterstellt wird, dass solche Teileinheiten auf der Bedeutungsseite in exakt einer solchen Art und Weise als isolierbar und eindeutig identifizierbar nachweisbar seien, wie es für die Ausdrucksseite gilt.)

In Bezug auf die Theorien und Modelle der Wortsemantik kann (weitgehend dem Verlauf der Theoriegeschichte folgend) zwischen folgenden Schulen unterschieden werden:

- Vorstellungstheoretische Semantik
- Merkmal- bzw. Komponenten-Semantik
- Logische Semantik
- Prototypen- bzw. Stereotypen-Semantik
- Pragmatische (oder Praktische bzw. Gebrauchstheoretische) Semantik

- Neu hinzu kommt gegenwärtig die zunehmend intensiver erforschte Kognitive Semantik (z. B. die Frame-Semantik)

Theoretisch sehr viel weniger stark ausgebaut als die Lexikalische oder Wortsemantik ist die Satzsemantik. Hier stehen sich vor allem (formal-)logisch-semantische und eher pragmatisch-verstehenstheoretisch orientierte Ansätze (z. B. von Polenz 1985) gegenüber. Die Idee einer mit dem Aufkommen der Textlinguistik in den 1980er Jahren geforderten Textsemantik hat lange Zeit kaum zu einer nennenswerten Forschungspraxis geführt und wird erst neuerdings im Kontext von Kognitiver Semantik und Sprachverstehensmodellen (in Linguistik und Sprachpsychologie) wieder aufgegriffen. Neben oder am Rande der Sprachwissenschaft und Sprachphilosophie sind in jüngerer Zeit (meist interdisziplinär angelegte) Konzepte einer stärker kulturwissenschaftlich und -geschichtlich angelegten Semantik entstanden. Hierzu zählen vor allem die verschiedenen Varianten der seit den 1970er Jahren zunächst von Historikern (Koselleck) angeregten, dann auch in der Linguistik weitergeführten (heute auch von Philosoph*innen, Soziolog*innen, Politikwissenschaftler*innen, Literaturwissenschaftler*innen und anderen) neueren Historischen Semantik (wie Begriffsgeschichte, Diskursanalyse und Diskurssemantik, Topos-Forschung, Argumentationsanalyse u.a.).

Nun zu den Modellen und Konzepten der *Lexikalischen* oder *Wort-Semantik* im Einzelnen: Konzepte, Theorien und Modelle der linguistischen und der philosophischen Semantik sind, wie erwähnt, zunächst und vor allem Theorien der Wortsemantik. Am Ausgangspunkt stehen dabei nach Lyons (1980, 1983) zwei unausgesprochene, aber implizit vorausgesetzte Prämissen. Er bezeichnete diese Prämissen als „Existenzprämisse" (a) und „Homogenitätsprämisse" (b).

Unausgesprochene, aber implizit vorausgesetzte (und problematische) Prämissen der Semantik nach Lyons 1983, 192:
(a) „Existenzprämisse" =
„dass das, worauf man sich […] mit dem Wort ‚Bedeutung' bezieht, überhaupt in irgendeiner Form existiert"
(b) „Homogenitätsprämisse" =
„dass alles, was als ‚Bedeutung' bezeichnet wird, seiner Natur nach ähnlich oder gar identisch ist"

Die Existenzprämisse geht auf den seit der Antike überlieferten Bedeutungs-Platonismus zurück, nämlich die Auffassung, dass die „Bedeutung" eines Wortes als „Idee" (Platon, Locke) oder als „Begriff" eine eigenständige Existenzform habe. Sowohl über die Begriffstheorie der Bedeutung als auch in der Lexikalischen Semantik ist diese Existenzprämisse bis in jüngste semantische Konzeptionen erhalten geblieben. Die Homogenitätsprämisse findet sich einerseits schon in der

Beschränkung fast aller Bedeutungstheorien auf die Wortsemantik wieder, andererseits in der bis heute vertretenen Position, dass die Bedeutung eines Satzes als Zusammensetzung aus den Bedeutungen seiner Bestandteile aufgefasst wird (Prinzip der Kompositionalität).

Beide Prämissen sind problematisch, da von vorneherein weder ausgemacht ist, ob alle „Wörter" aller verschiedenen Wortarten (Substantive, Adjektive, Konjunktionen, Präpositionen, Partikel usw.) in gleicher Weise „Bedeutung" haben, noch, ob den verschiedenen Ebenen der Sprache (Wörter, Sätze, Texte) das Prädikat „Bedeutung" ohne weitere Differenzierung dieses Kern-Begriffs zugesprochen werden kann. Fast alle (wort-)semantischen Theorien beschränken sich auf die sog. „Autosemantika" („Selbstbedeuter" oder „Begriffswörter" wie Substantive/Nomen), schließen aber die meisten anderen Wortarten, v.a. die sog. „Synsemantika" („Mitbedeuter" oder „Funktionswörter" wie Präpositionen, Artikel, Konjunktionen usw.) aus ihrem Erklärungsbereich aus. Mehr noch: Prototypisches Wortbeispiel und damit paradigmenbildend sind überwiegend die sog. „Konkreta" (d. h. solche Wörter, deren Bedeutungen ein eindeutig identifizierbares Korrelat in der auf Sinnesdaten rückführbaren Sach- oder Dingwelt haben, wie etwa *Baum, Tisch, Hund, Wiese*); schon auf Abstrakta (also Wörter ohne ein sinnesphysiologisch verifizierbares Korrelat wie *Freiheit, Demokratie, Hoffnung, Liebe*) sind viele der bis heute gängigen (Wort-)Bedeutungsmodelle nicht problemlos anwendbar. Heutige Theorien der Semantik sind daher (oft ohne Not) weit überwiegend Theorien mit begrenzter Reichweite und Aussagekraft. Angesichts des hohen Grades an Komplexität sprachlicher Zeichensysteme und der Multifunktionalität ihrer Elemente und deren Gebrauchsweisen muss es jedoch als unwahrscheinlich angesehen werden, dass alle tatsächlich erforschten oder denkbaren Gegenstände und Phänomene der Semantik mit einem einheitlichen theoretischen Modell angemessen erfasst werden könnten.

Vorstellungs- und Begriffstheorien:

Am Anfang der modernen Semantik (so etwa auch bei Saussure 1916, 77) steht die Gleichsetzung der „Bedeutung" sprachlicher Zeichen mit „Vorstellungen" und/oder „Begriffen". In Arbeiten des 19. und frühen 20. Jahrhunderts stehen diese drei Termini häufig in einem wechselseitigen Begründungsverhältnis (und zwar in der Weise, dass jeweils einer dieser drei Begriffe durch einen anderen von diesen dreien erklärt werden soll oder paraphrasiert wird). Unausgesprochen im Hintergrund steht dabei die seit Platon überlieferte Lehre von den Ideen, die noch in der Zeichenkonzeption John Lockes (1632–1704) als „ideas in the mind" wiederkehren. Weniger problematisch ist dabei der Terminus „Begriff", der (soweit er nicht einfach synonym zu „Wort" verwendet wird) in Anlehnung an die enzyklopädistischen Konzeptionen des 17. und 18. Jahrhunderts meistens im Sinne von geistig-gedanklichen Ordnungsstrukturen und determinierten Begriffshierarchien verstanden wird (es sei denn, er wird psychologistisch-abbildtheoretisch einfach mit „Vorstellung" übersetzt). Problematisch ist dagegen der Begriff „Vorstellung", bei dem häufig undeutlich bleibt, ob er eher abbildtheoretisch (als konkretistische „geistige Bilder", wie etwa in den Beispielen bei de Saussure) oder begriffstheoretisch (abstrakte, möglicherweise durch Merkmale und Merkmalsrelationen konstituierte gedankliche Ordnungsstrukturen) verstanden wird. Während naiv-abbildtheoretische Modelle heute eher verblasst sind, besitzen begriffstheoretische Theorieelemente auch in heutigen Semantiktheorien (etwa in der Merkmalsemantik, der Logischen und der Kognitiven Semantik) noch eine hohe Verbreitung und teilweise Dominanz.

Merkmal- bzw. Komponentensemantik

Im Unterschied zu den Modellen der frühen Vorstellungs- und Begriffstheorien (die man eher zu den holistischen, also Bedeutungen als Ganzheiten auffassenden Auffassungen zählen kann) fußt die Merkmal- oder Komponentensemantik (als erste genuin linguistische Bedeutungstheorie) auf dem strukturalistischen Analysierbarkeits-Postulat. Nach diesem Postulat, lassen sich Wortbedeutungen in sog. „semantische Merkmale" (Komponenten, Seme, Marker) zerlegen, die nunmehr als die kleinsten bedeutungskonstituierenden Teileinheiten gelten. Die Bedeutung eines Wortes (oder Lexems) wird dann betrachtet als eine Struktur aus begrifflichen Inhaltselementen, den semantischen Merkmalen bzw. Komponenten, und Relationen zwischen diesen Komponenten. Bedeutungen werden dann als Listen semantischer Merkmale dargestellt, die für bedeutungsverwandte Wörter häufig in einer sog. „Merkmalsmatrix" zusammengefasst werden (vgl. Abb. 28).

Merkmalsmatrix als Beschreibung

	Lebewesen	menschlich	erwachsen	männlich	verheiratet
Mann	+	+	+	+	+
Frau	+	+	+	–	+
Fräulein	+	+	+	–	–
Mädchen	+	+	–	–	–
Junge	+	+	–	+	–
Junggeselle	+	+	+	+	–

Abb. 28: Beispiel für eine Merkmalsmatrix

Da der Merkmalsbegriff letztlich auf die klassische Begriffslogik und deren Einteilung der Welt nach den Kriterien *genus proximum* und *differentia specifica* (dt. „nächste Gattung" und „eigentümlicher Unterschied") zurückgeht, stellt die Merkmalsemantik eigentlich eine neuere Variante der Begriffstheorie der Bedeutung dar. Dass jede Begriffslogik im Kern nichts anderes als eine Theorie der Begriffsdefinition ist, schlägt sich bei der Merkmalsemantik im zentralen methodischen Problem nieder, nämlich der zweifelsfreien und konsensfähigen Identifizierung von jeweils zentralen bedeutungskonstitutiven semantischen Merkmalen. Hier wird deutlich, dass der Merkmalsbegriff ein Beschreibungsbegriff ist (und somit eigentlich nur ein methodisches Instrument darstellt). Das Postulat der restfreien Zerlegung von Wortbedeutungen in semantische Merkmale, die dann als notwendige und hinreichende Kriterien zur Bestimmung der Bedeutung verstanden werden, konnte faktisch nie eingelöst werden. (Eine solche Auffassung wird in der heutigen Literatur meist abkürzend als „Notwendige-und-hinreichende-Bedingungen-Konzeption", kurz: „NHB-Semantik", bezeichnet.) Der Theorie folgte daher keine umfassendere deskriptive Praxis. Auch gibt es sehr unterschiedliche Auffassungen darüber, welchen theoretischen oder methodischen Status die semantischen Merkmale bzw. Komponenten haben sollen. Am weitesten verbreitet ist wohl eine beschreibungstheoretische Fassung des Merkmalbegriffs, die auf das sog. „Metasprachen-Postulat" nach Greimas (1971, 19) zurückgeht. („Die semantische Beschreibung [...] ist die Konstruktion einer Metasprache.") Daneben gibt es auch Auffassungen, welche die Merkmale als Widerspiegelungen von Dingeigenschaften, als Dingeigenschaften selbst oder als angeborene Universalien begreifen. Begreift man die semantischen Merkmale als Aspekte einer Fragestrategie und nicht als determinierende und begrenzende Bedeutungseigenschaften, können sie jedoch in der Analyse nützliche Aspekte sein.

Logische Semantik

Die mit den Arbeiten des Mathematikers G. Frege (1872) und der Philosophen Russel, Moore und (in seinem Frühwerk) L. Wittgenstein (1916) sowie des sog. „Wiener Kreises" einsetzende, dann vor allem von R. Carnap (1934, 1956^2) begründete Logische Semantik dient weniger den Zwecken empirischer semantischer Beschreibung, sondern ist zunächst Baustein in der Philosophie sog. „Idealer Sprachen" (bzw. „Konstruktsprachen"). Dennoch erfreut sie sich bis heute großer Beliebtheit bei Sprachwissenschaftlern natürlicher Sprachen. Kern der Logischen Semantik (die sich damit als eine Spielart der begriffstheoretischen Semantik erweist) ist die Unterscheidung der Aspekte „Extension" und „Intension" sprachlicher Zeichen (die aber letztlich älter ist und auf die Unterscheidung von „Begriffsumfang" und „Begriffsinhalt" zurückgeht). Gemeint ist damit die Tatsache, dass die Bedeutung eines Wortes (oder „Begriffs") bestimmt werden kann entweder in Bezug auf die Menge der Gegenstände, auf die das Wort den Regeln folgend (also korrekt) angewendet wird (= Extension eines Begriffs), oder durch Beschreibung bzw. Paraphrasierung der begriffskonstitutiven Inhaltsmerkmale (= Intension eines Begriffs). Vgl. Abb. 29 und Abb. 30:

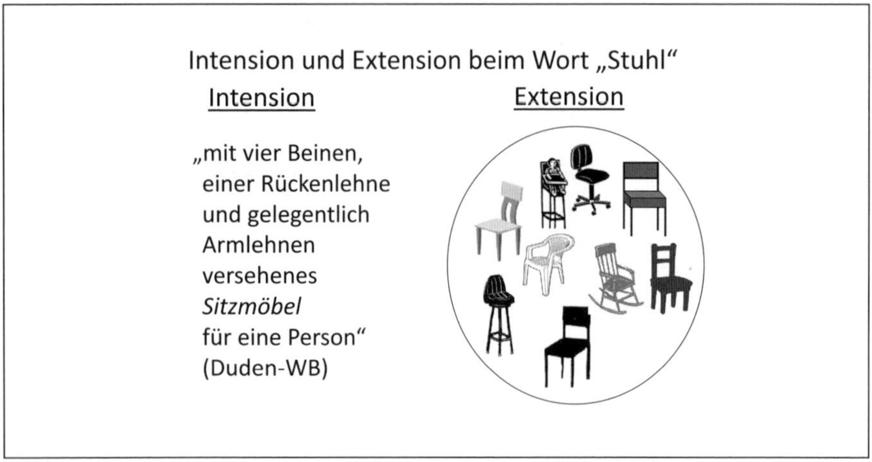

Abb. 29: Beispiel für Intension/Extension beim Wort Stuhl

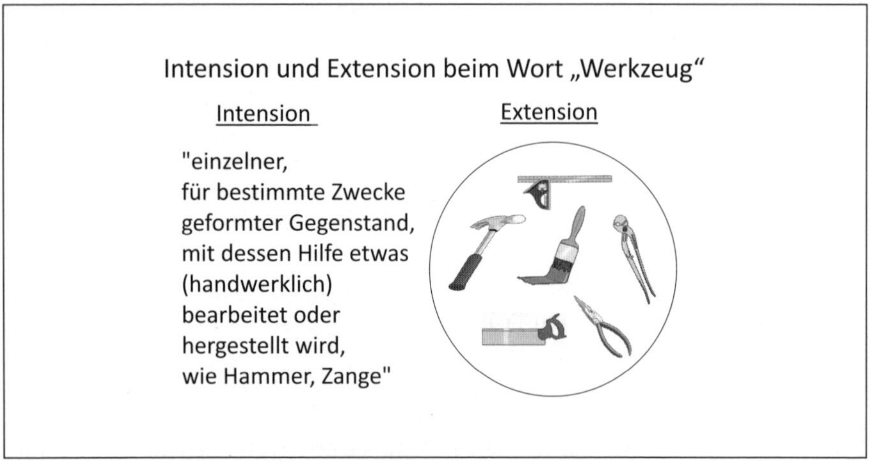

Abb. 30: Beispiel für Intension/Extension beim Wort Werkzeug

Carnap (1956, 20) setzt die Intensionen mit „Eigenschaften von Dingen“ gleich, verstanden als „etwas Physikalisches, das die Dinge haben, eine Seite oder einen Aspekt oder eine Komponente oder ein Merkmal des Dings“ und vertritt damit einen problematischen erkenntnistheoretischen Realismus, wonach die semantischen Eigenschaften sprachlicher Zeichen die Eigenschaften von Entitäten der außersprachlichen Dingwelt nicht bloß widerspiegeln (abbilden), sondern diese unmittelbar *sind*. Wichtig (aber nicht neu) ist der Gedanke, dass Wortbedeutungen stets nur über Intensionen (also inhaltsbeschreibende Merkmale) und Extensionen (also die Menge der Gegenstände, auf die Sprachzeichen korrekt angewendet werden können) zugleich bestimmt werden können. In neueren Modellen der Semantik schlägt sich dieser Gedanke im Begriff der *Referenz* nieder: Wortbedeutungen werden auch durch die Art und Weise konstituiert, wie wir auf Gegenstände unserer (nicht notwendigerweise nur dinglichen) Welt Bezug nehmen, d. h. „referieren". (Dabei ist es unwichtig, ob diese Welt „tatsächlich existiert" oder nur eine fiktive Welt ist, etwa in einem Roman oder einem Spielfilm.)

Prototypen- bzw. Stereotypensemantik

Aus der Kritik an der Merkmalsemantik (d. h. aufgrund der Einsicht in die Unmöglichkeit der Festlegung notwendiger, „definierender" semantischer Merkmale, also einer angewandten „NHB-Semantik") entstand in den 1980er Jahren die sog. „Stereotypen-" und „Prototypensemantik". Beide Ansätze gehen davon aus, dass Wortbedeutungen weder durch eine erschöpfende Merkmalangabe noch durch Angabe (im strengen logischen Sinne) „notwendiger" bzw. „wesentlicher" semantischer/begrifflicher Merkmale erfasst werden können, sondern dass sich Sprecher*innen/Schreiber*innen einer Sprache sog. „Stereotypen" (Putnam 1979) bzw. „Prototypen" (Rosch 1978) bilden, welche eine „prototypische" Vorstellung von „typischen" Vertretern derjenigen Klasse von Objekten beinhalten, auf die mittels einer Verwendung des Wortes Bezug genommen werden kann. Damit enthält die Stereotypensemantik eine enge Bindung an den Aspekt des Gegenstandsbezugs (der Referenz) von bzw. mittels Wörtern (bzw. Wortgebrauch). An die Stelle des nicht einlösbaren Zwangs zu Ja/Nein-Entscheidungen über die Zugehörigkeit eines konkreten Gegenstandes zur Menge derjenigen Gegenstände, welche die Extension des Ausdrucks bilden, tritt die Zulassung der Annahme eines „Mehr oder Weniger" der Zugehörigkeit. Damit wird das Kriterium der Ähnlichkeit (der Analogie) von Elementen einer Klasse (als Gegenstände, auf die ein Wort verweist) stark gemacht und das unhaltbare merkmalsemantische Konzept der Identität der Merkmalmenge ersetzt.

Während bei Putnam (1979, 67) „ein Stereotyp eine konventional verwurzelte [...] Meinung darüber, wie ein X aussehe oder was es tue oder sei" ist, bestimmt Rosch (1977, 23) den Prototypen wahrnehmungspsychologisch über die mehr oder weniger stark ausgeprägte Ähnlichkeit des Bezugsobjekts einer Wortverwendung mit den Prototypen bzw. „zentralen Vertretern" (oder „clearest cases") einer Kategorie (demnach ist ein Spatz ein typischerer Vertreter der Kategorie „Vogel" als ein Pinguin oder Strauß, siehe Abb. 31).

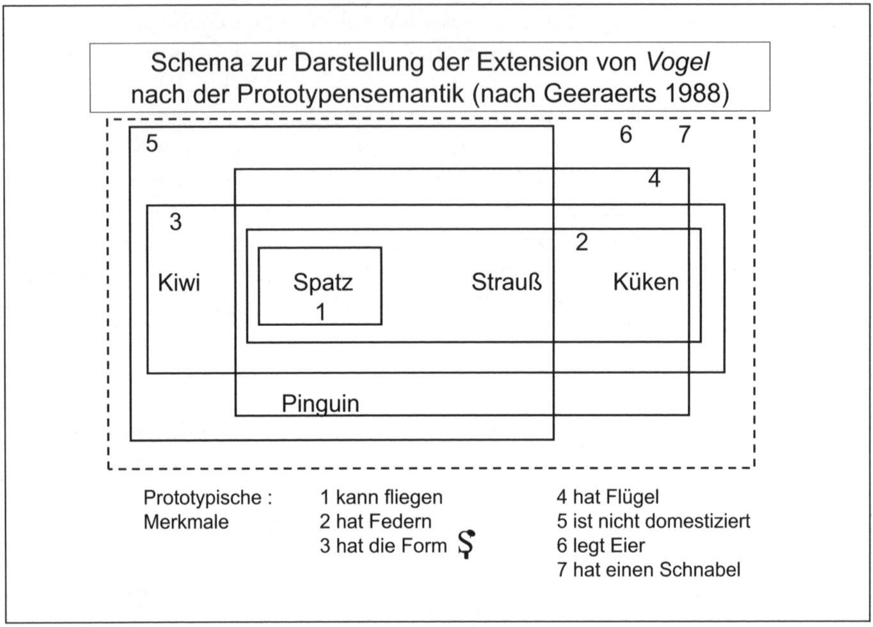

Abb. 31: Extension von Vogel nach der Prototypensemantik (nach Geeraerts 1989, 599)

Beiden Bedeutungsmodellen gemeinsam ist die Annahme einer Hierarchie von „zentraleren" und „periphereren" Exemplaren in der Extension eines Begriffs. An den Rändern des Begriffs (der Kategorie, der Wortbedeutung) bleibt eine Unschärfe, die keine klaren Zuordnungsentscheidungen mehr erlaubt. Vor allem die Prototypensemantik stellt in der heutigen linguistischen Semantik die am weitesten verbreitete theoretische Konzeption dar. Ihr entscheidender Mangel ist, dass ihr kein eigenständiger methodischer Zugang bei der Deskription von Wortbedeutungen entspricht (sieht man einmal von Bildwörterbüchern ab).

Praktische, Pragmatische, Gebrauchstheoretische Semantik

Die Praktische (Pragmatische) Semantik geht auf die im Spätwerk des Philosophen L. Wittgenstein (1889–1951, v.a. „Philosophische Untersuchungen", posthum 1953) entwickelte sog. „Gebrauchstheorie der Bedeutung" zurück (s. u. S. 124). Aus ihr folgen Annahmen wie: Die Bedeutung eines sprachlichen Zeichens zu kennen heißt zu wissen, wie es verwendet werden kann, d. h., welche Regeln für seinen Gebrauch gelten. Das Verstehen sprachlicher Zeichenketten wird aufgefasst als ein Verstehen sprachlicher Handlungen, welches auf der Kenntnis von Regeln beruht. Missverstehen oder Differenzen im Verstehen sind damit gewöhnlich darauf zurückzuführen, dass die Kommunikationspartner nach unterschiedlichen Regeln handeln (die Zeichen nach unterschiedlichen Regeln verwenden). Wenn man die Bedeutung eines sprachlichen Zeichens beschreiben will, muss man seinen Zusammenhang innerhalb einer sozialen Lebensform, d. h. innerhalb lebensweltlicher Wissensrahmen wie auch Zweckgebungen und Funktionszusammenhänge, berücksichtigen. Ebenfalls der Pragmatik zugerechnet wird die als intentionalistisch klassifizierte Semantik des amerikanischen Philosophen H. P. Grice (1913–1988). Er verfolgte ein theoretisches Programm, das es erlauben soll, die konventionalisierte (lexikalische) Bedeutung eines Wortes theoretisch und systematisch auf dasjenige zurückzuführen, was ein Sprachverwender mit einer konkreten Äußerung (in der das Wort vorkommt/verwendet wird) in einem gegebenen kommunikativen Kontext meint. Folgenreich ist vor allem Grice's Modell der Implikatur gewesen (s. u. S. 142 f.), ein Modell, das die Rolle von Inferenzen (Schlußfolgerungen, Verstehenshandlungen) in der Erklärung von Sprachverstehen und Sprachbedeutung stark macht und in gewissem Sinne bereits zur Kognitiven Semantik überleitet.

Kognitive Semantik

Seit den 1980er Jahren ist mit stetig, teilweise sprunghaft zunehmender Tendenz eine (neuerliche) Hinwendung zu psychologisch (bzw. kognitionswissenschaftlich) orientierten Ansätze in der Semantik festzustellen. Dies hat sich vor allem in Modellen des semantischen Wissens (semantische Netze, Wissensrahmen/Frames, Schemata) niedergeschlagen. Zweiter Schwerpunkt sind Modelle der Sprachverarbeitung (Sprachproduktion und –verstehen). Aus linguistischer Sicht sind viele kognitive Modelle interessant, weil sie es ermöglichen, die traditionell dominante Engführung des linguistischen Bedeutungsbegriffs zu überschreiten in Richtung auf eine Semantik, welche die Gesamtheit der für den Gebrauch und das Verstehen sprachlicher Einheiten (Wörter, Sätze, Texte) relevanten Bedeutungsmerkmale bzw. -aspekte in den Blick nimmt. In gewisser Weise können viele Modelle der kognitiven Semantik als eine neuerliche Hinwendung zur Begriffstheorie aufgefasst werden; zentrale Termini sind „Konzept", „Konzeptstrukturen" usw. Im Vergleich zu den älteren, logisch-semantisch dominierten Modellen haben die kognitivistischen Ansätze jedoch den Vorzug, dass sie am konkreten Wissen der einzelnen Sprachverwender*innen und ihrer Gesamtheit (und damit den kognitiven/epistemischen Verstehensvoraussetzungen in natürlichen Sprachen) orientiert sind und sich aus den Beschränkungen der formalen-mathematischen Logik lösen. Zudem sind die kognitivistischen Bedeutungs-Modelle sehr viel besser an kulturwissenschaftliche Forschungsansätze anschließbar als die stark reduktionistischen (gegenstands-einengenden) logisch-formalistischen Modelle und Methoden der Semantik.

Das Konstrukt „Wortbedeutung"/„Lexikalische Bedeutung"

Nur wenige Linguist*innen machen sich, wie es eigentlich notwendig wäre, bei ihrer täglichen Forschung klar, dass es sich bei dem Gegenstand „Bedeutung" um ein wissenschaftliches Konstrukt, also ein nur auf Definitionen und theoretischen Eingrenzungen beruhendes, durch wissenschaftliche Tätigkeit quasi „erzeugtes" Phänomen handelt. „Lexikalische Bedeutungen", also die sog. „Wortbedeutungen", wie sie in Wörterbüchern beschrieben werden, sind daher konstruierte Entitäten. Dies zeigt bereits ein Blick auf die unterschiedlichen Gegebenheiten in Bezug darauf, wie ein Begriff wie „Wortbedeutung" normalerweise verwendet wird.

So macht es z. B. einen erheblichen Unterschied aus, ob mit dem Begriff „Wortbedeutung" die konkrete Bedeutung eines Wortes im syntagmatischen und textuellen Zusammenhang einer konkreten Äußerung gemeint ist oder eine abstrakte Größe wie „die Bedeutung des Wortes *Schule* im Deutschen". Und auch innerhalb dieser beiden Ebenen/Spielarten von „Wortbedeutung" macht es einen erheblichen Unterschied, ob man an die individuellen Kenntnisse einer einzelnen Person denkt, oder jeweils an eine überindividuelle und damit soziale Größe, also etwas Abstraktes.

Ebenen von „Wortbedeutung":

(1) Lexikalische Bedeutung:	(2) Textbezogene/situative Bedeutung:
(a) usuell (sozial/überindividuell)	(a) okkasionell (sozial/überindividuell) (disambiguierte Bedeutung)
(b) individuell	(b) individuell

Betrachtet man genauer, welche Merkmale das, was in üblichen Theorien als „Wortbedeutung" bezeichnet wird, aufweist, kommt man in etwa zu folgender Liste, die verdeutlicht, warum man die Einheit „Wortbedeutung" bzw. „lexikalische Bedeutung" als wissenschaftliches Konstrukt bezeichnen muss:

Merkmale der „lexikalischen Bedeutung" als linguistischem Konstrukt:

- konstruierte (= durch den wissenschaftlichen/linguistischen Beschreibungs- und Definitionsprozess konstituierte) Einheit
- Konzentration auf denotative Bedeutungsmerkmale
- (weitgehender) Ausschluss konnotativer Bedeutungsmerkmale
- (weitgehender) Ausschluss sozialer/stilistischer Merkmale (Signalwerte)
- Ausschluss rein situations-/kontextbedingter Bedeutungsmerkmale
- (weitgehender) Ausschluss semantischer Relationen

- (häufig:) Ausschluss satzsemantischer Merkmale/Verwendungsbedingungen
- Ausschluss der „grammatischen Bedeutung“ (durch Flexionsmerkmale) („Lexem“ vs. „grammatisches Wort/Textwort“)

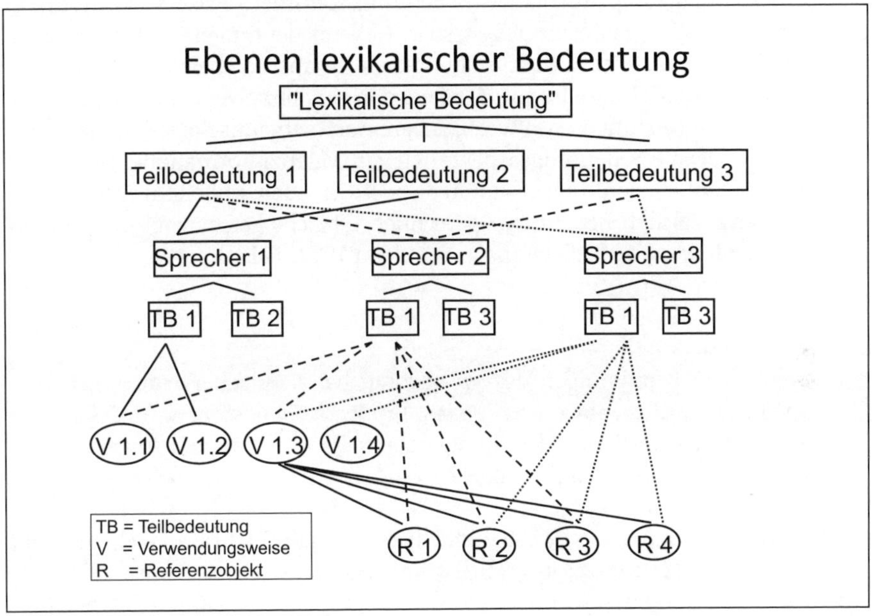

Abb. 32: Ebenen lexikalischer Bedeutung

Nehmen wir ein Wort wie *Schule*, dann kann man feststellen, dass die lexikalische Bedeutung verschiedene Teilbedeutungen (hier: TB 1 – 3) zusammenfasst, da dieses Wort mehrdeutig (polysem) ist (vgl. Abb. 32). So kann das Wort *Schule* etwa eine abstrakte gesellschaftliche Institution meinen (*Ich hasse Schule*) oder eine konkrete einzelne Schule, gemeint als Institution (*Das Friedrich-Müller-Gymnasium ist die beste Schule der Stadt*); es kann aber auch einfach nur das Gebäude meinen (*Ich muss heute noch für die Abgabe meiner Stimme für die Bundestagswahl zu meinem Wahllokal in die Frida-Schulze-Schule gehen*) oder die Unterrichtssituation als solche (*In der Schule sollte man immer konzentriert sein*). Das Wort *Schule* ist daher hochgradig polysem.

Konnotationen

„Wortbedeutungen“ können so, wie sie etwa in einem Wörterbuch beschrieben werden, immer nur schwerpunktmäßig ausgewählte Aspekte erfassen, niemals aber die Gesamtheit der Fülle an Bedeutungsnuancen aller Verwendungsmöglichkeiten einer Wortform wiedergeben. „Lexikalische Bedeutungen" stellen also allein schon vom Umfang der beschriebenen Aspekte her eine Reduktionsform gegenüber der „wahren" Bedeutung eines Wortes (so wie es in einem Text oder mündlicher Rede gebraucht wird) dar. Traditionelle Wortsemantiktheorien berücksichtigen zudem meist nur die sog. „denotative" Bedeutung, klammern also etwa Bewertungsbestandteile, emotionale Bedeutungen, sog. „Nebenbedeutungen" (oder „Konnotationen") aller Art aus ihrem Beschreibungsbereich aus, sind also auch in dieser Hinsicht verkürzend. Dasselbe gilt für alle Arten von situativen, stilistischen, varietätenbezogenen Leistungen von Wortzeichen. Auch semantische Relationen, satzsemantisch relevante Bedeutungsaspekte (wie z. B. Valenzinformationen) sowie alle „grammatischen" Bedeutungsbestandteile werden nach üblichem Verständnis nicht zur „lexikalischen Bedeutung" gerechnet. Typische Formen von Konnotationen sind nachfolgend aufgelistet (nach Schippan 1992, 121 ff).

Typen von Konnotationen:

- emotionale Bedingungen des Wortgebrauchs: z. B. scherzhaft, ironisch, spöttisch, zärtlich, abwertend – Bsp.: *Drahtesel, Dickerchen, Köter, Schwarte*
- kommunikative Ebene des Sprachgebrauchs: z. B. ungezwungen, umgangssprachlich, salopp, offiziell, förmlich – Bsp.: *durchdrehen, (armes) Luder, Vermählung*
- Funktionsbereich des Wortgebrauchs: z. B. administrativ, fachsprachlich – Bsp.: *Postwertzeichen, Entgelt, oral, Allegro*
- soziale Geltung des Wortgebrauchs: z. B. Jargon, familiär, jugendsprachlich – Bsp.: *OP-Saal, ätzend, aufs Töpfchen gehen*
- regionale Bindung des Wortschatzes: Bsp.: *Schlachter, Metzger, Fleischer*
- zeitliche Gebundenheit des Wortgebrauchs: Markierung z.B.: veraltet – Bsp.: *Herrenwelt, Perron, Einschreibungen (militärspr.)*
- Kommunikationsabsicht, Modalität (Sprechakt): z. B. höflich, grob – Bsp.: *Gestatten Sie!, Halt die Gosch!*
- politischer Geltungsbereich des Wortgebrauchs: z. B. DDR-Wortschatz – Bsp.: *LPG, Volkssolidarität*

Semantische Relationen

Neben der Beschreibung der Bedeutungen einzelner Wörter (bzw. Lexeme), was meist zum Zweck des Verfassens von Wörterbuch-Artikeln erfolgt, hat sich die linguistische Semantik immer auch mit der Beschreibung, Klassifizierung und Erklärung von sog. „semantischen Relationen" beschäftigt. Meistens werden folgende Typen von semantischen Relationen unterschieden (allerdings ist die Einteilung und Begrifflichkeit stark umstritten und daher variantenreich): *Synonymie, Polysemie, Homonymie, Hyperonymie/Hyponymie, Antonymie.*

Synonymie = Bedeutungsgleichheit. Zwei Wörter sind dann synonym, wenn man das eine in jedem Kontext für das andere einsetzen kann (Substitution):
Apfelsine/Orange *Metzger/Fleischer/Schlachter*
Haben sprachliche Zeichen die gleiche Ausdrucksseite, sind sie also gleichlautend, transportieren aber mehrere, inhaltlich verschiedene Bedeutungen, spricht man von der Bedeutungsrelation „Mehrdeutigkeit", man unterscheidet davon zwei Formen:
Polysemie = Mehrdeutigkeit eines Wortes:
Die Schule[1] fällt Fritzchen nicht leicht. *Fritzchen geht in die Schule*[2].
Die Schule[3] *muss reformiert werden.* *Die Schule*[4] *muss renoviert werden.*
Homonymie = Ausdrucksidentität von zwei bedeutungsverschiedenen Wörtern:
Das Schloss[1] *klemmt.* *Das Schloss*[2] *wird besichtigt.*
Von Polysemie spricht man dann, wenn die Bedeutungen der Lautkörper (etymologisch/sprachgeschichtlich) auf eine gemeinsame „Kernbedeutung" bzw. Wurzel zurückgehen. Von Homonymie dagegen spricht man, wenn zwar identische Ausdrucksseiten vorliegen, die verschiedenen Wortbedeutungen aber nicht auf den gleichen sprachgeschichtlichen Ursprung zurückgehen. (Bsp.: *Kiefer*: Kiefer/Nadelbaum geht zurück auf ahd. *„kienforha"*, die Kienföhre. Während Kiefer/Gesichtsknochen mit mhd. *„kiver /kivel"*, das eigentlich „Nager" bedeutet, verwandt ist.)
Hyperonymie/Hyponymie = Oberbegriff-Unterbegriff-Relationen.
Ein Wort ist dann ein Oberbegriff/Hyperonym zu einem anderen Wort, wenn seine Bedeutung die Bedeutung des untergeordneten Wortes (Unterbegriff/Hyponym) einschließt. (Genauer: Wenn die Menge aller vom übergeordneten Wort bezeichneten Gegenstände die Menge aller vom untergeordneten Wort bezeichneten Gegenstände einschließt.) Wörter, die demselben Oberbegriff untergeordnet sind, nennt man **Ko-Hyponyme**.

Zum Beispiel ist *Lebewesen* Oberbegriff/Hyperonym zu *Tier*, dieses wiederum zu *Pferd* und dieses zu *Schimmel, Rappe, Fuchs, Hengst, Stute, Fohlen.* Letztere sind alle Ko-Hyponyme zu *Pferd*, d. h., sie liegen auf derselben „Ebene" der Begriffshierarchie, aber sie beziehen sich nicht alle auf dasselbe unterscheidende semantische Kriterium.

Neben den Beziehungen der Bedeutungsverschiedenheit (Polysemie), der Bedeutungsidentität (Synonymie und Homonymie) und der Bedeutungshierarchie (Hyperonymie bzw. Hyponymie) sind die Beziehungen des Bedeutungsgegensatzes ein wichtiger Gegenstand der Untersuchung und Beschreibung semantischer Relationen. Diese Art von Beziehungen hat man lange Zeit recht pauschal als *Antonymie* (ihre Glieder als Antonyme oder Gegenbegriffe) bezeichnet. Über die Einteilung der semantischen Relationen gibt es keinen Konsens. Insbesondere die Oberklasse Antonymie wird sehr unterschiedlich eingeteilt und definiert. Sinnvoll ist etwa eine Unterscheidung in *Kontradiktion, Komplementarität, Kontrarität* und *Konversion.*

Kontradiktion: Zwei Wörter sind dann semantisch kontradiktorisch, wenn sie einen Sachverhaltsbereich genau in zwei Teile teilen, so dass die Wahrheit des einen Wortes die Wahrheit des anderen Wortes ausschließt. Ein Mittleres (oder Drittes) gibt es nicht (tertium non datur): z. B. *tot – lebendig*

Komplementarität: Eine weniger strikte Form des Bedeutungsgegensatzes. Auch hier wird meist ein Sachverhaltsbereich in zwei Teile geteilt, die sich gegenseitig ausschließen, z. B. *roh – gekocht.* Im Unterschied zur Kontradiktion lässt unser Alltagswissen hier jedoch noch andere Prädikate zu (z. B. *geräuchert*), die für die Kontradiktion geltende Regel des *tertium non datur* trifft hier nicht strikt zu.

Kontrarität/skalare Antonymie: Zwei Wörter bezeichnen zwei gegensätzliche Pole (und werden auch als gegensätzlich wahrgenommen), doch sind sie Pole einer Skala, auf der mehrere Zwischenstufen möglich sind.

heiß – *(warm – lau)* – *kalt*
naß – *(feucht – klamm)* – *trocken*
groß – *(mittelgroß)* – *klein*

Konversion I (= Bedeutungsentsprechung): Die semantische Beziehung der Konversion I besteht, wenn zwei Wörter sich auf eine gemeinsame Sachverhalts-Relation beziehen und ihre Wortbedeutungen jeweils einen von zwei entgegengesetzten Blickwinkeln darstellen, z. B.

kaufen – verkaufen *Mutter/Vater – Kind*
herauf – hinauf *kommen – gehen*

Konversion II: Die semantische Beziehung der Konversion II besteht, wenn zwei Wörter sich auf zwei gegensätzliche Sachverhalte beziehen, die sie aus einer identischen Perspektive darstellen, z. B.

hinauf – hinunter *innen – außen*

Heteronymie/Inkompatibilität: Zwei oder mehr Wörter sind heteronym, wenn ihre Bedeutungen sich wechselseitig ausschließen und sie zusammen einen gemeinsamen Bedeutungs-/Gegenstandsbereich in einer bestimmten Dimension tendenziell vollständig abdecken, z. B.

blau – grün – gelb – rot ... *Montag – Dienstag – Mittwoch ...*

(Nach Linke u.a. 2004, 162 f.)

Ein beliebter Gegenstand der linguistischen (Wort-)Semantik sind schließlich die sog. „Wortfelder“.

Bedeutungsähnlichkeit (Wortfelder): Zwei Wörter sind bedeutungsähnlich (gehören zu einem gemeinsamen Wortfeld), wenn ihre Bedeutungen in mehreren zentralen semantischen Merkmalen übereinstimmen, z. B.
Bach – Fluss – Strom *Teich – See – Lagune*
klirren – scheppern – rasseln *Schule – Universität – Kolleg – Lyceum*

5.4 Phraseologismen und idiomatische Wendungen

In gewisser Weise einen Problemfall für den Wortbegriff, und damit auch für die Lexikologie (als Wissenschaft vom Wortschatz) und die lexikalische Semantik, stellen die sog. „Phraseologismen" dar. Auch wenn die Phraseologieforschung heute einen recht breiten Arbeitsbereich der Linguistik darstellt, besteht über viele Aspekte des Gegenstandsbereiches wie auch der theoretischen Erklärung und linguistischen Beschreibung keine Einigkeit unter den damit befassten Forscherinnen und Forschern. Das fängt schon bei der Bezeichnung des Gegenstandes (der Gegenstände) an, betrifft auch die Frage, welche Phänomene alle dazu gerechnet werden, und hört bei Fragen zu den wesentlichen Merkmalen und zur Typologie von Phraseologismen nicht auf. Daher werden wir nachfolgend nur solche Aspekte erwähnen, über die es einigermaßen Einigkeit im Fach gibt.

Der Terminus Phraseologie ist eine Zusammensetzung aus den griechischen Elementen *phrasis* = „Ausdruck", „Satz" und *logos* = „Begriff", „Lehre". Die Phraseologie ist daher „die Wissenschaft oder Lehre von den festen Wortverbindungen einer Sprache, die in System und Satz Funktion und Bedeutung einzelner Wörter (Lexeme) übernehmen können" (Palm 1997, 1). Die Phraseologie wird erst seit den 1970er Jahren als relativ eigenständige Teil-Disziplin der Sprachwissenschaft aufgefasst; meist wird sie jedoch als Teil der Lexikologie betrachtet. Letztlich beschreibt die Phraseologie nur einen besonderen Typ von Lexikoneinheiten, von Lexemen, nämlich die sog. „Phraseologismen" oder „idiomatischen Wendungen", also feste lexikalische Einheiten, die aus mehr als einem Wort bestehen.

Phraseologismen: Beispiele

I. Phraseologische Wortfolgen bzw. Phraseologismen:
den Mund halten; Löcher in die Luft starren; schnell wie der Wind; blinder Passagier; leer ausgehen

II. Phraseologische Verbindungen (auch: analytische Verbalverbindungen)
zur Aufführung bringen; Achtung genießen; ein Experiment durchführen

III. Modellierte Bildungen (Konstruktionen mit wertender Bedeutung)
die Harmlosigkeit in Person; fauler Zauber; ein Bremsklotz im Betrieb

IV. Lexikalische Einheiten (fest in den Wörterbüchern aufgenommen)
Hohe Tatra; das Rote Meer
V. kommunikative Phraseologismen oder kommunikative Formeln
Wie sollte ich?! – Ausruf der Ablehnung/Zurückweisung
Abwarten und Tee trinken! – Aufforderung Geduld zu bewahren
Erst Können vor Lachen! – eine Forderung kann nicht erfüllt werden
Du bist gut! – Ablehnung oder Zurückhaltung dem Partner gegenüber

Der Begriff *Phraseologismen* (oft auch: *Phraseme*) ist daher ein Sammelbegriff, der so unterschiedliche Phänomene umfasst wie die o.g. wortähnlich verwendeten lexikalischen Einheiten (*Rotes Meer, schwarzes Brett*) bis hin zu Sprichwörtern und Redensarten (*Morgenstund hat Gold im Mund*). Andere Bezeichnungen im Gegenstandsbereich der Phraseologie sind etwa: *Floskel, Formel, Formelhafte Verbindung, Paarformel, Routineformel, Idiom, Idiomatische Wendung, Schablone, Redensart, Redewendung, Sprichwort, Sprichwörtliche Redensart, Geflügeltes Wort, Festes Syntagma, Wortgruppenlexem* und einige andere mehr.

Viele Phraseologismen werden u.a. auch deshalb lexikologisch wie Wörter behandelt, weil sie in der syntaktischen Struktur die Stelle eines Wortes einnehmen können; d. h., sie gelten auch syntaktisch als Wortäquivalente. Das gilt aber bei weitem nicht für alle Phraseologismen. In bestimmtem Sinne nehmen daher die Phraseologismen eine Zwischenstellung zwischen Syntax und Lexikologie ein, weil sie zwar formal (rein ausdrucksseitig) als Syntagmen rekonstruierbar (und zerlegbar) sind, nicht jedoch von ihrem Inhalt her (der oft eine einheitliche, idiomatische Bedeutung darstellt). Allerdings werden mit dem Begriff „Phraseologismus" zurzeit recht unterschiedliche Typen sprachlicher Einheiten zusammengefasst.

Alle Phraseologismen besitzen spezifische Merkmale, die sie von den anderen (freien) Wortverbindungen unterscheiden. Einige Phraseologismen bestehen aus zwei oder drei, andere dagegen aus mehreren Lexemen. Bei einigen ist das Austauschen der Komponenten in gewissem Maße möglich, bei anderen nicht. Die Bedeutung der einen ist leichter zu erschließen als bei den anderen. All das ist durch ihre jeweiligen Merkmale bedingt. Es werden insgesamt drei bis vier Grundmerkmale der Phraseologismen unterschieden, und zwar: die Reproduzierbarkeit, die Polylexikalität, die Idiomatizität und die Festigkeit/Stabilität.

Kernmerkmale für Phraseologismen:

Reproduzierbarkeit:	P. sind relativ feste Bestandteile des Sprachsystems und werden im Äußerungsakt nicht neu gebildet, sondern als feste Einheiten reproduziert.
Stabilität:	P. sind relativ stabile sprachliche Ganzheiten; ihre Abwandlung ist nur begrenzt möglich.
(Poly) Lexikalität:	P. bilden gegenüber dem freien Syntagma eine neue semantische Einheit; ihre Konstituenten können ihre Selbständigkeit ganz oder teilweise verlieren.
Idiomatizität:	Die Bedeutung eines P. lässt sich nicht aus den Bedeutungen seiner Konstituenten erklären.

Nicht alles, was als P. bezeichnet wird, weist alle diese Merkmale auf; manche P. tendieren eher zu freien Wortgruppen. Die Übergänge sind hier sicher fließend.

Statt von *Polylexikalität* wird auch von *Mehrgliedrigkeit* gesprochen; die *Stabilität* wird auch als *Semantische Stabilität, Festigkeit* oder *Fixiertheit* bezeichnet; das Kriterium *Reproduzierbarkeit* meint eigentlich die *Ganzheitliche Reproduzierbarkeit*; und hinter dem Kriterium der *Idiomatizität* stehen die schon bei de Saussure beschriebenen semantischen Eigenschaften der *Motivation/Motiviertheit/Motivierbarkeit* (bzw. genauer: eigentlich der *(Teil-)Nicht-Motiviertheit*, womit gemeint ist, dass die Bedeutung von Phraseologismen sich in der Regel nicht oder nicht vollständig einfach als Zusammensetzung der Bedeutungen der einzelnen Teil-Wörter erklären lässt).

Reproduzierbarkeit

Mit dem Kriterium (Ganzheitliche) Reproduzierbarkeit ist gemeint, dass die Phraseologismen „als bereits fixierte Mini-Texte in der Rede/im Text nicht jedesmal neu gebildet werden, sondern schon als fertige Einheiten zur Verfügung stehen. Ihre Gebrauchsbedingungen müssen jedoch erlernt werden, was die Vorzüge der Reproduzierbarkeit etwas schmälert." (Palm 1997, 36)

Das Merkmal der „fertigen Abrufbarkeit" als poly-lexikalische Ganzheiten ist auch derjenige Aspekt, der dazu führt, dass Phraseologismen und Routine-Formeln heute ein Parade-Gegenstand der unten (S. 97) erwähnten sog. „Konstruktionsgrammatik" sind, deren Ausgangspunkt genau dieser Aspekt vieler sprachlicher Ausdrucksmöglichkeiten ist.

Festigkeit/Stabilität

Im Unterschied zu den freien Wortverbindungen ist die Struktur der Komponenten sehr stabil und man kann nicht nach Belieben einzelne Komponenten austauschen. Jede Änderung einer Komponente bleibt nicht ohne Folgen für die Bedeutung. Jedoch ist die Festigkeit nicht zwingend absolut zu sehen; es gibt auch Phraseologismen, bei denen man ein einzelnes Wort gegen ein bedeutungsidentisches austauschen kann.

Polylexikalität

Das allererste, was einem bei den Phraseologismen auffällt, ist die Tatsache, dass sie im Unterschied zu Lexemen aus mehreren Komponenten bestehen. Das Merkmal Polylexikalität bezieht sich also auf die Struktur von Phraseologismen, d. h., es umfasst die Anzahl an Bestandteilen eines Phraseologismus. Als Begriff kommt *Polylexikalität* aus dem Griechischen (*poly* = „viel", *lexis* = „Wort") und bedeutet, dass die Phraseologismen aus mehreren Komponenten bestehen. Die unterste Grenze der Wortmenge beträgt zwei, die obere Grenze wird laut Burger nicht definiert, „da die maximale Ausdehnung eines Phraseologismus üblicherweise nicht lexikalisch, sondern syntaktisch festgelegt ist." (Burger 2007, 15)

Idiomatizität

Unter Idiomatizität (griech. *ideoma* = „eigentümliche Ausdrucksweise") versteht man die semantische Umdeutung einzelner Komponenten oder des ganzen Phraseologismus, wobei die einzelnen Komponenten ihre freie Bedeutung zugunsten einer neuen Bedeutung aufgeben. Die Idiomatizität wird von Palm (1997, 9) als eine „semantische Transformation, die die Komponenten im Phrasem erfahren", definiert. Burger (2007, 31) nennt diejenigen Phraseologismen idiomatisch, bei denen „eine Diskrepanz zwischen der phraseologischen und der wörtlichen Bedeutung besteht". Die folgenden Beispiele zeigen, dass sie trotz der gleichen syntaktischen Struktur gewisse Unterschiede in der Bedeutung haben:

Peter hat ihm eine Belohnung versprochen.
Peter hat ihm goldene Berge versprochen.

Das Verhältnis im ersten Satz wird von Fleischer (1997, 30 f.) als „reguläres", im zweiten dagegen als „irreguläres" bezeichnet. Das liegt daran, dass im ersten Satz die Gesamtbedeutung einfach die Summe der Einzelbedeutungen ist, im zweiten ist das nicht mehr der Fall. Denn wäre es der Fall, würde es eindeutig zu Missverständnissen führen und es würde keine Kongruenz im semantischen Sinne vorliegen. Die Bedeutung im zweiten Beispiel „*jmdm. goldene Berge versprechen*" (jmdm. große Versprechungen machen, die man nicht einhalten kann; jmdm. etw. vorgaukeln) ist also eine Folge der Idiomatizität. Es hat eine semantische Transformation stattgefunden, indem unter *goldene Berge* keine Berge aus Gold gemeint, sondern große Versprechungen zu verstehen sind. Aus diesem Grund ist die Wortverbindung *Peter hat ihm goldene Berge versprochen* als eine feste Wortverbindung bzw. als ein Phraseologismus anzusehen. (Solche semantischen Verschiebungen sind oft Metaphern.)

Grade der Idiomatizität

Nicht bei allen Phraseologismen ist die Idiomatizität im gleichen Grad vorhanden. Bei einigen behalten eine oder mehrere Komponenten ihre freie Bedeutung, obwohl sie zu einem Teil des Phraseologismus geworden sind. Daher wird in der Phraseologieliteratur auch vom Grad der Idiomatizität gesprochen. Es wird zwischen voll-, teil- und nichtidiomatischen Phraseologismen unterschieden.

Grade der Idiomatizität (nach Palm 1997, 12 ff.):

voll-idiomatisch:	alle Teil-Komponenten sind semantisch transformiert: *vom Fleische fallen* = abmagern *jmdm. zu schaffen machen* = eine Last für jemanden sein *mit jmdm. noch ein Hühnchen zu rupfen haben* = sich mit jmdm. aussprechen wollen und dies ihm unter leichter Drohung ankündigen
teil-idiomatisch:	(die unterstrichenen Teile haben ihre lexikalische Bedeutung) *von Tuten und Blasen keine Ahnung haben* *sich ins Fäustchen lachen; aus der Schule plaudern;* *jmdm. etw. hoch und heilig versprechen;* *alles kurz und klein schlagen*
nicht-idiomatisch:	*für jeden Geschmack; (wie) Katz und Maus; mit reinem Gewissen; schwarz auf weiß (geschrieben, gedruckt)*

Die Versuche zu einer Typologie von Phraseologismen sind ebenso vielfältig und so unterschiedlich, wie Uneinigkeit darüber besteht, was genau alles zum Gegenstand der Phraseologie gerechnet werden soll und was nicht. Daher würde es zu weit führen, in einer knappen Einführung wie der vorliegenden darauf näher einzugehen. (Details zu jeweils verschiedenen Ansätzen können bei Palm (1997) und Burger (2007) oder auch bei Fleischer (1997) nachgelesen werden.)

6. Die Struktur sprachlicher Äußerungen I: Sätze, Satzstrukturen, Satzbedeutung

In der modernen Linguistik wurde, insbesondere seit den 1960er Jahren, die Analyse von Satzstrukturen (und der ihnen zugrundeliegenden Prinzipien) von vielen Forschern als eine Art „Königsdisziplin" der Sprachwissenschaft angesehen. Besonders beliebt waren abstrakt-formalistische Modelle. Die Tendenz zur Formalisierung in den modernen Theorien der Syntax hat nicht wenig zur Entfremdung zwischen Sprachwissenschaft und Literaturwissenschaft beigetragen, und mancherorts dazu geführt, dass die (sich als Einheit von Sprach- und Literaturforschung begreifenden) Philologien ganz zerschlagen wurden. Im Kontext unserer kurzen Einführung kann es daher nicht darum gehen, einen Gesamtüberblick über Modelle und Methoden der modernen Syntaxforschung (die überwiegend nur Syntax-*Theorie* ist) zu geben, sondern nur darum, wichtige Grundbegriffe zu vermitteln, die Philologen und Philologinnen des Deutschen benötigen, um die Funktionsweise und die Struktur von Sätzen des Deutschen angemessen verstehen, erklären und beschreiben zu können.

6.1 Begriff „Satz" und Satzstrukturen

Satzdefinitionen

Am Anfang jeder Syntax steht der Begriff „Satz". Dieser Begriff ist ähnlich komplex und schwierig zu definieren wie der Begriff „Wort".

Grammatische Satzdefinitionen:
„Ein Satz ist eine Konstruktion, die (in einer gegebenen Äußerung) nicht Teil einer größeren Konstruktion ist. Jede Äußerung besteht daher aus einem oder mehreren Sätzen, und selbst solche Äußerungen wie ‚Feuer!' sind Sätze." (L.Bloomfield 1926)
„Jeder vollständige Satz erfordert wenigstens zwei Glieder: Subjekt und Prädikat." (A.Engelien 1892)
„Ein Satz ist das Ergebnis der Verbindung eines Nomens mit einer Form des *verbum finitum.*" (G.Körting 1905)
Semantische Satzdefinitionen:
„Die menschliche Rede ist zusammengesetzt aus separaten Aussagen („sayings"), von denen jede für sich vollständig ist. Diese Aussagen sind Sätze. Jede vollständige Bedeutung ist ein Satz." (A.Bain 1879)

„Ein Satz ist ein Bedeutungsgefüge von derjenigen Form, durch die (in der betreffenden Sprache) Sachverhalte als abgeschlossen gemeint werden." (W.Porzig 1924)
Logische Satzdefinition:
„Ein mit Worten ausgedrücktes Urteil ist ein Satz." (K.F.Bachmann 1828)
Kommunikativ-pragmatische Satzdefinition:
„Der Satz ist die kleinste Einheit, mit deren Äußern wir einen vollständigen Sprechakt vollziehen können." (H.J.Heringer 1970)
Ironische Satzdefinition:
„Ein Satz ist alles, was zwischen zwei Punkten steht." (H.J.Heringer 1982)

Jede einzelne dieser Definitionen spricht etwas Wichtiges aus. Nur wenn man sie alle zusammen nimmt, versteht man genauer, was Sätze in einer Sprache bewirken. Sätze sind sprachliche Konstruktionen, also systematische, nach bestimmten formalen Regeln angeordnete Gefüge aus sprachlichen Zeichen bzw. Zeichen-/Wort-/Morphem-Gruppen. Sätze sind die größten sprachlichen Einheiten, die nach solchen Regeln geordnet sind. (Daraus folgt implizit die These: Größere Einheiten der Sprache, die aus mehreren Sätzen bestehen, z. B. Texte, sind nicht nach gleichermaßen systematischen Regeln aufgebaut.) Sätze sind zugleich kommunikative Äußerungen. Die sprachlichen Größen „Satz" und „kommunikative Äußerung" können daher verwechselt werden (wie es in vielen Satzdefinitionen, so auch bei Bloomfield, geschieht). Man täte aber besser daran, beides auseinanderzuhalten. Nicht jede kommunikative Äußerung ist ein „Satz" im engeren Sinne; z. B. gilt dies für Bloomfields Beispiel des Warnrufs „Feuer!", der streng genommen kein Satz ist, da ihm jegliche innere Struktur („Konstruktion"!) fehlt. Häufig wird das Kriterium der Abgeschlossenheit genannt. Vollständig (im syntaktischen und logischen Sinne) ist ein Satz, wenn er mindestens Subjekt und Prädikat enthält. (Da Subjekte häufig ein Nomen, Prädikate aber immer ein *verbum finitum* – also eine in Person, Tempus und Numerus bestimmte Verbform – enthalten müssen, besagt Körtings Definition implizit dasselbe.)

Stärker in die inhaltlichen Funktionen von Sätzen gehen Definitionen, nach denen diese „abgeschlossene Sachverhalte" ausdrücken oder „abgeschlossene Sinneinheiten der Rede" darstellen sollen. Logiker nennen so etwas ein „Urteil". Ein moderner Begriff dafür, der insbesondere in der heutigen Satzsemantik, Textsemantik, Kognitiven Semantik und Pragmatik sehr wichtig geworden ist, ist der Begriff der „Proposition".

Proposition = Referenz + Prädikation
Referenz = Bezugnahme auf Dinge/Personen/Sachverhalte/Ereignisse usw.
Prädikation = Zuschreibung von Eigenschaften zu den Referenzobjekten.

Linguistisch: Referenz wird häufig durch Nomen/Nominalgruppen geleistet, Prädikation durch Verben/Verbgruppen.

Da man nur mit Sätzen (nicht mit isolierten Wörtern) komplexere Sachverhalte ausdrücken kann, sind Sätze die zentralen Einheiten der menschlichen Kommunikation. Sie bilden die Basis unserer Verständigung und auch das Material, aus dem Texte (etwa Romane, Erzählungen, Abhandlungen) gebildet sind. Dabei ist jedoch eine systematische, geordnete Syntax, die nach richtig oder falsch unterscheidet, eine vergleichsweise junge Erscheinung. Im Deutschen gibt es so etwas erst seit dem 18. Jahrhundert. Texte älterer Sprachstufen des Deutschen weisen teilweise stark abweichende syntaktische Regularitäten auf und lassen sich mit den Begriffen der modernen deutschen Syntax kaum noch beschreiben. (Z. B. kann man in frühneuhochdeutschen Texten oft nicht bestimmen, wo ein Satz anfängt und aufhört.) Was ein „Satz" ist, ist daher häufig auch das Ergebnis der Anwendung von (von Menschen gemachten, in den Schulen mit Strafen und Belohnungen gelehrten) normativen Sprachregeln. Heringers ironische Bemerkung, dass ein Satz alles das sei, „das zwischen zwei Punkten steht", ist daher gar nicht so weit von der Wirklichkeit entfernt. Er weist mit ihr darauf hin, dass unser Verständnis von dem, was ein „Satz" des heutigen Standard-Deutschen ist, wesentlich auch dadurch bestimmt wird, was die Sprachnormen des „guten", „richtigen" Deutsch festlegen. Zu diesen Normen zählen nicht zuletzt auch die Normen der Rechtschreibung, hier: der Zeichensetzung. Was für uns ein „Satz" ist, wird daher *auch* durch die Regeln der Rechtschreibung festgelegt.

Die Syntax/Satzgrammatik wie wir sie kennen, wie sie in Grammatiken und linguistischen Büchern dargestellt wird, erfasst ausschließlich die Syntax der schriftlichen Standardsprache (Normsprache). Die Regeln mündlicher Sprache weichen davon oft ab. Für sie haben sich die Linguist*innen aber meistens nicht interessiert. Erst langsam tritt in der Linguistik die Forderung auf, eine mit gleichem Recht versehene „Syntax der gesprochenen Sprache" zu erstellen. So etwas existiert heute aber nur in allerersten Anfängen.
Mündliche Äußerungen sind daher nicht „falsch", oder „schlechtes Deutsch", wenn sie den Regeln der Syntax der schriftlichen Standardsprache nicht entsprechen. Sie folgen lediglich eigenen, eben mündlichen syntaktischen Regeln und Prinzipien.
Jemand, der sich im Deutschen auch mündlich immer nur an die Regeln der Schriftsprache hält, wird schnell auffallen. Seine Sprache wird von deutschen Muttersprachler*innen als „gestelzt" oder „geschraubt" oder „offiziell" wahrgenommen werden.
(Siehe dazu auch Kap. 9 über die Varietäten und Stilregister des Deutschen.)

Syntaktische Relationen

Linguisten und Linguistinnen verstehen unter einem „Satz" ein Gefüge von Relationen (Beziehungen) zwischen Wörtern (Wortgruppen). Diese Relationen (von Saussure wurden sie „syntagmatische Relationen der Zeichen untereinander" genannt, s. o. Kap. 3, S. 25) sind wesentlich bestimmt durch folgende Typen von Grundrelationen:

Syntaktische Grundrelationen (nach Hundsnurscher 1980, 212):
(1) Linearität:
Ausgehend vom zeitlich-kontinuierlichen Charakter der Äußerung kann man den Satz formal als eine Wortkette darstellen.
(2) Konstituenz:
Der Satz ist aus Formelementen oder Gruppen von Formelementen einer unteren Sprachebene (Satzglieder, Wörter, Morpheme) zusammengesetzt.
(3) Dependenz:
Die syntaktischen Elemente (Satzelemente/Konstituenten) sind innerhalb der Wortkette nicht beliebig austauschbar und gruppierbar. Es bestehen im Satz spezifische Beziehungen zwischen den Elementen, etwa von der Art, dass das Vorkommen eines Elementes das Vorkommen eines anderen voraussetzt oder bedingt. (Bsp.: attributives Adjektiv setzt ein zu modifizierendes Nomen voraus)
(4) Ausdruck-Inhalt:
Der ausdrucksseitigen Struktur eines Satzes (u.a. bestimmt durch Konstituenz und Dependenz) steht eine inhaltsseitige Struktur gegenüber, ohne dass Inhaltsstruktur und Ausdrucksstruktur sich in einer strikten Eins-zu-Eins-Beziehung entsprechen.

Sätze sind daher, linguistisch gesprochen, Kombinationen aus Zeichen und systematischen Relationen (Beziehungen) zwischen Zeichen und Zeichengruppen. Manche Linguisten, wie etwa der Begründer der Dependenz-Grammatik, Lucien Tesnière (1893–1954), haben daher vorgeschlagen, nicht nur die Wörter im Satz zu zählen, sondern auch die Relationen als eigene „Satzelemente" mitzuzählen (Abb. 33).

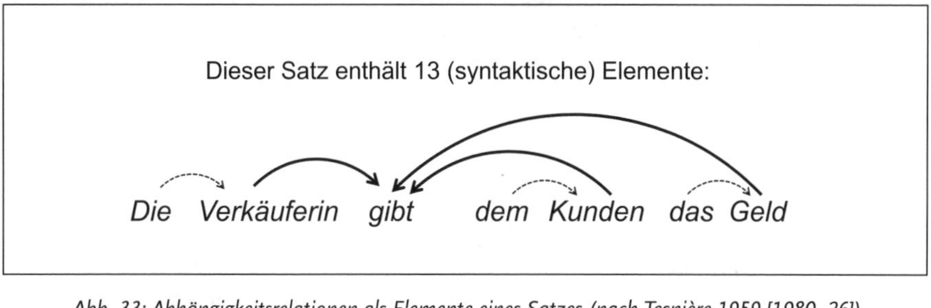

Abb. 33: Abhängigkeitsrelationen als Elemente eines Satzes (nach Tesnière 1959 [1980, 26])

Die Strukturen von Sätzen werden immer durch die Relationstypen „Konstituenz“ und „Dependenz“ gleichermaßen bestimmt. Jedes Element eines Satzes, das keine Relation ist zwischen den Satzbestandteilen, ist eine Konstituente.

Syntaktische Konstituenten (Satzbestandteile)

Eine Konstituente (Satzbestandteil) besteht immer mindestens aus einem Morphem (oder Wort). Man teilt dann den Satz (ausgehend vom ganzen Satz) so lange immer wieder in Konstituenten und Teil-Konstituenten ein, bis man auf der Ebene der Morpheme angelangt ist (siehe Abb. 34):

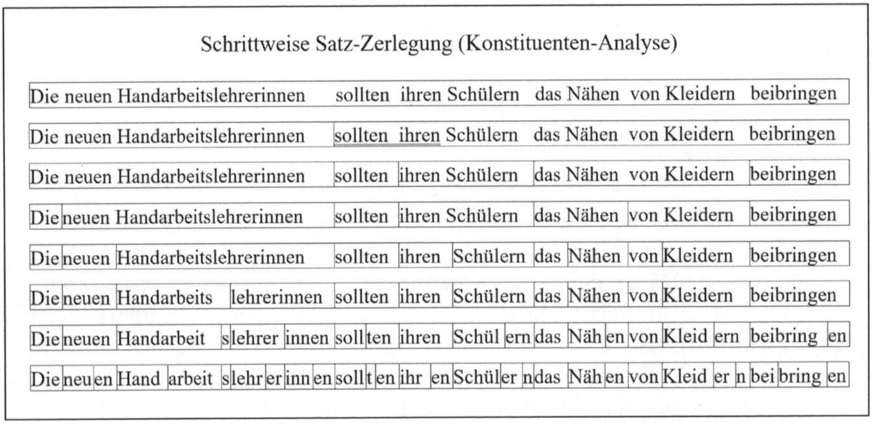

Abb. 34: Stufenweise Konstituenten-Analyse

Diesen ersten Arbeitsschritt, der eine Voraussetzung für jede weiterführende syntaktische Analyse (Bestimmung syntaktischer Strukturen und Regeln) ist, nennt man „Segmentieren“. Durch schrittweises Segmentieren ermittelt man die Teilglieder des Satzes auf den verschiedenen Stufen der Satz-Organisation bis hinab zu den sog. „Endgliedern“ (End-Konstituenten, das sind die Wortstämme und Flexions-Morpheme). Der zweite Schritt besteht dann darin, dass man die syntaktische Funktion der Konstituente auf der jeweiligen Ebene bestimmt. Diesen Vorgang bezeichnet man als „Klassifizieren“. Segmentieren und Klassifizieren sind die Grund-Operationen der strukturalistischen Syntax.

Im Zerlegungs-Beispielsatz ist etwa *Die neuen Handarbeitslehrerinnen* die Subjekts-Nominalphrase/-gruppe (als Satz-Subjekt) und *sollten ihren Schülern das Nähen von Kleidern beibringen* der Prädikatsteil (bzw. „Verbalphrase“) des Satzes. Zerlegt man den Prädikatsteil, dann ist *sollten beibringen* das Prädikat (hier als Verbgruppe), *ihren Schülern* ist eine Nominalgruppe als Dativobjekt (sog. „indirektes Objekt“) und *das Nähen von Kleidern* eine Nominalgruppe als Akkusativ-Objekt (sog. „direktes Objekt“). Letzteres noch einmal unterteilt in die regierende

Nominalgruppe *das Nähen* und die als Attribut zu diesem Nomen eingesetzte Präpositionalgruppe *von Kleidern,* die wiederum als Nominalgruppe das Nomen *Kleidern* enthält.

Syntaktische Strukturmodelle

Satzstrukturen werden in der modernen Syntax mit sog. „Strukturbäumen" (bzw. „Baum-Diagrammen") dargestellt.

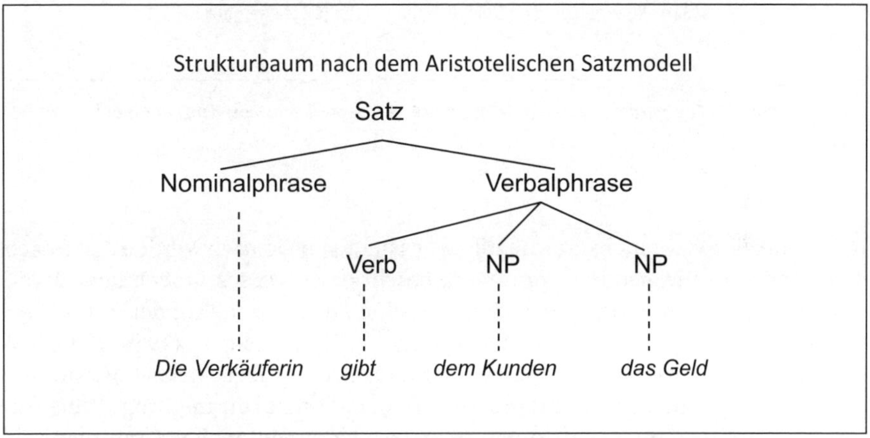

Abb. 35: Strukturbaum eines Satzes nach dem aristotelischen Satzmodell

Viele Grammatiktheorien gehen dabei nach dem sog. „Aristotelischen Satzmodell" vor (siehe Abb. 35). Diesem zufolge wird ein Satz auf der obersten Einteilungsebene immer in die Teilglieder „Subjekt" und „Prädikat(steil)" zerlegt.

In manchen modernen Theorien wird auch von „Nominalphrase" (NP) und „Verbalphrase" (VP) gesprochen. Das ist insofern verwirrend und nicht ganz korrekt, weil mit Nominalphrase natürlich die Subjekts-NP gemeint ist, es Nominalphrasen aber natürlich auch im Prädikatsteil eines Satzes gibt (als Objekts-NP oder als NP innerhalb einer Präpositionalphrase (PP), wie z. B. die NP *Kleidern* in der PP *von Kleidern*).

Vom aristotelischen zweiteiligen Satzmodell unterscheidet sich strikt das Satzmodell der sog. „Dependenzgrammatik" nach Lucien Tesnière (1959). Im Dependenzmodell steht im Zentrum des Strukturbaums immer das zentrale, die gesamte Satzstruktur bestimmende Verb, von dem die anderen Satzglieder auf oberster Einteilungsebene (Subjekts-NP, und die Objekts-NP sowie weitere Satzglieder, wie z. B. adverbiale Bestimmungen) abhängig sind (Abb. 36).

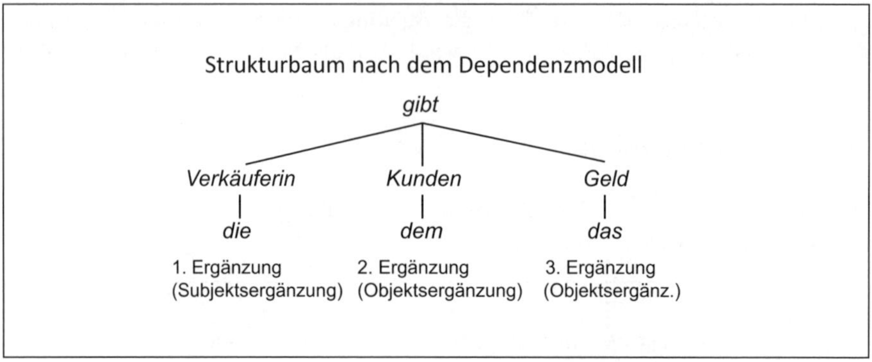

Abb. 36; Strukturbaum eines Satzes nach dem Satzmodell der Dependenzgrammatik

In den meisten Gebrauchsgrammatiken des heutigen Deutsch werden Sätze nach dem Modell der Dependenzgrammatik beschrieben. Dieses Modell geht davon aus, dass mit dem Verb der ganze Satz „wie eine Theaterszene auf der Bühne" vor dem geistigen Auge der Rezipienten aufscheint. Nach Tesnière (1959 [1980, 93]) eröffnet jedes Verb einen sog. „Valenz-Rahmen", der festlegt, welche „Mitspieler" („Aktanten") in einem Satz vorkommen können. Hinzu kommen sog. „freie Angaben" („Zirkumstanten"), worunter man die in der traditionellen Grammatik als adverbiale Bestimmungen (der Zeit, des Ortes, der Art und Weise usw.) bezeichneten Satzglieder zu verstehen hat.

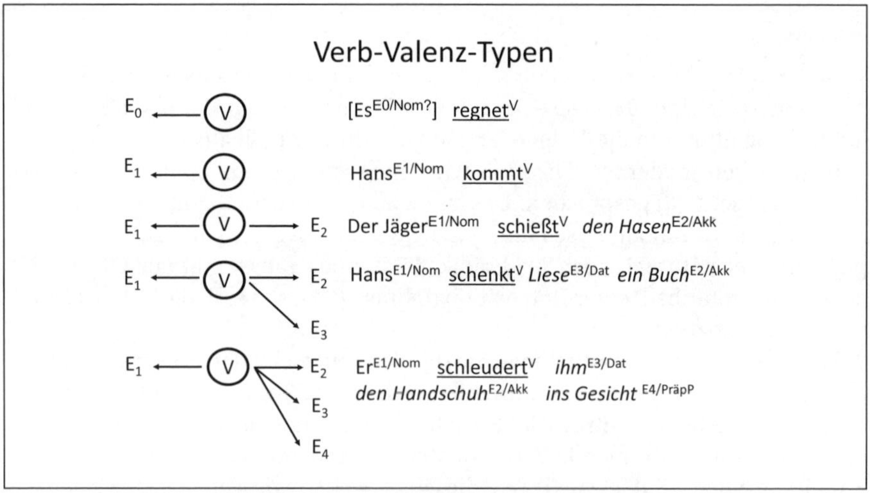

Abb. 37: Verb-Valenz-Typen (nach Welke 1988, 13 f.)

Ein Verb kann im Deutschen (vgl. Abb. 37) entweder einwertig sein (und damit ein weiteres Satzglied erfordern, das wegen der Zweigliedrigkeit aller Sätze im Deutschen immer eine Subjekts-Nominalgruppe im Nominativ sein muss) oder zweigliedrig (dann kommt zur Subjekts-NG noch eine Objekts-NG, meist im Akkusativ, hinzu) oder dreigliedrig (meist mit Dativ-Objekt bzw. Dativ-NG neben dem Akkusativ-Objekt) oder sogar viergliedrig (zur Subjekts-NG und Akk.-NG plus Dativ-NG kommt z. B. noch eine nicht weglassbare Präpositionalgruppe hinzu). Objekte können nicht nur Nominalgruppen sein, sondern auch Präpositionalgruppen, wie z. B. beim Verb *wohnen.* (Im Satz *Anna wohnt in Düsseldorf* ist die PräpG *in Düsseldorf* nicht weglassbar und daher hier als Objekt eingesetzt.)

Manche Linguist*innen sprechen auch von „nullwertigen" Verben im Deutschen. Dies sind die sog. „Witterungsverben" wie *regnen, schneien, frieren, tauen.* Das ist aus rein ausdrucksseitiger Betrachtung insofern problematisch, weil im Deutschen die Subjektposition in einem Satz zwingend besetzt sein muss. Daher ist (so gesehen) jeder Satz im Deutschen mindestens zweigliedrig, das Verb wäre damit einwertig. Da das Element, das bei solchen Verben die formal notwendige Subjektposition besetzt (das sog. „espletive", d. h. ausfüllende *es* in Sätzen wie *Es regnet.*), aber nach Meinung vieler Grammatiker bedeutungsleer (inhaltslos) ist, kann man dann, wenn man die Valenz-Struktur eher inhalts-syntaktisch (oder satz-semantisch) betrachtet, diese Verben als „nullwertig" bezeichnen. (Ob man die Valenz – und Valenzstrukturen von Sätzen – eher als ein syntaktisches oder eher als ein semantisches Phänomen auffassen soll, ist in der Linguistik äußerst umstritten. darüber sind – wie eine hübsche deutsche Redewendung heißt – „ganze Bibliotheken geschrieben worden".)

Wie erwähnt, besteht die Aufgabe jeder Syntax darin, die Elemente von Sätzen (auf den verschiedenen Ebenen der Satz-Zerlegung) und die Beziehungen zwischen den Elementen zu bestimmen. Es kommt daher wesentlich auf die folgenden Typen von Relationen in Sätzen an.

(1) Grammatische Relationen innerhalb von Wörtern (Morphologie);
(2) Syntaktische Relationen zwischen Satzgliedern wie z. B. Subjekt, Prädikat, Objekt, adverbiale Bestimmungen;
(3) Syntaktische Relationen zwischen Wörtern und Wortgruppen innerhalb von Satzgliedern wie z. B. in einer Nominalgruppe, in einer Präpositionalgruppe;
(4) Syntaktische Relationen zwischen Wörtern über die Grenzen von Satzgliedern hinweg wie z. B. Kongruenz zwischen Subjektsnomen + Verb.

Syntaktische Kategorien und Kategorientypen

Man spricht weiterhin in der Syntax von sog. „grammatischen Kategorien“. Die wichtigsten Kategorien sind folgende:

Typen von grammatischen Kategorien:
(1) Wortbezogene Kategorien:
  (a) Wortarten
  (b) worteigene Kategorien (Genus^{N})
  (c) Flexionskategorien (Kasus^{N}, Genus^{A}, Numerus$^{N/V}$, Tempus^{V}, Person^{V})
(2) Konstituenten-Kategorien:
  (a) Satzglieder (Prädikat, Subjekt, Objekt, Adverbiale Bestimmung)
  (b) Ausdrucks-Kategorien (Nominal-Gruppe, Verbal-Gruppe, Präpositional-Gr.)
(3) Relationale Kategorien (Kongruenz, Rektion, Identität, Positionsbezug, Bindung)

Ob man die traditionellen Satz-Kategorien *Subjekt, Prädikat, Objekt* usw. zu den Konstituenten-Kategorien oder zu den relationalen Kategorien rechnet (wie Eisenberg 2004b, 36 ff.), ist Ansichtssache. Unserer Ansicht nach wäre beides zugleich richtig. Etwas vereinfacht könnte man auch sagen:

Die Syntax befasst sich mit folgenden Typen von Einheiten:

Satz	→ z. B. einfacher Satz, zusammengesetzter Satz, Nebensatz
Satzglied	→ z. B. Subjekt, Prädikat, Objekt
Konstituententyp	→ z. B. Nominalgruppe, Verb-Gruppe, Präpositionalgruppe
Wort	→ z. B. Nomen, Verb
Wortteil/Morphem	→ z. B. Stamm, Präfix, (Flexions-) Suffix

Im Folgenden sollen nur die wichtigsten Kategorien aufgelistet werden. Da hier für ausführlichere Informationen kein Platz ist, sei auf Syntax-Einführungen und Grammatiken verwiesen.

Verschiedene Ebenen von Satzelementen: Satzglieder und Konstituententypen

Die DUDEN-Grammatik nannte folgende *Satzglieder* (Abb. 38):

Typen von Satzgliedern

(1) Verb
(2) Gleichsetzungsnominativ
(3) Gleichsetzungsakkusativ
(4) Akkusativobjekt
(5) Dativobjekt
(6) Genitivobjekt
(7) Präpositionalobjekt
(8) Raumergänzung ⎤
(9) Zeitergänzung ⎥ adverbiale
(10) Artergänzung ⎥ Bestimmungen
(11) Begründungsergänzung ⎦

[nach der Duden-Grammatik]

Abb. 38: Typen von Satzgliedern nach der DUDEN-Grammatik (Auflage 1984[4])

Die Grammatik von Eisenberg (2004b, 22 f.) zählt folgende *Konstituententypen* des Deutschen auf (siehe Abb. 39).

Konstituenten-Kategorien

(1) Nomen (nominales Wort)
(2) Nominalgruppe
(3) Verb
(4) Verbgruppe
(5) Präposition
(6) Präpositionalgruppe
(7) Konjunktion
(8) Infinitivgruppe
(9) Partizipialgruppe
(10) Adjektivgruppe
(11) Adverb
(12) Adverbialgruppe
(13) Satz

Abb. 39: Konstituententypen des Deutschen nach Eisenberg (2004, 22 f.)

Konstituententypen des Deutschen

Die Konstituenten-Typen und die Satzglied-Typen des Deutschen sollen nachfolgend nur tabellarisch aufgelistet werden. Details kann man in jeder guten Grammatik nachlesen (etwa Eisenberg 2004b, dem wir hier weitgehend folgen, der DUDEN-Grammatik oder Helbig/Buscha 1981).

Konstituenten-Kategorien im Detail (nach Eisenberg 2004b, 22 ff.):

(1) Nomen (Nominale Wörter) (N):
alle Substantive, Adjektive, Numeralia, Artikel und Pronomina.
Beispiele: *Bücher, grüne, siebzehnte, des, welcher.*
Nomina sind im Allgemeinen deklinierbar.

(2) Nominalgruppe (NGr):
komplexe Nominalausdrücke d. h. deklinierbare Ausdrücke, die mindestens zwei Nomina enthalten wie *der Bluff, der große Bluff, Inge und Karl.* Nomina und Nominalgruppen werden häufig zusammengefasst unter dem Begriff des Nominals.

(3) Verb (V):
alle Formen von Vollverben, Hilfsverben, Kopulaverben und Modalverben, z. B. *sieht, sind, bleibt, könnt.* Auch alle zusammengesetzten Verbformen gehören zur Kategorie V wie *haben gewonnen, ist vergessen worden.*

(4) Verbalgruppe (VGr):
alle Ausdrücke, die aufgebaut sind aus Modalverb + Verb wie *muss schlafen, dürfte gesehen haben, sollen gewählt worden sein.*

(5) Präposition (Pr): wie *in, durch, angesichts, aufgrund.*

(6) Präpositionalgruppe (PrGr):
alle Ausdrücke, die aufgebaut sind aus Präposition + Nominal wie *auf der Heide, angesichts schwindender Exportüberschüsse, durch Wiederholen dieser Meldung.*

(7) Konjunktion (K): wie *dass, obwohl, denn, aber, wie, und.*

(8) Infinitivgruppe (IGr):
gewisse Ausdrücke, die aufgebaut sind aus einem Infinitiv mit *zu, um zu, ohne zu, anstatt zu* + weiteren Bestandteilen. Beispiele: *ihn zu trösten* in *Er versucht, ihn zu trösten; um zu kommen; anstatt zu fragen.*

(9) Partizipialgruppe (PtGr):
gewisse Ausdrücke, die aufgebaut sind aus einem Partizip 2 und weiteren Bestandteilen, z. B. *die Arme verschränkt* in *Die Arme verschränkt, stand sie vor ihm.*

(10) Adjektivgruppe (AdjGr):
gewisse Ausdrücke, die aufgebaut sind aus einem Adjektiv und weiteren Bestandteilen, z. B. *dem Menschen eigene* in *eine dem Menschen eigene Fähigkeit.*

(11) Adverb (Adv): alle Adverbien wie *hier, nicht, erstaunlicherweise, immer, dort.*

(12) Adverbialgruppe (AdvGr):
Ausdrücke, die ein Adverb als Kern enthalten, auf den eine andere Konstituente bezogen ist, z. B. *dort am Bodensee* mit *dort* als Kern.

(13) Satz (S):
alle Sätze gehören zur Kategorie S, egal ob sie Haupt- oder Nebensätze, Frage- oder Aussagesätze sind.

Satzglieder im Deutschen als Syntaktische Relationen

Eisenberg (2004b) sieht auch die traditionellen Satzglieder *Subjekt, Objekt, Prädikat* als Relationen an und beschreibt und erklärt sie als solche:

Satzglieder als „Syntaktische Relationen" (nach Eisenberg 2004b, 46 ff.)

(1) Subjekt:
Als Subjekte treten Nomina und NGr im Nominativ auf, außerdem *zu*-Infinitive, indirekte Fragesätze und konjunktionale Nebensätze. Im Nachbereich der Subjektrelation treten Vollverben auf oder Kopulaverben oder Modalverben. Das Subjekt korrespondiert formal mit der finiten Form des Verbs hinsichtlich Person und Numerus (Verbalkongruenz). In Hinsicht auf die Form (Kategorie des Subjekts) wird das Subjekt vom Vollverb bzw. vom Prädikatsnomen regiert.

Nomen/Pronomen:	*Hans arbeitet; Er arbeitet*
Nominalgruppen:	*Die Mutter arbeitet.*
Zu-Infinitive:	*Früh aufzustehen* fällt schwer.
Indirekte Fragesätze:	*Wieviel das kostet, wird nicht bekannt.*
Konjunktionale Nebensätze:	*Dass die Regierung zurücktritt, überrascht uns sehr.*

(2) Prädikat:
Als Prädikat kann man die größte Form eines Verbs bezeichnen, die einem Satz, einer Infinitiv-Gruppe oder Partizipial-Gruppe direkt untergeordnet ist. Im Vorbereich der Prädikatrelation treten demnach zunächst Formen von Vollverben und Kopulaverben auf. Im Nachbereich der Prädikatrelation findet sich meist die Kategorie Satz, wir sprechen dann vom Prädikat eines Satzes.

Vollverben:	*Rote Rosen sieht man besser.*
	Rote Rosen hat man schon immer besser gesehen.

Kopula-Verben:	*Berlin bleibt doch Berlin.*
	Karl wird klüger und klüger.
Verbalgruppen:	*Niemand muss mit so viel Vergesslichkeit rechnen.*

(3) Objekt:
Das Objekt wird vom Verb regiert. Hinsichtlich seiner Form ist es sehr variabel. Es kommen Nominale im Genitiv, Dativ (indirektes Objekt) und Akkusativ (direktes Objekt) vor. Die Stelle des direkten Objekts kann auch von *zu*-Infinitiven, indirekten Fragesätzen und konjunktionalen Nebensätzen besetzt sein, dann verhält sie sich ähnlich wie das Subjekt. Auch Verbzweitsätze sind als direkte Objekte möglich.

Direktes (Akk.-)Objekt:	*Karl lernt Italienisch.*
Indirektes (Dativ-)Objekt:	*Wir trauen ihm.*
Genitiv-Objekt:	*Der Vorschlag bedarf deiner Unterstützung.*
zu-Infinitiv:	*Karl lernt, sich zu benehmen.*
Indirekter Fragesatz:	*Karl lernt, wie ein Schornstein gemauert wird.*
Konjunktionaler Nebensatz:	*Karl lernt, dass man es ohne Krawatte zu nichts bringt.*
Verbzweitsatz:	*Karl lernt, Kurt habe die Sachsen befreit.*

Hinzu kommt die große Gruppe der Präpositionalobjekte. Wenn die Stelle des Präpositionalobjekts von einem *zu*-Infinitiv oder einem Satz besetzt wird, so wird es häufig (manchmal auch obligatorisch) mit einem sog. „Pronominaladverb" wie *darauf, darüber* als Korrelat angeschlossen.

Präpositional-Objekt:	*Karl freut sich über Emilie.*
zu-Infinitiv:	*Karl freut sich (darüber), Emilie wiederzusehen.*
Indirekter Fragesatz:	*Karl freut sich darüber, wie Egon aussieht.*
Konjunktionaler Nebensatz:	*Karl freut sich (darüber), dass Egon ihm hilft.*

(4) Prädikatsnomen:
Das Prädikatsnomen ist ein Nominal im Nominativ oder ein Adjektiv in der Kurzform. Im Nachbereich dieser Relation findet sich immer die Form eines Kopulaverbs. Das Prädikatsnomen wird vom Verb regiert, hat daneben aber eine enge syntaktische Beziehung zum Subjekt.

Nominal im Nominativ:	*Paula ist die Klügste von allen.*
	Wir waren das nicht.
Adjektiv in Kurzform:	*Stadtamseln sind neurotisch.*
	Der Otter ist bei uns ausgestorben.

Die von einem Verb regierten Größen (Subjekt, Objekt, Prädikatsnomen) fasst man unter dem Begriff Ergänzung (erg) oder Komplement zusammen.

(5) Attribut:
Der Begriff Attribut bezeichnet eine zusätzliche Information zu einem Substantiv oder Pronomen. Dieses Substantiv oder Pronomen ist der Kern der Attributkonstruktion. Je nach Kategorie des Attributs werden dann das Genitiv-Attribut, das Präpositionalattribut, das infinitivische Attribut, das Satzattribut, das adjektivische Attribut, das Relativsatzattribut und als Sonderform die sog. „enge Apposition" unterschieden. Attribute sind immer NGr untergeordnet.

Genitiv-Attribut:	*ein Vorschlag <u>der Opposition</u>*
Präpositionalattribut:	*die Idee von Renate*
infinitivisches Attribut:	*die Idee, <u>nach München zu fahren</u>*
Satzattribut:	*die Frage, <u>wie das weitergehen soll</u>*
	der Vorschlag, <u>dass Paul das machen soll</u>
adjektivische Attribut:	*ein <u>ganz neuer</u> Vorschlag*
Relativsatzattribut:	*ein Vorschlag, <u>der ganz neu ist</u>*
enge Apposition:	*die Studiengruppe <u>„Verbvalenz"</u>*
	zwei Pfund <u>gebrannte Mandeln</u>

(6) Adverbiale Bestimmung:
Die adverbiale Bestimmung (adv) ist die heterogenste unter den gebräuchlichen syntaktischen Relationen, ein typischer Restbegriff, der auch terminologisch besondere Schwierigkeiten bereitet. Man zählt zu den adverbialen Bestimmungen als erste große Gruppe Präpositional-Gruppen und Adverbien, die Sätze modifizieren, also Sätzen nebengeordnet sind. Außerdem die Adverbialsätze sowie bestimmte Infinitiv-Gruppen und Partizipial-Gruppen. Statt von adverbialen Bestimmungen spricht man hier auch von Konjunkten.

PrGr:	*Emilie schwimmt <u>im Nichtschwimmerbecken.</u>*
	Renate arbeitet <u>bei Opel.</u>
Adverbien:	*Karl schläft <u>hier.</u>*
	Karl schläft <u>verständlicherweise.</u>
Adverbialsätze:	*Karl schläft, <u>weil er müde ist.</u>*
Infinitivgruppen:	*Renate arbeitet, <u>um fertig zu werden.</u>*
Partizipgruppen:	*Renate arbeitet, <u>vom Erfolg beflügelt.</u>*

Die zweite große Gruppe bilden die adverbialen Adjektive. Sie modifizieren nicht den Satz, sondern das Verb. Zu den adverbialen Bestimmungen werden meist auch Einheiten wie *sehr* gerechnet, die zu Ausdrücken unterschiedlicher Kategorie treten können. In mancher Beziehung besteht für solche Ausdrücke intuitiv eine Nähe zu den Attributen.

Adverbiale Adjektive: *Karl schläft fest.*
Egon benimmt sich schauderhaft.
Egon fürchtet sich sehr.
Emilie hat eine sehr gute Begabung für Orthographie und Zeichensetzung.

Die einem Satzknoten unmittelbar untergeordneten Konstituenten fungieren in der Regel als Prädikat, Ergänzung oder adverbiale Bestimmung. Konstituenten in diesen Funktionen werden deshalb häufig Satzglieder genannt und konstituieren die traditionelle „Satzgliedlehre".

Rektion und Kongruenz

Wichtige relationale Grundkategorien der Syntax sind Rektion und Kongruenz:

Relationale Grundkategorien (nach Eisenberg 2004b, 33 ff.):
(1) Rektion: Eine Konstituente regiert eine andere Konstituente dann, wenn ein Formmerkmal der zweiten Konstituente (z. B. Kasus) durch die erste Konstituente festgelegt wird.
Bsp.: *Haus des Wissens* (*Haus* legt den Genitiv des Attributs *des Wissens* fest.)
Neben dem Haus (die Präposition *neben* legt den Dativ der NGr *dem Haus* fest.)
(2) Kongruenz: Eine Konstituente kongruiert mit einer anderen Konstituente, wenn sie bezüglich mindestens einer Einheitenkategorie (z. B. Numerus, Kasus, [Genus]) von einer Einheitenkategorie der zweiten Konstituente abhängt.
Bsp. *Er trinkt guten Wein*. (Kongruenz in Singular, Akkusativ, Maskulinum)

Zu den Termini für syntaktische Relationen im weiteren Sinne zählt Eisenberg (2004b, 50) „auch die Begriffe *Hauptsatz* und *Nebensatz*, denn auch sie sagen etwas über die Stellung einer Kategorie (Satz) in einer Struktur aus. Als Nebensätze wollen wir Sätze in adverbialer, attributiver und in Ergänzungsfunktion bezeichnen."

Satzarten und Stellungsfelder-Modell

Schließlich sind noch die *Satzarten* wichtig, da sie erhebliche Auswirkungen auf die Stellung (Position) von Satzgliedern im Satz (vor allem des Verbs) haben können:

Satzarten:

(1) Aussagesatz:	*Der Mönch liest ein Buch.*
(2) Fragesatz (zwei Typen):	
(a) Ergänzungsfragesatz:	*Wer wollte kochen? – Wann kommt Lisa?* *Wann beginnt die Vorlesung? – Wie bitte? –* *Wann die Vorlesung beginnt?*
(b) Entscheidungsfragesatz:	*Hast du schon das Zirkuszelt gesehen?* *Du hast das Buch nicht gefunden?* *Ob er die Prüfung wohl diesmal besteht?*
(4) Wunschsatz (zwei Typen):	
	(a) *Man nehme zwei Eier* *Für nähere Auskünfte wende man sich an ...* (b) *Käme doch endlich der Zug!* *Wenn doch endlich der Zug käme!*
(5) Ausrufesatz:	*Du hast aber einen schönen Pullover!* *Dass du einen so schönen Pullover hast!* *Dass er immer den Termin vergessen muss!*

Ein wichtiges Modell zur Beschreibung der Stellung/Position von Satzgliedern in deutschen Sätzen ist das sog. „Stellungsfelder-Modell" (Beispiele in Abb. 40). Es gibt im Deutschen Regeln dafür, wo im Prinzip welches Satzglied stehen kann. Aber oft ist es möglich, z. B. aus stilistischen Gründen, einzelne Satzglieder auch umzustellen oder zu verschieben. Der erste Versuch, solche Stellungsregeln zu beschreiben, war das Modell der „Stellungsfelder" von Drach (1937, 17). Auf der Basis dieses Gedankens werden in der heutigen Linguistik weitaus komplexere Modelle entwickelt (vgl. Abb. 40). Das Deutsche ist grundsätzlich eine sog. „Verb-Zweit-Sprache" (V2), was besagt, dass im Aussagesatz das Verb an der zweiten Satzglied-Position steht. Abgesehen vom Verb sind Satzglieder in Sätzen des Deutschen aber relativ frei zwischen den Feldern verschiebbar. Die Hervorhebung von Satzgliedern dadurch, dass man sie an die erste Satzgliedposition schiebt, nennt man auch Topikalisierung.

Topologische Felder

(Quelle: Grewendorf/Hamm/Sternefeld 1987, S. 215)

		Vorfeld	*linke Klammer*	*Mittelfeld*	*rechte Klammer*	*Nachfeld*
Verb-zweit	(a)	Peter	hat	zwei Maß Bier	getrunken,	als er in München war.
	(b)	Peter	hat	zwei Maß Bier	getrunken?	
	(c)	Dann	hat	Peter zwei Maß Bier	getrunken	in einem Zug.
	(d)	Peter	trinkt.			
	(e)	Was	trinkt	Peter?		
	(f)	Der Herr	sei	mit Peter.		
	(g)	Peter	habe	zwei Maß Bier	getrunken.	
	(h)	Als	hätte	er nichts	getrunken.	
	(i)	Peter	hat	mehr	getrunken,	als er verträgt.
Verb-erst	(j)		Hat	Peter zwei Maß Bier	getrunken?	
	(k)		Trink	zwei Maß Bier	aus!	
	(l)		Hätte	er doch eine Maß weniger	getrunken!	
	(m)		Hat	er doch	gesoffen	wie ein Loch!
	(n)		Trinkt	er so weiter ...		
	(o)		Habe	ich schon	ausgetrunken.	
	(p)		Habe	sie schon	ausgetrunken.	
	(q)		Trinkt	da einer plötzlich zwei Maß Bier	aus.	
Verb-letzt	(r)		ob/daß	Peter zwei Maß Bier	getrunken hat.	
	(s)		ohne	auch nur einen Tropfen	zu trinken.	
	(t)			Einmal zwei Maß Bier	trinken können!	
	(u)	Wer		wohl die zwei Maß Bier	getrunken hat?	
	(v)		als	Peter zwei Maß Bier	trank	ohne abzusetzen.
	(w)		daß	Peter zwei Maß Bier	wird trinken müssen.	
	(x)		daß	Peter	glaubt	daß er 10 Maß trinken kann.

Abb. 40: Topologische Felder nach dem Stellungsfelder-Modell (Grewendorf u.a. 1987, 215)

Eine völlig neuartige Auffassung von Grammatik, die sich von allen vorherigen Grammatikmodellen unterscheidet, wird von der Forschungsrichtung der sog. „Konstruktionsgrammatik“ (oft abgekürzt CxG) vertreten. Diese wissenschaftliche Schule lehnt die strikte Trennung von Wortschatz einerseits und Satzgrammatik andererseits als zwei völlig getrennten Teilen der Sprache ab, und geht stattdessen davon aus, dass Menschen eine Sprache in Form sog. „Konstruktionen“ lernen und im Gedächtnis speichern. Konstruktionen werden dabei entsprechend dem Zeichenmodell von Saussure (vgl. oben Abb. 3, S. 23) aufgefasst als Form-Inhalts-Paare (Lakoff 1987, 467), wobei entscheidend ist, dass in der Konstruktionsgrammatik unter diesem Begriff Dinge zu einem einheitlichen Konzept zusammengefasst werden, die in herkömmlichen Grammatiken sehr unterschiedlich behandelte wurden, wie z. B. Wörter (*Bagger, Liebe, rennen, und*), Morpheme (*un-, -schaft, -lich*), Redewendungen und Phraseologismen (*geschweige denn, jemandem auf die Finger schauen, Morgenstund hat Gold im Mund*), routinemäßig stabile und als solche zusammengehörig gelernte und gebrauchte syntaktisch-semantische Muster (*Was macht x y?* [*was macht die Fliege in meiner Suppe?*], *je ... desto ...* [*je schneller desto besser*]), aber auch übliche Satzmuster (wie Passivkonstruktionen [*Anna ist nachhause gekommen*] oder Sätze mit Subjekt, direktem und indirektem Objekt [*Hans hat Lisa das Buch gegeben*]) (siehe zur Einführung Lasch/Ziem 2013, 19).

6.2 Satzsemantik

Die Satzsemantik ist bislang stark von logisch orientierten Modellen dominiert worden. In der „modernen“ strukturalistischen und generativistischen Linguistik meinte man zunächst fälschlich, die Satzsemantik sei bereits durch die (stark auf die Ausdrucksseiten der Zeichenketten konzentrierten) Modelle der Syntax abgedeckt. Später ging man ebenso irrig davon aus, die Bedeutung eines Satzes sei eine einfache Zusammensetzung der Bedeutungen der Teilausdrücke (Wörter und Wortgruppen) des Satzes (Kompositionalitätsthese). Dabei wurde übersehen, dass „Sätze“ ebenso wenig wie Wörter als isolierte Einheiten in der sprachlichen Realität vorkommen, sondern immer nur *eingebettet in Verständigungssituationen und Wissenskontexte.* D. h., der Fehler der klassischen lexikalischen Semantik, den Begriff der lexikalischen Bedeutung zum Modell für *Bedeutung* schlechthin zu machen, wurde in der Satzanalyse wiederholt. Die Notwendigkeit einer eigenen semantisch-wissensanalytisch und nicht struktur-syntaktisch orientierten Satzsemantik wird erst in jüngerer Zeit gesehen (etwa bei von Polenz 1985). Vor allem hier ergeben sich über die zentrale Rolle der semantisch relevanten Wissensrahmen Bezüge zur neueren kognitiven Semantik und linguistischen Erforschung des verstehensrelevanten Wissens.

Strukturelle Grundlage der Beschreibung von Satzbedeutungen sind (nach dem Vorbild der Prädikaten-Logik) Prädikat-Argument-Strukturen, deren Analyse sich allerdings nicht auf die in Sätzen explizit ausgedrückten Elemente beschränken darf, sondern durch die Elemente ergänzt werden muss, die durch schlussfolgerndes Verstehen (Inferenzen) und/oder allgemeines Sprach-/Weltwissen beigesteuert werden.

Satzsemantische Beschreibung von Prädikationen (nach von Polenz 1985, 80):
logische Notationsform: F (x) [Lies: Funktion von/operiert über X]
semantische Notationsform: P (x) [Lies: Prädikat von X]
Wie in der Valenzgrammatik unterscheidet man einwertige, zweiwertige und dreiwertige Prädikate (Prädikate mit einer, zwei oder drei Argumentstelle/n):

einwertig: P (x)	*Der Hund schläft.* → *schläft*^{P} (*Hund*^{A1})
zweiwertig: P (x, y):	*Das Kind liest ein Buch.* → *liest*^{P} (*Kind*^{A1}, *Buch*^{A2})
dreiwertig: P (x, y, z):	*Hans schenkt Frieda ein Buch.* → *schenkt*^{P} (*Hans*^{A1}, *Buch*^{A2}, *Frieda*^{A3})

Prädikationen können auch in andere Prädikationen eingebettet sein:

P^1 (x, P^2 (x, y, z))	*Ingo will Uta ein Auto schenken.* → *will*^{P1} (*Ingo*^{A1}, *schenken*$^{A2=P2}$ (*Ingo*^{A1}, *Auto* ^{A3}, *Uta*^{A4}))

Hier besetzt das Prädikat *schenken* eine der zwei Argumentstellen des Prädikats *will; schenken* ist ein in eine übergeordnete Prädikation eingebettetes Prädikat.

Für eine auf der Prädikatenlogik aufbauende Satzsemantik besteht der Kern eines Satzinhaltes (der heute auch als *Proposition* bezeichnet wird) aus einem „Prädikat" und einem oder mehreren „Argumenten". So besteht etwa die Prädikation/Proposition des Satzes *„Der Angeklagte schlug das Opfer"* aus dem Prädikator *„schlagen"* und den zwei Argumenten *„der Angeklagte", „das Opfer";* das Verb *„schlagen"* wäre demnach in diesem Kontext ein *zwei*stelliges Prädikat, weil es mit zwei Argumenten verbunden wurde. Ein Prädikat ist demnach ein Ausdruck, der eine Eigenschaft eines Gegenstandes oder eine Relation zwischen zwei oder mehr Gegenständen identifiziert. Als „Argumente" werden dabei die Gegenstände bezeichnet, hinsichtlich derer ein Prädikat etwas behauptet.

Grundelemente von Satzbedeutungen (sog. „Propositionen", nach Searle 1971, 39 f.):

(a) Referenz = Bezugnahme auf Personen, Dinge, Handlungen, Sachverhalte usw.
(b) Prädikation = Zuschreibungen von Eigenschaften zu Personen, Dingen usw.

Die Argumente des Prädikats drücken (nach Searle 1969 [1971, 44]) sprechhandlungstheoretisch gesehen Elemente des Satzes aus, mit denen wir auf bestimmte Gegenstände Bezug nehmen (Dinge, Personen, Lebewesen, Sachverhalte, Ereignisse, Gedanken usw., also alles, auf das man in der Sprache Bezug nehmen kann). Diese Teilhandlung (Bedeutungs-Teil) jedes Satzes nennt man auch Referenz (Bezugnahme). Dem liegt die erkenntnistheoretische, kognitionsphilosophische und sprachtheoretische Grundannahme zugrunde, dass die Bedeutungen aller Sätze auf diese beiden Leistungen der Referenz und der Prädikation zurückgeführt werden können.

Außerdem geht man in der heutigen Satzsemantik davon aus, dass die vom Prädikat abhängigen (regierten) Satzelemente (Ergänzungen, Argumente, Komplemente) hinsichtlich ihres semantischen Typs (ihrer Funktion) bestimmt sind. Das heißt: Verben/Prädikate legen nicht nur die Zahl und die grammatischen Kategorien der Argumente fest (wie: Konstituententyp und Kasus), sondern auch die sog. „semantische Rolle". In einem mehrdeutigen Satz wie *Der Drucker arbeitet schnell.* kann die Nominalgruppe *der Drucker* einmal die semantische Rolle AGENS (= Ausführender der Verbhandlung) haben, wenn sie eine Person mit diesem Beruf bezeichnet. Sie kann aber auch die semantische Rolle INSTRUMENT haben, wenn sie ein Gerät bezeichnet. In diesem Fall ist das eigentliche Agens, nämlich der menschliche Benutzer des Geräts, versteckt, bleibt unerwähnt.

Indizierung von Semantischen Rollen:
Jede Argumentstelle eines Prädikats wird mit einem Index versehen, der die semantische Rolle des Arguments angibt. Formale Notationsweise:
P ($A1^{AG}$, $A2^{EOB}$) *liest*^{P} (*die Frau*^{AG}, *die Zeitung*^{EOB})

Einige Semantische Rollen von Argumenten (nach von Polenz 1985, 170 ff.):

AG = AGENS/AGENTIV/HANDELNDER (engl. agent): Person, die eine HANDLUNG ausführt

EXP = EXPERIENS/ERFAHRENDER (engl. experiencer): Person, die einen psychischen VORGANG oder ZUSTAND an sich ERFÄHRT

PAT = PATIENS/BETROFFENER: Person als BETROFFENES OBJEKT einer HANDLUNG

BEN= BENEFAKTIV/NUTZNIESSER bzw. GESCHÄDIGTER: Person, zu deren NUTZEN/VORTEIL oder SCHADEN/NACHTEIL eine HANDLUNG ausgeführt wird

AOB = AFFIZIERTES OBJEKT/ BETROFFENES OBJEKT: Person oder Sache, die von einer HANDLUNG oder einem VORGANG betroffen wird

EOB = EFFIZIERTES OBJEKT/ RESULTAT/ PRODUKT: Person oder Sache, die durch eine HANDLUNG oder einen VORGANG entsteht

IN =	INSTRUMENT: Person, Sache oder HANDLUNG^{2}, die bei einer HANDLUNG^{1} vom AGENS als INSTRUMENT (Werkzeug, Mittel, Methode, Verfahren) zur Erreichung des HandlungsZWECKS^{1} benutzt wird usw.

Eine satzsemantische Tiefenanalyse ermöglicht es im Gegensatz zu einer mehrdeutigen Oberflächenanalyse, Prädikationsstrukturen und damit die Anzahl und Art der im Satz zwar gemeinten, aber nicht explizit ausgedrückten Bezugsstellen sichtbar zu machen. Eine wesentliche Erweiterung der satzsemantischen Analyse durch die durch von Polenz (1985) vorgeschlagene Methode ergibt sich dadurch, dass sie ermöglicht, versteckte Prädikationen (also versteckte Aussagen) auch dort aufzusuchen, wo sie nicht (wie in der traditionellen Grammatik fälschlicherweise angenommen) nur durch Verben ausgedrückt werden. So steckt z. B. in dem Satz aus dem Grundgesetz der Bundesrepublik Deutschland *Die Würde des Menschen ist unantastbar* die Prädikation nicht im Verb *ist* (das hier als reines Funktionsverb nur noch zur Aufrechterhaltung der syntaktischen Verb-Funktion dient), sondern in *unantastbar*. Liest man diesen Satz auf die in ihm implizit ausgedrückten Bezugsstellen hin, so kann das Adjektiv *unantastbar* aufgelöst werden in eine verbale Formulierung *darf nicht angetastet werden;* das Verb *antasten* ist aber zweistellig: *jemand tastet etwas/jemanden an.* In der Grundgesetz-Formulierung ist aber die erste Bezugsstelle (des AGENS, des Handelnden, der *antastet*) nicht ausgedrückt. Hier ergeben sich viele Anschlussmöglichkeiten für kulturwissenschaftlich orientierte Ansätze der linguistischen Semantik.

Wie stark mitgemeinte Bezugsstellen in komprimierten Formulierungen wissensabhängig (weil unausgedrückt) sind, macht eine äußerst subtile satzsemantische Analyse deutlich, die von Polenz (1985, 242 ff.) am Artikel 5.3 des Deutschen Grundgesetzes vornimmt: *„Kunst und Wissenschaft, Forschung und Lehre sind frei. Die Freiheit der Lehre entbindet nicht von der Treue zur Verfassung.“* Löst man die äußerst komprimierte Formulierung in ihre satzsemantisch mitgegebenen Prädikationen und die davon abhängigen Bezugsstellen auf, kommt man etwa zu folgenden Prädikationen:

- Viele^{1} sind frei/haben die Freiheit^{P1}, dass sie etwas tun^{P2}.
- Viele^{1a} ausüben/fördern/präsentieren^{P2a} eine Kunst^{2}.
- Viele^{1b} treiben/fördern/publizieren^{P2a} eine Wissenschaft^{3}.
- Viele^{1c} forschen^{P2c} über etwas^{4}.
- Viele^{1d} lehren^{P2d} viele^{5} etwas^{6}.
- Einige^{7} garantieren^{P3} dies$^{P1+2a-d}$ vielen^{1a-d}.
- Einige^{7} entbinden^{P4} viele^{1d} nicht von etwas^{P5}.
- Viele^{1d} sind verpflichtet^{P5} dass sie^{1d} der Verfassung^{8} treu sind^{P6}.“

7. Die Struktur sprachlicher Äußerungen II: Texte, Textstrukturen, Textbedeutung

Lange Zeit hat sich die Linguistik nur mit der Ebene der Laute, Morpheme, Wörter und Sätze beschäftigt. Man war der Meinung, dass es über größere Einheiten der Sprache und des Sprachgebrauchs nichts zu sagen gäbe, das den Anforderungen an die „moderne" Linguistik (nämlich „Gesetze" oder allgemeine Regeln zu formulieren) gerecht werden könnte. Dies hat sich erst seit den 1970er Jahren geändert, als man erkannte, dass es sprachliche Mittel gibt, wie etwa die Pronomen (im nachfolgenden Beispiel *er*), die ihre sprachliche Wirkung über die Grenze von einzelnen Sätzen hinaus entwickeln:

Der alte Mann stand an der Haltestelle.
Schon seit einer halben Stunde wartete er vergeblich auf die Straßenbahn.

Aus dieser Beobachtung entstand zunächst die Idee, dass es einen Teil der Linguistik geben müsse, der die Satzgrenze in Richtung größere sprachliche Einheiten, z. B. Texte, überschreitet (sog. „transphrastische" Linguistik). Relativ schnell entstand aus diesen ersten Überlegungen aber die Einsicht, dass es viele interessante Phänomene der Textualität gibt, die in früheren linguistischen Modellen und Untersuchungsbereichen nicht behandelt worden sind. Daraus entwickelte sich schnell die moderne Textlinguistik. Diese muss sich damit auseinandersetzen, dass die Einheit „Text" ebenso schwer eindeutig zu definieren ist wie andere Einheiten der Sprache (wie wir an den Begriffen „Wort" und „Satz" bereits gesehen haben).

7.1 Der Begriff „Text" und Kriterien für Textualität

Schauen wir daher zunächst auf vorwissenschaftliche Verständnisweisen des Begriffs „Text" und dann auf Definitionen, wie sie in der Linguistik gegeben werden:

Wörterbuchdefinitionen für „Text" (nach Brinker 1985, 11 f.):
- „geschriebenes sprachliches Gebilde von einer gewissen Ausdehnung"
- „Wortlaut"
- „sprachliche Erläuterung bzw. erklärende Beschriftung (zu einer Illustration)"

- „Bibelstelle“
- „sprachlicher Teil eines musikalischen Werkes“

alltagssprachliche Textdefinition:

- „geschriebenes sprachliches Gebilde von einer gewissen Ausdehnung“ (Duden-WB)

linguistische Textdefinitionen:

„Ein Text ist eine begrenzte Folge von sprachlichen Zeichen, die in sich kohärent ist und die als Ganzes eine erkennbare kommunikative Funktion signalisiert.“ (Brinker 1985, 17)

„Ein Text ist eine komplexe, kohärente, relativ abgeschlossene Folge von Sätzen, die nach grammatischen sowie kommunikativ-pragmatischen und textkompositorischen Regeln organisiert sind.“ (Heinemann/Viehweger 1991)

Folgende Kriterien dafür, dass etwas ein Text ist, werden darin erwähnt: Als *Text* wird ein sprachliches Gebilde bezeichnet, das „eine gewisse Ausdehnung“ besitzt. Da dieses Merkmal auch auf Einheiten des Typs *Satz* zutrifft, ist nicht ganz eindeutig, was mit „gewisse Ausdehnung“ genau gemeint ist; vermutlich ist gemeint, dass ein Text aus mehreren Sätzen bestehen sollte. Dann kommt sofort die Frage auf: Wie viele Sätze müssen es sein? Wenn man *Text* als „Folge von Sätzen“ definiert, reichen auch zwei Sätze (wie im Beispiel oben), um einen Text auszumachen. Was in den linguistischen Definitionen gegenüber der alltagssprachlichen Definition hinzukommt, ist das Kriterium, dass die Folge von Sätzen in sich zusammenhängend (kohärent) sein muss, damit wir sie einen *Text* nennen können. Außerdem soll sie „eine erkennbare kommunikative Funktion“ aufweisen. An diesem letzten Kriterium sieht man, dass die moderne Textlinguistik fast von Anfang an stark durch die in etwa gleichzeitig entstandene linguistische Pragmatik geprägt worden ist; denn nur in der Pragmatik hat man nach der „kommunikativen Funktion“ sprachlicher Mittel gefragt. (Die formale, strukturalistische und generativistische Linguistik versteht sich hingegen strikt als „anti-funktional“).

Es ist ein schönes Spiel (und ein kleiner Test), in einer Lehrveranstaltung erst einmal zu schauen, welche „sprachlichen Gebilde“ die Teilnehmer*innen als „Text“ akzeptieren. Schauen Sie die folgenden Beispiele an und urteilen Sie selbst:

Ich habe leider nicht genug zu lesen. Die Kommission hat den Vorschlag abgelehnt. In den Ferien bleibt niemand gern zu Hause. Gerichte sind stets geneigt, den Einzelfall nach Billigkeit zu entscheiden. Am Donnerstag veränderlich bewölkt mit Aufheiterungen, etwas Regen möglich. Da steht der Tod ein bläulicher Absud in einer Tasse ohne Untersatz.

Abb. 41: Textbeispiel 1

zwei Eisen der Straße Schnee
Hände zum Verkauf hingehalten
Käse oder Früchte der Zeit
Handwerker in hohlen Häusern
gehenkt im Puppengarten
im Vorgebirge ab-
gehackter Donner
die katalanischen Banken greifen
die andalusischen an

Abb. 42: Textbeispiel 2

Weltende

Dem Bürger fliegt vom spitzen Kopf der Hut,
In allen Lüften hallt es wie Geschrei.
Dachdecker stürzen ab und gehn entzwei,
Und an den Küsten - liest man - steigt die Flut.

Der Sturm ist da, die wilden Meere hupfen
An Land um dicke Dämme zu zerdrücken.
Die meisten Menschen haben einen Schnupfen.
Die Eisenbahnen fallen von den Brücken.

Jakob van Hoddis

Abb. 43: Textbeispiel 3

Mignon

Kennst du das Land, wo die Zitronen blühn,
Im dunklen Laub die Goldorangen glühn,
Ein sanfter Wind vom blauen Himmel weht,
Die Myrte still und hoch der Lorbeer steht?
Kennst du es wohl? Dahin! Dahin
Möcht ich mit dir, o mein Geliebter, ziehn.
...

Johann Wolfgang von Goethe

Abb. 44: Textbeispiel 4

Welche Kriterien sind es, anhand derer wir sagen, ob es sich in den Textbeispielen (1) bis (4) (Abb. 41 bis Abb. 44) um einen Text oder um keinen Text handelt? Wenn wir an einen „inhaltlichen Zusammenhang“ denken, reicht dieses Kriterium dann aus? Ist in (3) ein solcher Zusammenhang gegeben? Und wenn nein, warum sind wir dann geneigt, (3) als Text zu akzeptieren, aber vielleicht (1) und (2) nicht? Hat das etwas mit der äußeren Erscheinung zu tun? Oder gar damit, in welchem Kontext die Wörter abgedruckt sind? Was sagen Sie, wenn Sie erfahren, dass (1) ein Beispiel für einen „Nicht-Text“ aus einem Linguistik-Buch sein soll, (2) aber in einem modernen Lyrik-Band stand? Wie wichtig ist ein solches Wissen für unsere Entscheidung darüber, was wir als „Text“ zu akzeptieren geneigt sind?

Nehmen wir andere Beispiele dazu (s. Abb. 45 bis Abb. 48). Entsprechen (5) und (6) unseren alltagsweltlichen Vorstellungen von „Text“? Und wie ist es mit (7)? Oder ist unsere Vorstellung von „Text“ wesentlich geprägt durch Beispiele wie (8)?

Das Betreten der Baustelle ist verboten!

Eltern haften für ihre Kinder.

Abb. 45: Textbeispiel 5

1. Einen neuen Stiel zugerichtet kaufen, der in das Öhr des Hammerkopfes paßt und nicht zu kurz ist: für Schreinerhammer ca. 35 cm.
2. Hammerkopf aufsetzen und einige Male kräftig mit dem hinteren Ende des Stiels auf die Werkbank schlagen, so daß sich der Kopf festzieht. ... Hammerkopf wieder entfernen, schrägen Schlitz für Keil einschneiden.
3. Schmalen Keil anfertigen.
4. Hammer zusammensetzen. Kopf festschlagen, Keil mit etwas Leim bestreichen, eintreiben.
5. Etwa über den Hammerkopf vorstehendes Holz absägen.
6. Zum Schluß wird der Stiel mit Zelluloselack eingelassen und mit Stahlwolle abgezogen.

Abb. 46: Textbeispiel 6

Beispiel 7

1,1

Der Schlaf der Liebe gebiert Ungeheuer

Dunkle Bühne. Ein Lichtkegel. DER MANN *und* DIE FRAU *im Profil einander gegenüber. Er im Frack des Orchestermusikers, die Querflöte in der Hand. Sie im Abendkleid, die Geige in der Hand.*

DER MANN
So vieles, was ich dir noch sagen wollte
DIE FRAU
Man fürchtet sich vor dem, der das letzte Wort behält
DER MANN
Ich will es nicht sein
DIE FRAU
Ich auch nicht
Pause
DIE FRAU
Ich liebe dich. Schau mich an
DER MANN
Ich danke dir
DIE FRAU
Bleib mir gut
DER MANN
Noch stehst du vor mir
Du wirst gehen und es wird
plötzlich alles was war / sein
DIE FRAU
Ich werde nichts vergessen, nichts
DER MANN
Durch diese Wunde sieht man alles
DIE FRAU
Und will dir alles geben: wer ich bin und was ich hab
DER MANN
Und will dir alles geben: wer ich bin und was ich hab
DIE FRAU
Adieu, meine Liebe, mein Leben. Behalt mich im Herzen.
Es war die schönste Zeit. Gott schütze dich.

Sie entfernt sich langsam

Abb. 47: Textbeispiel 7

Beispiel 8

Allsonntäglich saß der Bahnwärter Thiel in der Kirche zu Neu-Zittau, ausgenommen die Tage, an denen er Dienst hatte oder krank war und zu Bette lag. Im Verlaufe von zehn Jahren war er zweimal krank gewesen; das eine Mal infolge eines vom Tender einer Maschine während des Vorbeifahrens herabgefallenen Stückes Kohle, welches ihn getroffen und mit zerschmettertem Bein in den Bahngraben geschleudert hatte; das andere Mal einer Weinflasche wegen, die aus dem vorüberrasenden Schnellzuge mitten auf seine Brust geflogen war. Außer diesen beiden Unglücksfällen hatte nichts vermocht, ihn, sobald er frei war, von der Kirche fernzuhalten.

Die ersten fünf Jahre hatte er den Weg von Schön-Schornstein, einer Kolonie an der Spree, herüber nach Neu-Zittau allein machen müssen. Eines schönen Tages war er dann in Begleitung eines schmächtigen und kränklich aussehenden Frauenzimmers erschienen, die, wie die Leute meinten, zu seiner herkulischen Gestalt wenig gepaßt hatte. Und wiederum eines schönen Sonntagnachmittags reichte er dieser selben Person am Altare der Kirche feierlich die Hand zum Bunde fürs Leben. Zwei Jahre nun saß das junge, zarte Weib ihm zur Seite in der Kirchenbank; zwei Jahre blickte ihr hohlwangiges, feines Gesicht neben seinem vom Wetter gebräunten in das uralte Gesangbuch -; und plötzlich saß der Bahnwärter wieder allein wie zuvor.

An einem der vorangegangenen Wochentage hatte die Sterbeglocke geläutet; das war das Ganze.

An dem Wärter hatte man, wie die Leute versicherten, kaum eine Veränderung wahrgenommen. Die Knöpfe seiner sauberen Sonntagsuniform waren so blank geputzt als je zuvor, seine roten Haare so wohl geölt und militärisch gescheitelt wie immer, nur daß er den breiten, behaarten Nacken ein wenig gesenkt trug.

Abb. 48: Textbeispiel 8

Die Frage, ob und wann etwas ein *Text* ist, kann man auch als Frage nach der Textualität bezeichnen. Dabei geht es dann zunächst um folgende Grundprobleme:

Grundprobleme der Textualität:

(1) Linearität

(2) Zusammenhang zwischen expliziten grammatischen und lexikalischen Mitteln und dem Kommunikationsakt bzw. der Textfunktion

In zahlreichen Seminaren und Vorlesungen haben deutsche Studierende im Gespräch viele verschiedene Aspekte und Kriterien für Text und Textualität genannt. Wenn man die zusammenfasst, kommt man etwa zu folgender Liste:

Kriterien für Textualität:

(1) Komplexität: Text ist eine (meist schriftliche) sprachliche Einheit, die in der Regel mehr als einen Satz umfasst.
(2) Kohärenz: Eine Menge von Sätzen ist nur dann ein Text, wenn die Sätze inhaltlich oder kommunikativ-pragmatisch (z. B. durch Bezug auf eine einheitliche Texthandlung) zusammenhängen.
(3) inhaltliche Abgeschlossenheit: Ein Text muss eine inhaltliche Abgeschlossenheit/Begrenzung aufweisen (dafür reicht unter Umständen auch der einheitliche Handlungszweck).
(4) Durchgängigkeit: Ein Text muss ein durchgängiges Thema aufweisen (zumindest in einem Teiltext eines umfassenderen Ganztextes).

Wir stellen dem eine Liste von Textualitätskriterien gegenüber, die in einer Einführung in die Textlinguistik aufgestellt worden ist:

Linguistische Kriterien für Textualität (nach: de Beaugrande/Dressler 1981, 3 ff.):

(1) Kohäsion: Grammatisch nachweisbare Beziehungen zwischen Sätzen eines Textes.
(2) Kohärenz: Inhaltlicher Zusammenhang zwischen den Komponenten einer Textwelt; d. h. die Konstellation von Begriffen und Beziehungen zwischen ihnen (die oft im Text nicht explizit ausgedrückt sind).
(3) Intentionalität: Absichten der Textproduzenten, Ziele, Zwecke.
(4) Akzeptabilität: Einstellung des Textrezipienten, einen kohäsiven und kohärenten Text zu erwarten, der für ihn nützlich und relevant ist
(5) Informativität: Ausmaß der Erwartet-/Unerwartetheit, Bekannt-/Unbekanntheit des Textinhalts
(6) Situationalität: Betrifft Faktoren, die einen Text für eine Kommunikationssituation relevant machen
(7) Intertextualität: Betrifft Faktoren, die die Verwendung eines Textes von der Kenntnis eines oder mehrerer vorher aufgenommener Texte abhängig macht.

Diese Liste ist interessant, aber nicht ganz unproblematisch. Intentionalität, Akzeptabilität, Informativität und Situationalität sind Kriterien, die genauso gut für Sätze gelten. Sie sind also nicht geeignet, die Größen *Satz* und *Text* auseinanderzuhalten. (Das sollte eine Text-Definition aber leisten.) Es bleiben also nur Kohäsion, Kohärenz und Intertextualität. Intertextualität ist ein wichtiger Aspekt, aber sehr vielgestaltig und kaum erforscht, obgleich bereits in den 1960er Jahren hervorgehoben. Die Unterscheidung zwischen Kohäsion und Kohärenz bringt das

Kriterium der Grammatikalität ins Spiel. Auch wenn es seit den 1970er Jahren mehrere Versuche gegeben hat, so etwas wie „Text-Grammatiken" zu formulieren, gehen wir davon aus, dass die Beziehungen innerhalb von Texten (die über das hinausgehen, was in der Satz-Grammatik beschrieben wird) von einer Art sind, für die der Begriff „Grammatik" oder „grammatisch" höchst irreführend wäre (und auch nicht der üblichen Verwendung dieser Begriffe entspräche). Damit bleibt ein einziges Kriterium für Textualität im engeren Sinne, nämlich „Kohärenz". Es sei denn, man erweitert das Spektrum um kommunikativ-pragmatische Kriterien wie etwa Textfunktion, Absicht der Textproduzent*innen, Zwecke eines Textes, Text-Handlungen, Sprech-Handlungen.

In der modernen Textlinguistik standen sich lange Zeit zwei Spielarten gegenüber:

Spielarten der Textlinguistik (nach Brinker 1985, 12 ff.):
(a) sprachsystematisch orientierte Textlinguistik:
- Text als Folge von Sätzen
- grammatischer Begriff der Kohärenz (= „Kohäsion")
- Blickrichtung vom Satz zum Text
- Versuch einer „Textgrammatik"
- Behandlung von Texten als isolierte, relativ statische Objekte

(b) kommunikationsorientierte Textlinguistik:
- Texte müssen v.a. aus der Einbettung in Kommunikationssituationen heraus erklärt werden
- Text ist nicht in erster Linie eine grammatisch verknüpfte Satzfolge, sondern eine komplexe sprachliche Handlung, mit der Produzenten einen bestimmten kommunikativen Zweck verfolgen
- Blickrichtung vom Text zu seinen Bestandteilen (u.a., aber nicht nur: Sätze)
- Orientierung an der kommunikativen Funktion von Texten („Textfunktion")
- Es gibt Textbildungsregeln, die nicht als Regeln des Sprachsystems im engeren Sinne erklärbar sind; d. h. die wechselseitige Beeinflussung zwischen Textstruktur (Kohärenzstruktur) und Kommunikationssituation ist keine zufällige Erscheinung der Parole/Performanz, sondern erfolgt systematisch und regelgeleitet.

Abseits von diesen zunächst eher theoretischen Überlegungen und Problemen kann man die Textlinguistik auch durch das charakterisieren, was sie tatsächlich vorrangig untersucht. Dies sind folgende Haupt-Forschungsbereiche:

Gegenstandsbereiche der Textlinguistik:
(1) Analyse der Textstruktur (Kohäsions-/Kohärenzstruktur)
(2) Analyse der Textfunktion/en (Texthandlung/en)
(3) Analyse von Textsorten

Wir ergänzen sie in diesem Kapitel um die in den meisten Einführungen und Handbüchern zur Textlinguistik nicht aufgeführte Analyse der Textsemantik.

7.2 Analyse von Textstrukturen

Zunächst zur Analyse der Textstruktur (Kohäsions- bzw. Kohärenzstruktur). Man kann sie als das Gefüge von Relationen zwischen Sätzen definieren:

Definition von „Textstruktur":
„Gefüge von Relationen, die zwischen den Sätzen (bzw. den Propositionen) als den unmittelbaren Strukturelementen des Textes bestehen, und die den inneren Zusammenhang, die Kohärenz des Textes bewirken." (Brinker 1985, 20)
[„Proposition" = Referenz + Prädikation]

Sätze kommen hierbei eher hinsichtlich der Satzbedeutung (als Referenz + Prädikation) ins Spiel, weshalb die Textstruktur von vielen Textlinguist*innen auch als „Gefüge aus Propositionen" betrachtet wird. „Text" wäre demnach ein semantisches (inhaltsseitiges) Phänomen (weniger ein ausdruckseitiges). Der Linguist Siegfried J. Schmidt (1976, 150 f.) hat beispielsweise vorgeschlagen, als „Text" nur den bereits interpretierten, verstandenen Text (im Kopf der Rezipienten) zu bezeichnen, also die Textbedeutung; die reine Ausdrucksseite eines Textes nennt er „Textformular".

Man kann bei der Beschreibung von Textstrukturen zwei Ebenen unterscheiden: die (inhaltliche) Kohärenz- und Verweisungsstruktur im Text, die dadurch erzeugt wird, dass einzelne Wörter oder Satzelemente auf Wörter oder Satzelemente in anderen Sätzen desselben Textes verweisen, und eine Thema-Struktur.

Textstrukturen als Wiederaufnahme-Strukturen

Die Kohärenz-Struktur im engeren Sinne wird auch Wiederaufnahme-Struktur genannt. (Deren nachfolgende Darstellung mitsamt den meisten genannten Beispielen basiert wesentlich auf Brinker 1985, 26 ff.) Hierbei geht es darum, dass Inhaltselemente, die in einen Text eingeführt werden, in späteren Sätzen des Textes wieder aufgenommen werden. (Andere Bezeichnungen dafür sind Verweis-Struktur, Koreferenz-Struktur oder, in älteren Arbeiten auch etwas einschränkend und daher nicht ganz korrekt, Pronominalisierungs-Struktur, neuerdings auch: Anaphern).

Zentrales Mittel der Herstellung von Textkohärenz:
Wiederaufnahme (Koreferenz): Textstrukturen sind satzübergreifende Querverweisungen zwischen einzelnen Bestandteilen von Textelementen (Sätzen).

In Texten werden Bezugselemente eingeführt (Referenzträger) und auf diese wird dann in folgenden Sätzen wieder Bezug genommen (Koreferenz). Objekte, auf die in einem Satz/Text Bezug genommen wird, können alles sein, über das wir sprechen können, also Personen, Gegenstände, Ereignisse, Handlungen, Situationen, Sachverhalte, Vorstellungen, Ideen usw.

Die Wiederaufnahme von Bezugselementen in einem Text kann dabei entweder explizit (mit spezifischen sprachlichen Mitteln, etwa Pronomen) geschehen oder implizit erfolgen (also sich aus der Semantik der Sätze oder Sprachmittel ergeben).

Explizite und implizite Wiederaufnahme:
- explizite Wiederaufnahme = direkte Referenzidentität zwischen zwei Ausdrücken in zwei verschiedenen Sätzen eines Textes
- implizite Wiederaufnahme = implizite, durch Kontextwissen und Weltwissen gestützte Referenzgleichheit zwischen zwei Ausdrücken in zwei verschiedenen Sätzen eines Textes (wird auch als „indirekte Anaphern“ bezeichnet)

Anders als die ersten Textlinguisten meinten, erfolgt die Wiederaufnahme bzw. Koreferenz sehr viel seltener mit spezifischen sprachlichen Mitteln und sehr viel häufiger implizit. Oft ist es so, dass mit neuen, ein Bezugsobjekt wieder aufnehmenden Mitteln zusätzlich neue Informationen in den Text eingebracht werden. Dies gilt ganz besonders für Zeitungstexte, etwa für Nachrichten, da auf diese Weise erheblich an Platz gespart werden kann (= sprachliches Ökonomieprinzip):

Mittel der expliziten Wiederaufnahme:
(1) Wiederholung desselben Nomens/derselben Nominalgruppe:
Der Bundeskanzler traf soeben in Paris ein.
Zum Wahlergebnis in Frankreich äußerte sich der Bundeskanzler dabei nicht.
(2) ein oder mehrere andere Nomen/Nominalgruppen:
Olaf Scholz traf soeben in Paris ein.
Zum Wahlergebnis in Frankreich äußerte sich der Bundeskanzler dabei nicht.

(3) Pronomen (sog. „Pro-Formen"):
Der Bundeskanzler traf soeben in Paris ein.
Zum Wahlergebnis in Frankreich äußerte er sich dabei nicht.

Textbeispiel zur indirekten Wiederaufnahme:
„Auf ungewöhnliche Weise wollte ein 43 Jahre alter Mann aus Köln in der Nacht zum Freitag Selbstmord begehen. Wie die Polizei mitteilte, war der Facharbeiter nach Streitigkeiten in seiner Wohnung in Notarrest gebracht worden. Dort leerten die Beamten dem Betrunkenen vorschriftsmäßig die Taschen, um Dummheiten des Gefangenen zu verhindern. ..."

Explizite Mittel der Wiederaufnahme sind nicht nur die Pronomina im traditionellen Sinne. Vielmehr spricht man in der Textlinguistik verallgemeinernd von sog. „Pro-Formen" unterschiedlichster Art:

Beispiele für Wiederaufnahme durch Pro-Formen:
(1) *Kennst du den Heinz? Der ist mein bester Freund.*
(2) *Ute wohnt in Berlin. Dort studiert sie Jura.*
(3) *Marko war 1990 in Kiel. Damals lernte ich ihn kennen.*
(4) *Lena fuhr uns mit dem Auto. Deshalb waren wir schon um acht Uhr zu Hause.*
(5) *Er hielt eine Rede, worin er seinen früheren Lehrer erwähnte.*

Anaphorische und kataphorische Verweisung

Weiterhin unterscheidet man zwei Richtungen der Text-Verweisung: Die übliche Rückverweisung oder *anaphorische* Verweisung (auf bereits in den Text eingeführte Bezugsobjekte), und die sehr viel seltenere, als Stilmerkmal der Literatur der Moderne geltende Vorausverweisung oder *kataphorische* Verweisung (auf Bezugsobjekte, die im Text erst danach explizit eingeführt oder erläutert werden).

Richtungen der Textverweisung:
- Rückverweisung (Anaphora):

Der Mann stand an der Haltestelle. Er wartete schon seit einer Stunde.
- Vorverweisung (Kataphora):

Man hat ihn einen Magier der Sprache genannt.
Ernst Jünger ist bis heute ein umstrittener Fall neuerer deutscher Literatur geblieben.

Ob ein Bezugsobjekt neu in einen Text eingeführt wurde, erkennt man (meistens) an der Verwendung des unbestimmten Artikels (*ein, eine*). Der bestimmte Artikel (*der, die, das*) wird typischerweise nur bei bereits eingeführten Objekten benutzt.

Einführung von Referenzobjekten in die Textwelt erfolgt durch unbestimmten Artikel:
Ein Mann war zu Rad unterwegs und wollte auf einen Berg steigen; er sah ein Anwesen liegen und stellte dort ein. Der Mann hieß Oberstelehn und hielt von sich nicht mehr viel; er konnte auch mit seinem Namen nicht Staat machen, der die Amtsstuben verdroß ...

Eine reine Wiederaufnahme mit Pronomen führt häufig dazu, dass Bezüge im Text mehrdeutig werden. Insbesondere in der mündlichen Umgangssprache vollziehen wir häufig Bezugnahmen nur oder fast nur durch Pronomen. Das macht es den Zuhörern oft schwer, mitzuverfolgen, von wem oder was dann jeweils bei den vielen *sie, er* usw. genau die Rede war.

Mehrdeutigkeit von pronominalen Wiederaufnahme-Ausdrücken:
Und dann erblickte Ulrich[1] *den lange erwarteten Gast*[2] *aus Böhmen. In der hellen Nachmittagssonne war er*[2] *nun deutlich zu erkennen. [...] Seit fünf Tagen hatte er*[1/2?] *täglich mit zunehmender Ungeduld Ausschau gehalten.*
[Quelle des Bsp.: Kallmeyer / Meyer-Hermann 1980, 247]

Der folgende Text könnte zwei verschiedene Fortsetzungen haben:
Als sie sich der Stelle der Lichtung näherten, an welcher der getroffene Fasan niedergegangen sein mußte, ließ der Förster[1] *den wild an der Leine zerrenden Hund*[2] *los. Er*[1/2?]*...*
Variante (a): *Er*[2] *drang mit lautem Gebell in das dichte Unterholz ein.*
(b): *Er*[1] *hatte nach dieser langen Nacht einfach keine Kraft mehr, den Hund zu halten.*

Man geht daher davon aus, dass Wiederbezugnahmen in Texten letztlich nur aufgrund inhaltlichen (konzeptuellen) oder Weltwissens erfolgen können. Dazu gehört etwa, dass ein „er“, der einen Hund hält, wohl eher ein Mensch ist (was hier nur auf *Förster* zutrifft), und jemand, der Gebell lauten lässt, ein Hund. Man spricht daher auch von der Kontext-/Konzept-/Wissensabhängigkeit von pronominaler Wiederaufnahme. Aber insbesondere bei der impliziten Wiederaufnahme benötigt man in erheblichem Umfang Welt- und Kontextwissen.

Dieses Hintergrundwissen kann man auch als „Überbrückungsstrukturen" bezeichnen, da das für die Erschließung des Textzusammenhangs (der Kohärenz) wichtige Wissen sich oft nicht direkt aus den Wörtern und Sätzen eines Textes ergibt. Epistemische (auf Hintergrundwissen basierende) Textrelationen wie auch Überbrückungsstrukturen werden in neueren, kognitiv (v.a. Frame-analytisch) orientierten Forschungen insbesondere bei der Analyse *impliziter Anaphern* in Texten (die manchmal auch *assoziative Anaphern* genannt werden) thematisiert und analysiert, wie etwa anhand folgender Beispiele aus Ziem (2010):

(1) *Als Peter zu seinem Auto* [Antezedent] *ging, merkte er, dass er* ***den Schlüssel*** [assoziative Anapher] *vergessen hatte.*

In diesem Satz signalisiert die Verwendung des definiten Artikels *den* (vor *Schlüssel*), dass dieses Wissens-Element als „vorerwähnt" eingestuft wird, obwohl das referenzielle Nomen *Schlüssel* im Vor-Text nicht vorkommt. Mit Mitteln traditioneller semantischer Analyse lässt sich dieses Problem nicht lösen. Nimmt man jedoch eine auf Wissensrahmen gestützte Analyse des Satzes vor, dann ergibt sich, dass das Nomen *Schlüssel* auf ein implizites Wissensrahmen-Element des im ersten Teilsatz verwendeten referentiellen Nomens *Auto* referiert. Offenbar gehen Textverfasser*innen, die so formulieren, davon aus, dass mit der Benutzung eines Nomens (hier *Auto*) sämtliche (oder die meisten) Elemente des Bedeutungs-Wissensrahmens dieses Nomens „in das Textuniversum eingeführt" sind. Dadurch wird die erstmalige Verbalisierung eines solchen bereits implizit „eingeführten" Wissens-Elements textsemantisch gesehen zu einer „Wiederaufnahme" dieses Elements (in traditioneller, in der Textlinguistik übernommener rhetorischer Terminologie: zu einer Anapher). Die folgenden Beispiele zeigen, dass aber nicht alle impliziten Anaphern mit Lexem-bezogenen Wortbedeutungs-Wissensrahmen erklärt werden können. Zudem operieren die Anaphern mit unterschiedlichen Ebenen der jeweiligen semantischen Wissens-Strukturen.

(2) *Sie fuhren an einem Haus vorbei.* ***Ein Fenster*** *war eingeschlagen.*
(3) *Die Schmidts haben vor, ein Haus zu bauen.* ***Das Grundstück*** *ist bereits gekauft.*
(4) *Peter hat Lisa geküsst.* ***Das*** *gefiel Paul überhaupt nicht.*
(5) *Er weilt nicht mehr unter uns.* ***Die Beerdigung*** *fand schon gestern statt.*
(6) *Wir sind gestern nach Frankfurt gefahren.* ***Das Auto*** *war allerdings etwas zu klein.*

Während in (2) das anaphorische Nomen *ein Fenster* ein Wissens-Element bzw. Attribut oberster Stufe des Antezedenten *Haus* verbalisiert (*Fenster* ist ein typisches TEIL von *Haus* und damit ein (Wert für ein) Wissens-Element oberster Stufe, was insbesondere auch wahrnehmungstheoretisch mit dem für *Haus* typischen Wahrnehmungs- und Gedächtnis-Schema begründet werden kann),

handelt es sich in (1) insofern um ein stärker „vermitteltes" (stärker implizites) Wissens-Element, als *Schlüssel* kein Teil von *Auto* verbalisiert, sondern ein Objekt, das als INSTRUMENT für eine Handlung (AUTO AUFSCHLIESSEN und v.a. AUTO ANLASSEN, d. h. AUTO IN BETRIEB NEHMEN) dient, die typischerweise mit *Auto* und seiner Standard-Funktion eng verknüpft ist. Präziser gesagt: *Schlüssel* ist ein Wert für das Wissens-Element INSTRUMENT in einem Prädikations-Wissensrahmen wie AUTO ANLASSEN, der wiederum eingebettet ist als Teil eines übergeordneten Prädikations-Wissensrahmens AUTO IN BETRIEB NEHMEN bzw. AUTO ZU SEINEM EIGENTLICHEN ZWECK BENUTZEN, der an den Wissensrahmen *Auto* angeschlossen ist. Mithin handelt es sich in (1) stärker als in (2) um eine vermittelte Anapher, deren Auflösung wissens-analytisch gesehen über deutlich mehr Stufen als in (2) erfolgt.
Auch Beispiel (3) beruht indirekt auf funktionalen Wissens-Elementen bzw. bezieht solche mit ein. Jedenfalls ist *Grundstück* stärker (und auf höherer Ebene) in der Wissens-Struktur der Prädikation *Haus bauen* verankert als in der Wissens-Struktur von *Haus* alleine. Beispiel (4) zeigt, dass Anaphern sich auch auf ganze Prädikationen als Antezedenten beziehen können. Dies findet man typischerweise bei Pronomen als anaphorische Ausdrücke (wie in 4). Jedoch können auch hier nicht-pronominale indirekte Referenzen auf Prädikationen mittels lexikalisch-semantisch voll spezifizierten anaphorischen Ausdrücken vollzogen werden, wie Beispiel (5) zeigt. Dabei steht *Beerdigung* für einen Prädikations-Wissensrahmen, in den als Aktanten- Element für AFFIZIERTES OBJEKT prototypischerweise der Wert (und dann Unter-Attribut) *Mensch* mit dem Unter-Unter-Wert *tot* für das Attribut LEBENSSTATUS dieses Wissens-Elements integriert ist. Das Element *tot* bezieht sich nun anaphorisch auf einen Teil des Prädikations-Wissensrahmens der für die phraseologische Wendung *Er weilt nicht mehr unter uns* angenommen werden muss. Dieser Ausdruck kann als metaphorische Verbalisierung der Prädikation *Er ist gestorben* aufgefasst werden. Teil der Wissensrahmen-Beschreibung für diese Prädikation ist (als PRÄSUPPOSITION oder präziser als LOGISCHE FOLGERUNG) die Unter-Prädikation *Er ist tot.* In Beispiel (5) verläuft die anaphorische Beziehung zwischen (d. h. die Identifikation – verstanden als „identischsetzen" von) zwei Wissens-Elementen jeweils bei Anapher und Antezedent auf abgeleiteter, stark vermittelter Ebene unterer Stufe. (6) ist dann wieder ein Beispiel für eine „direktere" Form von Anapher, da *Auto* unmittelbar eines der Aktanten-Elemente (Instrument) für das antezedente Prädikat *fahren* darstellt. Alle Beispiele zeigen, dass eine sich auf Überbrückungs-Wissensrahmen stützende textsemantische Analyse ein außerordentlich fruchtbares methodisches Instrument bei der Analyse und Erklärung von indirekten Anaphern ist, und damit einen wichtigen Beitrag zur Analyse semantischer Textstrukturen leisten kann.

Strittig ist, mit welchem Modell die Wiederaufnahme im Text theoretisch erklärt werden soll. Hier stehen sich zwei Modelle gegenüber: Das Modell der Referenzidentität und das Modell der indirekten Referenz:

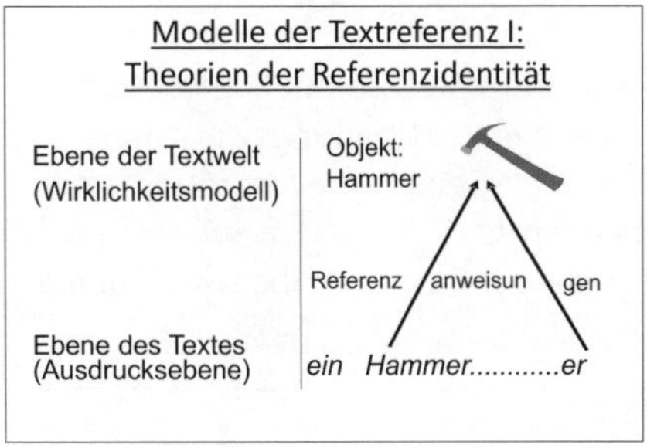

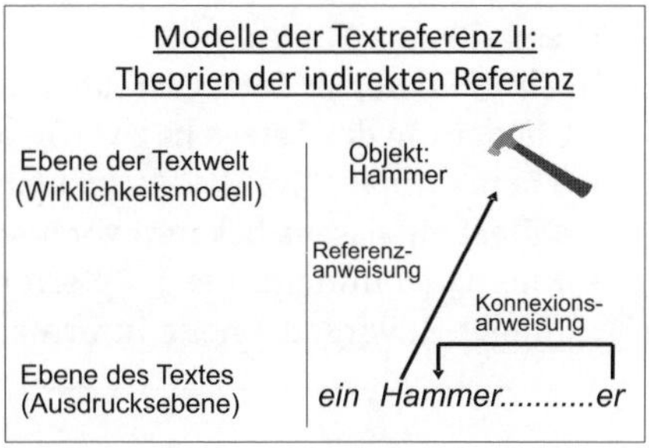

Abb. 49: Unterschiedliche Auffassungen von Textreferenz

Nach dem Modell der Referenzidentität (Abb. 49 links) bezieht sich das Pronomen *er* direkt auf ein Objekt der Textwelt, leistet also selbst direkt das, was man Referenz (Bezugnahme) als Teil der Satzbedeutung nennt. Nach dem Modell der indirekten Referenz (Abb. 49 rechts) wären Pronomina dagegen reine innertextliche Verweisungsmittel. Sie würden dann auf einen vorhergehenden Ausdruck im Text verweisen (wie *ein Hammer*), durch den dann erst das Referenzobjekt eindeutig spezifiziert wäre. Nur solche Ausdrücke würden dann unmittelbare Referenz leisten.

Thematische Textstrukturen/Thema-Rhema-Modell

Unmittelbare Wiederaufnahme- oder Verweisstrukturen dieser Art in einem Text sind aber nur eines der Mittel, durch die komplexere Texte strukturiert werden. Die meisten längeren kohärenten Texte werden auf einer zweiten Ebene durch thematische Strukturen, durch ein zentrales Textthema, Unterthemen, Themenverzweigungen usw. gegliedert und kohärent gemacht. Man geht daher davon aus, dass die Wiederaufnahmestruktur als Trägerstruktur für die thematische Textstruktur dient.

Textkohärenz durch Thema-Strukturen:

- die ausdrucksseitige Verknüpfungsstruktur (Wiederaufnahme, Koreferenz) fungiert als Trägerstruktur für die thematischen Zusammenhänge des Textes = thematische Textstruktur
- nicht die Wiederaufnahme als solche macht eine Satzfolge zu einem kohärenten Text, sondern der einheitliche Textgegenstand, das Thema

Bei der Beschreibung von Thema-Strukturen von Texten wird meistens das Thema-Rhema-Konzept der sog. „Prager Schule der Linguistik“, begründet von Vilém Mathesius (1882–1945) und Bohuslav Havránek (1893–1978), benutzt.

Thema-Rhema-Struktur:
(auch: „funktionale Satzperspektive“, „topic-comment-Struktur“, „given-new“)
= Gliederung des Satzes in zwei Teile von seinem „Mitteilungswert“ her:

- Thema (topic, given) = Ausgangspunkt der Aussage, das, worüber etwas mitgeteilt, das als bekannt vorausgesetzt wird.
- Rhema (comment, new) = Kern der Aussage; das, was über das Thema mitgeteilt wird, die neue Information.

Benutzt wird das Thema-Rhema-Konzept insbesondere, um „Formen der thematischen Progression“ zu unterscheiden. Brinker (1985, 45) nennt folgende Typen der thematischen Progression:

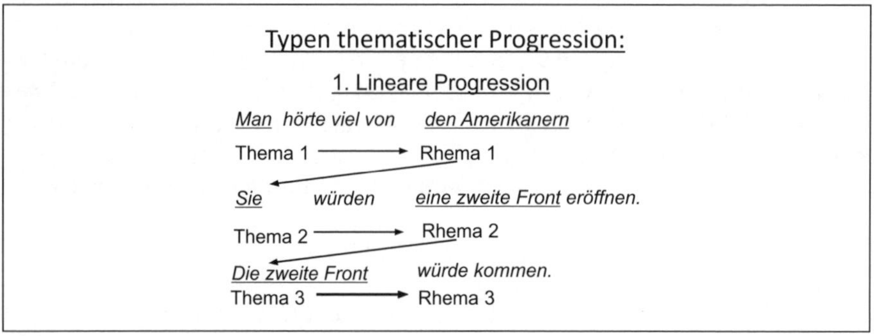

Abb. 50: Lineare thematische Progression

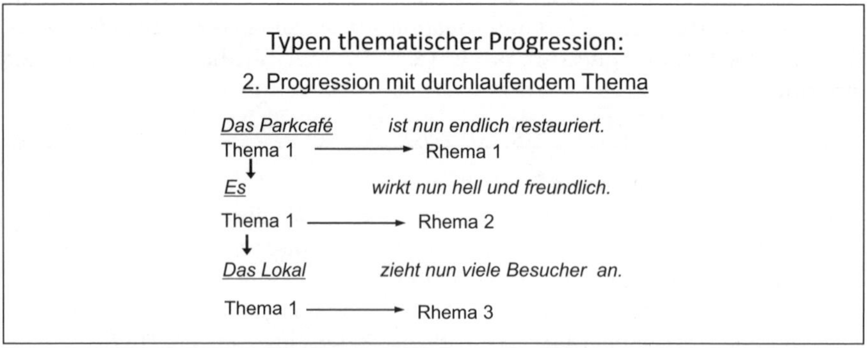

Abb. 51: Thematische Progression mit durchlaufendem Thema

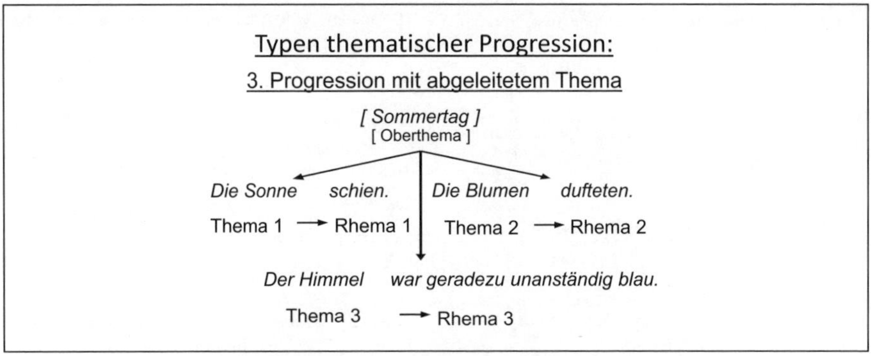

Abb. 52: Thematische Progression mit abgeleitetem Thema

Zusätzlich zu diesen Typen der thematischen Progression unterscheidet Brinker (1985, 59) noch folgende *Grundformen der thematischen Entfaltung*, wie er sie nennt:

Grundformen der Themen-Entfaltung:

- deskriptiv (beschreibend)
- narrativ (erzählend)
- explikativ (erklärend)
- argumentativ (begründend)

Sowohl die Typen der thematischen Progression als auch die Grundformen der Themen-Entfaltung kommen in Texten eher nicht in reiner Form, sondern in Mischform vor. Ein typischer Zeitungsbericht im Nachrichtenteil kann daher erzählende und beschreibende Teile zugleich enthalten. Die Grundformen der Themen-Entfaltung kann man auch dadurch unterscheiden, dass sie unterschiedliche Typen thematischer Progression aufweisen. Beide Kriteriengruppen zusammen spielen eine wichtige Rolle bei der Unterscheidung von Textsorten und in der linguistischen Stilistik (siehe dazu ausführlicher Kap. 10).

Ein Teilaspekt der Textstruktur, der insbesondere in der linguistischen Analyse öffentlicher, z. B. politischer Kommunikation wichtig geworden ist, ist die Analyse der Argumentationsstrukturen in Texten. Dafür wird meistens das Argumentationsmodell des britischen Philosophen Stephen Toulmin (1922–2009) benutzt (siehe Abb. 53 und Abb. 54):

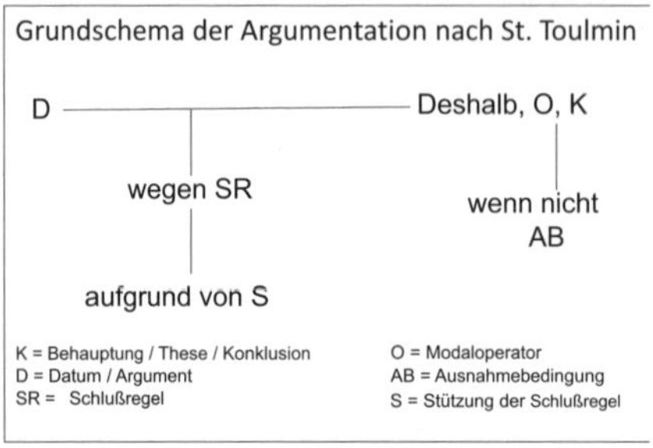

Abb. 53: *Grundschema der Argumentation nach Toulmin*

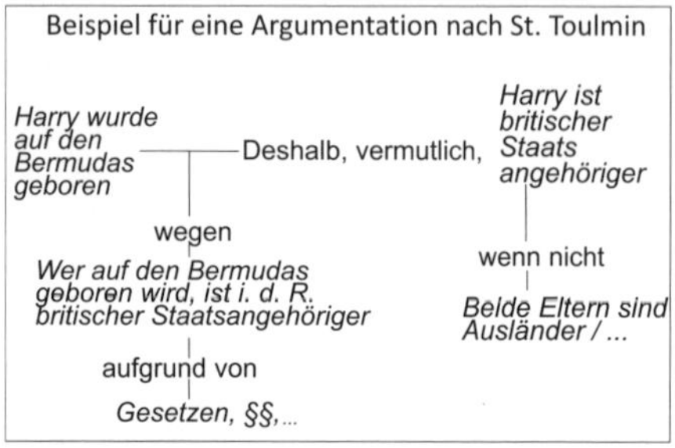

Abb. 54: *Beispiel für eine Argumentation nach Toulmin*

Ein wichtiger Teil der Textlinguistik ist die Beschreibung und Analyse von *Textfunktionen* und *Textsorten*. Diese werden wir in Kap. 10 vorstellen.

7.3 Textbedeutung/Textsemantik

Beim Entstehen der modernen Textlinguistik (in den 1970er Jahren) wurde auch der Begriff „Textsemantik" häufiger verwendet; eine eigene Forschungsdisziplin „Textsemantik", als Teilbereich der linguistischen Semantik, ist jedoch bis heute nicht entstanden (wogegen von einer Satzsemantik doch häufig gesprochen wird). Das hat mehrere Gründe. Zum einen ist die linguistische Analyse von Textbedeutungen und der Beitrag, den einzelne Textelemente (Sätze, Satzteile, Wörter) dazu leisten, so eng mit der Analyse von Textstrukturen (sog. „Kohärenz-Strukturen") verflochten ist, dass man bereits die Analyse von Wiederaufnahmestrukturen im Text (s. o. Kap. 7.2) als Beitrag zur Analyse von Textbedeutungen auffassen kann. Ein anderer Grund ist, dass das Thema „Textbedeutung" eng mit der Erforschung der Prozesse des Textverstehens (und der Textinterpretation) verflochten ist. Die Text- und Sprachverstehensforschung ist aber wiederum ein eigenständiger Bereich der Forschung, der zudem stärker von Sprachpsychologen als von Linguist*innen bearbeitet worden ist. (Ausnahmen sind etwa die sehr interessante Textverstehenstheorie des Frame-Semantikers Fillmore (1984) oder die Textverstehenstheorien von S. J. Schmidt (1976) oder Maximilian Scherner (1984)). Nachfolgend wollen wir uns daher nur auf einige wenige Aspekte von Modellen der Textbedeutung konzentrieren, und insbesondere die Konzepte „Textwelt", „Proposition" und „Isotopie" im Kontext einer Beschreibung von Textbedeutungen erläutern. Für vertiefende Überlegungen zu diesem komplexen Bereich seien Interessierte auf die Einführung des Ko-Autors in die Theorie des Textverstehens und der Textinterpretation (Busse 2015, v.a. Kap. 6, S. 145 ff.) hingewiesen.

Textwelten und Textverstehen

Ein in der Textlinguistik häufiger vertretener Ansatz ist es, die Textbedeutung als Aufbau einer sog. „Textwelt“ im Zuge des Textverstehens durch die Leserinnen und Leser aufzufassen. Als „Textwelt“ wird dabei eine Konstellation von Wissen angenommen, die dem Text zugrunde liegt und damit sein Verstehen erst ermöglicht. So sprechen de Beaugrande/Dressler (1981, 88) von einer „Textwelt, die mit der gewöhnlich angenommenen ‚realen Welt‘, d. h. mit der von einer Gesellschaft oder sozialen Gruppe als gültig angesehenen Auffassung [...] nicht unbedingt übereinstimmen muss.“ Diese enthält deshalb nicht nur die in der „Textoberfläche“ (d. h. in den Wörtern und ihren syntaktischen Beziehungen) ausgedrückte Bedeutung, sondern zudem „Alltagswissen“, das von den Kommunikationsteilnehmer*innen bezüglich der im Text angesprochenen Ereignisse, Situationen, Sachverhalte, Gegenstände usw. aktiviert wird (a.a.O. 89). So setzt z. B. der Satz *„Wegen der langen Schlangen vor den Schaltern hat er seinen Zug verpasst.“* ein nicht aus dem Satz erschließbares Wissen über den Ablauf des Handlungstyps *„Zugfahrt“* voraus, nämlich z.B., dass man für eine Zugfahrt eine Fahrkarte benötigt, die man zuvor an einem Fahrkartenschaltern erwerben muss (sofern man sie nicht, wie heutzutage möglich, zuvor online erworben hat). Ein wichtiger Ansatz zur Beschreibung von Textbedeutungen und der in einem Text vorausgesetzten oder konstruierten Textwelt kann daher die Beschreibung von Vorwissen in Form von sog. „Präsuppositionen“ sein. (Siehe dazu nachfolgend das Kap. 8.3.) Dabei kann die in einem Text oder Kommunikationsakt als wechselseitig vorhandenes Wissen unterstellte Menge aller Annahmen über die Welt als ein „Wirklichkeitsmodell“ der Beteiligten aufgefasst werden (so bei Schmidt 1976, 94 f). Dabei ist es für die Zwecke der Textsemantik nicht wichtig, ob diese Welt einer in der außersprachlichen Wirklichkeit tatsächlich existierenden Welt entspricht, oder ob es sich um die fiktive Welt eines Romans handelt.

Textbedeutung als Struktur aus Propositionen

Eine größere Rolle hat in der Textlinguistik und in Theorien des Textverstehens der uns bereits aus der Satzsemantik bekannte Begriff der Proposition (s. o. S. 81) gespielt. Da die Textlinguistik sich vor allem mit satzübergreifenden Inhaltsstrukturen von Texten befasst, benutzt sie den Propositionsbegriff zur Beschreibung von Textstrukturen (so bei van Dijk 1980, 33, 40 u.ö. und Brinker 1985, 25 u.ö.). So wird in solchen Ansätzen davon ausgegangen, dass die einzelnen Propositionen in einem Text (die in einzelnen Sätzen oder Teil-Sätzen ausgedrückt sind) sich über mehrere Stufen zu sog. „Makro-Propositionen“ verschiedener Stufen akkumulieren. Solche „Makro-Propositionen“ können sich, dem Modell zufolge, über mehrere Sätze, Absätze, Kapitel, ja sogar ganze Texte erstrecken. Nicht nur die Textbedeutung, sondern auch das Verstehen eines sprachlich gegebenen Textes wird dann in der Psycholinguistik und der Textwissenschaft als Aufbau einer kognitiven Wissensstruktur aus Propositionen aufgefasst.

Nach verbreiteter Auffassung wird aber nur ein Teil der für das Verstehen eines Textes notwendigen Propositionen dem Text selbst (dem „Textformular", wie es Schmidt 1976, 150 f. nannte, s. o. S. 109) „entnommen". Die Propositionsstruktur (d. h. die Bedeutungsstruktur) eines Textes soll nun aber nicht nur auf den sprachlich explizit ausgedrückten (man sagt auch: verbalisierten) Propositionen beruhen, sondern die im Verstehensmoment durch die Textrezipient*innen geistig aktivierten impliziten Propositionen einschließen. So sagt van Dijk, dass aufgrund des allgemeinen Wissens die Textrezipient*innen aus den „im Text ausgedrückten", d. h. „expliziten" Propositionen noch zusätzlich implizite Propositionen erschließen. Ohne solche impliziten Propositionen sind, seiner Auffassung nach, Texte oder Textteile nicht verstehbar:

> „Für die korrekte Interpretation jeder Proposition einer Sequenz ist eine große Anzahl allgemeiner Propositionen notwendig, nämlich [...] das Allgemeinwissen über die Welt (der Rahmen) von seiten des Hörers, aufgrund dessen zusammen mit den expliziten Propositionen der Sequenz eine Anzahl besonderer impliziter Propositionen *abgeleitet* werden kann. Ohne solche impliziten Propositionen dürfte [eine] Sequenz nicht vollständig interpretierbar sein." (van Dijk 1980, 33)

Generell wird daher eine „Textstruktur" (wir können auch sagen: Textbedeutung) als Struktur zwischen einzelnen „Propositionen" (sowohl Satzaussagen als auch impliziten, im Verstehen aufgerufenen Propositionen) aufgefasst (Brinker 1985, 20). Alle Propositionen zusammen („explizite" und „implizite") werden auch als *„Propositionale Textbasis"* bezeichnet: „Um einen Text zu verstehen, müssen wir kognitiv [...] die vollständig explizite Textbasis rekonstruieren aufgrund der impliziten Textbasis, wie sie in der Satzsequenz erscheint." (van Dijk 1980, 33). Verstehen eines Textes ist dann die „Rekonstruktion" dieser Textbasis durch die Rezipient*innen. Wie der Ausdruck „Rekonstruktion" schon zeigt, wird in dieser Forschungsrichtung das Textverstehen *aktivistisch*, als „konstruktiver Prozess" aufgefasst. An einer solchen Auffassung von Textbedeutung als Propositionsstruktur, und der darauf aufbauenden Auffassung von Textverstehen als geistigem (kognitivem) Aufbauen einer solchen Propositionsstruktur ist allerdings des Öfteren starke Kritik geübt worden. (Siehe dazu v.a. Biere 1989, 71ff. und zusammenfassend die Diskussion bei Busse 2015, 265 ff.)

Textbedeutung als Isotopie-Relationen

Ein weiteres Konzept mit einer gewissen (aber ebenfalls begrenzten) Nützlichkeit für die Zwecke einer Textsemantik bzw. der Beschreibung und Analyse von Textbedeutungen ist das Konzept der *„Isotopie"*. Das „Isotopie"-Konzept beruht auf dem Modell der strukturalistischen Merkmalsemantik (s. o. Kap. 5.3, S. 64f.). Es geht u.a. auf Greimas (1971, 60 ff.) zurück. Nach Greimas wird die Struktur eines Textes bzw. einer Textbedeutung als eine Struktur aus sog. „Isotopieebenen“ bzw. „Isotopieketten“ aufgefasst. Unter „Isotopieketten“ (s. Abb. 55) versteht man die über mehrere Textelemente verstreute Wiederaufnahme von einzelnen „semantischen Merkmalen“ (Semen) eines Bezugsausdrucks durch eine oder mehrere Verweisformen.

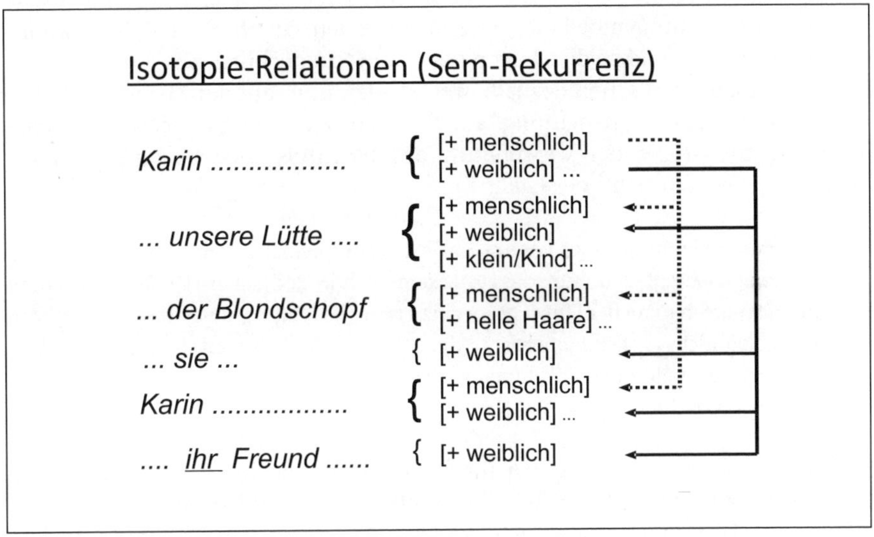

Abb. 55: Beispiel für eine Isotopie-Kette

Durch Bildung vieldimensionaler Ebenen können sich solche Isotopiebeziehungen zu komplexen Isotopie-Netzen verknüpfen.

> „Isotopiebeziehungen zwischen lexikalischen Bedeutungseinheiten treten im Textablauf als Isotopiepaare oder als kürzere oder längere, sich über eine Reihe von Textemen hinziehende kontinuierliche oder unterbrochene Isotopieketten auf.“ Agricola/Viehweger 1983, 222.

> „Nach dem Isotopie-Konzept wird die Zusammengehörigkeit von Textelementen über Gemeinsamkeiten des semantischen Bestandes (dargestellt in semantischen Komponenten) ermittelt; immer wiederkehrende Komponenten dominieren bestimmte Isotopie-Ebenen, zwischen denen wiederum Ähnlichkeitsbeziehungen bestehen können.“ Kallmeyer/Meyer-Hermann 1980, 254.

Dabei ist aber wichtig, zu beachten, dass die Wortbedeutungen nicht als abgeschlossen und fertig vorliegen, wenn man einen Text liest. Wortbedeutungen konstituieren sich erst in Texten, eine Auflösung von Bedeutungsvarianten auf eine Gebrauchsbedeutung ist immer erst in einem konkreten Text möglich. Dies zeigt sich schon daran, dass „Monosemierung" bzw. „Disambiguierung" des Bedeutungspotentials von Wörtern nur in Texten stattfindet, wie Kallmeyer u.a. (1974, 120) hervorheben; „Monosemierung wird bewirkt durch die wechselseitige semantische Determination (von Lexemen)." (a.a.O. 123) Aus diesem Grund können nun die einzelnen Wörter nicht im Rahmen der Textbedeutung als statische Entitäten (Bedeutungsmoleküle) behandelt werden, die ihre feste „Bedeutung" schon mitbringen und so die „Isotopie-Struktur" zu dechiffrieren erlauben.

Dies verbietet sich schon deshalb, weil „Bedeutung" auf der Ebene der lexikalischen Semantik und „Bedeutung" auf Textebene zwei völlig verschiedene Typen von Bedeutung (bzw. der Verwendung des Terminus „Bedeutung") sind, wie Scherner (1984, 80) richtig feststellt:

> „Bei der ‚Bedeutung' eines Lexems im Textzusammenhang handelt es sich nicht [...] um die gleiche ‚Bedeutung', die ein Lexem auch in der Isolierung besitzt, sondern nur um eine in mancher Hinsicht spezifiziertere ‚Bedeutung' desselben Lexems. Man kann also nicht einfach annehmen, die ‚Bedeutungen' würden dem ‚Sprachbesitz' entnommen und in den Text hineinversetzt, ohne daß sich am Zustand der ‚Bedeutungen' etwas änderte."

Deshalb nützt es auch wenig, bei Interpretationsproblemen von Texten einfach zum Wörterbuch zu greifen; dieses Nachschlagen kann keine Interpretation ersetzen, da das Wörterbuch einem nicht verrät, welche der dort verzeichneten Bedeutungsmöglichkeiten diejenige des Wortes im Text ist (falls diese dort überhaupt verzeichnet ist, was gerade bei Fachtexten oft eher unwahrscheinlich ist).

Vielmehr müssen sich *Wort*bedeutung und *Text*bedeutung wechselseitig stützen; sie können sich nur durch den gesamten, in Situation und Kontexte eingebauten Verstehensakt konstituieren. Dies heben die Vertreter der Isotopie-Theorie dort selbst hervor, wo sie die im Textverlauf stattfindende Bedeutungskonkretisierung bzw. „Bedeutungsanreicherung" einzelner Lexeme beschreiben; danach konkretisiert sich die volle textuelle Bedeutung einzelner Wörter erst sukzessiv durch einen längeren Textverlauf.

> „Neben ihrer Aufgabe, Bedeutungen zu übermitteln und Texteme zu verknüpfen und zu gruppieren, bilden die zu Isotopieketten gereihten Lexeme ein Mittel der Bedeutungsanreicherung (semantische Akkumulation; Textkonstanz) und tragen somit auf einer unteren Ebene zur Textverschmelzung (Integration) bei.
> Das geschieht insofern, als die im Textablauf jeweils später vorkommenden Glieder einer Isotopiekette die Bedeutungsdefinitionen, Bedeutungsabweichungen und -ergänzungen, die die vorangegangenen Glieder in ihrer semantischen und syntaktischen Textumgebung erfahren haben, gewissermaßen speichern und weitergeben." (Agricola/Viehweger 1983, 223. Vgl. auch de Beaugrande/Dressler 1981, 92)

Dennoch mag das Merkmalkonzept in Form der Isotopie-Analyse ebenso wie in der Wortsemantik als *heuristisches* Instrument der Bedeutungs*beschreibung* (von schon verstandenen Textbedeutungen) dienen. (Vielversprechender scheint uns allerdings eine Ausweitung auf die Textebene der satzsemantischen Analyse nach Bezugsstellen und Prädikationen zu sein, wie von Polenz sie entwickelt hat (s. o. Kap. 6.2, S. 97ff.). Die sog. „Bezugsrahmen" (frames, skripts) haben daher in der jüngeren Textlinguistik eine größere Rolle gespielt, während die Isotopie-Analyse nur noch wenig betrieben wird.)

Wie schon die Merkmaltheorie auf der Ebene der Wortsemantik stellt auch das Isotopie-Konzept der Textsemantik eine Verbindung zwischen Bedeutungsstrukturen und Weltstrukturen (bzw. Wissensstrukturen) her; so wird behauptet, dass „Isotopie-Ebenen" nicht nur „die semantische Tektonik von Texten", sondern auch „die Organisation von Wirklichkeitsmodellen (Geschichtensystemen)" strukturieren könnten (Kallmeyer u.a. 1974, 146.).

8. Funktionen und Gebrauch sprachlicher Äußerungen: Sprechakte und andere Aspekte der linguistischen Pragmatik

Was tun wir, wenn bzw. indem wir sprechen? Wie funktioniert das Handeln mit Sprache? Mit diesen Fragen beschäftigt sich die linguistische Pragmatik. Diese sprachwissenschaftliche Teildisziplin ist aus der angelsächsischen sprachanalytischen Philosophie hervorgegangen. Einer der Grundgedanken ist dabei, dass jede sprachliche Äußerung (ob schriftlich oder mündlich) als ein *Handeln nach Regeln* beschrieben werden kann. (Vgl. dazu z. B. Heringer/Öhlschläger/Strecker/Wimmer 1977, 7 f. und Heringer 1974, z. B. S. 20 f.) Sprache und Sprechen werden damit in den Zusammenhang des gesamten menschlichen Handelns und auch sozialer Interaktion gestellt. Dies ist eine neue Sichtweise von Sprache, die erstmals abweicht von der seit Saussure geltenden Dichotomie von „der Sprache“ als abstraktem „System“ (langue), welches in der Rede (parole) lediglich „aktualisiert“ wird (s. o. S. 20). Im Unterschied zur klassischen System-Linguistik gründet diese neue Sichtweise auf Sprache auf die Begriffe *Handlung* und *Regel*.

Die Entstehung der pragmatischen Linguistik, zuerst mit der „Sprechakttheorie“ von Austin (1962) und Searle (1969), ist nicht denkbar ohne den Einfluss des Philosophen Ludwig Wittgenstein (1889–1951), vor allem der in seinen „Philosophischen Untersuchungen“ (1953) entwickelten „Gebrauchstheorie der Bedeutung“.

Ludwig Wittgenstein (1971): Bedeutung als „Gebrauch“:
§ 10: Was bezeichnen nun die Wörter dieser Sprache? – Was sie bezeichnen, wie soll ich das zeigen, es sei denn in der Art ihres Gebrauchs?
§ **43**: Man kann für eine große Klasse von Fällen der Benützung des Wortes „Bedeutung“ – wenn auch nicht für alle Fälle seiner Benützung – dieses Wort so erklären: Die Bedeutung eines Wortes ist sein Gebrauch in der Sprache.

Nach gängiger Auffassung unter Linguist*innen stellt die sog. „linguistische Pragmatik“ ein eigenständiges Forschungsgebiet dar, und somit nach der Meinung vieler Sprachtheoretiker*innen auch einen eigenständigen Bereich sprachlicher Phänomene.

Wichtige Anmerkung: Es ist wichtig, zu beachten, dass ein Forschungsgebiet, d. h. ein Bereich von Theorien, Modellen und Methoden, von dem Bereich der sprachlichen Phänomene oder Gegenstände selbst, auf den sich diese Forschung bezieht, zunächst unterschieden werden sollte. Gerade in linguistischen Theorien wurden oft Gegenstände als existent behauptet, die gar nicht als klar identifizierbare reale Phänomene im Sprachgebrauch erkennbar waren. (Siehe etwa die Annahme sog. „Nullmorpheme".) Wir gehen aber davon aus, dass die in der linguistischen Pragmatik beschriebenen Aspekte der Sprache tatsächlich auch klar erkennbare Phänomene des Sprachgebrauchs sind, was gerade zu Beginn dieser Forschungsrichtung von vielen Gegnern bestritten wurde.

Daher gehen heute die meisten Linguisten und Linguistinnen davon aus, dass das Forschungsgebiet der linguistischen Pragmatik deutlich von der linguistischen *Semantik* unterschieden werden kann. (Und zwar sowohl von den semantischen Theorien als von auch dem sprachlichen Phänomenbereich, auf die sich diese beziehen.) Aus Sicht einer sich als umfassende Analyse aller Bedeutungsaspekte der Sprache verstehenden Semantik sieht die Sache freilich schon ganz anders aus. Wenn man annimmt, dass eine linguistische Bedeutungsanalyse (vor allem, wenn diese den am Sprachgebrauch orientierten Ansatz nach Wittgenstein einschließt) *alle* Phänomene zu ihrem Gegenstand haben sollte, die man irgendwie zu der bedeutungshaften Leistung der sprachlichen Mittel hinzurechnen kann, dann fallen plötzlich viele, wenn nicht die meisten, Phänomenbereiche, mit denen sich die „linguistische Pragmatik" beschäftigt, eigentlich in den Gegenstandsbereich der Semantik. Zu solchen eigentlich semantischen Gegenstandsbereichen, die heute aber meist zur Pragmatik gerechnet werden, zählen insbesondere die Analyse von *Präsuppositionen*, von *Implikaturen* und die *Deixis*. Dasjenige Forschungsgebiet, mit dem der Begriff „linguistische Pragmatik" überhaupt erst aufgekommen ist, und das den einzigen Bereich darstellt, der ausschließlich hierunter subsumiert wird (und nicht auch in der Semantik behandelt wird), ist die von Austin und Searle begründete *Sprechakttheorie*.

Der Begriff Pragmatik

Pragmatik als Bezeichnung für die linguistische Teildisziplin leitet sich aus dem altgriechischen Verb πραττειν (*prattein* = „tun", „handeln") und dem daraus abgeleiteten Substantiv πραγμα (*pragma* = „das Tun", „die Tat") ab, von dem auch das noch in unserer heutigen Umgangssprache gebräuchliche πραξις (*praxis,* = „das Handeln") (und z. B. auch das Wort „praktisch") abstammen. Der linguistische Begriff *Pragmatik* trat erstmals beim Semiotiker Charles Morris auf, der folgende Unterteilung vornahm:

Unterscheidung bei Charles Morris (1938, 6 [1972, 20]):
(a) Syntaktik = Untersuchung der formalen Beziehungen der Zeichen untereinander
(b) Semantik = Erforschung der Beziehungen der Zeichen zu den Gegenständen, auf die die Zeichen anwendbar sind
(c) Pragmatik = Erforschung der Beziehung der Zeichen zu den Interpreten

Diese Definition reicht jedoch nicht aus. Nach dem üblichen Verständnis könnte der Begriff „linguistische Pragmatik“ etwa folgendermaßen definiert werden:

Definition Pragmatik I (Übliche Definition):
Diejenigen linguistischen Untersuchungen, die auf Aspekte des *Kontextes* und des *Gebrauchs* von sprachlichen Zeichen Bezug nehmen und die deren *Beziehung zu den Zeichenbenutzern* untersuchen.

Sinnvoller wäre indes sicherlich eine Definition, die den Bedeutungsaspekt „handeln“, der etymologisch in dem Wort „Pragmatik“ steckt, ernster nähme. Eine solche Definition, die sich in den gängigen Einführungen und Handbüchern zur Linguistischen Pragmatik jedoch kaum finden lässt, könnte etwa folgendermaßen lauten:

Definition Pragmatik II
Diejenigen Untersuchungen, welche die *Sprache* und ihren *Gebrauch* unter dem Aspekt untersuchen, dass sprachliche Kommunikation eine spezifische Form *menschlichen Handelns* und *sozialer Interaktion* darstellt.

Ausgangsfragen

Das Entstehen der linguistischen Pragmatik war vor allem eine Reaktion auf die Erklärungsdefizite der bis dahin existierenden Form von Sprachwissenschaft, insbesondere der Semantik. Der semantische Einschlag wird aber deutlich, wenn man sich die wichtigsten Ausgangsfragen anschaut, die zur Entstehung der neuen „pragmatischen“ Theorien und Überlegungen geführt haben:

Ausgangsprobleme der linguistischen Pragmatik
(Erklärungsdefizite der klassischen Sprachauffassungen):

- Rolle der deiktischen (indexikalischen) Ausdrücke (Personal-, Temporal-, Lokaldeixis etc.)
- Wissensabhängigkeit der Bedeutungen
- Keine Universalität der semantischen Merkmale, sondern Kontextabhängigkeit
- Die Grammatikalität von syntaktischen Konstruktionen ist z.T. verwendungs- und situationsabhängig
- „Bedeutung" ist nicht auf Wahrheitsbedingungen reduzierbar
- Probleme der semantischen Beschreibung und Erklärung der Eigennamen

Gegenstandsbereiche der linguistischen Pragmatik

Schon ein einfacher Blick auf die Inhaltsverzeichnisse der gängigen Einführungen in die linguistische Pragmatik zeigt, dass es meist um Fragen der Bedeutung im weiteren Sinne geht. Daran schließen sich auch die Gegenstandsbereiche der linguistischen Pragmatik an, um die es in diesem Kapitel gehen soll:

Gegenstandsbereiche der linguistischen Pragmatik (nach Levinson 1990):

- Deixis
- Präsuppositionen
- Implikaturen, Mitgemeintes
- Sprechakte
- Gesprächsstrukturen

Von diesen, z. B. bei Levinson (1990) genannten fünf Teilgebieten der Pragmatik betreffen mindestens die ersten drei (Deixis, Präsuppositionen, Implikaturen) im Wesentlichen Aspekte der *semantischen* Leistung sprachlicher Einheiten bzw. kommunikativer Äußerungen. Allenfalls die von den Philosophen Austin und Searle begründete Sprechaktanalyse (die den Startschuss zum Entstehen der linguistischen Pragmatik gegeben hat) sowie die Gesprächsanalyse (die ihren Ursprung in der Soziologie hatte und nach auch heute noch manchmal zu hörender Meinung mancher Linguist*innen eigentlich dort besser aufgehoben wäre) betreffen Phänomene, deren Zugehörigkeit zur Semantik im engeren Sinne man bestreiten kann.

Warum werden die genannten Bedeutungsphänomene heute eher in der linguistischen Pragmatik behandelt, und nicht in der linguistischen Semantik? Das wird deutlicher, wenn man die sog. „Gazdar-Formel" betrachtet, mit der Gazdar (1979, 2) die linguistische Pragmatik in folgenden Worten recht treffend charakterisiert hat:

„Gazdar-Formel“:
„Die Pragmatik hat jene Bedeutungsaspekte von Äußerungen zum Thema, die man mit direktem Bezug auf die Wahrheitsbedingungen des geäußerten Satzes nicht erklären kann.“
Vereinfacht: „Pragmatik = Bedeutung minus Wahrheitsbedingungen“

Danach würde die Pragmatik all die semantischen Phänomene betreffen, die mit der „Wahrheitswertanalyse“, also dem Bedeutungsmodell der „logischen Semantik“ (s. o. S. 65f.), nicht zutreffend beschrieben oder erfasst werden können. Und dies ist fast alles, was an der Semantik von größerem Interesse ist. Man kann daher aus Sicht einer nicht reduktionistisch verfassten linguistischen Semantik auch sagen: Pragmatik ist Semantik; genauer: der Teil der Semantik, der sich verstärkt mit solchen kontext-, gebrauchs- und benutzerabhängigen Aspekten der bedeutungshaften Leistung sprachlicher Einheiten und ihrer Benutzung zu kommunikativen Zwecken befasst, die von den „klassischen“ Modellen der linguistischen Semantik (vor allem: Logische Semantik und Merkmalsemantik) nicht erfasst werden. Wir halten daher entgegen der Mehrheitsmeinung unter Linguist*innen) die nachfolgend behandelten Forschungs- und Phänomenbereiche *Deixis, Präsuppositionen* und *Implikaturen* für wichtige Gegenstände der *Semantik*, die jede Bedeutungstheorie, die ihren Namen wert sein will, erklären können muss.

Zuvor aber soll die Sprechakttheorie (als einziger „rein pragmatischer“ Gegenstandsbereich der heutigen linguistischen Pragmatik im engeren Sinne) dargestellt werden.

8.1 Sprache als Handeln/Sprechakttheorie

Eigentlicher Begründer der Sprechakttheorie (und damit letztlich auch der Disziplin „Pragmatik“) ist der englische Philosoph John Langshaw Austin (1911–1960) mit seiner posthum veröffentlichten Vorlesung *How to Do Things with Words* [„Wie man mit Worten etwas tut“] (1962, dt. 1972). Durchgesetzt hat sich diese Theorie aber erst mit dem Buch des amerikanischen Philosophen und Austin-Schülers John R. Searle (*1932) *Speech acts* (1969, dt. *Sprechakte* 1971). In diesem Buch begründet Searle seine Auffassung, wonach jede Form des Sprechens zugleich der Vollzug von (sprachlichen) Handlungen ist:

Thesen zur Sprechakttheorie bei Searle:
„Sprechen ist eine (höchst komplexe) Form regelgeleiteten Verhaltens. Eine Sprache zu lernen und zu beherrschen bedeutet (unter anderem), entsprechende Regeln zu lernen und zu beherrschen.“ (Searle 1969 [1971, 24])

„Eine Sprache sprechen bedeutet, Sprechakte auszuführen." (30)
„Eine Sprachtheorie ist Teil einer Handlungstheorie." (31)

Sprache als Handeln

Die Auffassung, dass Sprache als Handeln betrachtet werden kann, ist jedoch nicht so neu, wie es viele Linguist*innen und Philosoph*innen glauben. So findet sich schon bei dem deutschen Philosophen Wilhelm von Humboldt (1797–1835) die Betrachtung der Sprache als Tätigkeit:

> „Die Sprache, in ihrem wirklichen Wesen aufgefasst, ist etwas beständig und in jedem Augenblicke Vorübergehendes. (...) Sie selbst ist kein Werk (Ergon), sondern eine Thätigkeit (Energeia). Ihre wahre Definition kann daher nur eine genetische seyn. Sie ist nemlich die sich ewig wiederholende Arbeit des Geistes, den articulirten Laut zum Ausdruck des Gedanken fähig zu machen. Unmittelbar und streng genommen, ist dies die Definition des jedesmaligen Sprechens; aber im wahren und wesentlichen Sinne kann man auch nur gleichsam die Totalität dieses Sprechens als die Sprache ansehen." (Aus: Ueber die Verschiedenheit des menschlichen Sprachbaues und ihren Einfluss auf die geistige Entwicklung des Menschengeschlechts (1830–1835), in: Werke, Bd. 3, S. 418)

Und bei dem wichtigen Sprachpsychologen Karl Bühler (1879–1963) wird Sprache als „Organon" (griechisch für „Werkzeug") und das Sprechereignis als „eine komplexe menschliche Handlung" aufgefasst: „Das konkrete Sprechereignis unterscheidet sich vom unbewegten Dastehen des hölzernen Armes im Gelände in dem einen wichtigen Punkte, daß es ein Ereignis ist. Noch mehr: es ist eine komplexe menschliche Handlung." (Bühler 1934, 79)

Für die Pragmatik wichtig geworden ist Bühlers „Organon-Modell" der Sprache:

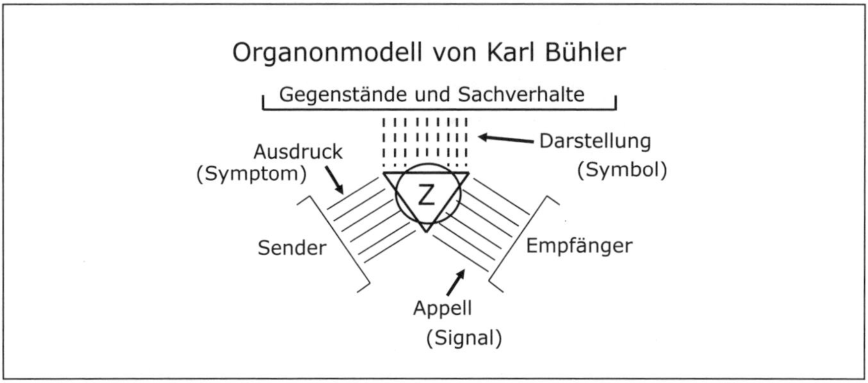

Abb. 56: Organon-Modell der Sprache nach Bühler (1934, 28)

Dieses Modell hat Bühler (in Abgrenzung zum klassischen semiotischen Zeichenmodell mit den Polen *Ausdruck – Inhalt – Gegenstand*) folgendermaßen erläutert:

> „Es ist nicht wahr, daß alles, wofür der Laut ein mediales Phänomen, ein Mittler zwischen Sprecher und Hörer ist, durch den Begriff ‚die Dinge' oder durch das adäquatere Begriffspaar ‚Gegenstände und Sachverhalte' getroffen wird. Sondern das andere ist wahr, daß im Aufbau der Sprechsituation sowohl der Sender als der Täter der Tat des Sprechens, der Sender als Subjekt der Sprechhandlung, wie der Empfänger als Angesprochener, der Empfänger als Adressat der Sprechhandlung eigene Positionen innehaben. Sie sind nicht einfach ein Teil dessen, worüber die Mitteilung erfolgt, sondern sie sind die Austauschpartner, und darum letzten Endes ist es möglich, daß das mediale Produkt des Lautes je eine eigene Zeichenrelation zum einen und zum anderen aufweist." (Bühler 1934, 30 f.)

In diesem Zeichenmodell kommen die Zeichenbenutzer hinzu. Es besteht aus folgenden Elementen: Im Mittelpunkt steht das Zeichen, welches vom „Sender" und „Empfänger" sowie „Sachverhalten und Gegenständen" umgeben ist. Das Zeichen stellt das konkrete Schallphänomen dar, dabei können drei Seiten dieses Zeichens interpretiert werden:

- Zunächst die Darstellungsebene, also ein Zeichenkörper mit seiner Beziehung auf Gegenstände und Sachverhalte (Symbol-Funktion).
- Dann der Sender, der das sprachliche Zeichen lautlich ausdrückt und damit Rückschlüsse auf seine Befindlichkeit (Gedanken, Gefühle) zulässt (Symptom-Funktion).
- Dadurch erhält das Zeichen zusätzlich eine Appellfunktion an den Empfänger, der möglicherweise bewegt wird, etwas Bestimmtes zu tun oder zu glauben.

Das, was einer der zentralen Gegenstände der Pragmatik ist, die Relation des Zeichens zu den Zeichenbenutzern, wird hier also als elementarer Teil jedes Zeichens und damit jeder Sprache behandelt.

Konstative und Performative Äußerungen

Die eigentliche Sprechakttheorie (von Austin und Searle) beginnt zunächst mit Austins (1962) Unterscheidung von zwei Typen von sprachlichen Äußerungen, die er *konstative* (feststellende) und *performative* (durchführende) Äußerungen nannte.

konstative Äußerungen:
= Äußerungen, deren Korrektheit mit dem in der Philosophie und logischen Semantik üblichen wahr/falsch-Kriterium beurteilt werden kann (etwa Feststellungen – beschreibende Aussagen über die Wirklichkeit)

performative Äußerungen:
= Äußerungen, deren Korrektheit/Angemessenheit nicht mit dem wahr/falsch-Kriterium beurteilt werden kann.
= Äußerungshandlungen spezifischer Art, für die besondere Bedingungen gelten

Als Beispiele für performative Äußerungen nennt Austin etwa *taufen, versprechen, loben, ernennen* usw. Durch das Aussprechen des performativen Verbes in einer Sprechhandlung wird die kommunikative Geltung bereits vollzogen. Die sprachliche Handlung wird also durch den Sprechakt unmittelbar ausgeführt, d. h. die eigentliche Handlung ist vorbei, nachdem die Äußerung getätigt wurde, z. B. *Hiermit ernenne ich Sie zum Bürgermeister.*

Nach einer längeren Diskussion gibt Austin aber diese erste Unterscheidung wieder auf und geht nun davon aus, dass auch die sog. „konstativen" Äußerungen immer zugleich auch *performativ* sind, da die Feststellungen nur ein Typ von Sprechakten unter vielen seien. Außerdem können auch typische „performative Äußerungen" am Kriterium wahr/falsch scheitern (so z. B. das Versprechen *Ich hole Dir den Mond vom Himmel,* was faktisch an den menschlichen Möglichkeiten scheitert). Daran knüpft schließlich auch Austins neues Modell von Sprechakten an.

Sprechakte nach Austin und Searle

Das Sprechaktmodell von Austin ist folgendermaßen aufgebaut:

Sprechaktmodell nach Austin (1962 [1972, 108 ff.]):
Ein vollständiger Sprechakt besteht aus folgenden Teilakten (bzw. Aspekten, die parallel verlaufen):
(A) lokutionärer Akt
  (A.a) phonetischer Akt
  (A.b) phatischer Akt
  (A.c) rhetischer Akt
(B) illokutionärer Akt
(C) perlokutionärer Akt

Einen lokutionären (Teil-)Akt zu vollziehen heißt, Geräusche (d. h. Sprachlaute) hervorzubringen (phonetischer Akt), die sprachliche Zeichen darstellen (phatischer Akt), welche eine konventionelle (den Sprecher*innen bekannte) Bedeutung haben (rhetischer Akt). Wichtig ist nun die neue Ebene des *„illokutionären Akts"*:

Bestimmung des „illokutionären Akts" (Austin 1962 [1972, 114 f.]):
„Einen lokutionären Akt vollziehen heißt im allgemeinen auch und eo ipso einen illokutionären (illocutionary) Akt vollziehen [...]; d. h. einen Akt, den man vollzieht, *indem* man etwas sagt, im Unterschied zu dem Akt, *dass* man etwas sagt; und die Theorie der verschiedenen Funktionen, die die Sprache unter diesem Aspekt haben kann, nenne ich die Theorie der 'illokutionären Rollen' (illocutionary forces)."

Mit dem illokutionären Akt ist die Sprechhandlung im eigentlichen Sinne gemeint. Durch das Sprechen wird also eine bestimmte Handlung ausgeführt, die eine kommunikative Geltung/Funktion hat.

Unter einem *„perlokutionären Akt"* versteht er Folgen sprachlicher Handlungen, wie etwa *jemanden überreden, überzeugen*. Sie spielen für die Linguistik keine Rolle.

Bei Searle (1969) wird das Sprechaktmodell dann etwas systematisiert und erweitert. Sein Modell sieht so aus:

Sprechaktmodell nach Searle (1969 [1971, 40 f.]):
(A) **Äußerungsakt:**
Physischer/Phonetischer Akt: Lautlicher Ausdruck nach grammatischen Regeln, dies bedeutet das physische Hervorbringen von Lauten der Sprache und schließt morphologische sowie syntaktische Aspekte ein.
(B) **Propositionaler Akt (Referenz und Prädikation):**
Dinge und Sachverhalte, um die es geht: kodiert den Inhalt des Sprechaktes = Inhaltsakt, indem Aussagen über die Welt getroffen werden.
- **Referenzakt:** Objekt auf das Bezug genommen wird, z. B. eine Person
- **Prädikationsakt:** Über das Objekt wird etwas ausgesagt, z. B. Eigenschaften

(C) **Illokutionärer Akt:**
Handlungswert: Kommunikative Geltung/Funktion bzw. Absicht der Äußerung
(D) **Perlokutionärer Akt:**
Ergebnis/Wirkung: Intendierte Reaktion des Sprechers beim Hörer, also die Wirkung beim Adressaten

Dazu ein Beispiel: Eine Äußerung wie *Die Suppe ist salzig* kann dann folgendermaßen charakterisiert werden:

- **Äußerungsakt:** Es werden *Laute* geäußert in Form von *Wörtern* oder *Sätzen*; diese werden danach überprüft, ob sie *grammatisch wohlgeformt* sind oder nicht (also nach den Regeln der betreffenden Sprache einen zulässigen und verstehbaren Satz ergeben oder nicht).

- **Propositionaler Akt**: Der geäußerte Satz enthält semantisch gesehen eine *Aussage* über einen Ausschnitt der Welt, und zwar eine *Referenz/Bezugnahme* auf das Objekt *Suppe*, und eine darüber getroffene *Prädikation*, hier: *(ist) salzig*; die Proposition kann danach überprüft werden, ob sie *wahr oder falsch* ist.
- **Illokutionärer Akt**: Er betrifft einen bestimmten Aspekt oder Typ der *kommunikativen Geltung*, bzw. einen *Handlungswert*, z. B. kann es sich bei dem Beispielsatz um eine *Mitteilung*, oder eine *Feststellung*, oder eine *Warnung*, oder eine *Empfehlung* handeln. (Man sieht daran: es kann bei gleicher Proposition (Inhalt) je nach Kontext verschiedene Illokutionen geben.) Ein Illokutionärer Akt kann danach überprüft werden, ob er *geglückt* ist oder nicht (Austin hat dazu eine Liste von Glückensbedingungen, engl. *felicity conditions*, formuliert, die aber umstritten geblieben ist.)
- **Perlokutionärer Akt**: Er betrifft den *Zweck* der Äußerung, z. B. eine intendierte Reaktion beim Hörer, z. B. dass der Hörer danach weiß, was auch der Sprecher weiß (*dass die Suppe salzig ist*), und/oder dass der Hörer die Suppe daraufhin nicht isst. Ein Illokutionärer Akt kann danach überprüft werden, ob er erfolgreich ist oder nicht. (In der Forschung war es dann aber umstritten, ob Perlokutionen noch zur Sprache gehören; sie wurden in der Folge nicht weiter in der Linguistik behandelt.)

Die verschiedenen Typen von Illokutionen (Sprechakten) werden sowohl von Searle als auch von Austin nach bestimmten Kriterien klassifiziert. Dazu listet Austin (1962 [1972, 166]) in seiner Vorlesung dutzende von illokutionären Rollen auf und entwickelt für sie eine Typologie (Sprechaktklassifikation), die dann von Searle (z. B. 1982, 31 ff.) leicht modifiziert wird.

Sprechaktklassifikation bei Austin und Searle:

Austin	***Beispiel***	**Searle**	**Erklärung**
Expositive	*behaupten, informieren*	Assertive/ Repräsentative	Der Sprecher gibt zu erkennen, was er glaubt, dass in der Welt der Fall ist.
Exerzitive	*befehlen, bitten*	Direktive	Den Hörer dazu bewegen, eine Handlung x auszuführen.
Kommisive	*versprechen, schwören*	Kommisive	Sprecher auf eine zukünftige Handlung festlegen bzw. dazu verpflichten → Der Sprecher gibt damit zu erkennen, was er selbst vor hat zu tun.
Konduktive	*beglückwünschen, danken, beklagen*	Expressive	Sprecher will ausdrücken, wie ihm zumute ist.
Verdiktive	*ernennen, verurteilen*	Deklarative	Eine Statusveränderung in institutionellem Rahmen herbeiführen.

Für die Existenz von Illokutionen nennt Austin folgende Kriterien:

> **Bedingungen für sprachliche Handlungen (Illokutionen) nach Austin (1962, 35):**
> „(A.1) Es muss ein übliches konventionales Verfahren mit einem bestimmten konventionalen Ergebnis geben; zu dem Verfahren gehört, dass bestimmte Personen unter bestimmten Umständen bestimmte Wörter äußern.
> (A.2) Die betroffenen Personen und Umstände müssen im gegebenen Fall für die Berufung auf das Verfahren passen, auf welches man sich beruft.
> (B.1) Alle Beteiligten müssen das Verfahren korrekt
> (B.2) und vollständig durchführen.
> (C.1) Wenn, wie oft, das Verfahren für Leute gedacht ist, die bestimmte Meinungen und Gefühle haben, oder wenn es der Festlegung eines der Teilnehmer auf ein bestimmtes späteres Verhalten dient, dann muss wer am Verfahren teilnimmt und sich so darauf beruft, diese Meinungen und Gefühle wirklich haben und die Teilnehmer müssen die Absicht haben, sich so und nicht anders zu verhalten,
> (C.2) und sie müssen sich dann auch so verhalten."

Austin unterscheidet daneben auch zwischen: (a) explizit performativen Äußerungen mittels „explizit performativer Formeln" (Bsp.: *Ich verspreche dir, morgen zu kommen*) und (b) implizit performativen Äußerungen (Bsp.: *Ich werde morgen kommen*) ohne einleitende performative Formeln wie *versprechen*. Eine wichtige Rolle in linguistischen Sprechakt-Analysen spielen auch die „indirekten Sprechakte", die von ihrer „wörtlichen Bedeutung" her etwas anderes zu besagen scheinen als ihre tatsächliche illokutive Kraft. So ist die Äußerung *Können Sie mir sagen, wie spät es ist?* keine Informationsfrage nach den Fähigkeiten des Angesprochenen, sondern eine *Bitte*, die Uhrzeit mitzuteilen. Meistens wird bei der Analyse von indirekten Sprechakten das Modell der Implikaturen nach Grice (s. u. S. 141ff.) benutzt. Da die meisten Sprechakte nicht explizit performativ, sondern implizit geäußert werden oder sogar indirekte Sprechakte sind, spielt für die linguistische Analyse die Suche nach „illokutiven Indikatoren" eine wichtige Rolle, um die kommunikative Geltung bzw. die Illokution zu erschließen. Es handelt sich dabei um Elemente, an denen der Hörer erkennt, welche kommunikative Absicht der Sprecher oder die Sprecherin verfolgt:

> **Indikatoren der illokutionären Rolle:**
> - Performative Verben (s. o., z. B. *versprechen*)
> - Satzmuster/Satzarten (z. B. eine Fragesatz oder ein Aufforderungssatz)
> - Modalverben (z. B. *müssen, können* etc.)

- (Modal-) Partikeln (z. B. *Sie wollte nur schauen.* / *Der ist vielleicht frech.* Oder z. B. *oh, he, aua* etc.)
- Intonation (z. B. steigend oder fallend)
- Situations- und Kontextfaktoren
- Propositionaler Gehalt (Inhalt) des Sprechakts in Bezug auf die Haltungen und Wünsche der Beteiligten, vor allem des Adressaten oder der Adressatin

Die Sprechakttheorie ist heute ein großer und theoretisch stark differenzierter Forschungs- und Diskussionsbereich in Linguistik und Sprachphilosophie.

8.2 Deixis

Unter „Deixis" (neugebildet aus altgriechisch δεικνυμι = „zeigen"; älterer Terminus: „indexikalische Ausdrücke" = deiktische Ausdrücke) versteht man die Bezugnahme auf Eigenschaften des unmittelbaren Kontextes einer Äußerung oder eines Sprechereignisses in einer gegebenen Sprechsituation mittels spezieller sprachlicher Ausdrücke oder grammatischer Mittel. Man unterscheidet heute folgende Formen von Deixis (nach Levinson 1990, 63 ff.):

Arten von Deixis	**Beschreibung**
Personendeixis	Enkodierung der Rolle der Partner im Sprechereignis ● Sprachliches Zeigen mit Personenbezug (*ich, du, er, sie...*) ● „Wer spielt in diesem Sprechereignis mit?"
Raumdeixis	Enkodierung des räumlichen Standortes relativ zu den Standorten der Teilnehmer am Sprechereignis ● Räumliche Orientierung bezogen auf den Standort der Gesprächspartner ● Sprachliche Mittel: ○ Rein deiktische Adverbien (*hier, dort*) ○ Demonstrativpronomina (*diese, das*) ○ Relativ deiktische Wörter (*vor, hinter, auf, unter, neben, rechts von...*)
Zeitdeixis	Enkodierung von Zeitpunkten und Zeitspannen relativ zu der Zeit, wann eine Äußerung produziert wurde: ● Zeitliche Orientierung ● Sprachliche Mittel: ○ Grammatische Tempora (Verbflexion: Präteritum etc.) ○ Rein deiktische Zeitadverbien (*jetzt, dann, bald*) ○ Relativ deiktische Wörter (*heute, morgen, gestern*) ○ Komplexe Zeitbestimmungen (*letzten Montag, dieses Jahr, nächste Woche*) → Achtung: Vagheit bei Ausdrücken wie: *nächsten Mittwoch, letzten Dienstag* aufgrund der Perspektive der Sprecher
Text-/Diskursdeixis	Enkodierung der Bezugnahme auf Teile des sich entfaltenden Textes/Diskurses ● Verweisungen zu vorherigen und zukünftigen Abschnitten eines Textes oder Gesprächs

Arten von Deixis	Beschreibung
Sozialdeixis	Enkodierung gesellschaftlicher Unterscheidung relativ zu den Sprecherrollen ● Verschiedene Rollenschemata, die deiktisch transportiert werden ● Beispiel: ○ Relationale Sozialdeixis: relative Höflichkeitsformeln (*Du* vs. *Sie*) ○ Absolute Sozialdeixis: z. B. spezifische Höflichkeitsformeln für bestimmte Adressaten etwa *Hoheit, Herr Präsident...*

Personendeixis

Die *Personendeixis* wird insbesondere bei der Beschreibung der Bedeutung von Personalpronomina wie *ich, du, er, sie, es, wir, ihr sie* (und der mit ihnen zusammenhängenden grammatischen Kategorie „Person" in der Konjugation der Verben) wichtig. Es geht dabei um die Feststellung, welches Referenzobjekt mit dem jeweiligen Ausdruck genau bezeichnet werden soll, immer dann, wenn mehr als zwei Personen anwesend und am Gespräch beteiligt sind. So erfordert die korrekte Interpretation eines Pronomens wie *Du* (oder der Höflichkeitsform *Sie*) ein präzises Wissen über die Eigenschaften des gegebenen Kontextes, das meist durch den bisherigen Gesprächsverlauf oder Rahmenbedingungen der Situation aufgebaut worden ist (wen genau hat im Moment der Sprecher oder die Sprecherin mit *Du* oder *Sie* gemeint?).

Insbesondere die pauschalisierenden Personalpronomina wie *wir* und *sie* (Plural) sind in ihrer Verwendung und genauen Referenz aber oft extrem subtil, und setzen ein komplexes Wissen voraus, dessen Wirksamwerden in der angemessenen Interpretation wahrscheinlich nur mit den Mitteln einer vertiefenden semantischen Analyse, die alle relevanten Aspekte des Kontextes berücksichtigt, genauer herausgearbeitet werden kann. Dies kann am deiktischen Potential von *wir* demonstriert werden. Man sieht an diesen Beispielen sehr gut, wie komplex teilweise das Wissen ist, das man benötigt, um die genaue Referenz des jeweiligen *wir* zu erfassen. Ohne präzise Kenntnisse von Kontext und Situation sind solche deiktischen Ausdrücke schlicht nicht interpretierbar.

Das deiktische Potential von *wir*:

(1) Lehrer und Schüler (nicht-gleichberechtigte Kommunikationsteilnehmer)
Wir wollen uns jetzt Aufgabe fünf ansehen.
Wir haben uns in der letzten Vorlesung mit der Frage beschäftigt, ...
(potentiell inklusives *wir*)

(2) Verweisgruppe Familie: *Wir gehen immer nach Mallorca in den Urlaub.*

(3) Verweisgruppe Bewohner eines Ortes/Landes:
Wir haben viel zu wenig Kinderkrippen.

(4) durch gruppenkonstitutives Merkmal gebildete Verweisgruppe:
Wir sollten uns bemühen, mehr ausländische Fachkräfte ins Land zu holen.
(Gruppe: die Deutschen)

Wir spielen immer nach den offiziellen Schachregeln. (Gruppe: Schachverein)

(5) Verweisgruppe, alle potentiell Betroffenen:
Wir müssen damit rechnen, dass immer neue Technologien unser Leben verändern.

(6) Verweisgruppe: die Menschen: *Wir sind gefühls- und verstandbestimmte Wesen.*

(7) Plural majestatis: *Wir haben uns dafür ausgesprochen, dass ...* (→ Einzelperson)

(8) Verweisgruppe: Patient bzw. Arzt-Patient: *Wir wollen jetzt mal die Tabletten weglassen. –Wir wollen doch wieder gesund werden!*

(9) Exklusives *wir: Sind wir jetzt endlich so weit. – So haben wir jetzt ausgeschlafen?*

(Zit. n.: Markus Hundt, Vorlesung: Grammatik und Pragmatik. http://rcswww.urz.tudresden.de/ ~kjakob/inhalt/folien_grammatik/material/ Folien_ZVII/ Deixis_ZVII.doc; 19.06.2006, 21:13 h)

Raumdeixis

Klassischer Gegenstand der Erforschung deiktischer (bzw. indexikalischer) Ausdrücke ist auch die *Raum-* oder *Lokaldeixis.* Raumbezogene Ausdrücke können nicht angemessen verstanden werden, wenn man nicht die konkreten gegebenen räumlichen Kontextbedingungen der Äußerung berücksichtigt. Diese räumlichen Kontextbedingungen können als ein Koordinatensystem, d. h. als ein Gefüge von räumlichen Ankerpunkten beschrieben werden, aus dem heraus die raumbezogenen Ausdrücke von einem Sprecher oder einer Sprecherin jeweils benutzt worden sind.

Der Sprachpsychologe Karl Bühler (1934, 102) hat dieses Koordinatensystem die „Ich-hier-jetzt-Perspektive des Sprechers“ (oder auch „Ich-Origo“ oder „Origo des Zeigfeldes“, von lat. origo = „Ursprung“) genannt. Das Koordinatensystem gestaltet sich so: In einer Kommunikationssituation zwischen zwei gleichzeitig anwesenden Kommunikationspartner*innen kann der oder die Sprechende bei der Wahl raumdeiktischer Ausdrücke entweder die eigene Origo (Standpunkt) oder die Origo des Gegenübers zugrunde legen. Das führt dazu, dass ein einfacher Satz wie *„Kannst du mir mal den Stuhl rechts von dir geben.“* hinsichtlich der Raum-Referenz zwei gegensätzliche Bedeutungen hat, je nachdem, ob der oder die Sprechende gemeint hat: *„rechts von dir aus meiner Sicht“* oder *„rechts von dir aus deiner Sicht“*. Man kann daher die Raumdeixis auch definieren als die „Spezifizierung von Standorten bzw. Orten von Bezugsobjekten relativ zu Ankerpunkten im Sprechereignis“. Abb. 57 zeigt den Fall, in dem *„rechts von dir“* aus der Perspektive der (angesprochenen) Person B gemeint ist.

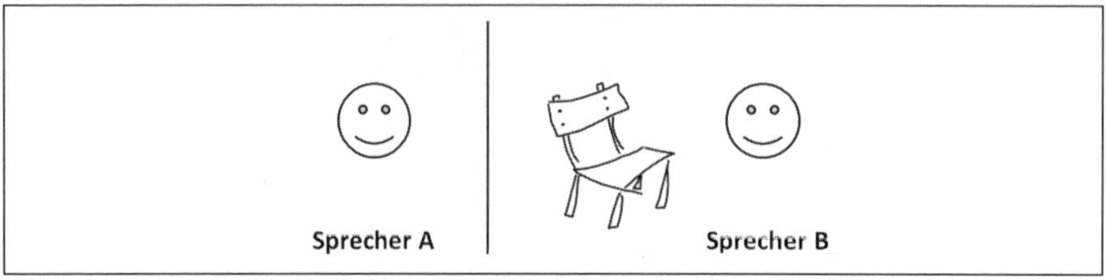

Abb. 57: Perspektiven des Koordinatensystems in der Raumdeixis

Eine wichtige Unterscheidung ist außerdem die folgende:

(a) „Absolute“ (beschreibende) und „deiktische“ Benennung von Orten:

- *Der Bahnhof ist 200 Meter entfernt.* ist deiktisch, während *Der Bahnhof ist 200 Meter vom Dom.* eine absolute Raumangabe enthält, also nicht deiktisch ist.

(b) Viele Objekte der Alltagswelt (z. B. Lebewesen, Dinge, Gebäude) weisen eine Art „eingebaute deiktische Perspektive oder Richtung“ auf. Man unterscheidet dann „extrinsische Deixis“ (Perspektive des Betrachters) vs. „intrinsische Deixis“ (immanente Perspektive des Bezugsobjekts selbst):

- *Da vorne ist ein Parkplatz hinter dem roten Mercedes frei.* kann bedeuten: *der Parkplatz, der sich an das Heck des Mercedes anschließt* (intrinsisch), aber ebenso gut: *der Parkplatz, der aus unserer derzeitigen Position hinter dem Mercedes liegt, also der, der sich an seine Front anschließt.* (extrinsisch).
- In manchen Fällen, wie bei Personen, ist die Präferenz für die intrinsische Deixis nahezu zwingend (*Siehst du nicht, der Ball liegt doch vor dir.* werden wir immer interpretieren als vor der Seite der Person, an der ihr Gesicht ist). Bei anderen Objekten, z. B. bei Gebäuden, ist dies nicht immer zwingend. (So kann der Satz *Wir treffen uns vor dem Bahnhof* je nach räumlichen Gegebenheiten und Alltagswissen uneindeutig sein und zu Missverständnissen führen.)

Zeitdeixis

Auch in der *Zeitdeixis* können die Verhältnisse recht subtil werden. Auch hier gibt es feste Koordinatensysteme. Wichtig ist (nach Levinson 1990, 75) etwa der Unterschied zwischen *Kodierungszeit* (CT – „Entstehungszeit“) und *Rezeptionszeit* (RT – Zeit der Kenntnisnahme durch einen Adressaten oder eine Adressatin). Ein Beispiel ist der unterschiedliche Gebrauch des Tempus in Erzählungen oder Berichten: *Ich schreibe diesen Brief Kaffee trinkend.* (Referenzpunkt des Koordinatensystems des hier gewählten Tempus Präsens: CT) vs. *Ich schrieb diesen Brief Kaffee trinkend.* (Referenzpunkt des Koordinatensystems des hier gewählten Tempus Präteritum: RT).

Einige recht subtile Aspekte der Semantik zeitdeiktischer Ausdrücke sind bereits zum Gegenstand und Demonstrationsobjekt wissensbezogener semantischer Analysemethoden (vor allem der Frame-Semantik) geworden. Vergleicht man z. B. die Sätze *Ich fahre diese Woche nach Wien* und *Ich fahre diesen August nach Wien* dann stellt man fest, dass im ersten Fall der Ausdruck *diese Woche* die Zeitperiode (hier: Woche), in der sich Sprecher*in/Schreiber*in und Adressat*in gerade befinden, einschließt (also ist das *diese* hier inklusive CT gemeint), während im zweiten Fall das *diesen August* auf einen Zeitraum Bezug nimmt, der die CT ausschließt. Ausführlich interpretiert bedeutet *diesen August* also eigentlich *im August dieses Jahres* (ist technisch gesprochen also eine deiktische *Ellipse,* denn *dieses Jahres* wird ausgespart), so dass der Kodierungszeitraum doch wieder eingeschlossen ist.

Man sieht daran, wie deiktische Ausdrücke häufig sehr subtile semantische Zusammenhänge nutzen, die ein umfassendes Weltwissen voraussetzen, das den Sprecher*innen häufig unbewusst bleibt, aber in der semantischen Analyse explizit gemacht werden muss.

Text- oder Diskursdeixis

Die *Text-* oder *Diskursdeixis* bezieht sich auf Verweisungen zu vorherigen Abschnitten eines Textes oder Gesprächs. Also z. B. Äußerungen wie *Ich wette, diese Geschichte kennst du nicht* oder *Das war die lustigste Geschichte, die ich je gehört habe.* Gerade in schriftlicher Kommunikation werden aufgrund der besonderen räumlichen Verhältnisse in der bei uns üblichen seiten- und zeilenweise angeordneten linearen Struktur von Schrifttexten häufig auch *raum*deiktische Ausdrücke benutzt wie z. B. *Wie ich oben ausgeführt habe* ... Da das Durchlaufen der linearen Abfolge der Zeichen beim Schreiben/Sprechen und/oder Lesen/Hören ein Prozess ist, der in der Zeit abläuft, werden für die *Text-* oder *Diskursdeixis* häufig auch zeitdeiktische Ausdrücke benutzt, wie z. B. *Anknüpfend an das im letzten Kapitel Gesagte* ... oder *Wie ich eben ausgeführt habe* ... In diesen Fällen handelt es sich im Grunde um einen *metaphorischen* Gebrauch der benutzten raum- oder zeitdeiktischen Ausdrücke.

Sozialdeixis

Mit *Sozialdeixis* ist der Verweis auf soziale Rollen, Status u. ä. gemeint. Dazu gehören im Deutschen etwa die Anredeformen *Du* und *Sie,* deren Gebrauch immer auch Rückschlüsse auf den sozialen Status des oder der Angesprochenen in Relation zum sozialen Status des oder der Sprechenden/Schreibenden erlaubt. Andere sozialdeiktische Mittel sind nicht relational, sondern werden absolut verwendet (unabhängig vom Status der Zeichenbenutzer), wie z. B. die Anrede *Herr Präsident.* In manchen Sprachen bzw. Kulturen existieren z.T. hochgradig ausdifferenzierte Systeme sozialdeiktischer sprachlicher Mittel (z. B. Personal- bzw. Anredepronomina), die Rücksicht auf diffizilste Konstellationen sozialer Relationen aus Verwandtschaft, gesellschaftlicher Stellung, Alter, Geschlecht usw. nehmen können.

8.3 Präsuppositionen

Ein für die Satz- und Textsemantik (teilweise aber auch für die Wortsemantik) äußerst wichtiger Gegenstand der linguistischen Pragmatik, der bei näherer Betrachtung eigentlich ein zentraler Gegenstand der Semantik sein sollte, sind die sog. „Präsuppositionen“ (aus engl. *presupposition* = „(Vor)Annahme“, „Voraussetzung“). Gemeint ist die Tatsache, dass ein gesprochener oder geschriebener Satz (eine Aussage) A zum angemessenen Verstehen oder für die Annahme seiner Gültigkeit/Wahrheit eine andere Aussage B als gültig voraussetzt, die aber nicht explizit sprachlich ausgedrückt (verbalisiert) ist.

Die Betrachtung von Funktion und Wirkung der Präsuppositionen bewegt sich also im Bereich der Untersuchung des verstehensrelevanten Wissens. Dabei geht dieses Wissen deutlich über das Wissen hinaus, das in klassischen semantischen Theorien noch zum semantischen Wissen der in einer Äußerung verwendeten Zeichen selbst gerechnet wird. Ihren Ursprung hatte die Diskussion der Präsuppositionen daher v. a. in der logischen Semantik, da sie insbesondere für diese Theorie(n) ein großes Problem darstellen. Erwähnt wird das Problem erstmals bei den Logikern Gottlob Frege (1848–1925) und Bertrand Russell (1872–1970). Als Begründer eines systematischen Nachdenkens über Präsuppositionen wird allgemein der britische Philosoph Peter Frederick Strawson (1919–2006) genannt, meist mit Verweis auf den Aufsatz Strawson (1950). Ausformuliert wurde das Konzept dann erstmals in Strawson (1952, 175):

Definition der Präsupposition bei P. F. Strawson (1952):
„Eine Aussage A präsupponiert eine Aussage B, wenn B eine Vorbedingung der Wahrheit oder Falschheit von A ist.“

Daraus lässt sich als Definition für die Präsupposition ableiten:

Präsupposition:
Eine Aussage A setzt notwendig eine Aussage B als gültig voraus, die jedoch nicht explizit ausgedrückt wird und aus der Äußerung erschlossen werden muss.

Ein Standardbeispiel der klassischen logischen Diskussion bei Russel und Strawson sind die sog. „Existenzpräsuppositionen“. Gemeint ist, dass jeder sprachliche Ausdruck, der auf ein Bezugsobjekt Bezug nimmt (referiert), präsupponiert (voraussetzt), dass dieses Objekt tatsächlich existiert. So ist in einem Satz wie (A) *Der König von Frankreich ist weise.* als wahr unterstellt (präsupponiert) (B) *Es gibt einen*

König von Frankreich. Aussage B ist daher in der Aussage A auf irgendeine Weise logisch oder semantisch enthalten.

Nachdem das Phänomen „Präsupposition" einmal entdeckt und benannt war, entstand relativ schnell eine lange Liste von Beispielen, die diesem Begriff (Phänomenbereich) zugeordnet wurden:

Typen von Präsuppositionsauslösern (nach Levinson 1990, 169 ff.):

(1)	Existenzpräsuppositionen	*Der König von Frankreich ist weise.*
	→ präsupponiert:	*Es gibt einen König von Frankreich.*
(2)	Faktive Verben:	*Rita bedauert, Hans getroffen zu haben.*
	→ präsupponiert:	*Rita hat Hans getroffen.*
(3)	Implikative Verben:	*Holger schaffte es, die Tür zu öffnen.*
	→ präsupponiert:	*Holger versuchte, die Tür zu öffnen.*
(4)	Verben der Zustandsveränderung:	*Peter hörte auf, seine Frau zu schlagen.*
	→ präsupponiert:	*Peter hatte seine Frau geschlagen.*
(5)	Iterativa:	*Die fliegende Untertasse kam wieder.*
	→ präsupponiert:	*Die fliegende Untertasse war zuvor da.*
(6)	Verben der Beurteilung:	*Luise bezichtigte Jan des Plagiats.*
	→ präsupponiert:	*Luise findet, Plagiat ist schlecht.*
(7)	Temporalsätze:	*Seit Churchill starb, fehlt es an Führerfiguren.*
	→ präsupponiert:	*Churchill starb.* usw.

Es besteht bis heute große Uneinigkeit darüber, welche Phänomene genau zu den „Präsuppositionen" hinzugerechnet werden sollen, und welche zu anderen Formen der Beziehungen zwischen Sätzen (Aussagen), wie z. B. Implikationen, Folgerungen, Implikaturen usw. gehören. Nach Strawson (1950) sind Präsuppositionen eine besondere Form von Inferenz (Schlussfolgerungen). Aus semantischer und verstehenstheoretischer Perspektive gesehen stellen die sehr heterogenen Beispiele, die in der Forschungsliteratur für die Präsuppositionen genannt werden, nichts anderes dar als einen Hinweis auf die Tatsache, dass wir zum angemessenen Verstehen sprachlicher Äußerungen häufig auf Wissensbestände zurückgreifen müssen, die von den klassischen semantischen Theorien (logische Semantik, Merkmalsemantik) nicht erfasst, und folgerichtig nicht zur „Bedeutung" sprachlicher Einheiten hinzugerechnet worden sind.

Manche Präsuppositionen lassen sich den Implikaturen (s. u.) nach Herbert Paul Grice zuordnen, andere sind Teil der lexikalischen Bedeutung der betreffenden Wörter (z. B. präsupponiert das Verb *speisen* in seiner wörtlichen Bedeutung, dass das ausführende Subjekt das Merkmal *menschlich* aufweisen muss (im Unterschied etwa zu *fressen*); manche sprechen dann von semantischen oder lexikalisierten Präsuppositionen).

Im Gegensatz zur üblichen Zuordnung der Präsuppositionen zur linguistischen Pragmatik gehen wir jedoch davon aus, dass der mit diesem Begriff üblicherweise bezeichnete Phänomenbereich einer der wichtigsten Gegenstände der linguistischen Semantik ist, insbesondere der Satz- und Textsemantik, jedoch mit starken Rückwirkungen auch auf die lexikalische oder Wortsemantik. Man wird die Präsuppositionen daher letztlich nur mit den Methoden einer wissensanalytischen Semantik angemessen erklären und beschreiben können. Ein wichtiger Schritt in diese Richtung ist die Frame-Semantik von Fillmore, der in seinen Arbeiten zahlreiche Beispieltypen analysiert, die zum klassischen Gegenstandsbereich der Präsuppositionsforschung gerechnet werden. (Fillmore vertritt also wie wir die Auffassung, dass es sich dabei um semantische Phänomene handelt, die von einer semantischen Theorie und Forschung erklärt werden müssen.)

8.4 Implikaturen

Der Begriff der *Implikatur* wurde vom Philosophen Herbert Paul Grice (1913–1988) im Rahmen der Begründung seiner Theorie einer auf dem Begriff der Intention aufbauenden Semantik eingeführt. Es handelt sich bei den Implikaturen um eine bestimmte Form des „indirekten" Kommunizierens und dementsprechend um einen bestimmten Typ von verstehensermöglichenden Schlussfolgerungen (sog. „Inferenzen"). Auch dieser Begriff hat mittlerweile zu einer äußerst umfassenden Forschungsdiskussion geführt, die gewöhnlich der linguistischen Pragmatik zugerechnet wird. Hier zwei Beispiele (Bsp. 2 nach Grice 1975 [1979, 245 f.])

Beispiele für Implikaturen:

(1) A: *Wo ist Michael?*
B: *Vor Susannes Haus steht ein gelber Golf.*

(2) A fragt B über einen gemeinsamen Freund C, der jetzt bei einer Bank arbeitet, wie es C bei seinem Job so gehe, und B antwortet:
Oh, ganz gut, nehme ich an; er mag seine Kollegen und ist bislang noch nicht ins Gefängnis gekommen.

Man könnte es so sehen: Auch bei den Implikaturen geht es in gewissem Sinne um „hinzuzudenkende Sätze" oder Informationen. So bei Beispiel (1) etwa die Informationen *Michael hat einen gelben Golf. Wenn ein gelber Golf vor Susannes Haus steht, dann ist es sehr wahrscheinlich, dass Michael gerade bei Susanne ist.* Es verwundert daher nicht, dass die Implikaturtheorie alsbald als eine der Methoden genannt wurde, mit denen man Präsuppositionen (eines bestimmten Typs) analysieren kann.

Man könnte den Begriff der Implikatur in seiner allgemeinsten Fassung daher auch folgendermaßen definieren:

Implikatur:
Das in einer Kommunikation nicht Ausgesprochene, sondern Angedeutete und Mitgemeinte, das durch die Kommunikationspartner*innen erschlossen werden muss.

Grice (1975) formuliert für den Inferenzprozess, der zum intendierten Verstehen einer Implikatur führt, ein komplexes Modell, welches auf von ihm formulierte sog. „Konversationsmaximen“ und deren scheinbare Verletzung durch die „wörtliche“ Bedeutung der geäußerten Sätze Bezug nimmt. Wer z. B. auf die Frage *Weißt du, wie spät es ist?* lediglich antwortet: *Ja, ich weiß es!* und nicht die Uhrzeit benennt, verstößt gegen die kommunikative Regel, indem die Implikatur (die Bitte, dem oder der Fragenden die Uhrzeit zu nennen) nicht aufgeschlüsselt bzw. missachtet wird. Im Beispiel (1) oben wurde in der Antwort von B die Maxime der Relevanz und die zweite Untermaxime der Maxime der Quantität scheinbar verletzt. Die korrekte Interpretation der Aussage von B würde diese scheinbaren Verletzungen der Maxime „heilen“, indem durch Inferenz- bzw. Implikatur-Verstehen angenommen wird, dass hinter der wörtlichen die eigentlich gemeinte Bedeutung erschlossen wird. (Aufgrund seiner Komplexität können die Details dieses Modells im Rahmen dieser Einführung nicht ausführlich erläutert werden; siehe dazu aber Levinson 1990, 100 ff.)

Konversationsmaximen: (Grice 1975: 168 ff. [1979, 251 f.])
Maxime der Quantität
- Mache deinen Gesprächsbeitrag so informativ wie für den jeweiligen Gesprächszweck nötig
- Mache deinen Gesprächsbeitrag nicht informativer als nötig (keine unnötigen Informationen)

Maxime der Qualität
- Behaupte nichts, von dessen Wahrheit du nicht überzeugt bist
- Behaupte nichts, wofür du keine hinreichenden Beweise hast

Maxime der Relevanz
- Sei relevant (bezogen auf die entsprechende Gesprächssituation)

Maxime der Modalität (Art und Weise)
- Vermeide Unklarheit im Ausdruck
- Vermeide Mehrdeutigkeit
- Vermeide Weitschweifigkeit
- Vermeide Ungeordnetheit

Da auch Implikaturen (wie die Präsuppositionen) teilweise direkt mit der konventionellen Bedeutung sprachlicher Mittel zusammenhängen, mit ihr sozusagen „spielen", um weitergehende verstehensermöglichende Schlussfolgerungen anzuregen, sind die damit gemeinten Phänomene als Aspekte der Bedeutung sprachlicher Äußerungen aufzufassen, die von jeder umfassend angelegten semantischen Theorie erklärt werden müssen.

Fazit

Sprachhandlungstheoretische, gebrauchstheoretische und intentionalistische Ansätze haben wichtige neue Überlegungen in die Theorie der linguistischen Semantik eingebracht. Insbesondere die zentrale Rolle des Begriffs der Regel bzw. der Konvention, und die spezifische Art und Weise, wie diese definiert werden, bewirken einen völlig neuen Blick auf Sprache und semantische Phänomene, hinter den keine Semantik, die ernst genommen werden will, zurückgehen kann.

Die scharfe Trennung von Semantik und Pragmatik, wie sie in der heutigen Linguistik allgemein üblich ist, erscheint uns obsolet, da auch die beschriebene linguistische Teildisziplin der Pragmatik vor allem Phänomene der Bedeutung im Blick hat.

9. Erscheinungsformen der Sprache I: Varietäten (Dialekte, Soziolekte, funktionale, mediale und situative Varianten der Sprache)

Wenn man in der Linguistik von „sprachlichen Varietäten" oder „Varianten" spricht, oder, wie es auch vorgeschlagen wurde, von „Erscheinungsformen" der Sprache, dann stellt sich sofort die Frage, *was* hier variiert wird, *von was* die einzelnen Varietäten Varianten sind. Im Begriff der *sprachlichen Varietät* oder *Variante* ist also immer schon der Gegenpol mitgedacht. Bei diesem Gegenpol handelt es sich um die Einzelsprache (oder auch Nationalsprache), wie etwa das Deutsche, Englische, Französische, Georgische, Russische usw. Von Varietäten wird also immer nur mit Bezug auf eine einzige Sprache, ein von anderen Einzelsprachen abgrenzbares Sprachsystem gesprochen. Dahinter steht die folgende Annahme: Es gibt eine Einzelsprache, wie etwa das Deutsche, die von anderen Einzelsprachen aufgrund wesentlicher Merkmale des Sprachsystems eindeutig abgrenzbar ist. Diese Einzelsprache ist nun nicht in allen ihren Verwendungsformen einheitlich, sondern es gibt mehr oder weniger starke Abweichungen in Teilbereichen des Sprachsystems (etwa in der Lautstruktur, der Wortwahl usw.). Diese Abweichungen, so weiter die Annahme, sind aber alle bloß Variationen des gemeinsamen und vorgegebenen Sprachsystems, also etwa des Deutschen, aus dem sie abgeleitet sind bzw. auf dessen Grundstrukturen die einzelnen Varianten aufbauen. Als solche Varianten oder Varietäten werden etwa genannt: die *Dialekte*, die *Fachsprachen*, und die *Gruppen-* oder *Sondersprachen* (die sog. „*Soziolekte*").

Das Problem bei dieser üblichen Sichtweise ist nun folgendes: Mit dem Begriff der „Nationalsprache", also etwa „des Deutschen", wird eine Homogenität oder Einheitlichkeit aller Sprachgebrauchsformen von muttersprachlichen Sprecher*-innen und Schreiber*innen im deutschen Sprachraum unterstellt. Das Problem dabei ist aber, dass eine solche Einheitlichkeit in der Realität gar nicht vorhanden ist. Ein Begriff wie „Nationalsprache" bezeichnet also zunächst eine *Abstraktion*, ein (überhaupt erst durch sprachnormierende und sprachpflegerische Bemühungen zu erreichendes) *Ideal*. Dabei werden die vorhandenen (und durchaus bekannten) Unterschiede im Sprachgebrauch der Bevölkerung eines Staates oder eines gemeinsamen Sprachraumes (im Falle des Deutschen drei Nationalstaaten und angrenzende Gebiete) vernachlässigt zugunsten der Annahme eines übergreifenden Ganzen, das dann als die jeweilige Einzelsprache (also z. B. „das Deutsche") bezeichnet wird.

Schaut man sich aber die konkreten sprachlichen Merkmale dieser „National-" oder „Einheitssprache" näher an, dann zeigt sich, dass mit „Nationalsprache" konkret nur eine ganz bestimmte, sozial und funktional begrenzte Gebrauchsform der Sprache gemeint war: in der Regel die Sprache der gebildeten Schichten oder großer Schriftsteller, also die sog. „Hochsprache" oder, wie Linguist*innen heute neutraler sagen, der „Schriftsprache" oder „Standardsprache". (Diese wird dann auch als „Leitvarietät" bezeichnet.) Die im Begriff *Nationalsprache* unterstellte Homogenität oder Einheitlichkeit des Sprachgebrauchs ist aber, wie man heute weiß, auch im Bereich des Standard eine Fiktion.

Dass und wie die scheinbar gemeinsame Sprache „des Deutschen" in unterschiedlichste Gebrauchsformen zerfällt, kann man an einigen Beispielen leicht zeigen.
So kann man wohl davon ausgehen, dass die Sprecher*innen der deutschen Sprache von einfachen Gegenständen oder Handlungen der alltäglichen Lebenswelt die gleichen oder sehr ähnliche begriffliche Vorstellungen haben:
z. B. vom 1. „ausgebauten Raum unter dem Dach eines Hauses"
und von 2. „mit trockenem Besen reinigen"
Wenn man aber schaut, welche Wörter bzw. Lexeme die einzelnen deutschen Sprecherinnen und Sprecher in ihrem Sprachwissen zur Verfügung haben, um diese beiden Vorstellungen auszudrücken, dann kann man etwa feststellen, dass für die Vorstellung (1) der eine Sprecher (nur) das Wort *„Boden"* benutzt, ein anderer Sprecher aber etwa das Wort *„Speicher"* oder *„Bühne"*. Und für die Vorstellung (2) benutzt der eine Sprecher das Wort *„fegen"*, ein anderer Sprecher aber das Wort *„kehren"*.
Dies zusammen kann dann dazu führen, dass der Satz

„Ich muss mal wieder den Boden fegen"

von zwei deutschen Sprechern völlig anders verstanden werden kann; nämlich versteht der eine:

(A) *„Ich muss demnächst wieder den Dachboden mit dem trockenen Besen kehren."* und der andere

(B) *„Ich muss demnächst wieder den Fußboden mit einer Stielscheuerbürste (Schrubber) und mit viel Wasser reinigen."*

(Beispiel nach Steger 1988, 293)

Untersucht man die Verbreitung der im Beispiel genannten zwei Varianten des Sprachwissens und Sprachgebrauchs, dann wird man wahrscheinlich feststellen, dass die Variante (A) eher von Sprecherinnen und Sprechern benutzt wird, die in Norddeutschland aufgewachsen sind oder leben, während die Variante (B) eher zum Sprachgebrauch von Sprecherinnen und Sprechern gehört, die in Südwestdeutschland leben bzw. aufgewachsen sind. Mit anderen Worten: man wird regionale Unterschiede im Gebrauch beider Varianten feststellen. Dennoch handelt es sich dabei nicht um Dialekte im üblichen Sinne. Stattdessen wird man feststellen, dass es standardsprachnahe Ausdrucksweisen gibt, für die es aber keine überregional gebräuchlichen sprachlichen Ausdrucksformen gibt. Oder anders ausgedrückt: Es gibt viele Bereiche des Alltagslebens, für die es im deutschen Sprachraum keine standardsprachlichen Ausdruckweisen mit gesamt-nationaler Reichweite gibt. (Ganz zu schweigen von den deutlichen Unterschieden, die es zwischen bundesdeutscher, österreichischer und schweizerischer deutscher Standardsprache gerade bei Ausdrücken, die sich auf Dinge des Alltagslebens beziehen, gibt.) Aus all dem kann man nur den folgenden Schluss ziehen: Die Annahme einer im Sinne einer Einheitssprache verstandenen Nationalsprache, also einer Sprachform, die gleichsam über allen Varianten steht, die von allen Sprecherinnen und Sprechern des Deutschen gleichermaßen beherrscht oder gar aktiv verwendet wird, ist eine Fiktion.

In gewissem Sinne könnte man daher sagen, dass folgende Behauptungen gleichermaßen und gleichzeitig wahr sind: (1) *Wir sprechen alle gleich.* und (2) *Wir sprechen alle verschieden.* Der Punkt (1) gilt eher für grundlegende Regeln der Syntax, des Phonemsystems und der Morphologie (insbesondere im Bereich der Flexion), sowie für große Bereiche des Wortschatzes. Punkt (2) gilt eher für die Teilbereiche Soziolinguistik, Textlinguistik, Semantik, gälte aber auch für Detail-Aspekte der Phonetik und Phonologie, der Morphologie und größere Teile des Wortschatzes.

Der Begriff Varietäten/Sprachvariation

Seit den 1970er Jahren bezeichnet man die einzelnen Varianten bzw. Erscheinungsformen einer Nationalsprache auch als „Varietäten". Diesen Begriff könnte man folgendermaßen definieren:

Definition von „Varietät":

- regelmäßige Form des Sprachverhaltens
- mit der Verwendung spezifischer und für sie charakteristischer sprachlicher Mittel,
- die so regelhaft ist, dass sie systematisch von anderen Formen des Sprachverhaltens (anderen Varietäten) unterschieden werden kann.

Anderer gebräuchlicher Begriff dafür auch: *Register*

In manchen Ansätzen der Soziolinguistik werden sprachliche Varietäten auch mit den soziologischen Begriffen der *Korrelation* bzw. *Kovarianz* erklärt. Dieser Begriff besagt, dass dann, wenn sich in einem Bereich (A) etwas ändert (variiert), sich zugleich auch in einem anderen Bereich (B) etwas verändert (man sagt dann: kovariiert). D.h.: die Veränderung in Bereich (A) korreliert (bzw. kovariiert) mit der Veränderung in Bereich (B).

Grundbegriff der Soziolinguistik: Korrelation bzw. Kovarianz:
allgemeinste Definition von „Soziolekt" bzw. „Varietät" oder „Register":
Ein bestimmtes Sprachverhalten S1-n korreliert/kovariiert mit einem bestimmten sozialen Faktor F1-n.
z. B.: wenn S1 gegeben ist, dann ist auch F4 gegeben usw.

In unserem Beispiel von oben könnte man z. B. sagen: Wenn auf eine Sprecherin oder einen Sprecher das Merkmal (S1) zutrifft: Sie oder er ist im südwestdeutschen Sprachraum aufgewachsen, dann verwendet sie oder er (F4) zur Bezeichnung des Gegenstandes „unausgebauter Raum im Dach eines Hauses" das Wort *„Bühne" statt „Boden"*.

Das soziolinguistische Prinzip der Kovarianz ist ein spezieller Fall des allgemeinen variationslinguistischen Prinzips der Korrelation/Kovarianz, das definiert werden kann als:

Allgemeines variationslinguistisches Prinzip der Korrelation/Kovarianz:
Ein bestimmtes Sprachverhalten S1-n korreliert/kovariiert mit einem bestimmten außersprachlichen Gebrauchsmerkmal M1-n.

Offen dabei ist, welche sozialen Faktoren, die mit bestimmten Formen von Sprachgebrauch korrelieren/kovariieren, als konstitutiv (definierende Merkmale) für Soziolekte bzw. sprachliche Varietäten angesehen werden. Bisher wurden in der Linguistik vor allem folgende Formen sprachlicher Variation untersucht:

Bisher untersuchte Korrelations- bzw. Kovarianz-Faktoren:

- Lebensalter
- Geschlecht
- Regionale Herkunft
- Schichtzugehörigkeit
- Status
- Bildungsstand
- Beruf

} der Sprecherinnen/Sprecher

Möglich wären aber auch folgende Korrelations- bzw. Kovarianz-Faktoren:

- Generation
- ideologische Orientierung
- religiöse Orientierung
- Wissensstand

überhaupt:

- alle Arten von Gruppenmerkmalen (z. B. Zugehörigkeit zu einer bestimmten Theorieschule / einem Paradigma bei Wissenschaftlern)

} der Sprecher

und:

- soziale Situation } der Verwendung

9.1 Dimensionen sprachlicher Vielfalt / Variationstypen der Sprache

Wir gehen davon aus, dass man mindestens fünf Typen von Sprachvarianten unterscheiden kann; man könnte anstatt von *Typen* besser auch von *Kriterien* oder *Ebenen* der Sprachvariation sprechen. Nachfolgend werden sog. „Erscheinungsformen" des Deutschen differenziert, von denen einige auch üblicherweise als *Varietäten* aufgefasst werden, weil sie einen ziemlich eigenständigen Charakter haben oder zumindest haben können, während andere dagegen große Überschneidungen mit der Standard- bzw. Schriftsprache aufweisen. Man kann das Verhältnis der einzelnen Erscheinungsformen zueinander nach Ebenen der Variation zu gliedern versuchen und kommt dann etwa zu folgendem Überblick (nachfolgendes Schema und Darstellung in enger Anlehnung an Busse 2006, 321 ff.):

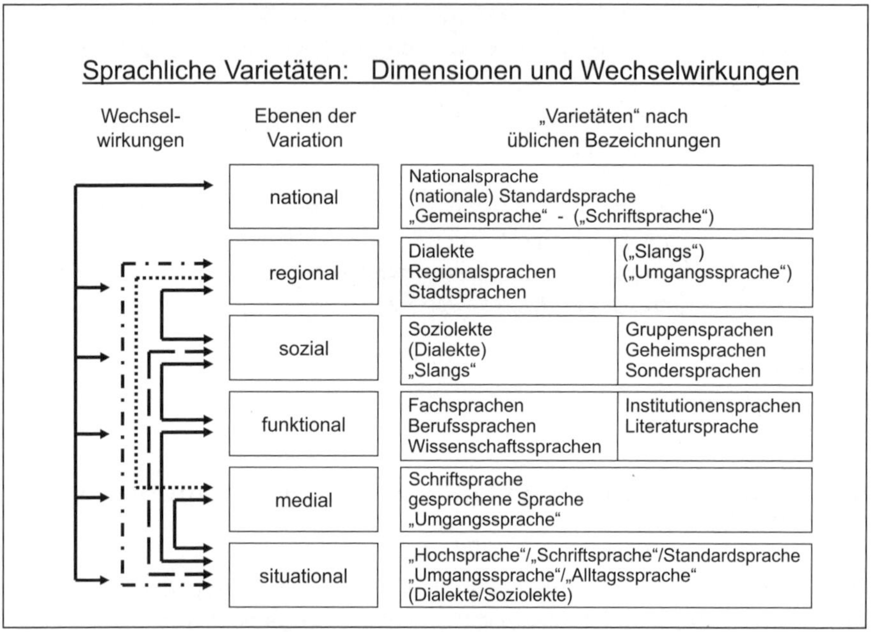

Abb. 58: Dimensionen und Wechselwirkungen sprachlicher Variation (nach Busse 2006, 321)

Diese Übersicht gliedert die wichtigsten Erscheinungsformen bzw. Varietäten des Deutschen nach dem, was wir *Ebenen der Variation* nennen möchten (vgl. mittlere Spalte). In der linken Spalte sind nur einige (die u.E. wichtigsten) der Wechselwirkungen eingetragen, die zwischen den einzelnen Ebenen der Variation bestehen. Die rechte Spalte enthält übliche Bezeichnungen für einzelne Varietäten, welche den einzelnen Ebenen zugeordnet werden (sowohl wissenschaftliche, d. h. linguistische, als auch vorwissenschaftliche Bezeichnungen). Mehrfachzuordnungen sind hier möglich, weil viele Varietäten Bezüge zu mehr als einer Variationsebene aufweisen. Dabei werden Bezeichnungen, die aus linguistischer Sicht problematisch sind, in Anführungszeichen gesetzt; in Klammern stehen diejenigen Bezeichnungen, deren zugehörige Varietäten auf der jeweiligen Variationsebene nur mit einem Nebeneintrag eingetragen sind (der aber eine wichtige Funktion der jeweiligen Varietät widerspiegeln kann), da sie hauptsächlich für eine andere Variationsebene stehen.

Aus der unseren Überlegungen zugrundeliegenden Sicht stellt die Hypostasierung (Verdinglichung) von Erscheinungsformen der Sprache zu sog. „Varietäten" oder „-lekten" (z. B. wenn von „dem hessischen Dialekt", „der Jugendsprache", „der Fachsprache der Linguistik" usw. gesprochen wird) eine problematische Festschreibung dar. Sprachgebrauch wird von einer Vielzahl von Faktoren beeinflusst, und nur die wichtigsten lassen sich so klar isolieren und beschreiben, dass der Eindruck einer eigenständigen „Teilsprache“ (auch dies ein hochproblematischer Begriff) erweckt wird. Man sollte die hier (in Abb. 58) gegebene Übersicht also nicht so missverstehen, als ließen sich die einzelnen Ebenen und die ihnen zugeordneten Erscheinungsformen sauber und trennscharf voneinander unterscheiden; sie soll nur darauf hinweisen, wie vielschichtig sich die Variationsproblematik beim Versuch eines Gesamtüberblicks darstellt.

Die Ebene der *Nationalsprache* ist eigentlich eher Gegenstand der vergleichenden Sprachwissenschaft; sie ist hier nur der Vollständigkeit halber aufgeführt und deshalb, weil auf ihr (d. h. außerhalb der anderen fünf Variationsebenen, die bezüglich des Konstrukts einer „Gesamtsprache“ sozusagen die „Binnenvariation“ darstellen) die nationale Standardsprache im Sinne einer Einzelsprache anzusiedeln ist, welche den Gegenpol für die jeweils anderen fünf Variationsdimensionen darstellt. Dies sollte aber nicht den Blick dafür verstellen, dass die Standardsprache (wie der oft synonym gebrauchte Ausdruck „Schriftsprache“ deutlich zeigt) selbst durch einzelne der fünf weiteren Charakteristika bestimmt ist: *medial* als Schriftsprache, *funktional* und *situativ* durch die Beschränkung auf bestimmte Zwecke und Situationen, und wohl auch *sozial* bedingt ist sie deshalb, weil aus sozialisationsbedingten Gründen nicht alle Sprachbenutzerinnen und Sprachbenutzer in gleichem Umfang über sie verfügen. Die Standardsprache steht somit einerseits innerhalb des Schemas der Binnenvariation; sie ist ihm aber auch gegenübergestellt, insofern sie den Gegenpol abgibt, demgegenüber die einzelnen Varietäten und/oder Erscheinungsformen als Varianten auftreten.

Versucht man, die gegebene Sprachnorm der Standardsprache auf dieses Variationsschema zu beziehen, dann kommt man beispielsweise zu folgenden Gegenüberstellungen:

- *Medial* gesehen steht die Standardsprachnorm eher für die geschriebene Sprache, während die gesprochene Sprache eigene, teilweise abweichende Regularitäten aufweist, welche aber (v.a. im Kernbereich der Grammatik) noch kaum systematisch beschrieben sind. (Beispiel: *iss/nich* als gesprochen-sprachliche Varianten der standardsprachlichen Wörter *ist/nicht*.)
- Bezüglich der Ebene der *regionalen* Variation steht die Norm der Standardsprache als Variante mit überregionalem Geltungsbereich den regional beschränkten Varianten gegenüber. Auch in dieser Dimension ergeben sich keineswegs klare Abgrenzungen, wie der oben erwähnte Hinweis darauf gezeigt hat, dass es für viele alltägliche Sachbereiche überhaupt keine überregional verwendeten Ausdrucksformen (hier: Lexeme) gibt.
- In *funktionaler* Hinsicht steht die Standardsprache als – so zumindest die übliche Annahme oder Unterstellung – funktionsneutrale übergeordnete Sprachvariante den einzelnen, funktional begrenzten Erscheinungsformen gegenüber. Zu letzteren rechnet man v.a. die sog. *„Fach- und Berufssprachen“* sowie die *Wissenschaftssprachen*; aber warum rechnet man eigentlich nicht auch die *Literatursprache* zu den funktional spezifizierten Sprachvarianten? Dies würde

nahe liegen, wenn man den Begriff „Funktion" als Kriterium der Abgrenzung wirklich ernstnimmt.

- Etwas schwieriger ist das Verhältnis der Standardsprache zu den *sozial* bedingten Varianten zu bestimmen: Zwar können diese eindeutig als sozial spezifizierte (und d. h. vor allem: *sozial markierte* – etwa hinsichtlich der Symptomfunktion für Zugehörigkeit der Sprecher*innen zu bestimmten Gruppen/Schichten usw. –) Ausdrucksweisen gekennzeichnet werden; der Umkehrschluss wäre jedoch problematisch:

> Die **Standardsprache** als sozial unspezifisch im Sinne von „nicht-markiert" aufzufassen, wäre falsch oder zumindest problematisch.
> Die Orientierung des Sprachgebrauchs an der kodifizierten Norm der Standardsprache wird in vielen Situationen des alltäglichen Sprachverkehrs eindeutig als „situativ markiert" wahrgenommen.
>
> Verstößt jemand krass oder beständig gegen die subtilen Regeln der situativen Sprachvariation (anders ausgedrückt: vergreift er oder sie sich durch beständiges Beharren auf der Standardsprache fortlaufend im „Register"), so wird dieses Sprachverhalten häufig (wenn nicht gar immer) von den meisten Kommunikationspartner*innen anderer sozialer Gruppen als „soziale Markierung" des Sprechers oder der Sprecherin wahrgenommen werden (also im symptomfunktionalen Sinn).

Die Abgrenzung der *sozialen* Sprachvariation gegenüber der *situativen* ist dabei im Einzelfall häufig schwierig, weshalb nachdrücklich daran erinnert werden soll, dass es sich bei den Ebenen der Sprachvariation um *Dimensionen* oder *Aspekte* handelt, nicht jedoch um reinlich abgrenzbare definierende Merkmale (im Sinne der „hinreichenden Bedingungen") für Varietäten. Die meisten Varietäten sind (die Übersicht zeigt es) auf mehreren Ebenen zugleich spezifiziert.

Am schwierigsten zu bestimmen ist sicherlich die Ebene der *situativen* Sprachvariation. Auch hier steht den feststellbaren, situativ spezifischen bzw. markierten Erscheinungsformen des Deutschen (wie etwa der internen Umgangssprache der Fußball-Fans, der Rapper*innen oder der Professor*innen für germanistische Linguistik) keineswegs die Standardsprache als grundsätzlich „situativ unspezifisch" bzw. „situativ unmarkiert" gegenüber. Vielmehr gilt auch hier für viele Situationen die Orientierung an der Norm der Standardsprache als unpassend, was auf die deutliche situative Markierung auch der Standardsprache verweist.

Wie schwer es ist, dieser **situativen Markierung des Standardsprachgebrauchs** zu entgehen, zeigt das Beispiel eines nicht-dialektal und allein oder nahezu ausschließlich standardsprachlich sozialisierten Sprechers (mit entsprechend kaum differenziertem situationsspezifischem Ausdrucksrepertoire/Register). Dessen Gebrauch der einzigen ihm zur Verfügung stehenden Varietät, nämlich der Standardsprache, bringt ihm während eines gemütlichen Kneipenabends seitens einer mit situativ weitaus differenzierterem (dialektbasiertem) Ausdrucksrepertoire sozialisierten Gesprächspartnerin das von dieser reflexionslos eingesetzte Verdikt „arrogant“ (= ‚wer in dieser Situation Standard spricht, muss arrogant sein‘) ein.

Ein Hauptproblem der Ansetzung einer *situativen* Dimension der Sprachvariation ist es, dass diese Dimension (wohl wegen des denkbar hohen Allgemeinheitsgrades des Ausdrucks „situativ“ bzw. „Situation“) in eigentümlicher Weise quer zu den vier anderen Aspekten der Binnenvariation einer Sprache zu liegen scheint. Man könnte das Kriterium *situativ* auf alle anderen Ebenen anwenden, weil auch die *regional, funktional, sozial* und *medial* bedingte Auswahl spezifischer Sprachmittel im Sprachgebrauch nach Kriterien oder Anlässen verteilt und geregelt ist, die man verschiedenen Situationen zuordnen könnte. Da es aber mit Begriffen wie „Umgangssprache“ oder „Alltagssprache“ verbreitete und weithin übliche Bezeichnungen für solche Erscheinungsformen des Deutschen gibt, die sich nicht auf eine der vier (oder mit der Standardsprache: fünf) anderen Dimensionen reduzieren lassen, scheint es sinnvoll zu sein, ein eigenes Kriterium „situativ“ anzusetzen. (Die Differenzierung der Erscheinungsformen der Sprache ist ohnehin so vielschichtig und subtil, dass es nicht möglich ist, sie – wenn überhaupt – in einem zweidimensionalen Schema wie dem in Abb. 58 gegebenen adäquat abzubilden.)

Das Verhältnis der Standardsprache zu den anderen Erscheinungsformen lässt sich schon deshalb nur schwer eindeutig bestimmen, weil es von großer wechselseitiger Überschneidung (etwa bei den Fachsprachen, wo häufig nur die Lexik spezifisch ist) bis zu sehr starker Differenz (etwa bei manchen Dialekten, aber auch bei Soziolekten wie z. B. bestimmten Gruppensprachen) reichen kann.

9.2 Dialekt als Varietät: räumlich, sozial oder situativ?

Die ältesten Varianten der deutschen Sprache sind die *Dialekte* (manchmal auch *Mundarten* genannt). Ursprünglich waren sie gar keine „Varianten“ im strengen Sinne, da über viele Jahrhunderte im deutschen Sprachraum keine einheitliche deutsche Standardsprache oder Schriftsprache existierte. Vielmehr waren es eigenständige Sprachformen, aus denen erst sehr langsam, in einem Prozess, der viele Jahrhunderte benötigte, eine übergeordnete (man sagt auch „überdachende“)

Standard- und Gemeinsprache entstand. Schon aus diesem Grund ist es sprachhistorisch gesehen hoch problematisch, die Dialekte als eine „Unterform" oder „Variante" der Standardsprache bzw. Nationalsprache aufzufassen. Üblicherweise werden die Dialekte des Deutschen nach phonetisch/phonologischen, d. h. Lautunterschieden differenziert. (Siehe Karte für die heutige Situation nach Wiesinger 1983 in Abb. 59.)

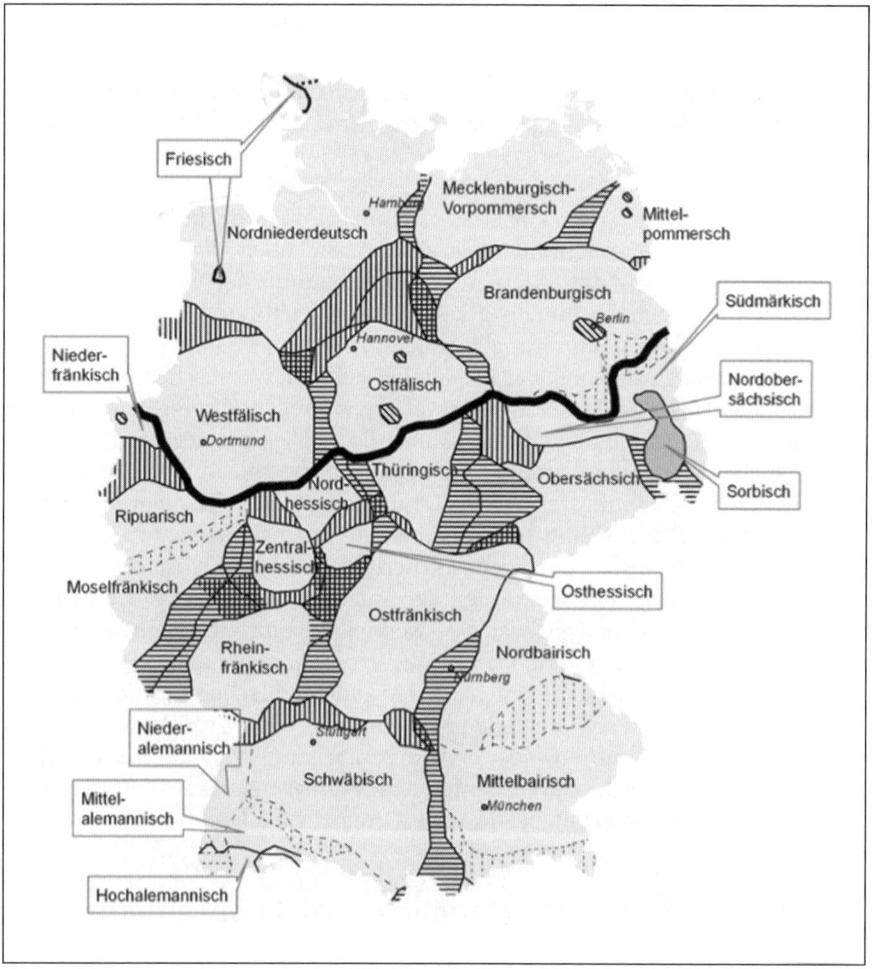

Abb. 59: Einteilung der deutschen Dialekte in der BRD nach Wiesinger 1983

Mindestens ebenso wichtig sind aber auch die lexikalischen Unterschiede (Unterschiede im Wortschatz und in der Benennung von Dingen durch verschiedene Wörter, wie z. B. *Ziege* im Nord- und Standarddeutschen und *Geiß* im Süddeutschen). Insbesondere der Unterschied zwischen dem in Norddeutschland gesprochenen Niederdeutschen und den in der Mitte und in Süddeutschland gesprochenen Dialekten („Mittel- und Oberdeutsch") ist sprachsystematisch gesehen so stark, dass manche Forscher*innen sogar von verschiedenen „Sprachen" (und nicht bloß von verschiedenen „Dialekten") sprechen. Dieser starke Unterschied hat demnach mit dazu beigetragen, dass im niederdeutschen Raum heutzutage fast gar keine Dialekte mehr gesprochen werden, weil die Differenz zum aus den oberdeutschen Dialekten entstandenen heutigen Hochdeutsch oder Standarddeutsch so stark ist, dass das Hochdeutsche das Niederdeutsche fast vollständig verdrängt hat.

Der Begriff **„Dialekt"** setzt folgende Annahmen voraus:

1. Es gibt neben den Dialekten eine mit den Dialekten sprachlich verwandte Sprachform, die als Nicht-Dialekt ausgewiesen ist: „Standardsprache", „Gemeinsprache", „Schriftsprache" usw.
2. Es gibt immer mehrere Dialekte nebeneinander, die in der Regel sprachlich untereinander verwandt sind.
3. Die den Dialekten übergeordnete Sprachform bildet mit den Dialekten einen gemeinsamen Kommunikationsraum („Überdachung").
4. Wichtig: Eine reine sprachliche Verwandtschaft zwischen einzelnen Sprachformen reicht nicht aus, sie als Dialekte oder als Nachbar-Dialekte auszuweisen: So sind die Sprachformen auf beiden Seiten der deutsch-niederländischen Grenze eng verwandt, gelten aber diesseits der Grenze als „deutsche Dialekte", jenseits der Grenze als „niederländische Dialekte" (wegen der unterschiedlichen „Überdachung" einmal durch die niederländische, zum anderen durch die deutsche Standard- bzw. Schriftsprache).

Dialekte sind im Deutschen heutzutage eigentlich keine rein geographisch verteilten Sprachvarianten mehr. Das bei der Definition von „Dialekt" angesetzte räumliche Kriterium kann allein niemals ausreichen, um eine sprachliche Gebrauchsvariante abzugrenzen: Es sind ja nicht Räume oder Areale, die miteinander kommunizieren und die unterschiedliche Formen von Sprache gebrauchen, sondern Menschen. Raumbezogenheit als Definitions- und Abgrenzungskriterium für Dialekte kann also überhaupt nur im sozial-geographischen Sinne verstanden werden; das führt aber notwendig dazu, dass das sog. „geographische Kriterium" stets und immer schon mit sozialen Aspekten untrennbar verknüpft ist. Die sprachliche Varietät oder Gebrauchsform „Dialekt" ist daher durch *räumliche*, *soziale* und *situative* Faktoren zugleich gekennzeichnet.

„Dialekt" wird von seinen Gebrauchsbedingungen her deshalb nach folgenden Kriterien beschrieben:

- diatopisch (raumbezogen)
- diastratisch (sozialschichtgebunden)
- diasituativ (situationsgebunden)

Häufig wird daneben noch ein

- diaphasischer Aspekt genannt

(gemeint ist die häufig festzustellende Generationsabhängigkeit des Dialektgebrauchs)

Dialekt ist im heutigen deutschen Sprachraum kein einheitliches Phänomen. Vielmehr unterscheidet sich das Maß, in dem ein dialektaler (oder präziser: ein sprachgeographisch differenzierter) Sprachgebrauch in verschiedenen Regionen des deutschsprachigen Raumes von der Standard- oder Schriftsprache abweicht, von Region zu Region und von Gebrauchssituation zu Gebrauchssituation sehr stark. Man nimmt daher heute an, dass „Dialekt" ein mehrfach geschichtetes Phänomen ist.

Dialektschichten nach Wiesinger (1980, 186 ff.):

(1) Basisdialekt

- ländlich, stark lokal gebunden;
- entwicklungsgeschichtlich konservativerer Dialekt;
- von der wenig mobilen Bevölkerung im alltäglichen privaten Gespräch gesprochen;
- von geringer kommunikativer Reichweite.

(2) Verkehrsdialekt

- regional verbreitet, städtisch beeinflusst;
- entwicklungsgeschichtlich modernerer Dialekt;
- größeres Prestige, größere kommunikative Reichweite;
- von der mobilen, mit den Wirtschafts- und Verwaltungszentren der Umgebung verbundenen Landbevölkerung gesprochen;
- verwendet im alltäglichen, privaten bis halböffentlichen Gespräch vor allem von der mittleren und jüngeren Generation.

(3) Umgangssprache

- noch deutliche regionale Bindung, meidet jedoch auf der phonetisch-phonologischen Ebene primäre Dialektmerkmale, während auf der syntaktischen und lexikalischen Ebene verkehrsdialektale Elemente beibehalten werden;
- alltägliche Sprache der mobilen mittleren und höheren Sozial- und Bildungsschichten der Geschäftsleute, Beamten.

(4) Standardsprache
- mündliche Realisierung der Schriftsprache ohne Erreichung der Artikulationsnorm der Hochlautung;
- in phonetischer Hinsicht großräumig differenziert;
- öffentlicher bis offizieller Gebrauch in Schule, Kirche und bei öffentlichen Anlässen;
- größte kommunikative Reichweite aller Systemschichten.
- Die private und halböffentliche Verwendung ist regional und sozial sehr unterschiedlich.

Eine Besonderheit ist dabei für den deutschsprachigen Teil der Schweiz festzustellen: die dortige Umgangssprache, das sog. „Schwyzerdütsch", ist eine rein oder vorwiegend mündliche Varietät, während das schweizerische Standarddeutsch eine heutzutage fast ausschließlich schriftlich verwendete Varietät ist. Standarddeutsche Sprache ist in der Schweiz daher eine schriftliche, d. h. nur im Geschriebenen verwendete Sprache, also eigentlich nach unserem Schema eine *mediale* Varietät.

Insgesamt gesehen ist in Deutschland der **Dialektgebrauch** (hier erhoben in den 1970er Jahren bei Schulkindern) mit insgesamt 25 % eher gering; allerdings sind hier große regionale Schwankungen zu beobachten:

Kreis Bamberg (Bayern)	72,9 %
Schleswig-Holstein	36,7 %
Thüringen	30,8 %
Hessen	23,6 %
Südl. Nordrhein-Westfalen	18,5 %
Mecklenburg	7,6 %

(Eine neuere Erhebung zum Dialektbrauch konnten wir leider nicht finden.)

9.3 Soziolekte/Gruppensprachen

Soziolekte sind Sprachvarianten, deren unterschiedlicher Gebrauch nach sozialen Parametern erfolgt und die nicht zugleich regionalsprachliche Charakteristika aufweisen (also nicht zu den Dialekten gehören). Nach heutiger Auffassung verfügen nahezu alle Menschen über mehr als eine Sprachvarietät (mehr als ein „Register"). Wir wählen aufgrund von subtilen Kriterien immer die Varietät aus, die uns in einer jeweiligen Kommunikationssituation am angemessensten erscheint. Allerdings muss auch die Fähigkeit zur bewussten Wahl zwischen verschiedenen Ausdrucksmöglichkeiten (Varietäten) erst erworben werden, kann also Resultat eines gewissen Bildungsstands sein. Die mangelnde Fähigkeit zur Wahl der angemessensten Ausdrucksweise kann zu Kommunikationsstörungen (oder zu Störungen des sozialen Kontakts) führen (z. B. bei Gebrauch einer Fremdsprache). Zugleich signalisieren wir mit der Wahl einer Varietät immer auch, wie wir die jeweilige Kommunikationssituation interpretieren bzw. definieren (als was für einen Typ von Situation wir sie behandeln möchten).

Varietäten können im allgemeinsten Sinne als „Formen der Auswahl von sprachlichen Ausdrucksmitteln" (aus der Gesamtheit der einem Sprecher oder einer Sprecherin zur Verfügung stehenden sprachlichen Mittel) aufgefasst werden. Mit dieser Definition ist der Terminus „Varietät" allerdings nur schwer vom benachbarten Terminus „Stil" abzugrenzen (der ebenfalls als „charakteristische Auswahl aus der Gesamtheit der sprachlichen Mittel" definiert ist). Eine frühe Form der Varietätenforschung ist daher auch die sog. „Funktionalstilistik" der „Prager Schule" (Havránek u.a.)

Typen von Funktionalstilen nach Auffassung der „Funktionalstilistik" der „Prager Schule" (hier nach Havránek 1969, 29)

1. vorwiegend kommunikativer Stil (Sprache im Alltag, Umgangssprache)
2. fachlich-praktischer Stil (Sprache des öffentlichen Verkehrs, Arbeitssprache, Sachsprache)
3. wissenschaftlich-theoretischer Stil (Sprache der Wissenschaften)
4. ästhetischer Stil (Literatur, Dichtung)

„Gruppensprachen" stellen dann eine spezifische Auswahl aus den in einer Gesamtsprache zur Verfügung stehenden sprachlichen Mitteln dar (möglicherweise unter Hinzufügung von eigenen, neuen, gruppenspezifischen sprachlichen Mitteln), mit dem Zweck, die Zugehörigkeit zu einer sozialen Gruppe nach innen und außen zu signalisieren. Nach dieser Definition hätten auch Dialekte und Fachsprachen dann die Funktion von „Gruppensprachen", wenn sie vor allem deswegen eingesetzt werden, um die Zugehörigkeit zu einer Gruppe (Familie, Freundeskreis, Heimatverbundene bzw. Gemeinschaft der Fachleute eines bestimmten Faches oder Berufs) zu signalisieren. (Man sieht daran, dass es sehr schwierig ist, die einzelnen Varietätenformen nach ihren Zwecken trennscharf voneinander abzugrenzen.)

Das Vorbild für **„Gruppensprachen"** im engeren Sinne waren die traditionellen „Sondersprachen", „Geheimsprachen" usw., also z. B. die „Sprache der fahrenden Leute", das „Rotwelsch" und städtische Sondersprachen wie z. B. das „Jenische" in Gießen oder „Masematte" in Münster.

Über diese heute fast untergegangenen Varietäten hinaus werden heutzutage vor allem die „Jugendsprache“ (und „Schüler- und Studentensprachen“) unter der Überschrift „Gruppensprachen“ erforscht.

Bei der Beschreibung von Soziolekten und „Gruppensprachen“ ist es entscheidend, ob die Gruppenbildung von den der Gruppe zugerechneten Personen gewollt ist oder nicht.

Man muss daher drei Formen (Zwecke) der sprachlichen (soziolektalen) Gruppenbildung unterscheiden, und zwar:

- Identitätsfindung } von den Sprechern beabsichtigt/gewollt
- Abgrenzung
- Ausgrenzung } von den Sprechern nicht beabsichtigt/unbewusst, von der Umwelt aufgezwungen

Die Funktion der Ausgrenzung beruht auf der von Karl Bühler (1934) beschriebenen „Symptom“-Funktion von Sprache (s. Abb. 56, S. 129). (Beispiel: Jemand wird wegen seines Dialekts gehänselt, den er oder sie aber nicht bewusst verwendet.) Man nennt dies auch den „Stigma“-Wert bestimmter sprachlicher Mittel. Die Funktion der Abgrenzung und Identitätsbildung durch die Verwendung bestimmter sprachlicher Mittel nennt man im Gegensatz dazu die „Schibboleth“-Funktion (hebräisch; meint: Erkennungsmerkmal, Passwort). „Stigma“-Wert und „Schibboleth“-Funktion einzelner gruppensprachlicher Mittel können durchaus zusammenfallen, wenn die Verwendung bestimmter sprachlicher Mittel nach innen (in Beziehung zur Gruppe) als Erkennungsmerkmal und Zugehörigkeits-Beweis fungiert, zugleich aber von der umgebenden Gesellschaft als Anlass zur Ausgrenzung genommen wird.

Stigma-Markierungen am Beispiel der Ruhrgebiets-Sprache
(nach Steinig 1974, 77):

ham-se	statt	*haben sie*
is-se	statt	*ist sie*
sin-se	statt	*sind sie*
auf-e	statt	*auf eine*
so-ne	statt	*so eine*
um-me Ecke	statt	*um eine Ecke*
dat	statt	*das*
nix	statt	*nichts*

et	statt	*es*
nach die Puppe	statt	Dativ
hinter das Mädchen	statt	Dativ
gib das Mädchen die Puppe	statt	Dativ
Mädchen mit ihre Puppe	statt	Dativ
hinter den Büschen geschlichen	statt	Akkusativ
auf der Bank gesetzt	statt	Akkusativ

Bei den soziolektalen Signalen handelt es sich teilweise nur um wenige, meist schwer zu isolierende Elemente. Dennoch sind die soziolektalen Signale, so unscheinbar sie oft scheinen mögen, der Anlass für extreme soziale Einstufungen und Bewertungen. Der reale sprachliche Unterschied zwischen der Prestige-Varietät „Standardsprache" und mehr oder weniger stark stigmatisierten Soziolekten des Ruhrgebiets ist offenbar sehr gering, doch werden an diesen geringen Unterschieden extreme Bewertungen festgemacht.

Ein beliebter Gegenstand der Erforschung von Gruppensprachen, aber auch in der öffentlichen Diskussion, ist die sog. „Jugendsprache". Es ist aber umstritten, ob es sich dabei um eine echte Varietät handelt, oder ob man nicht besser von „jugendlichen Sprechstilen" reden sollte.

Spezifische Merkmale der „Jugendsprache" (nach Henne 1986, 208 f.):
- eigenwillige Grüße, Anreden und Partnerbezeichnungen
- griffige Namen- und Spruchwelten
- flotte Redensarten und stereotype Floskeln
- metaphorische (‚übertragene'), zumeist hyperbolische (‚vergrößernde') Sprechweisen
- Repliken mit Entzückungs- und Verdammungswörtern
- Lautwörterkommunikation
- prosodische (die Lautstruktur betreffende) Sprachspielereien

9.4 Fachsprachen und Institutionensprachen

Mit zu den ältesten Varietäten der deutschen Sprache (so alt wie die Dialekte und schon existent, als es noch gar keine Standardsprache gab) zählen die sog. „Fach- und Berufssprachen" (historisch z. B. die Sprache der Fischer oder der Jäger, heute etwa die Fachsprache der Elektrotechnik, der Informatik, z. T. auch die Fachsprache der Medizin), zu denen im weitesten Sinne auch die sog. „Institutionensprachen" gerechnet werden (wie die Rechtssprache und die Sprache der Religion). Folgende Definition gibt Schmidt 1969 (zit. nach Fluck 1989, 14 f.):

> „**Fachsprache** ist das Mittel einer optimalen Verständigung über ein Fachgebiet unter Fachleuten. Sie ist gekennzeichnet durch einen spezifischen Fachwortschatz und spezielle Normen für die Auswahl, Verwendung und Frequenz gemeinsprachlicher lexikalischer und grammatischer Mittel; sie existiert nicht als selbständige Erscheinungsform der Sprache, sondern wird in Fachtexten aktualisiert, die außer der fachsprachlichen Schicht immer gemeinsprachliche Elemente enthalten."

Da viele Fachsprachen sich sprachstrukturell kaum von der Gemein- oder Standardsprache unterscheiden, sondern lediglich über einen eigenen (Fach-)Wortschatz verfügen, wird nach anderen Kriterien gesucht, mit denen dieser Typ von sprachlichen Varietäten von anderen abgegrenzt werden kann. Kriterien für Fachsprachen sind etwa: Sach- und Gegenstandsbezug, Gruppen- und Expertenbezug, Institutionen-, Medien- und Rollenbezug, sprachstruktureller, systematischer Bezug.

Fachsprachen: Ebenen/Kriterien der Eingrenzung:

- extern, durch Nennung von Fachtexten
- referentiell, durch Angabe eines Sachgebiets
- sprachlich, durch Besonderheiten oder eine typische Distribution in der Lexik, Syntax, Textstruktur
- kommunikativ, durch Kennzeichnung von Sprechern oder Sprechergruppen sowie Kommunikationssituationen
- handlungstheoretisch [funktional], durch Aufstellung von Problemstellungen oder Typen von Problemlösungsstrategien [Funktionen fachlicher Texte]

Fachsprachen sind vergleichsweise umfassend erforscht; erste Ansätze dazu sind deutlich älter als die moderne Sozio- und Varietäten-Linguistik.

Gegenstandsbereiche der Fachsprachen-Forschung:

- handwerkliche Sprachen und Berufssprachen (z. B. der Fischer, Jäger, Weinbauern usw.)
- technische Fachsprachen (z. B. der Mechanik, Metallverarbeitung, Elektrotechnik, Computertechnik)
- wissenschaftliche Sprachen (z. B. der Chemie, Medizin, Soziologie, Philologien, Linguistik)

- Institutionensprachen (z. B. Rechtssprache, Amts- und Verwaltungssprache, Sprache der Religion)

9.5 Standardsprache

Der Begriff „Varietäten" legt die Auffassung nahe, wonach diese Varianten der Standardsprache (Gemein-, Hoch-, Schriftsprache) seien. Eine solche Sichtweise (die früher stark verbreitet war) ist in sozialer, historischer und funktionaler Hinsicht eindeutig falsch und darum zurückzuweisen. Die Standardsprache ist:

- sozial eine Sprachform der gehobenen gesellschaftlichen Schichten (v.a. Bürgertum),
- historisch erst nach den Dialekten und vielen Berufssprachen aus diesen entstanden,
- funktional v.a. schriftliche Sprache und in der öffentlichen Kommunikation verbreitet.

Mit anderen Worten: Die Standardsprache ist eine Varietät neben den anderen Varietäten mit überdachender Funktion. Sie ist eine Leitvarietät, von der überall dort die sprachlichen Mittel bezogen werden, wo in den einzelnen anderen Varietäten keine spezifischen Mittel zur Verfügung stehen. In vielen Verwendungssituationen konkurriert sie aber mit anderen Varietäten (Dialekten, Fachsprachen, Gruppensprachen) und kann als sozial und situativ markiert gelten (Stigma-Wert).

9.6 Schriftlichkeit und Mündlichkeit

Ein besonderes Thema, das eher am Rande der klassischen Variationslinguistik liegt (und eher zwischen ihr und der linguistischen Stilistik und Textsortenforschung angesiedelt ist), ist das Verhältnis von Schriftlichkeit und Mündlichkeit.

Das Verhältnis von Schriftlichkeit und Mündlichkeit ist ein Forschungsthema, das teilweise tief in die Sprachtheorie eingreift. Wir beschäftigen uns in diesem kurzen Abschnitt nur mit den variationslinguistischen Aspekten dieses Themas.
Ein anderer heiß diskutierter Aspekt ist die wissenschaftliche Erklärung der Beziehungen zwischen Lautzeichen (Phonemen) und Schriftzeichen (Graphemen), mit der wir uns in diesem Buch wegen der Umstrittenheit und Komplexität dieses Themas nicht näher beschäftigen können.
Es sei deshalb an dieser Stelle nur angedeutet, dass sich in dieser Kontroverse zwei Positionen diametral gegenüberstehen: Eine Mehrheitsposition, wo-

nach Schriftzeichen aus Lautzeichen abgeleitet seien und, auf der Phonemstruktur einer Sprache aufruhend, sozusagen eine zweite Ebene eines basalen Systems für die materiale (Ausdrucks-)Seite sprachlicher Zeichen bilden (sog. „Abhängigkeitsthese"); und eine Minderheitsposition, wonach Schriftsysteme menschlicher Sprachen einen ganz eigenen Ursprung haben und möglicherweise ihrerseits sogar Einfluss ausgeübt haben könnten auf die Ausbildung der Phonemsysteme moderner Sprachen (sog. „Autonomiehypothese", vgl. Glück 1987, 57 ff.).
Die Redeweise von „Lautzeichen" und „Schriftzeichen" ist sprachtheoretisch gesehen eigentlich nicht ganz korrekt, da „Zeichen" ja nur das heißen sollte, was neben einer Ausdrucksseite auch über eine Inhaltsseite verfügt. Das ist aber bei Phonemen, wie wir gesehen haben, genauso wenig der Fall wie in der Regel bei Graphemen. Eine gewisse Ausnahme bilden Grapheme vom Typ der chinesischen Schriftzeichen, die oft für Wortbedeutungen stehen; dieser (und nur dieser) Typ von Schriftzeichen ist ein Hinweis darauf, dass die Ab-hängigkeitsthese nicht durchgängig für alle Sprachen der Welt gültig sein könnte. Für mehr Informationen zur ganzen Thematik siehe auch die Artikel im Handbuch Günther/Ludwig 1994/96.

Im Bereich der Variationslinguistik hat vor allem der Ansatz der Romanisten Koch und Oesterreicher (1985) eine wichtige Klärung für das komplexe Verhältnis von Schriftlichkeit und Mündlichkeit erbracht. Ihre Unterscheidung von „konzeptueller" und „medialer" Schriftlichkeit und Mündlichkeit ist mittlerweile zum variationslinguistischen Standard geworden. Ihnen zufolge ist es wichtig, zwischen Medium und Konzeption zu unterscheiden, da die Termini sich

> „zum einen [...] auf das *Medium* der Realisierung sprachlicher Äußerungen [beziehen], wo ‚mündlich' = ‚phonisch' und ‚schriftlich' = ‚graphisch' ist; zum anderen meinen die beiden Termini oft den Duktus, die Modalität der Äußerungen sowie die verwendeten Varietäten, kurz: die *Konzeption*, die die Äußerungen prägt. Der Begriff ‚konzeptionelle Mündlichkeit/Schriftlichkeit' zielt also auf Aspekte der sprachlichen Variation, die in der Forschung häufig unscharf als ‚Umgangssprache/Schriftsprache', ‚informell/formell', ‚Grade der Elaboriertheit' usw. erfasst werden." (Koch/Oesterreicher 1994, 587)

Man kann sich dies leicht an Beispielen klar machen: Ein Festvortrag, die Rede bei einer Preisverleihung, eine Bundestagsrede, die Predigt eines Pfarrers, aber auch viele Referate in Universitätsseminaren werden zwar mündlich vorgetragen (also *medial mündlich*), sind aber meistens oder oft rein schriftlich konzipiert und entsprechen in Syntax und Textstilistik, und oft auch in der Aussprache, eher den Gepflogenheiten für schriftliche Texte (das nennen Koch/Oesterreicher *„konzep-*

tuell schriftlich"). Auch Nachrichtentexte in Rundfunk und Fernsehen, und selbst die Texte von Moderator*innen in Nachrichtenmagazinen des Fernsehens, beruhen oft genug auf schriftlichen Vorlagen der im Hintergrund arbeitenden Redakteurinnen und Redakteure, die (als Fremdtexte) von den Moderator*innen lediglich mündlich vorgetragen werden.

Umgekehrt finden sich gerade heutzutage in den internetgestützten Medien, z. B. in privater Chat-Kommunikation häufig Beispiele für sprachliche Äußerungen, die zwar in Schriftzeichenform kommuniziert werden (also *medial schriftlich* sind), aber vom Stil und Ausdruckseies her eher einer mündlichen Kommunikation entsprechen (d. h. *konzeptuell mündlich* sind).

Die typischsten Kombinationen zwischen Konzeption und Medium sind „‚gesprochen + phonisch' (Beispiel: vertrautes Gespräch) ‚geschrieben + graphisch' (Beispiel: Verwaltungsvorschrift)" (Koch/Oesterreicher 1994, 587). Eher atypisch, aber dennoch existent, sind Kommunikationsformen, die konzeptionell schriftlich sind, aber phonisch realisiert werden (zum Beispiel Vortrag) oder vice versa (zum Beispiel abgedrucktes Interview; vgl. Koch/Oesterreicher 1985, 17).

Nach Koch/Oesterreicher gibt die Komponente ‚graphisch/phonisch' aber noch nicht genügend Aufschluss über Unterschiede der Varietäten innerhalb der Einzelsprachen im Bereich von Mündlichkeit und Schriftlichkeit. Aufgrund dessen legen sie ihren Fokus auf das konzeptuelle Kontinuum und ergänzen die beiden Pole jeweils um die Parameter ‚Nähe' und ‚Distanz' (siehe Abb. 60):

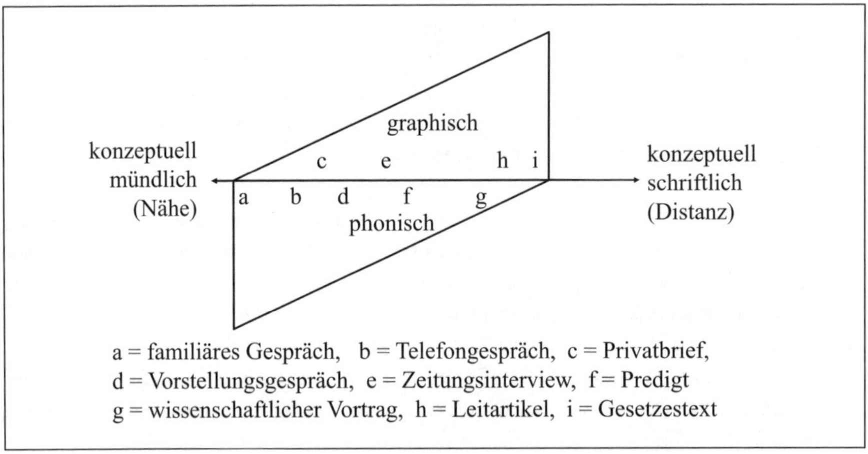

Abb. 60: Schematische Anordnung verschiedener Äußerungsformen im Feld medialer und konzeptioneller Mündlichkeit/Schriftlichkeit (Quelle: Koch/Oesterreicher 1994, 588)

Mit Koch/Oesterreichers grundlegender Kategorisierung von Mündlichkeit als ‚Sprache der Nähe' und Schriftlichkeit als ‚Sprache der Distanz' lassen sich auf dem konzeptuellen Kontinuum von Mündlichkeit und Schriftlichkeit fundamentale Charakteristika von Kommunikationssituationen aufzeigen. Neben den Dimensionen „,raum-zeitlicher Nähe und Distanz' lässt sich metaphorisch auch von ,sozialer', ,emotionaler', ,referentieller' Nähe und Distanz sprechen" (so Koch/Oesterreicher. 1994, 588).

Der Pol ,gesprochen'/,konzeptionell mündlich' lässt sich am besten aus einer Kombination aus den Merkmalen ,raum-zeitliche Nähe', ,Dialog', ,freier Sprecherwechsel', ,Vertrautheit der Partner', ,Face-to-Face Interaktion', ,freie Themenentwicklung', ,keine Öffentlichkeit', ,Spontaneität', ,starkes Beteiligtsein', ,Situationsbeschränkung' etc. charakterisieren (vgl. Koch/Oesterreicher 1985, 21; Koch/Oesterreicher 1994, 588). Dem Gegenpol ,geschrieben'/,konzeptionell schriftlich' „entsprechen [hingegen] die Parameterwerte ,raum-zeitliche Distanz', ,öffentlich', ,fremde Partner', ,emotionslos', ,situations- und handlungsentbunden', ,wenig Referenz auf *origo*', ,keine Kooperationsmöglichkeit seitens des Rezipienten', ,monologisch', ,reflektiert-geplant', ,fixes Thema' usw." (Koch/Oesterreicher. 1994, 588)

Auch wenn es noch ohne Kenntnis der heutigen medialen Möglichkeiten im Internet-Zeitalter entwickelt wurde, so eignet sich das Modell von Koch und Oesterreicher doch hervorragend gerade auch dafür, die heutige komplexe Verflechtungssituation von Schriftlichkeit und Mündlichkeit in Zeiten der Internet-Kommunikation sprachwissenschaftlich gesehen exakt zu beschreiben.

10. Erscheinungsformen der Sprache II: Textsorten und Textstile

In Kap. 6 sind unter den Beispielen 2 bis 8 ganz unterschiedliche Formen abgedruckt, in denen Texte vorkommen können: drei Gedichte (Nr. 4, gereimt und mit Versmaß bzw. Metrum, Nr. 3, nicht gereimt, aber mit Metrum, Nr. 2, ein modernes Prosagedicht, das weder Reim noch Metrum aufweist), ein Auszug aus einer Gebrauchsanweisung (Bsp. 6) sowie aus einem Theaterstück (Bsp. 7) und einer Erzählung (Bsp. 8). Solche unterschiedlichen Formen von Texten werden dann, wenn es sich um literarische Texte handelt, *Gattungen* genannt; der linguistische Begriff dafür ist, auch bezogen auf nichtliterarische Texte des Alltagslebens, der Fachsprachen und der Wissenschaften, *Textsorten*. Verschiedene Textsorten unterscheiden sich durch eine Vielzahl von sprachlichen und kommunikativen Merkmalen, die für literarische Texte in der literaturwissenschaftlichen Gattungstheorie und -forschung, für alle Textformen insgesamt (einschließlich der literarischen) in der linguistischen Textsortenforschung erkundet und beschrieben werden. Da der Beschreibung der (zentralen) kommunikativen Funktion eines Textes bei der Differenzierung von Textorten nach Meinung der meisten Forscherinnen und Forscher im Bereich der modernen Textlinguistik eine zentrale Rolle zukommt, werden wir Ansätze zu einer Typologie von Textfunktionen behandeln, bevor wir auf weitere Kriterien der Textsorten-Typologie eingehen.

10.1 Analyse und Typologie der Textfunktionen

Textfunktionen werden in einer der führenden Einführungen in die linguistische Textanalyse wie folgt definiert:

> **Definition von „Textfunktion“** (Brinker 1985, 86 mit Verweis auf Große 1976): „Die im Text mit bestimmten, konventionell geltenden, d. h. in der Kommunikationsgemeinschaft verbindlich festgelegten Mitteln ausgedrückte Kommunikationsabsicht des Text-Emittenten; d. h. die Anweisung des Emittenten an den Rezipienten, als was dieser den Text insgesamt auffassen soll.“

Barbara Sandig, die 18 Textsorten mittels semantischer Unterscheidungsmerkmale voneinander unterschieden hatte, schätzt die Textfunktion als „Grundlage für das Verstehen“ eines Textes ein (Sandig 2006, 316 f.). Ähnlich Antos (1982, 111): „Die Textfunktion ist das zentrale Merkmal von Texten“.

Welche Textfunktion einem bestimmten einzelnen Text von den Rezipienten und Rezipientinnen zugewiesen wird, kann durch sog. „Indikatoren" der Textfunktion wenigstens zum Teil signalisiert werden. Dazu zählen nach Brinker (1985, 90 ff.) u. a.:

Typen von Indikatoren für Textfunktionen (nach Brinker 1985, 90 ff.):

1. Sprachliche Formen und Strukturen, mit denen der Textproduzent die Art des intendierten kommunikativen Kontakts dem Rezipienten gegenüber explizit ausdrückt; (z. B. durch eine „explizit performative Formel" wie „*Hiermit lege ich gegen Ihren Bescheid vom ... Widerspruch ein.*")
   = direkte Signalisierung der Textfunktion
2. Sprachliche Formen und Strukturen, mit denen der Textproduzent (explizit oder implizit) seine Einstellung zum Textinhalt, insbesondere zum Textthema ausdrückt:
   - z. B. zu Wahrheit oder Wahrscheinlichkeit des Textinhalts (*glauben, wissen, zweifeln*)
   - zum Sicherheitsgrad des Wissens (*bestimmt, tatsächlich, offensichtlich, vielleicht*)
   - Wertung (positiv/negativ)
   - Grad des Interesses (*wünschen, wollen*)
   - Psychische Haltung (*bedauern, erfreut sein*)

   = „thematische Einstellungen"
3. Kontextuelle Indikatoren wie der situative oder institutionelle Rahmen des Textes bzw. der gesellschaftliche Handlungsbereich, dem der Text zugeordnet ist, das vorausgesetzte Hintergrundwissen usw.

Wenn explizite Indikatoren fehlen oder sich widersprechen, lässt sich letztlich nur aufgrund von Kontextindikatoren bestimmen, welche Textfunktion tatsächlich vorliegt (= Primat der kontextuellen Analyse). Siehe folgendes Textbeispiel für Indikatorenkonkurrenz:

Sehr geehrter Herr Müller,

wir danken Ihnen für den uns erteilten Auftrag
und sichern Ihnen die Fertigstellung der Arbeiten zum 30. d.M. zu.

Mit freundlichen Grüßen

gez. Maus, Fa. Schulze GmbH

In diesem Brief sind explizit performativ ausgedrückt die kommunikativen Handlungen (und damit Textfunktionen): DANK und ZUSICHERUNG. Dennoch würde man vom Hintergrundwissen her (hier: betriebswirtschaftlicher und vertragsrechtlicher Kontext) die Textfunktion als „Auftragsbestätigung mit Termingarantie" beschreiben, was als Textfunktion eine OBLIGATIONSFUNKTION (SELBST-VERPFLICHTUNGS-FUNKTION) ergeben würde.

Heutige Ansätze für eine Typologie der Textfunktionen sind beeinflusst z.T. durch Bühler 1934 (s. o. S. 129), insbesondere aber durch die Typologie von Sprechakten bei Searle 1969 (s. o. S. 133).

Grundlagen der Funktions-Typologie:

Bühler 1934:		Searle 1969:
Organonmodell der Sprache:	:	*Sprechakt-Typologie*
• Darstellungsfunktion		• Repräsentative
• Ausdrucksfunktion		• Direktive
• Appellfunktion		• Kommissive
		• Expressive
		• Deklarative

Eine wichtige Rolle für die Analyse von Textfunktionen (die hierin der Analyse für Sprechakte bzw. illokutionäre Rollen nach Searle 1969 folgt) spielt der Begriff der sog. „konstitutiven Regeln" von Searle (1969 [1971, 54]). Beispiele für konstitutive Regeln nach Searle (1969 [1971, 100 ff.]) sind etwa folgende:

Auffordern:
Die Äußerung gilt als ein Versuch des Sprechers, den Angesprochenen dazu zu bringen, eine bestimmte Handlung zu tun: *Ich fordere dich auf, morgen zu kommen.*
Ratgeben:
Die Äußerung gilt als eine Versicherung des Sprechers gegenüber dem Angesprochenen, dass eine bestimmte (künftige) Handlung ganz im Interesse des Angesprochenen ist: *Ich rate dir, zum Arzt zu gehen.*
Versprechen:
Die Äußerung gilt für die Kommunizierenden als Übernahme der Verpflichtung durch den Sprecher gegenüber dem Angesprochenen, den Inhalt des Versprechens (eine bestimmte Handlung) auszuführen: *Ich verspreche dir, morgen zu kommen.*
Behaupten, Feststellen, Bestätigen usw.:
Die Äußerung gilt als eine Versicherung des Sprechers gegenüber dem Angesprochenen, dass die jeweilige Aussage eine wirkliche Sachlage darstellt: *Ich behaupte, dass das Produkt X besonders gut ist.*

Brinker 1985 schlägt dann folgende, an der Sprechakttypologie von Searle 1969 orientierte Typologie für Textfunktionen vor:

> **Eine Typologie der Textfunktionen** (nach Brinker 1985, 97 f.):
> - Informationsfunktion
> - Appellfunktion
> - Obligationsfunktion
> - Kontaktfunktion
> - Deklarationsfunktion
>
>   [fehlt:
> - poetische (ästhetische) Funktion]

Dazu gibt er folgende Beispiele und Erläuterungen (Brinker 1985, 98 ff.):

- **Informationsfunktion:**

Definition:	Der Emittent gibt dem Rezipienten zu verstehen, dass er ihm ein Wissen vermitteln, ihn über etwas informieren will.
Textsorten:	*Nachricht, Bericht, Beschreibung* (in evaluativer Einstellung: *Gutachten, Rezension*)
thematische Einstellungen:	beziehen sich auf Sicherheitsgrad, Wahrscheinlichkeitswert des Wissens des Textproduzenten

- **Appellfunktion:**

Definition:	Der Emittent gibt dem Rezipienten zu verstehen, dass er ihn dazu bewegen will, eine bestimmte Einstellung einer Sache gegenüber einzunehmen (Meinungsbeeinflussung) und/oder eine bestimmte Handlung zu vollziehen (Verhaltensbeeinflussung).
Textsorten:	*Werbeanzeige, Propagandatext, Kommentar, Arbeitsanleitung, Gebrauchsanweisung, Rezept, Gesetzestext, Gesuch, Antrag, Bittschrift, Predigt usw.*

grammatische Indikatoren für Appellfunktion:
- Imperativsatz: z. B. Werbeanzeigen *(Genießen Sie Lord Extra)*
- Infinitivkonstruktion: z. B. Kochrezepte *(Zwiebeln hacken und anbraten.)*
- Fragesätze: z. B. Fragebogen, Interview *(Haben Sie eine Rente beantragt?)*
- Satzmuster mit *sollen* oder *müssen* + Inf.; *haben* + *zu* + Inf.; *sein* + *zu* + Inf.: z. B. Gesetz *(Der Beamte hat seine Vorgesetzten zu beraten und zu unterstützen.)*

thematische Einstellungen bei APPELLFUNKTION:
- normative Einstellung: Rezipient ist verpflichtet, den thematischen Sachverhalt zu realisieren
- evaluative Einstellung: Rezipient soll die Sichtweise des Emittenten übernehmen (und sich entsprechend verhalten)
- Einstellungen, die die Interessen (Bedürfnisse, Wünsche, Präferenzen) des Emittenten selbst bezeichnen.

- **OBLIGATIONSFUNKTION:**

Definition: Der Emittent gibt dem Rezipienten zu verstehen, dass er sich ihm gegenüber dazu verpflichtet, eine bestimmte Handlung zu vollziehen.
Textsorten: *Vertrag, Vereinbarung, Garantieschein, Gelöbnis, Gelübde, Angebot*
meist direkte Signalisierung der Textfunktion
thematische Einstellungen: voluntativ, intentional (*ich beabsichtige, habe vor, plane*)

- **KONTAKTFUNKTION:**

Definition: Der Emittent gibt dem Rezipienten zu verstehen, daß es ihm um die personale Beziehung zum Rezipienten geht (insbesondere um die Herstellung und Erhaltung des persönlichen Kontakts).
direkte Signalisierung der Textfunktion
Textsorten: *Kontakttexte* (ritualisiert, an feste gesellschaftliche Anlässe geknüpft, Phraseologismen), *Partizipationstexte* (*Gratulations-, Kondolenzbriefe* usw.)

- **DEKLARATIONSFUNKTION:**

Definition: Der Emittent gibt dem Rezipienten zu verstehen, dass der Text eine neue Realität schafft, dass die (erfolgreiche) Äußerung des Textes die Einführung eines bestimmten Faktums bedeutet
Textsorten: *Ernennungsurkunden, Testament, Schuldspruch, Bevollmächtigung* (Diese Textsorten sind immer an gesellschaftliche Institutionen gebunden.)
direkte Signalisierung der Textfunktion (fast immer durch feste, ritualisierte Formeln)

Einen ganz anderen und eigenständigen Vorschlag für eine Typologie von Textfunktionen hat E.U. Große 1976 formuliert (siehe Abb. 61).

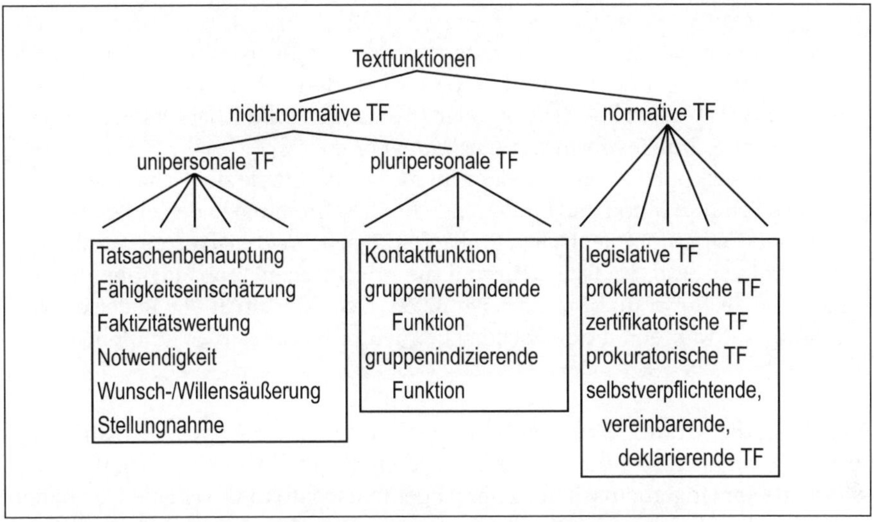

Abb. 61: Einteilung von Textfunktionen nach Große 1976

Er hat die Diskussion um den wichtigen Aspekt bereichert, dass wir häufig die Textfunktion eines Textes, und damit letztlich auch die Zuweisung des Textes zu einer der uns bekannten Textsorten, aufgrund von direkten, quasi außer-textlichen oder vor-textlichen Hinweisen erkennen, etwa dem Wort „Roman" oder „Erzählung" oder „Novelle", das unter dem Titel eines Buches oder Textes abgedruckt ist. Andere, eher äußerliche und außer-sprachliche Signale sind etwa die Anordnung in Paragraphen bei einem Gesetzestext, in einzelnen Anweisungszeilen bei einem Kochrezept, einer Gebrauchsanweisung oder einer Aufbau-Anleitung, z. B. für ein Möbelstück usw. Große nennt diese für bestimmte Textsorten bzw. Textfunktionen jeweils spezifischen externen Signale „Präsignale" (Große 1976, 15).

10.2 Analyse und Typologie der Textsorten

Unter *Textsorten* (der Begriff ist das linguistische Äquivalent zum literaturwissenschaftlichen Begriff der *Gattungen*) versteht man in der Textlinguistik komplexe Muster sprachlicher Kommunikation, die innerhalb der Sprachgemeinschaft im Laufe der historisch-gesellschaftlichen Entwicklung aufgrund kommunikativer Bedürfnisse entstanden sind. Wegen der Bindung an historisch-kulturelle Zusammenhänge, insbesondere aber an Lebensformen und Zwecke sprachlich-textueller Verständigung in einer Gesellschaft, kann es dazu kommen, dass in bestimmten Kulturen Textsorten existieren, die es in anderen nicht gibt.

Solche **kulturspezifischen Textsorten** sind z. B. die spezifische Form von Schulaufsätzen im Fach Deutsch in Deutschland mit dem typischen Schema *Einleitung – Hauptteil – Schluss*, oder im französischen Schulsystem eine spezifische Schul-Textform wie *„explication de texte"*.
Christine Bickes (1993) hat in einer interessanten Studie deutsche und griechische Schüler*innen und Studierende Bildbeschreibungen derselben Bilder anfertigen lassen. Die deutschen Proband*innen benutzten dann eine deskriptive Textform und Sprache, während die griechischen Proband*innen eine narrative Textform und Sprache benutzten, also den Inhalt der Bilder quasi „erzählten", während die deutschen eher neutral-distanziert „beschrieben".

Auch kann die Art und Weise, wie eine bestimmte Textsorte sprachlich-stilistisch gestaltet wird, sich sowohl historisch wandeln als auch von Gesellschaft zu Gesellschaft (Sprachgemeinschaft zu Sprachgemeinschaft) unterscheiden. So hätten zu Beginn des 20. Jahrhunderts die allermeisten Sprecherinnen und Sprecher des Deutschen wohl gesagt, dass ein Text nur dann ein akzeptables Beispiel für die Textsorte *Gedicht* (bzw. *Lyrik*) ist, wenn es einen Reim und ein Metrum aufweist (wie Textbeispiel 4, Abb. 44, S. 104 von Goethe). Niemand hätte damals akzeptiert, dass ein Text auch in Prosa und völlig ohne Reim und Metrum als Gedicht hätte bezeichnet werden können (wie Textbeispiel 2, Abb. 42, S. 103, aus einem modernen Lyrik-Band).

Wichtig ist, dass das Textsorten-Wissen ein sprachliches Regelwissen ist, das auf derselben Stufe von Wichtigkeit und Zentralität für unser Sprachverstehen und Sprachgebrauch steht wie etwa das syntaktische, morphologische oder das semantische Wissen. Textsorten steuern die Produktion und Rezeption von Texten, so dass ohne Textsortenwissen ein angemessener Sprachgebrauch und ein angemessenes Sprachverstehen grundsätzlich nicht möglich ist.

Unser Alltagswissen über Textsorten ist als ein Musterwissen gespeichert. Unter „Textmuster" wird der qualitative Aspekt einer Gruppe von Texten verstanden, während die „Textsorte" als „eine Klasse von Texten [...], die einem gemeinsamen Textmuster folgen", betrachtet wird (Fix 1999, 16). Die Regeln eines Musters sind von der Handlungsorientierung her konventionell bestimmt; sie sind nicht vorgegeben, sondern sie werden aus der Verallgemeinerung der einzelnen Textexemplare gewonnen und sollen diesen Ansätzen folgen. Innerhalb der Muster gibt es aber außer den Elementen „des Normativen als Handlungsorientierung" auch „Nichtgenormtes, Freiräume, die man individuell füllen muss" (Fix 1999, 15).

Die Bezugnahme auf Muster im konkreten Sprachgebrauch beschränkt sich aber nicht auf bloße Reproduktion oder Durchführung fertiger Textmuster, sondern es kommt häufig auch zur Mustermischung: „Die Einheitlichkeit des Stils z. B. ist Resultat des FORTFÜHRENS, die Vielfalt innerhalb eines Textes Resultat des VARIIERENS. Im Folgenden wird vor allem das Formulierungsverfahren

ORIGINALISIEREN von Interesse sein." Fix betrachtet „die Formulierungsverfahren ORIGINALISIEREN und DURCHFÜHREN als Stilmuster" (Fix 2007, 31 ff.). Beispiele für ein solches „Originalitätsbemühen" bei der Textgestaltung sind im Deutschen insbesondere literarische Texte der Moderne seit dem Ende des 19. Jahrhunderts (besonders intensiv in Dadaismus und Expressionismus; man vergleiche etwa ein konventionelles, sich an traditionelle Textmuster haltendes Gedicht wie in Beispiel 4, Abb. 44, S. 104, mit modernen, die alten Textmuster sprengenden Gedichten wie in Beispiel 2, Abb. 42, heute aber oft auch in Printmedien, um „Alleinstellungsmerkmale" für kommerziell vertriebene Druckprodukte (Zeitschriften) zu gewinnen.

Brinker gibt u.a. folgende Definition für Textsorten:

Definition für „Textsorten" (nach Brinker 1985, 124):
„Textsorten sind konventionell geltende Muster für komplexe sprachliche Handlungen und lassen sich als jeweils typische Verbindungen von kontextuellen (situativen), kommunikativ-funktionalen und strukturellen (grammatischen und thematischen) Merkmalen beschreiben."
„Sie gehören zum Alltagswissen der Sprachteilhaber und besitzen z.T. eine normierende Wirkung."

Es gibt viele verschiedene Ansätze zu einer Typologie der Textsorten, so dass wir hier nur einige wenige Aspekte betrachten können. Große 1976 etwa nimmt folgende Einteilung vor (siehe auch sein Schema auf S. 171 in Abb. 61):

Textklasse	**Textfunktion**	**Beispiele**
1. normative Texte	normative Funktion	Gesetze, Satzungen, Vollmachten, Geburtsurkunde, Verträge
2. Kontakttexte	Kontaktfunktion	Glückwunsch-, Kondolenzschreiben
3. gruppenindizierende Texte	gruppenindizierende Funktion	Gruppenlieder (z. B. Marseillaise)
4. poetische Texte	poetische Funktion	Gedicht, Roman, Komödie
5. dominant selbstdarstellende Texte	selbstdarstellende Funktion	Tagebuch, Autobiographie
6. dominant auffordernde Texte	Aufforderung	Werbeanzeige, Parteiprogramm, Kommentar, Bittschrift, Gesuch
7. Übergangsklasse	(zwei Funktionen dominieren gleichermaßen)	z. B. Texte mit den Funktionen Aufforderung und Informationstransfer
8. dominant sachinformierende Texte	Informationstransfer	Nachricht, Wettervorhersage, wissenschaftliche Texte

Brinker (1985) nennt folgende Kriterien bzw. Aspekte, die bei einer Einteilung und Beschreibung von Textsorten beachtet werden sollten:

Differenzierungskriterien für Textsorten (nach Brinker 1985, 125 ff.):

(1) Textfunktion

(2) Kontextuelle (situative) Kriterien:
   (a) Kommunikationsform (z. B. direktes Gespräch, Telefongespräch, Rundfunksendung, Fernsehsendung, Brief, Zeitungsartikel usw.)
   (b) Handlungsbereich (privat, offiziell, öffentlich)
   (c) Medium (mündlich, schriftlich)

(3) Strukturelle Kriterien:
   (a) Art des Textthemas (z. B. zeitliche Fixierung des Themas relativ zum Sprechzeitpunkt: Thema vor Sprechzeitpunkt = Nachricht, während des Sprechzeitpunktes = Protokoll, nach dem Sprechzeitpunkt = Horoskop)
   (b) Form der thematischen Entfaltung (siehe unten)

Ein wichtiger Aspekt der Textsorten, der sich gerade auch in der konkreten sprachlichen Gestalt (Formulierungsweise) der Texte niederschlägt, sind die bereits erwähnten Grundformen der thematischen Entfaltung. So unterscheidet Brinker:

Grundformen der Themen-Entfaltung (nach Brinker 1985, 59 ff.):

- **deskriptiv** (berichtend, beschreibend)
  „Bei der deskriptiven Themenentfaltung wird ein Thema in seinen Komponenten (Teilthemen) dargestellt und in Raum und Zeit eingeordnet. Die wichtigsten thematischen Kategorien sind also Spezifizierung (Aufgliederung) und Situierung (Einordnung)." (a.a.O. 59)
  Dazu gebe es drei Varianten: (a) *berichtend,* (b) und (c) *beschreibend:*
  (a) „Das Thema bezeichnet einen einmaligen Vorgang, ein historisches Ereignis." Dargestellt werden z. B. das *Was* und *Wie* (Ablauf des Ereignisses), *Wer* (handelnde Personen), *Wann* und *Wo* (Zeit und Ort des Ereignisses), *Warum* (Motive der Handelnden), Konsequenzen des Ereignisses (*mit welcher Folge*). (a.a.O. 59 f.)
  Typische Textsorten: Nachricht, Bericht.
  (b) „Das Thema bezeichnet einen als regelhaft (generalisierbar, wiederholbar) dargestellten Vorgang."
  (Typische Textfunktion: instruktiv) (a.a.O. 61 f.)
  Typische Textsorten: Bedienungsanleitungen, Gebrauchsanweisungen, Kochrezepte (c) „Das Thema bezeichnet ein Lebewesen oder einen Gegen-

stand." Dargestellt werden etwa Teil-Ganzes-Relationen, wesentliche Merkmale, Gattung/Art usw.
Typische Textsorten: Lexikonartikel. (a.a.O. 62)

- **narrativ** (erzählend)
  Die narrative Themenentfaltung bezieht Brinker vor allem auf Alltagserzählungen: Bedingung: Darstellung eines abgeschlossenen Ereignisses mit einem gewissen Grad an Ungewöhnlichkeit/Interessantheit als einer „Komplikation", auf die eine „Auflösung" im Sinne einer positiven oder negativen Reaktion auf das ungewöhnliche Ereignis folgt. Dies kann von einer „Evaluation" (Wertung) und einer „Moral" (Lehre) begleitet und in einem situativen „Rahmen eingebettet werden. (a.a.O. 64)
- **explikativ** (erklärend)
  Ein Sachverhalt (Explanandum) wird erklärt, indem er aus anderen Sachverhalten des Textes (Explanans) abgeleitet wird. Somit wird „das Thema des explikativ verfahrenden Textes [...] durch das Explanandum repräsentiert" (a.a.O. 65).
- **argumentativ** (begründend)
  Dazu Fix u.a. (2003, 23): Die argumentative Themenentfaltung beschreibt Brinker als Begründung einer (strittigen) These, die das Thema repräsentiert, durch Vorbringen von Argumenten, einer Schlüsselregel, (wenn, dann) die ebenso wie stützende Aussagen nicht ausformuliert sein muss. Diese Art von Themenentfaltung ist wichtig für alle appellierenden Texte, die den Empfänger durch Angabe von Gründen von etwas überzeugen möchten. Sie kann auch als Teil normativer Texte (z. B. Gerichtsentscheidungen) und als Passage informierender Texte (z. B. wissenschaftliche Abhandlungen) vorkommen. (Brinker stützt sich dabei auf das Argumentationsmodell von Toulmin, s. Abb. 53, S. 118)

Nachfolgend ein Beispiel für eine deskriptive Themenentfaltung (Unterform des Berichtens, hier: Zeitungsnachricht) (Alle folgenden Beispiele aus Brinker 1985):

Die Christlich-Demokratische Union lehnt die von der Bonner Koalition beschlossenen Sparmaßnahmen nicht in Bausch und Bogen ab. Sie verweigert sich damit der von Franz-Josef Strauß befürworteten Linie. Der CDU-Vorsitzende Kohl sagte nach einer Präsidiumssitzung vor Journalisten in Bonn, Steuer- und Abgabenerhöhungen lehne seine Partei jedoch nachdrücklich ab. Als Beispiel nannte er eine Erhöhung des Beitrages zur Arbeitslosenversicherung sowie Einschränkungen beim sog. „Ehegatten-Splitting" und bei der Vorsorgepauschale. Die geplanten Änderungen in der Krankenversicherung stießen zwar auf erhebliche Kritik der CDU, lägen aber auf ihrer Generallinie, sagte Kohl. Über einige andere Vorhaben werde seine Partei mit sich reden lassen.

Beispiel für eine deskriptive Themenentfaltung (Unterform des Beschreibens, hier: Lexikonartikel):

Elefanten sind die größten, schwersten Landsäugetiere. Sie haben einen langen, sehr beweglichen Rüssel. Die Schneidezähne sind zu Stoßzähnen umgebildet. Auf jeder Seite des Unter- und Oberkiefers findet sich nur ein großer Backenzahn mit zahlreichen Schmelzfalten, der insgesamt sechsmal durch Einschub eines neuen Zahnes von hinten erneuert wird. Die Rüsselspitze, in der die Nasenlöcher liegen, ist sehr tastempfindlich und kann mit Hilfe von lappen- oder fingerförmigen Fortsätzen feine Greifbewegungen machen. Das Haarkleid ist sehr dünn. Die säulenförmigen Beine haben unter den Knochen des Fußes ein mächtiges elastisches Polster, wodurch der Elefant einen überraschend weichen und federnden Gang bekommt. Die Augen sind klein, Geruch und Gehör sind gut ausgebildet. ...

Beispiel für eine deskriptive Themenentfaltung (Unterform des Beschreibens, hier: Arbeitsanleitung):

1. Einen neuen Stiel zugerichtet kaufen, der in das Öhr des Hammerkopfes passt und nicht zu kurz ist: für Schreinerhammer ca. 35 cm.
2. Hammerkopf aufsetzen und einige Male kräftig mit dem hinteren Ende des Stiels auf die Werkbank schlagen, so dass sich der Kopf festzieht. ... Hammerkopf wieder entfernen, schrägen Schlitz für Keil einschneiden.
3. Schmalen Keil anfertigen.
4. Hammer zusammensetzen. Kopf festschlagen, Keil mit etwas Leim bestreichen, eintreiben.
5. Etwa über den Hammerkopf vorstehendes Holz absägen.
6. Zum Schluss wird der Stiel mit Zelluloselack eingelassen und mit Stahlwolle abgezogen.

Beispiel für eine narrative Themenentfaltung (Erzählen, hier: Anfang einer Novelle):

> Allsonntäglich saß der Bahnwärter Thiel in der Kirche zu Neu-Zittau, ausgenommen die Tage, an denen er Dienst hatte oder krank war und zu Bette lag. Im Verlaufe von zehn Jahren war er zweimal krank gewesen; das eine Mal infolge eines vom Tender einer Maschine während des Vorbeifahrens herabgefallenen Stückes Kohle, welches ihn getroffen und mit zerschmettertem Bein in den Bahngraben geschleudert hatte; das andere Mal einer Weinflasche wegen, die aus dem vorüberrasenden Schnellzuge mitten auf seine Brust geflogen war. Außer diesen beiden Unglücksfällen hatte nichts vermocht, ihn, sobald er frei war, von der Kirche fernzuhalten.
> Die ersten fünf Jahre hatte er den Weg von Schön-Schornstein, einer Kolonie an der Spree, herüber nach Neu-Zittau allein machen müssen. Eines schönen Tages war er dann in Begleitung eines schmächtigen und kränklich aussehenden Frauenzimmers erschienen, die, wie die Leute meinten, zu seiner herkulischen Gestalt wenig gepasst hatte. Und wiederum eines schönen Sonntagnachmittags reichte er dieser selben Person am Altare der Kirche feierlich die Hand zum Bunde fürs Leben.

Beispiel für eine explikative Themenentfaltung (Erklären, hier: Handbuchartikel):

> (Über das Prüfen der Kraftfahrzeugbatterie) Zunächst können Zerstörungen an den Anschlussbolzen auftreten. Man erkennt diesen Vorgang daran, dass sich ein weißlich gelbes Pulver bildet, das die Bleistutzen umgibt und auch zwischen den Klemmen sitzt. Das beeinträchtigt den Stromübergang, und im Bleistutzen entstehen Zersetzungsnarben. Die Deckfläche der Batterie soll ab und zu gereinigt werden. Durch abgelagerten Staub und Feuchtigkeit können sonst Kriechströme fließen und die Batterie frühzeitig entleeren. Nun schrauben Sie die Stöpsel ab und überprüfen den Säurestand. Die Flüssigkeit soll 1 cm über dem oberen Rand der Platten stehen. Ist das nicht der Fall, muss sofort destilliertes Wasser bis zu diesem Stand nachgefüllt werden. Geschieht das nicht, leidet die Batterie für die Dauer ...

Beispiel für eine argumentative Themenentfaltung (Begründen, hier: Anfang eines Zeitungskommentars):

Versichertenbeschimpfung
Dem Bundesarbeitsminister scheint jedes Mittel recht zu sein, die Verabschiedung seines Gesundheitsreformgesetzes zu beschleunigen. Seine Äußerung, zu warten, führe zur Plünderung der Krankenversicherung durch „die gewieften Mitglieder der Kassen", muss von der Mehrheit der Versicherten als böswillig empfunden werden. Blüm stellt die Dinge auf den Kopf An den Rand des Zusammenbruchs ist das Krankenkassensystem nicht durch die Raffgier der Kranken und Alten geraten, sondern durch die vom Gesetzgeber nicht behinderte Jagd von Ärzten, Zahnärzten, Pharmaindustrie, Gesundheitsgewerbe und Krankenhäusern auf die Beitragsmilliarden der Kassen. Plündern kann nur, wer freien Zugang hat. Die einzige Freiheit des Versicherten besteht jedoch darin, den Arzt oder Zahnarzt aufsuchen zu können. Ehe es zu jenen kostspieligen Verordnungen kommt, deren Umfang jetzt im Vorfeld des Spargesetzes beklagt wird, muss ein Arzt seine Zustimmung gegeben haben, beim Zahnersatz sogar zusätzlich die Kasse. ...

Beispiel für eine argumentative Themenentfaltung (Begründen, hier: Anfang einer wissenschaftlichen Abhandlung):

Ich unternehme den historisch gerichteten Versuch einer Rekonstruktion der Vorgeschichte des neueren Positivismus in der systematischen Absicht einer Analyse des Zusammenhangs von Erkenntnis und Interesse. Wer dem Auflösungsprozess der Erkenntnistheorie, der an ihrer Stelle Wissenschaftstheorie zurücklässt, nachgeht, steigt über verlassene Stufen der Reflexion. Diesen Weg aus einer auf den Ausgangspunkt zurückgewendeten Perspektive wieder zu beschreiten, mag helfen, die vergessene Erfahrung der Reflexion zurückzubringen. Dass wir Reflexion verleugnen, ist der Positivismus.
Die Analyse des Zusammenhanges von Erkenntnis und Interesse soll die Behauptung stützen, dass radikale Erkenntniskritik nur als Gesellschaftstheorie möglich ist. Diese Idee ist in Marxens Theorie der Gesellschaft impliziert, auch wenn sie dem Marxschen wie dem marxistischen Selbstverständnis nicht zu entnehmen ist. Gleichwohl habe ich selbst den objektiven Zusammenhang, in dem die philosophische Entwicklung von Hegel zu Nietzsche sich vollzieht, nicht untersucht und mich darauf beschränkt, der Bewegung des Gedankens immanent zu folgen. Diese Konsequenz ergibt sich: ...

Weitere wichtige und interessante Aspekte der Textsortendifferenzierung nennt Dimter (1981, 105 ff.), wobei er sich auf eine Analyse von im Deutschen gebräuchlichen Textsortennamen bezog (von denen er 1981 allein im kleinen Duden-Wörterbuch schon 1640 Lexeme gezählt hatte):

1. Kommunikationssituation	
1.1 Textproduzent	[P ± festgelegt]
1.2 Textrezipient	[R ± festgelegt]
1.3 Definitheit von P und R füreinander	[$\pm P_{def}/\pm R_{def}$]
1.4 Kanal	[optisch/akustisch]
1.5 Konservencharakter eines Textes	[+/-]
1.6 Zeitrelation	[$t_P = t_R/t_P \neq t_R$]
1.7 Ortsrelation	[$l_P = l_R/l_P \neq l_R$]
1.8 Kontaktrelation	[optisch/akustisch und ←/→/↔]
1.9 Anzahl der Rezipienten	[Einzelperson/Menge/Masse]
2. Textfunktion (Sprecherziele) Obertypen:	
2.1 (S1 (Wissen) (H, w (p))) /	
2.2 (S1 (Werten) (H, Bereich (X))) /	
2.3 (S1 (Wollen) (H, Realisierung (p))) /	
3. Textinhalt:	
3.1 Thema	[± festgelegt]
3.2 Gegenstand	
3.2.1 Zeitbezug	[vorzeitig/gleichzeitig/nachzeitig/ [nicht-vorzeitig/nicht-nachzeitig]
3.2.2 Fallbezug	[singulär/generisch]
3.2.3 Wirklichkeitsbezug	[faktizitätstreu/realitätsgerecht/ fiktional]

So haben etwa die unter (1) genannten Kriterien der Situation (ohne dass Dimter dies 1981 ahnen konnte) in der heutigen medialen Realität mit Internet-Kommunikation eine hohe und neue Aktualität bekommen, da man mit den von Dimter aufgestellten Kriterien auch heute noch alle denkbaren Kommunikationsformen im Internet (Chat, Twitter, Facebook-Einträge usw.) textsortentypologisch sehr differenziert beschreiben und abgrenzen kann.

Weitere (aber viel weniger ausdifferenzierte) Klassifikationsmodelle für Textsorten finden sich etwa bei Linke u.a. (1994, 251) und Heinemann/Viehweger (1991, 147) (siehe Abb. 62 und Abb. 63).

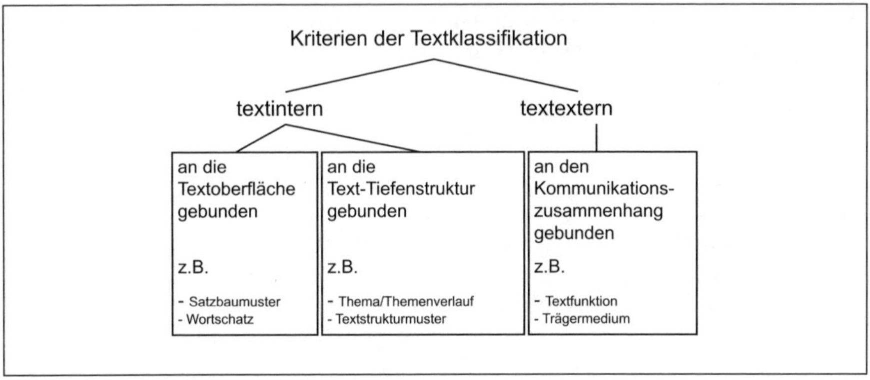

Abb. 62: Kriterien der Textklassifikation nach Linke u.a. (1994, 251)

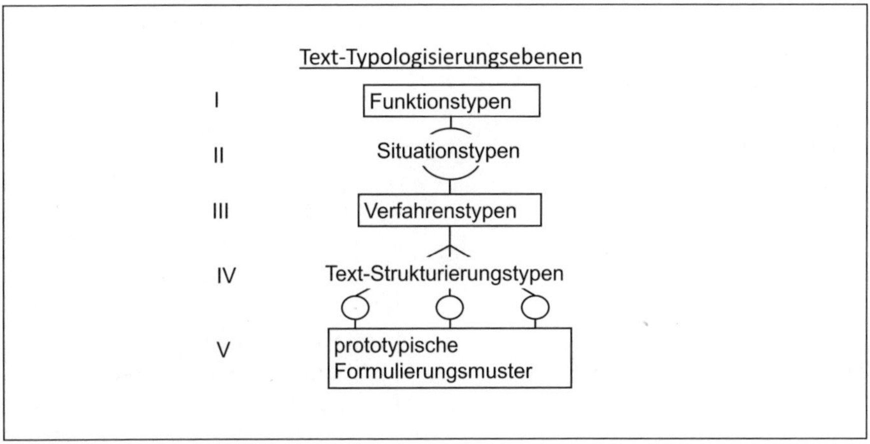

Abb. 63: Text-Typologisierungsebenen nach Heinemann/Viehweger (1991, 147)

Für praktische analytische Zwecke scheint uns ein Textsorten-Differenzierungs-Modell am geeignetsten, das die wertvollen, immer an den Zielen einer praktischen Textsortenanalyse interessierten Vorschläge von Brinker (1985 [1992]) mit Ideen von Große und Dimter ergänzt (siehe Abb. 64):

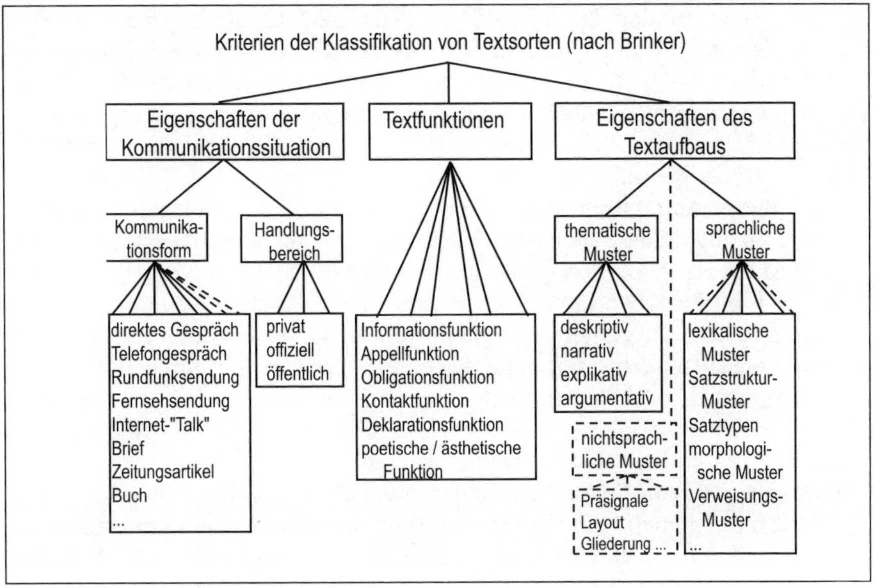

Abb. 64: Erweitertes Modell der Klassifikation von Textsorten auf der Basis von Brinker 1985, Große 1976 und Dimter 1981

Deskriptive Analysen von Texten sind „ohne die Kategorie ‚Textsorte' kaum vorstellbar" (Adamzik 2007, 25). Die Zuordnung eines konkreten Textexemplars zu einer Musterkomponente kann aber in bestimmten Fällen in den Hintergrund rücken, wenn kreative oder individuelle Komponenten einzelner Texte derselben Textsorte Eigenschaften sind, die der einzelne Text nicht mit „allen oder den meisten anderen derselben Sorte teilt"; gerade solche Eigenschaften sind bei einer stilistischen Analyse besonders hervorzuheben.

10.3 Grundzüge der linguistischen Stilistik

Wie gesehen, ist die Beschreibung des Stils sprachlicher Ausdrucksweisen in Texten ein wichtiger Bestandteil jeder Bestimmung und Klassifikation von Textsorten. Daher sollen nachfolgend in aller notwendigen Kürze einige wichtige Grundlagen der linguistischen Stilistik dargestellt werden, deren Kenntnis später nützlich sein kann bei der praktischen Analyse von Texten und Textsorten. Zunächst zur Frage: Was ist (sprachlicher) Stil? Wie wird der Stilbegriff in der linguistischen Stilistik definiert?

Bekanntlich ist ‚Stil' ein Phänomen, das nicht nur in der Sprache existiert. So spricht man ja auch von Baustilen, Malstilen, Kleidungsstilen usw. Für die Sprache und für sprachliche Kunstwerke (in der sog. „schönen Literatur") hat es vielfältige

Versuche gegeben, den Begriff „Stil“ zu definieren oder wenigstens näher zu charakterisieren (die meisten nachfolgend genannten Stilbegriffe sind dargestellt nach Graubner 1973, 165 ff., Püschel 1980, 305 ff. und Sowinski 1978, 12 ff. Sowinski gibt eine Liste, die noch weitaus mehr enthält als die hier angesprochenen Stilbegriffe):

- *Stil als Hinzufügung:*
  Nach dieser Auffassung wären viele sprachliche Mittel „normal“ und damit stilistisch unauffällig, oder sogar „Nicht-Stil“, und nur einige besondere sprachliche Mittel als „besonderer Stil“ zu erkennen.
- *Stil als (sprachlicher) Schmuck:*
  Das entspricht der vorher genannten Auffassung, da auch hier nur einzelne, besondere sprachliche Merkmale als Kennzeichen von ‚Stil‘ aufgefasst werden, im Gegensatz zu den „schmucklosen“ und „normalen“ sprachlichen Ausdrucksweisen.
- *Stil als (sprachliche) Stimmigkeit in einem Text:*
  Hier geht es um die Einheitlichkeit der stilistischen Gestaltung innerhalb eines Textes; meist gemeint sind literarische Texte, wie z. B. Erzählungen und Romane. Der Gegenbegriff wäre dann „Stilbruch“, wenn einzelne sprachliche Gestaltungselemente sozusagen „stilistisch aus dem Rest des Textes herausfallen“, von diesem abweichen.
- *Stil als Abweichung von einer Norm:*
  Dies entspricht der Auffassung von Stil als Hinzufügung: Alles, was nicht ohnehin erwartbar ist an der Art und Weise der sprachlichen Formulierungen eines Textes, gilt als ‚Stil‘. Man sagt dann auch: Besondere sprachliche Mittel sind „stilistisch markiert“ im Unterschied zu den der Norm und damit den Erwartungen entsprechenden sprachlichen Gestaltungsmitteln, die dann als „nicht markiert“, d. h. unauffällig, gelten. (Zum – durchaus prekären – Verhältnis von Sprachstil zu Sprachnorm vgl. ausführlicher Busse 1997, 74 ff.)
- *Stil als individuelle Sprachcharakteristik:*
  Das ist gemeint, wenn man etwa vom *Stil Thomas Manns* oder dem *Stil Franz Kafkas* usw. spricht. Das Problem dabei ist, dass linguistisch gesehen Individualstile oft nur sehr schwer eindeutig erfassbar bzw. beschreibbar sind. Dagegen steht jedoch die Erfahrung, dass Individualstile durchaus erkennbar sind, was man etwa an Stilparodien sehen kann, die vom Publikum oft den gemeinten Stilvorbildern zutreffend zugeordnet werden.
- *Stil als konventionale Sprachcharakteristik:*
  Graubner (1973, 173) charakterisiert sie wie folgt: „Alle Einzeltexte partizipieren an Mustern der verschiedensten Art, und ihr Stil erscheint vor allem als die Integration übergreifender stilprägender Verständigungskonventionen. Diese Konventionen lassen sich auf unterschiedlichen Ebenen erfassen als historische, als soziale, als funktions- und situationsbezogene Kommunikationsmuster.“ Man spricht dann etwa von Zeitstilen bzw. Epochenstilen (z. B. Stil des

Barock), hierher gehören aber auch die sog. „Funktionalstile" (s. S. 158) und insbesondere auch die Textsortenstile.
Dem kann man folgende von Sowinski (1978, 12 ff.) genannte Spielarten zurechnen:
- *Stil als zeit- und gruppengebundener Sprachausdruck,*
- *Stil als gattungsgebundene Ausdrucksweise* (linguistisch: *textsortengebundene Ausdrucksweise*),
- *Stil als funktionale Redeweise* (z.B Amts- und Behördenstil, Fachstil),
- *Stil als eine durch Situation und Intention bestimmte Redeform* (findet man oft als Stilmarkierungen für einzelne Wörter in Wörterbüchern wie *familiär, umgangssprachlich* usw.),

- *Stil als Wahl bzw. Auswahl* (zwischen mehreren sprachlichen Möglichkeiten): Dies ist ein Stilbegriff, der sich gut als übergreifendes, allgemeines Konzept von Sprachstil eignet. Danach wäre *jede* Art von sprachlicher Formulierung immer ein Beispiel für einen bestimmten Stil. Es gäbe also keinen Text, keine sprachliche Äußerung, die nicht hinsichtlich ihres je spezifischen Stils beschrieben werden könnte. (Ein Beispiel wäre etwa der oft beschriebene *Nominalstil* in der Amts- und Behördensprache, aber auch oft in der Wissenschaftssprache im Deutschen. Gemeint ist das Phänomen, dass Sachverhalte, die eigentlich durch Verben ausgedrückt werden könnten und sollten, in Form von nominalisierten, d. h. in Substantive umgewandelten Verbinhalten sprachlich ausgedrückt werden. Siehe etwa im Textbeispiel auf S. 178 die Formulierung *„ich unternehme den historisch gerichteten Versuch einer Rekonstruktion der Vorgeschichte"* statt *„ich versuche zu rekonstruieren ..."*)
- *Stil als die sozial relevante (bedeutsame) Art der Handlungsdurchführung* (sprachlicher Handlungen, ob mündlich oder in schriftlichen Texten) (Sandig 1986, 23): Insbesondere Barbara Sandig hat in zahlreichen Büchern und Aufsätzen (1978, 1986, 1995) eine auf den Grundgedanken der linguistischen Pragmatik aufbauende sprachpragmatische Stilauffassung entwickelt. Danach haben Verfasserinnen und Verfasser von Texten ebenso wie Sprecherinnen und Sprecher in ihrer jeweiligen (schriftlichen oder mündlichen) Sprachproduktion immer jeweils spezifische Stilintentionen (Stilabsichten), die ein wesentlicher Teil dessen sind, was sie kommunizieren und kommunizieren wollen.

Wir gehen davon aus, dass für einen linguistischen Stilbegriff insbesondere die beiden zuletzt genannten Konzeptionen nützlich sind. Daraus ergibt sich, dass es keinerlei sprachliche Äußerung oder keinen Text gibt, auf den nicht die Instrumente einer linguistischen Stilanalyse angewendet werden könnten. Trotz dieser Feststellung muss aber deutlich sein, dass nicht jede sprachliche Äußerung oder jeder einzelne Teil eines Textes durch eine bewusste Stilintention des Produzenten oder der Produzentin geprägt sein muss. Stil ist demnach die jeweils konkrete Form der sprachlichen Gestaltung einer Äußerung oder eines Textes, der immer eine Auswahl zwischen alternativen, für das Ausdrücken desselben Inhalts zur

Verfügung stehenden Ausdrucksmittel zugrunde liegt; dies aber unabhängig davon, ob diese Auswahl Ergebnis eines bewussten (Auswahl-)Akts ist (und sie von einer bestimmten Stil-Intention getragen ist) oder nicht.

Trotz aller Definitionsversuche weist das sprachliche Phänomen und der Begriff „Stil" größere Überschneidungen mit benachbarten Phänomenen bzw. Begriffen auf, so etwa mit dem Begriff „Sprachnorm" (vgl. dazu Busse 1997), insbesondere aber mit Phänomenen, die auch unter den Begriff der „sprachlichen Varietäten" (siehe S. 146f.) gefasst werden. So werden die sog. „Fachsprachen" in der linguistischen Forschung oft auch als bloße „Fachstile" bezeichnet oder erklärt (siehe die Diskussion bei Fluck 1989, 12 ff.). Auch manche sog. „Soziolekte", wie etwa die Jugendsprache, wurden oft eher als Stilphänomene denn als echte „Teilsprachen" behandelt (siehe dazu v.a. Schlobinski u.a. 1993, 41 ff.). Allen gemeinsam ist, dass auch bei Fachsprachen und vielen Soziolekten das Phänomen „Sprachgebrauch als Auswahl" kennzeichnend ist, ebenso wie für den Begriff Stil. (Für eine ausführlichere Diskussion solcher Abgrenzungsprobleme zwischen Stil und Varietät am Beispiel der sog. „Sprache der Politik" siehe Busse 2001, 44 ff.)

Ein wichtiger Begriff für ein angemessenes Verständnis dessen, was *Stil* und seine Funktionsweise ausmacht, ist der Begriff der *„Erwartung"*. Die Angehörigen haben immer bestimmte Erwartungen daran, in welcher Art der sprachlichen Gestaltung ein Text formuliert sein sollte. (Siehe dazu auch Sandig 1978, 11.) Diese Erwartungen entspringen aus dem konventionalisierten Textsortenwissen in jeder Sprachgemeinschaft. Weichen nun konkrete Formulierungen in einem Text (oder in einem bestimmten Situationstyp mündlicher Kommunikation) von den Erwartungen ab, dann können sie eine besondere Stilwirkung haben, die den Rezipienten auffällt. (Das ist der Grund dafür, warum manche Stilbegriffe nur diese Abweichung zum Phänomen Stil rechnen, was, wie wir gesehen haben, aber nicht ganz korrekt ist.)

Daher ist auch der Begriff der *„Stilwirkung"* ein wichtiger Begriff für eine angemessene Stiltheorie. (Siehe dazu ausführlich Sandig 1986, 64 ff.) Dabei ist zu beachten, dass eine Stilwirkung beabsichtigt oder unbeabsichtigt sein kann. (Unbeabsichtigt sind z. B. solche stilistischen Merkmale eines Textes oder einer Äußerung, die etwas über die Herkunft des Produzenten oder der Produzentin verraten, wie z. B. Dialekt- oder Soziolekt-Merkmale.) Ist eine Stilwirkung beabsichtigt, ist sie Folge der bei der Formulierungstätigkeit wirksamen Stilintention. Da Stilintentionen mit dem Charakter sprachlicher Äußerungen als sprachlich-kommunikative Handlungen zusammenhängen, und Handlungen immer auch scheitern können, wenn die Ziele der Handlungsabsichten bei den Kommunikationspartner*innen nicht eintreten, können auch beabsichtigte Stilwirkungen scheitern. Das ist z. B. oft der Fall, wenn eine Äußerung, die ironisch oder als Parodie gemeint ist, von Rezipienten ernst genommen wird, also die ironische oder parodistische Stilabsicht nicht erkannt wird. (Ein wichtiger Hinweis von Sandig 1986, 72.)

Wichtig ist auch: Stil ist keine für eine Äußerung (einen Text oder Textteil) äußere Erscheinung, sondern immer ein wesentlicher, nicht vermeidbarer Bestandteil jeglicher sprachlichen Hervorbringung (Püschel 1973, 304). Daraus folgt zwingend: „Alle sprachlichen Mittel können Stilmittel (Stilelemente) sein." (a.a.O. 306) Dabei gilt aber auch: „Für kein isoliert betrachtetes sprachliches Mittel kann gesagt werden, welche stilistischen Qualitäten ihm zukommen. Diese ergeben sich erst aus dem Verwendungszusammenhang." (a.a.O.)

Trotz dieser Einschränkung kann man feststellen, dass in vielen Einführungen in die (linguistische) Stilistik immer wieder Listen auftauchen, die die verschiedenen Formen und Möglichkeiten sprachlicher Stilmittel aufzählen. Solche Listen können ein gutes heuristisches Instrument für Stilanalysen sein, wenn man sie als bloßen Fragenkatalog versteht, mit dem man an die stilistische Analyse von Sprachmaterial herangeht. Dabei muss man aber immer im Kopf behalten, dass grundsätzlich gesehen jegliches sprachliches Mittel ein Stilmittel sein kann.

Folgende Liste ist aus verschiedenen Quellen zusammengestellt (v.a. Sowinski 1988, 1999, Fleischer u.a. 1993, Püschel 1973). Diese Liste ist nicht abgeschlossen; weitere Kriterien sind denkbar.

Sprachliche Stilmittel, die in der linguistischen Stilistik untersucht werden können

1. **Stilmittel im Rahmen des Satzbaus**
   - Satzumfang:
     - kurze Sätze
     - mittlere Satzlänge (maximal ein Nebensatz/Einschub)
     - lange Sätze:
       - erweiterte Sätze (Hypotaxe: HS-NS-Strukturen)
       - Satzgefüge/„Perioden" (Hypotaxe)
       - Satzreihungen (Parataxe)
       - Satzgliedreihungen (Parataxe in der Hypotaxe)
   - Satzarten:
     - Aussagesatz
     - Ausrufesatz
     - Aufforderungssatz
     - Fragesatz
     - Interjektion
   - Wortstellung im Satz:
     - Satzklammer
     - Ausklammerungen
     - Nachtrag und Spreizstellung
     - Stellung der Attribute des Substantivs/Nomens
2. **Stilistisch wichtige Abwandlungen der Satzgestalt**
   - Veränderungen einfacher Satzformen
   - Reduktion der Grundformen des Satzes:
     - Satzabbruch
     - Auslassungen des finiten Verbs, des Objekts oder des Subjekts

- Erweiterungen der Grundform:
  - die Nominalgruppe
  - Erweiterungen der Prädikatsgruppe
- Unterbrechungen der Satzkonstruktion:
  - Parenthese usw.
- Umwandlungen der Satzform:
  - Satzglieder und Gliedsätze
  - Satzgefüge
  - Periode
- die Redeformen (direkte/indirekte Rede) als stilistische Gestaltungsweisen
- Satzzeichen und Typographie als Stilmittel

3. **Möglichkeiten der Umformung oder des Wechsels grammatischer Kategorien**
   - Stilprobleme der Wortartendifferenzierung
   - Stilistische Varianten in der Wortbildung der Wortarten
   - Wechsel der Kasusrektion
   - Grammatische Varianten innerhalb des Verbsystems:
     - Möglichkeiten des Wechsels im Tempussystem
     - Wechsel der Tempusformen im Deutschen
     - stilistische Besonderheiten der Tempusformen
     - Aussageweisen (Modi)
     - Aktiv und Passiv
4. **Stilmittel des Wortschatzes**
   - Wort und Wortbedeutung als Stilmittel
   - Kommunikative und stilistische Erfordernisse der Wortwahl
   - Die funktionale und stilistische Differenzierung des Wortschatzes und die Stilwerte der Wortgruppen:
     - Substantiv/Nomen
     - substantivische Wortbildung (Nominalisierungen)
     - der substantivische Stil/Nominalstil
     - Adjektiv
     - Adjektivhäufungen
     - Verb
     - Adverb
   - Stilwerte des allgemeinen und besonderen Wortschatzes:
     - der allgemeine Wortschatz der Schriftsprache
     - die Gruppen des besonderen Wortschatzes
     - Stilfärbungen
     - Zeitgeltung
     - Fachwortschatz
     - Dialekt
     - Stileinheit und Gruppenwortschatz
     - Fremdwörter

- Die Bildlichkeit im Wortschatz als Stilmittel:
    - unmittelbare sprachliche Bilder
    - mittelbare sprachliche Bilder:
        - Vergleich
        - Metapher
        - Umschreibung...
    - Wortkombinationen als Stilmittel
    - Phraseologismen, Redewendungen, Sprichwörter

5. Stilmittel der Lautung und des Rhythmus

6. Das Zusammenwirken der Stilmittel

- Stilwerte und Stilzüge
- Stilzüge und Ausdruckswerte
- Textsorten und Stilformen

7. Stilfiguren (Tropen, rhetorische Figuren)

- Ersatz:
    - Hyperbel
    - Ironie usw.
- Hinzufügung:
    - Wiederholung
    - Entgegensetzung
    - Häufung
    - Beiwörter (epitheton ornans/pl. epitheta ornantia)

Eine angewandte Stilanalyse kann unter drei Aspekten erfolgen (nach Püschel 1980, 310):

1. Herausarbeiten der einzelnen Stilelemente
2. Beschreibung ihres Zusammenhangs untereinander und damit der stilistischen Struktur des Textes
3. Erklärung der Funktion(en) der stilistischen Mittel in diesem Text

Dabei ist aber Folgendes zu beachten:

> „Sprachliche Äußerungen/Texte lassen sich jeweils mehreren Stiltypen zuordnen. Denn diese repräsentieren nur verschiedenartige Aspekte der Stilklassifikation, die sich gegenseitig nicht ausschließen. So ist jede Äußerung textsorten- und funktionalstilistisch gekennzeichnet. Hinzu kommen weitere Merkmale wie zeit- und gruppenspezifische. Diese interindividuellen stilistischen Eigenschaften werden ergänzt um die individuellen, die in unterschiedlich starkem Maße ausgeprägt sein können." (Püschel 1980, 309)

Des Öfteren wird auch darauf hingewiesen, dass eine gute Möglichkeit für angewandte Stilanalysen die *kontrastive* Stiluntersuchung ist, d. h. der *Vergleich* der Stilmerkmale von zwei oder mehr Texten. Je nach Untersuchungsziel kann es sich dabei entweder um Vergleiche von Texten handeln, die ein und derselben Textsorte angehören. Es kann aber auch sinnvoll sein, im Wege der Stiluntersuchung und des Stilvergleichs die Unterschiede zwischen zwei verschiedenen, aber benachbarten Textsorten herauszuarbeiten. So z. B. für Textsorten in Zeitungen und Zeitschriften. (Dabei könnte man, etwa wenn man die Textsorten *Bericht* und *Reportage* vergleicht, oder auch *Reportage* und *Kommentar*, herausfinden, dass es in den letzten Jahren in deutschen Zeitungen und Zeitschriften zwischen diesen ursprünglich strikt getrennten Textsorten zu immer mehr stilistisch-darstellerischen Überschneidungen kommt, womit die früher – aus gutem Grund – strengen Grenzen zwischen diesen Textsorten zunehmend verwischt werden.)

Im nachfolgenden Abschnitt sollen Möglichkeiten für stil- und textsortenspezifische linguistisch-philologische Analysen von Texten aufgezeigt werden, wobei diese nur beispielgebend sein können. Viele andere Herangehensweisen sind denkbar.

10.4 Linguistisch-philologische Analyse von Textsorten und Textstilen (Beispielanalysen)

Ein wichtiges Arbeitsgebiet einer als Teil der Philologien verstandenen Sprachwissenschaft ist die praktische Analyse von (meist schriftlichen) Texten. Eine solche Analyse bedient sich dabei der Kenntnis aller Gebiete der Linguistik, entwickelt, insbesondere auf der Basis der Textlinguistik und linguistischen Stilistik, dabei aber durchaus eigenständige Methoden und Untersuchungsschritte. Nachfolgend werden daher zunächst einige Grundlagen und Vorüberlegungen für eine solche Analyse behandelt, bevor an mehreren Beispielen gezeigt wird, wie eine solche Analyse von Textstilen praktisch aussehen könnte.

Vorweg sei die Aufgabenverteilung bei der Textbeschreibung zwischen Textlinguistik und Stilistik, die als Teil der Textlinguistik angesehen wird, dargestellt:

> „Die Textlinguistik untersucht den Text als komplexe sprachlich-kommunikative Einheit und will erfassen, was allen Texten oder Textklassen gemeinsam ist, was also das Phänomen ‚Text' ausmacht. Es geht um universale Texteigenschaften wie die Kriterien der Textualität [...], wie Textmuster, Textstrukturen u. ä. Allgemeine Regularitäten der Textproduktion und –rezeption sollen erfaßt werden. Die Stilistik dagegen untersucht einen Teilaspekt des Phänomens ‚Text' und des Handelns mit Texten. In ihren Gegenstandsbereich fallen diejenigen spezifischen Regularitäten und Muster, die regeln, wie allgemeine Textsortenmerkmale in konkrete Texte zu überführen sind. Die Stilistik beschreibt die Funktion von Stil, ein WAS mitzuteilen, und sie untersucht die Mittel, die zur Verfügung stehen, um das WAS in einer bestimmten

> Weise – durch das WIE – auszudrücken. Sie hat es mit sprachlich realem Handeln im Spannungsfeld von Vorgegebenem und individueller Umsetzung zu tun" (Fix et al. 2003: 27 f.).

Dabei ist zu beachten: Es gibt keinen „Text an sich", sondern nur reale Texte, die wir beim Rezipieren und Produzieren zu verschiedenen Textgattungen, Textsorten/Textstilen gehörend identifizieren, weil sie sich nach verschiedenen Merkmalen voneinander unterscheiden.

Daraus folgt, dass wir mehrere Arten von Texten in Klassen oder Sorten vereinigen können, indem wir sie erstellen, rezipieren, bewerten bzw. „erarbeiten, kontrollieren, weitergeben, reproduzieren, in Kraft/Geltung setzen, öffentlich machen" (Adamzik: 2010: 249–250). Als Teil unseres Sprachwissens (der Sprachkompetenz) und unseres Weltwissens oder Alltagswissens verfügen alle Muttersprachler*innen (und nach abgeschlossenem Spracherwerb auch die Fremdsprachler*innen) über eine Stil- und Textsortenkompetenz bzw. ein Textsortenwissen, das ein zentraler Teil ihrer sprachlichen Fähigkeiten und Kenntnisse ist. Als Erfahrungswissen ist dieses Wissen allerdings nicht bei allen Sprachteilhaber*innen identisch, sondern jeweils individuell, nach den persönlich erworbenen, je verschiedenen Textsortenerfahrungen.

Texte und Textsorten werden immer in einem Medium verwirklicht: mündlich oder schriftlich. Digitale Medien spielen in der Sozialisation in der Gesellschaft eine große Rolle. Die Printmedien bleiben aber bestimmend: Das Objekt des philologischen Interesses sind vorrangig gedruckte Texte, die sich in bestimmten Kommunikationsbereichen und den medialen Repräsentationen nach der Intention des Textproduzenten bzw. der Funktion einzelner Texte unterscheiden, um bei den Rezipienten eine je verschiedene, aber bestimmte und intendierte Wirkung zu entfalten.

Für das Einüben in eine produktive Textarbeit (z. B. im Rahmen eines philologischen Studiums oder des Studiums einer Fremdsprache), so wie „Lesen, Verständnis erarbeiten, Verstandenes in eigenen Texten speichern, Texte analysieren, interpretieren, Kritisieren, eigene Fragen, Gedanken und schließlich umfangreiche Texte formulieren", wird ein Bereich der längeren Texte und Textsorten empfohlen, deren linguistisch fundierte Analyse und Interpretation dann ein zentrales Ausbildungsziel für Studierende philologischer Fächer werden könnte (vgl. Adamzik 2007, 22 ff.). Solche komplexen Textsorten weisen spezifische, aufeinander bezogene sprachliche Ausprägungen/ Merkmale auf, die mittels der pragmatisch-stilistischen Analysen zu beschreiben sind.

Bevor wir zu den nachfolgenden philologisch orientierten Studien zur Beschreibung von anspruchsvollen, berichtenden und kommentierenden Texten und Textsorten übergehen, wollen wir im Rahmen des Bereichs „Briefkommunikation" die Differenzierungskriterien typischer Brieftextsorten bzw. ihrer Muster verdeutlichen und erst dann zu Textsortenbezogenheit in Mischformen in konkreten komplexeren Textexemplaren übergehen.

Die wichtigsten Analyseschritte bei einer Bestimmung und Differenzierung von Textsorten formuliert Klaus Brinker (2010, 147) wie folgt:

Analyseschritte bei der Differenzierung von Textsorten (nach Brinker 2010, 147):

Schritt 1:	Beschreibung der Textfunktion
Schritt 2:	Beschreibung der Kommunikationsform und (häufig eng damit verbunden) des Handlungsbereichs
Schritt 3:	Beschreibung von thematischen Restriktionen (vor allem im Hinblick auf die temporale und lokale Orientierung)
Schritt 4:	Beschreibung des zugrundeliegenden thematischen Musters (der Grundform der thematischen Entfaltung) und der Art der Musterrealisierung (der Realisationsform)
Schritt 5:	Beschreibung textsortenspezifischer sprachlicher (lexikalischer und syntaktischer) und ggf. nichtsprachlicher Mittel

Im Rahmen dieses Kapitels können bei den einzelnen Analysen nicht alle von Brinker genannten Unterschritte berücksichtigt werden. Sie werden bei der Arbeit mit Texten vereinfacht vollzogen mit Akzent auf übergeordneten Fragestellungen. Nachfolgend versuchen wir an konkreten Beispielen die oben angeführten theoretischen und methodologischen Ansätze an Texten einiger Textsorten anzuwenden und nach Möglichkeit zu exemplifizieren, wobei aber auch weitere Kriterien der Textanalyse nach Bedarf des Charakters bzw. der speziellen Eigenschaften der zu analysierenden Texte herangezogen werden können. In allen Fällen aber werden die Textfunktion sowie kontextuelle (situative) und strukturelle Kriterien in gewisser Aufeinanderbezogenheit nach Möglichkeit berücksichtigt werden.

Beispielanalysen von Briefen/E-Mails/Korrespondenz

Wir beginnen mit einem einfachen Textbeispiel der Textsorte *private E-Mail* als mediale private Kommunikationsform, die den privaten Brief im herkömmlichen Sinne zum größten Teil, wenn nicht vollkommen ersetzt hat. Sie ist Kommunikationsform zwischen zwei oder mehreren Personen, je nach der kontextuellen Situation (Handlungsbereich: privat/offiziell/öffentlich: Privatbrief, offizieller Brief, offener Brief etc).

Text 1: Private E-Mail:

Von: Xxxx <xxx@xxx.com>
Betreff:
An: xxx xxx <mail@xxx.com>

Segment 1 *Liebe Anja,*
wie sind die genauen Ankunftsdaten (mit Uhrzeiten) von Rena und Ottmar? Ich plane schon ihre Aufenthaltstage. Vielleicht können wir einmal darüber via Skype sprechen? Ich möchte erstmal dich nach meiner Planung fragen.

Segment 2 *Gestern habe ich zum ersten Mal eine Mail an Roman geschickt. Hat er sie gelesen?*

Segment 3 *Herzliche Grüße und*
Umarmungen
von Oma

In der Kommunikationsform der schriftlich Interagierenden sind zuerst kontextuelle situative Kriterien („kontextuelle Indikatoren“, Brinker 2010, 180) und der Handlungsbereich zu benennen: Adressant/Produzent und Adressat/Rezipient oder auch: Textemittent/Produzent und Textrezipient, der wiederum im potentiellen Antwortbrief selbst wieder zum Textemittent/Produzent wird.

Ausgehend von den oben beschriebenen expliziten Beschreibungsmodellen kann die Analyse in folgenden Schritten erfolgen:

1. Beschreibung des kontextuellen Rahmens (Vorgeschichte, Kommunikationsanlass, historischer Kontext, Interaktionssituation usw.)
2. Beschreibung der Textfunktion (und Zusatzfunktion)
3. Beschreibung der Textthematik (Textthema und thematisches Muster sowie Form(en) der thematischen Entfaltung)

Karl Ermert (1979, 187 f.) hat in seiner bekannten Untersuchung zu Theorie und Empirie der Textklassifikation „Briefsorten“ die Differenzierungskriterien für Briefsorten (Brieftypologie) nach Handlungskonstellationsmerkmalen ausgearbeitet:

- Definitheit von Produzent und Rezipient füreinander in Privatbriefen (Grad der Bekanntschaft oder Verwandtschaft); hier: private Beziehung $[+P_{def} / \pm R_{def}]$,
- Kanal-optisch (Schrift),
- mitteilende Grundfunktion und
- verdeckt appellierende /auffordernde Nebenfunktionen.

Diese Merkmale bestimmen den Charakter eines Privatbriefes, sei es auf postalischem Wege gesendet oder über elektronische Medien. In allen Fällen gilt die Aussage Gellerts über den Brief: „Das erste, was uns bey einem Briefe einfällt, ist dieses, daß er die Stelle eines Gesprächs vertritt…“ (Gellert 1751, 2 f. nach Ermert 1979, 3).

Textexterne Beschreibung der privaten E-Mail:

1. Zum situativen Kontext:

1. Der Text ist ein privater digitaler Kontaktbrief.
2. Kanal/ Übertragungsmedium: Der Brief wird über ein elektronisches Medium (E-Mail) befördert.
3. Produzent/in (P) und Rezipient/in (R) haben eine ungleiche Kommunikationssituation: zeitverschieden, ortsverschieden (zeitgleich könnte die E-Mail-Kommunikation stattfinden, wenn beide P und R zu gleicher Zeit an verschiedenen Orten am PC sind und die Interaktion verwirklichen).
4. Zwischen den Kommunikationspartnern herrschen asymmetrische Beziehungen, P und R stehen nicht in räumlichem und zeitlichem Kontakt zueinander.
5. Der Brief ist von der Art „monologischer Dialog“ (ein Fachausdruck des russischen Linguisten L. Jakubinskij (1923/1986; zit. nach Meng 1984, 31)), da P auf einen vorhergehenden und auf einen eventuell folgenden Brief erkennbar referiert. Die Kommunikationspartnerinnen sind „direkt bekannt“ (verwandt).
6. Es wird impliziert, dass P und R den Sachverhalt kennen, die Namen, die erwähnt werden, sind beiden Kommunikanten vertraut. R kann ohne Rückfrage davon ausgehen, dass die in Fragen involvierten Aussagen über die Kommunikationssituation, die Textfunktion bezüglich des Textinhalts richtig ist (vgl. Dimter 1981, 40).

2. Zur Textfunktion:

Als die dominierende Textfunktion ist hier die appellierende Funktion anzunehmen, die sich allgemein so explizieren lässt: Die P gibt der R/Adressatin zu verstehen, dass die vorangehenden Informationen, die präsupponiert werden in den Fragen, unzureichend sind und die P sie dazu bewegen will, (a) dass die R/Adressatin eine bestimmte Einstellung einer Sache gegenüber einnehmen sollte (implizite Meinungsbeeinflussung: erstmal die R nach der Meinung fragen, im Hintergrund: um sie zu überzeugen) und/oder (b) eine bestimmte Handlung in Bezug auf eine bestimmte Angelegenheit (hier: genauere Planung der bevorstehenden Reise/Aufenthaltsplanung an einem bestimmten Ort der im Text genannten Personen) zu vollziehen (Verhaltensbeeinflussung durch die Antwort).

Die Grundfunktion wird im Segment 2 auf eine verdeckte Weise (durch Anspielung in der Frage) vollzogen: eine intentionale Einstellungsbekundung – jemanden namens Roman (ev. das Kind) zum Lesen bewegen zu wollen.

Es handelt sich hier um eine indirekte Signalisierung der Textfunktion: auf der ersten Ebene eine persuasive Funktion, indirekt jedoch eine implizite Aufforderung durch direkte Fragen, die zu bestimmten Antworten/Sprachhandlungen oder sonstigen Handlungen bewegen sollen. Die Adressatin soll die genannten Referenzpersonen ihrerseits fragen, wann sie am Aufenthaltsort ankommen werden u. ä. Und zwar zur Beeinflussung der Aufenthaltsplanung der genannten Personen nach dem anscheinend schon existierenden Entwurf.

Die mit dem privaten Alltagsbereich verbundenen textsortenspezifischen Merkmale des Briefs, vor allem eine zielgerichtete Orientierung an die Adressatin, die in mehreren Fragesätzen aufgefordert wird, sie zu beantworten (und damit mehrere perlokutive Akte auszuführen), werden in der angeführten E-Mail in den Vordergrund gerückt.

3. *Themenformulierung/Entfaltung (textinterne Beschreibung): Analyse nach den Prinzipien für Themenentfaltung (Brinker: 2010, 51–61).*

Das Thema wird nominal formuliert (propositional): Die Planung einer Reise von zwei Personen. Die Textfunktion ist aus der Themenformulierung explizit erschließbar. Da der Text auch eine informierende Begleitfunktion enthält, können wir den Text der deskriptiven Themenentfaltung zuordnen, indem die Fragen in der Initialstellung das Thema andeuten – eine Kombination von expliziten (Segment 1) und anspielenden, andeutenden Teilthemen (Segment 2).

Art der Themenentfaltung – Mischform: Der Sachverhalt wird typisch (Frames – Planung einer Reise) und mit direkten Fragen „intensivierend“ (Sandig 2006, 146) nahegelegt, indem konkrete Informationen ohne Argumentieren, Problematisieren oder Exemplifizieren aktualisiert werden.

a) Das Ableitbarkeitsprinzip: Es wird die Frage nach der internen Logik bei der Beziehung der Teilthemen (in Segmenten 1 und 2) gestellt.
   (Nach Sandig (2006, 352) sind in solchen Fällen die Elemente der genutzten und relationierten Frames wichtig). Dies führt zur Beantwortung der Frage: Gibt es ein Hauptthema und Unter- bzw. Nebenthemen? Das Hauptthema wird im Text als „Kern des Textinhalts“ im Segment 1 angedeutet. Man folgt der initialen Anrede und den ersten zwei Fragen. Nebenthema im Segment 2 (wieder durch einen Fragesatz formuliert).
b) Das Kompatibilitätsprinzip zeigt, „wie sich das Thema mit der Textfunktion verträgt“ (Sandig a.a.O.).
   Die Lexeme *Ankunftsdaten* (von zwei Personen), (ihre) *Aufenthaltstage, Planung* weisen auf den geplanten Besuch hin. Ort – im Text unbestimmt/Zeit – Zukunft. Dazu kommt eine Referenz auf die vorherige E-Mail der P an den weiteren Referenten und eine pronominale Anrede (zum Verb *besprechen*) *„mit dir“*.
   Die Musterrealisierung ist vollzogen durch die Form des Textes: Anrede und mit einem sehr persönlichen Schluss, woraus man auf eine nahe, verwandtschaftliche Beziehung schließen kann.

Die Form der Sätze im Text entspricht dem Alltagsstil: Im ersten Segment nach der Begrüßungsformel, die jedoch auf den vertraulichen Charakter der Beziehungen der Kommunikanten hinweist, stehen zwei adressatenbezogene, appellierende Fragen, die zur konkreten Antwort und Weiterentwicklung der Kommunikation auffordern. Zwischen den Fragen sind zwei einfache erweiterte Sätze, die beide performative Verben enthalten: *„Ich plane ...“*, *„Ich möchte dich ... fragen“*. Die performativen Äußerungen verstärken die Bedeutung von zwei vorstehenden und einer nachstehenden Frage im Segment 2.

Text 2: Geschäftsbrief per E-Mail/Vertragsbestätigung:

Von: Xxxx <xxx@xxx.com>
Betreff: Kaufvertrag
An: xxx xxx <mail@xxx.com>

Sehr geehrte Frau XXXX,
vielen Dank für Ihr Vertrauen.
Anbei sende ich Ihnen den Kaufvertrag, mit der Bitte um Unterschrift und Rücksendung, zu.
Mit freundlichen Grüßen
YYY

YYYY Automobile GmbH

Tel. +xxxxxxxx
Fax. +xxxxxxxx
Mail: x.x@x-x.de
URL: www.x-x.de

Logo Autohändler | Logo Autohersteller 1 | Logo Autohersteller 2

[Anm.: Aus urheberrechtlichen Gründen können die Original-Logos der E-Mail hier nicht gezeigt werden.]

1. *Zum situativen Kontext:*
   1. Ein offizieller Kontakt/institutionell geprägtes BITTEN, bezogen auf den zu unterzeichnenden Vertrag – sachlich informative Basis, sachorientiert, prägnant, knapp, höflich (vgl. Musterbegriff Heinemann/Viehweger 1991, 166).

2. Kanal/Trägermedium: elektronisches Medium/E-Mail-Kommunikation. Zusammenspiel von schriftlichem Text und einem visuellen Element: Bild (Logo der Firma); Kommunikationssituation: zeitverschieden, ortsverschieden.
3. Adressant/Textproduzent/P – aus dem in der E-Mail enthaltenen Logo ist zu schließen, dass der P Vermittler eines Unternehmens, der Gesellschaft mit beschränkter Haftung (GmbH) ist.
4. Ortspräzisierung: Hinweis auf den Sitz der Gesellschaft bzw. Adresse.
5. Adressatin: R – Frau XXXX die ev. ein Kraftfahrzeug bei der Firma zum Kauf bestellt hat und den Kaufvertrag über ein gebrauchtes Kraftfahrzeug zu unterschreiben hat.
6. Mitgeteilte Informationen: sind zeitlich vor (Danksagung fürs Vertrauen) und nach (Bitte um die Unterschrift) dem Brieferstellungszeitpunkt einzuordnen.
7. Zwischen den Kommunikationspartnern herrschen asymmetrische Beziehungen: Der Text ist kontaktierend-informierend, zugleich appellierend und persuasiv/überredend, was für die wirtschaftliche Kommunikation wichtig ist (vgl. Gansel 2011, 98). Der P nimmt Bezug auf die vorherige E-Mail bzw. mit ev. der Adressatin schon bekannter Entscheidung über den Kauf des Kraftfahrzeugs.
8. Erwartbare Strategie – die zukünftige Sprechhandlung der R als Antwort und Sprechhandlung durch Unterzeichnung des Kaufvertrags – es wird kurz, jedoch nachdrücklich darum gebeten, wobei die R weiß, dass sie ihre Unterschrift leisten muss
9. Kommunikationspartner sind nur „indirekt", ev. über das Trägermedium bzw. die Werbung der Firma bekannt. Der Stil: offiziell in der Anrede- und Schlussformel.

2. Zur Textfunktion:

Nicht nur die Textfunktion (die wir unten thematisieren wollen), sondern auch Trägermedium (E-Mail) und das Textthema dienen der Ausdifferenzierung und der Präzisierung bei der abgeleiteten Bezeichnung „Geschäftsbrief", da es als von der Grundfunktion (Appell zur Unterschrift des Vertrags) gekennzeichnet ist und die explizit persuasive Strategie mit dem einleitenden höflichen Dankausdruck zu mildern versucht. Dass der Text eine Geschäftsbriefsorte exemplifiziert, wird auch durch das Werbungslogo bezeugt, das als Institutionszeichen einem jeden Text, sei es E-Mail oder auch ein anderes Textexemplar, als Hintergrund dient und explizit auf die Merkmale der Geschäftskommunikation hinweist.

3. Themenformulierung/-entfaltung (textinterne Beschreibung): Analyse nach den Prinzipien für Themenentfaltung

Das Kernthema (bzw. Proposition): Unterzeichnung und Rücksendung des angehängten Kaufvertrags (das im Betreff/Subjekt ausgesondert steht).

a) Kommunikationsteilnehmer/P und R werden aus Beteiligten-Perspektiven repräsentiert: Sie haben ein bestimmtes „Formulierungswissen über das

Formulierungsmuster", insbesondere über „Wörter und Konstruktionen, die sich bei vorausgehenden standardisierten Kommunikationsaufgaben bewährt haben. Die Aktivierung solcher Muster hilft dem Textproduzenten bei der schnellen und adäquaten Ausfüllung der Textstrukturierungen. Der Begriff des Formulierungsmusters sollte daher auf alle sprachlichen Einheiten bezogen werden, die als ‚vorgegeben', ‚vorformuliert' bzw. ‚beispielhaft' verstanden werden können" (Heinemann/Viehweger 1991, 166).

b) Als sprachliche Signale der Textkohärenz treten Einzellexeme auf: *Vertrauen* (eventuell der Entschluss zum Kauf der Ware durch die Adressatin), *Bitte, Kaufvertrag, Unterschrift, Rücksendung,* die textmusterspezifisch geprägt sind, sowie die Kollokationen: Anrede als Eröffnungsformel im Brief (im herkömmlichen Sinne) und Gruß als offizielle Schlussformel im letzten Segment. Bemerkenswert ist die Kollokation in der initialen Positionierung: *„anbei sende ich Ihnen"* – Das pronominale Adverb ist ein routiniertes Signal dafür, dass mit der E-Mail ein Anhang zugesendet wird, in dem für die R wichtige Informationen enthalten und in Form eines Vertrags zu unterschreiben sind.

c) P sowie R kennen den Sachverhalt, als Textreferent tritt der Name der GmbH auf (YYYY Automobile), der beiden Kommunikanten vertraut ist. R kann ohne Rückfrage davon ausgehen, dass im beigefügten Kaufvertrag „die involvierten Aussagen bezüglich des Textinhalts" in der E-Mail richtig sind (vgl. Dimter 1981, 40).

d) Das Ergebnis des Vorgehens bei der Analyse des Textes deutet auf eine explikative Themenentfaltung hin.

e) Der Text besteht aus zwei Sätzen, von denen der erste elliptische Satz/performative Höflichkeitsformel auf den vorherigen Text der Adressatin intertextuell bezogen ist als Einstieg zum nachstehenden informierend konstatierenden, wieder performativen Satz, mit dem textsortenspezifischen einleitenden Adverb „anbei".

Das Wissen über globale Textstrukturen ermöglicht den Kommunizierenden,

> „ein und denselben Text in unterschiedlichen Kommunikationssituationen wiederholt zu produzieren, ohne dabei die gleichen syntaktischen Strukturen sowie deren lexikalische Belegungen zu rekurrieren. In der Wiederholung der Abfolge bestimmter Handlungseinheiten (Textsequenzen) wird die Textform, das Textschema ebenso wenig beeinflusst wie die Änderungen in den syntaktischen Strukturen und den lexikalischen Repräsentationen." (Heinemann/Viehweger 1991, 130)

Zu den weiteren, nachfolgenden Beispielanalysen: Ausgehend von den oben angeführten expliziten Beschreibungsmodellen kann die Analyse auch der Großtexte der Briefkommunikation mit komplexeren Inhalten in folgenden Schritten erfolgen (nach Brinker 1997, 201):

1. Beschreibung des kontextuellen Rahmens (Vorgeschichte, Kommunikationsanlass, historischer Kontext, Interaktionssituation usw.)
2. Beschreibung der Textfunktion (und Zusatzfunktionen)
3. Beschreibung der Textthematik

Diskursive Intertextualität in Dichterbriefen

„Textsorten können ‚Artefakte' aber auch Instrumente sprachlich kommunikativen Handelns im Alltag sein". Als Formen der „Lebensbewältigung" haben literarische und nichtliterarische Texte als „Artefakte derselben Kultur denselben Status, obwohl sie getrennt untersucht und behandelt werden sollen." Dabei „ermöglichen die literarischen Textsorten wie Gedicht und Erzählung *geistig ordnenden Zugriff* auf die Welt, der Klappentext und Vorwort dienen einem praktisch ordnenden Zugriff der Ermöglichung des Zugangs zum Buch." (vgl. Fix 2006: 261; Adamzik 2016, 115 ff.).

Inwiefern sind aber solche Brieftextexemplare, wie die nachfolgend untersuchten, dem Muster oder der prototypischen Vorstellung von der Textsorte „Privatbrief" zuzuordnen? Die zu interpretierenden Einzeltexte von Thomas Mann entsprechen mehr oder weniger variiert dem allgemeinen Muster des Privatbriefes (das von Ermert 1979 in seinem Buch „Briefsorten" behandelt ist). Diese Art des Musterbezuges in einem Einzeltext zu dem Texttyp oder dem Textmuster kann als „typologische Intertextualität" oder Systemreferenz (Pfister 1985, 53) bezeichnet werden. Andererseits entsteht hier aber eine Art referenzielle Intertextualität oder „Einzeltextreferenz" (Broich 1985, 50), die durch eine Relation der Texte bzw. Themen des Dichters und der konkreten Adressatin untereinander ein Spannungsverhältnis zwischen Prä- und Posttext, die Dialogizität herstellt. Dabei wird „auf das Wissen des Rezipierenden bezüglich eines bestimmten Textes angespielt" (Sandig 2006, 105 ff.).

Obwohl Privatbriefe keinen maximal standardisierten Typ haben, ist ihre variable Gestaltung sogar typisch, da sie funktional begründet ist. Die Kommunikationspartner, Adressant und Adressat des Briefes (im herkömmlichen Sinn) und in den modernen Medien (E-Mail) üben eine Strategie aus, den Adressaten nicht nur zu informieren, sondern auch zu beeinflussen und ihn oder sie zu einer bestimmten (Sprach-) Handlung anzuregen.

Der Brief war für Thomas Mann ein Medium zwischen ihm und der Umwelt. Er erfüllte für ihn die Funktion, „mit der Welt in einer dialogischen wie distanzierten Beziehung zu bleiben" (Gregor-Dellin 1965, 11). Die Briefe Thomas Manns, deren Fülle überraschend ist wie für die Leser so auch für seine Forscher, „reflektieren faktische Voraussetzungen für den zeitgeschichtlichen Hintergrund seines Wirkens", aber auch Lebensereignisse, die zu bewältigen waren. Diese „Bewältigung des Daseins schloss in seinen Briefen auch das Verhältnis zum Adressaten mit ein" (Wenzel 1969, 20).

Aus dem riesigen Briefnachlass Thomas Manns haben wir bestimmte Brieftexte an eine konkrete Adressatin, nämlich die amerikanische Journalistin deutscher Herkunft Agnes M. Mayer, als Briefkorpus ausgesondert. Diese Briefe sind durch eine diskursive Intertextualität gekennzeichnet, da sie „als Menge von Aussagen" zu einem „gleichen Formationssystem zugehören" (vgl. Foucault 1981) und „durch explizite oder implizite (text- und kontextsemantisch erschließbare) Verweisungen aufeinander Bezug nehmen und einen intertextuellen Zusammenhang bilden" (Busse/Teubert 1994, 14).

1. Zum kommunikativen Kontext
Beschreibung des kontextuellen Rahmens oder des kommunikativen Zusammenhangs, in dem der Text steht („Vorgeschichte" und Vorwissen: s. von Polenz 1985, 332), sowie Kommunikationsanlass; historischer Kontext; Interaktionssituation (zwei Kommunikanten, in Zeit und Ort voneinander entfernt):

- Art der Kommunikation: schriftliches Medium Brief
- „Handlungsbeteiligte" und ihre Rollen (von Polenz 1985, 323): Thomas Mann als Träger der illokutionären Rolle, zugleich Autor des Textes/Formulierer (lokutionäre Rolle), Ersteller des Textkörpers.
- Adressatin/Rezipientin: Agnes M. Mayer, amerikanische Journalistin, „Stimme", die sich im intertextuellen Bezug auf sie realisiert.

2. Zum historischen Kontext
1938 emigrierte Thomas Mann nach Amerika und lernte dort die amerikanische Journalistin deutscher Herkunft Agnes E. Mayer kennen, die sich mit seinem Werk beschäftigte. Sie lebte in Washington, er lebte in Kalifornien. Sie konnten sich nur selten treffen. So entstand der Briefwechsel, der sich durch außergewöhnliche Regelmäßigkeit auszeichnete. Der zweite Band 1936–1947 (von drei Bänden, die Erika Mann veröffentlichte) enthält 110 Briefe (von 300 Briefen, die an Agnes E. Mayer gerichtet waren), und der dritte Band 1947–1955 enthält 14 Briefe (Thomas Mann 1965, 1968).

Die intertextuellen Relationen verschiedener Art in diesem Briefwechsel (Bezug auf die Adressatin durch Verweisungen auf ihren Prä- oder Posttext und auf die Themen der Domänen der (Text-)Welten: Kunst, Krieg, Politik) erlauben es generell, hier von einer diskursiven Intertextualität eines Briefkorpus zu sprechen und es bedingt als *epistolaren Diskurs* (ED) zu bezeichnen.

Als Grundeinheiten der Interpretation können jedoch nur einzelne Brieftexte dienen, die als materielle Korrelate von Intentionen der beiden Briefpartner in einen epistolaren Diskurszusammenhang eingebunden sind (vgl. Heinemann 2005, 29).

Die weitgehende Differenzierung des Briefpartnerkreises Thomas Manns erlaubt es, über ED in Bezug auf einen konkreten Adressaten zu sprechen. Es sei hier nur an über viele Jahre reichende Korrespondenzen des Schriftstellers mit seinem Bruder Heinrich Mann erinnert und an die Briefdialoge mit Paul Amman und Ernst Bertram, mit Hermann Hesse und Lion Feuchtwanger, mit Karl Kerényi und Agnes E. Mayer.

Nicht zufällig steht der Name Agnes E. Mayer in dieser Reihe der wichtigsten Briefpartner Thomas Manns. Das von uns zu analysierende Material (das Briefkorpus besteht insgesamt aus 142 Brieftexten, von denen wir hier nur einige beschreiben können) repräsentiert die Briefpartnerin Agnes E. Mayer in eindrucksvoller Weise als wesentliche Referenzperson, die nicht nur den Anlass zu dem langdauernden Briefwechsel gab, sondern die durch ihre „Stimme" den ganzen epistolaren Diskurszusammenhang beeinflusste. Wie eingehend und teilnehmend Thomas Mann Probleme seiner Partnerin behandelt, weist darauf hin, dass ihre Stimme aus den Prätexten den Grundton des ED wesentlich bestimmt. Die meist fragende Stimme der Adressatin und die erörternd/erzählende Stimme des Autors bilden das Gerüst des zu analysierenden ED. (Zu „Stimme" vgl. Michail Bachtin 1929/2002, 130f., bei Gerard Genette „erzählende Stimme" (1993, 186).)

Dieses Briefkorpus stellt einen kleinen Teil der Biographie Thomas Manns dar. Nach Erika Mann, Tochter des Schriftstellers, seien die Briefe „ein kleiner Roman in seinem Leben" (E. Mann 1965, 7). Im Brief vom 9. Februar 1955 an Agnes E. Mayer äußert sich Thomas Mann über seine Briefe: „Was meine eigenen vielen Briefe an AEM betrifft, so meine ich, dass sie nicht ohne Auswahl der Vergessenheit entzogen werden sollten. Eine beschränkte Anzahl davon, denen man eine gewisse Substanz zusprechen kann, möge der Library vermacht werden" (Th. Mann 1968, 394). Der Dichter wusste, wie reich sein Nachlass an Gedankengut und wie hoch der ästhetische Wert seiner Sprache in diesen Briefen war. Daher können wir eine Vermutung über eine *implizite Mehrfachadressierung* äußern, die in der Aufeinanderbezogenheit der Rollen des Autors und Adressatin (verdeckt) anwesend ist. Die Persönlichkeit und Handlungsdomäne von Thomas Mann als eines schon zu seinen Lebzeiten weltberühmten Schriftstellers implizierte die Pflicht, seinen Aussagen einen ästhetischen Wert zu verleihen, sowie die Pflicht der Adressatin (oder auch mehrerer zukünftiger Leser dieser Briefe nach ihrer Veröffentlichung), sie entsprechend zu rezipieren und zu interpretieren.

Die Segmente, Mikrotexte, stehen für Brieftexte im ED. Sie belegen die ganze Weite der referenziellen Intertextualität, die von der konzeptionellen Mitbestimmung der Intentionen Thomas Manns bis zur informatorischen Unterstützung durch Prä- oder Posttexte der Adressatin reicht. Der Tenor dieses ED wandelt sich von der Teilnahme am persönlichen Ergehen bis zur Anteilnahme am Weltenschicksal. So bewegen sich die Brieftexte zwischen zwei Polen: dem Privaten (meist helfenden) und dem Repräsentativen /Essayistisch-Dichterischen.

Wir versuchen hier solche Textbelege anzuführen, die den Übergang vom Privaten ins Allgemein-Essayistische exemplifizieren:

3. Analyse der Segmente von einzelnen Brieftexten

T.M. (Bd. 2.3. S. 229):

Segment 1	*Inzwischen nun, liebe Freundin, ist Ihr Brief, der „irrationale" eingetroffen... Ein hartes Leben?*
Segment 2	*Ich bin Künstler, das heißt: ein Mensch, der sich unterhalten will – darüber soll man kein feierlich Gesicht ziehen... Freilich – und das ist wieder ein Joseph-Citat – kommt es darauf an, wie hoch man es bringt in der Unterhaltung: je höher, desto absorbierender wird die Geschichte. In der Kunst hat man es mit dem Absoluten zu tun, und das ist kein Kinderspiel. Aber das Kinderspiel ist es dann eben doch wieder, und ich vergesse nie das ungeduldige Wort Goethes: "Von Leiden kann ja bei Kunst keine Rede sein".*
Segment 3	*Die Politik? Die qualvolle und beschämende Weltgeschichte? Nun ja, sie liegt einem wie eine Centnerlast auf der Brust.*
Segment 4	*Sie fragen auch nach meiner Gesundheit- es ist mit ihr das altbekannte, etwas vexatorische Lied.* *Ihr* *Thomas Mann*

Zum situativen Kontext:

1. Kommunikationsart mit einem textsortenkonstitutiven Muster: ein persönlicher Kontaktbrief, worauf Kontaktaufnahme („*Liebe Freundin*") sowie der Kontakt-Abschluss hinweisen.
2. Kanal/ Trägermedium: Der Brief wird über postalische Wege befördert.
3. Die „Handlungsbeteiligten" und ihre Rollen (von Polenz 1985, 323) oder „Teilhaberperspektiven" (K. Adamzik 2011, 375) sind unterschiedlich. P und R haben eine ungleiche Kommunikationssituation: zeitverschieden, ortsverschieden, (P – Kalifornien, R – Washington).
4. Symmetrische Beziehungen: P und R: „direkt bekannt"
5. Typ: „dialogisierter Monolog". Auf den Prätext der R wird im Text erkennbar referiert.
6. Beziehungsmuster (Selbstdarstellung, Partnerdarstellung, Imagearbeit). Aufmerksamkeitslenkung
7. Konventionelles und individuelles Muster zugleich

Beschreibung der Textfunktion und Zusatzfunktionen
Die Textfunktion ist direkt Adressaten- und zu gleicher Zeit sachbezogen, indirekt aber Autor/Verfasser/Adressanten-bezogen. Der Autor/P gibt der Adressatin/ R zu verstehen, dass er bereit ist, ihre Fragen zu beantworten – dies ist die Art der von ihm gewünschten Beziehungsgestaltung. So ist der Text stark auf ihren Prätext orientiert, semantisch auf ihn bezogen. M. Bachtin erfasst den Dialog als „eine kommunikative Handlung, die sich auf der Grenze zweier Handlungskontexte (des Sprechers und des Angesprochenen) ereignet" (1979, 44).

Barbara Sandig (1995, 28) definiert (unter Berücksichtigung der Sprechhandlungstheorie) den „sprachlichen Stil" als „die sozial relevante Art der Durchführung einer Handlung mittels Text oder interaktiv als Gespräch". Auf solche Weise wird es uns ermöglicht, auf der Ebenen der Textbeschreibung auch eine Stilanalyse zu integrieren.

Stilanalyse
Das oben angeführte Brieftextbeispiel lässt erkennen, wie sehr der Text Thomas Manns auf den Prätext der Adressatin orientiert, auf ihn semantisch bezogen ist. Die fragende Stimme der Adressatin wird zunächst im Zitat *„irrationale"* und dann in Fragesätzen wiederaufgenommen und ersetzt durch die leicht skeptisch-ironische Stimme (im Paradoxon *„Kinderspiel"*) in Antwortsätzen des Autors. Es sind Textreferenten, realisiert mit lexikalischen (*„Ihr Brief"*, *„Sie fragen"*) und syntaktischen (Fragesätze) Mitteln. Mit seinen Antworten/Meinungsäußerungen über Kunst will er ihre Einstellung, ihre Meinung persuasiv, nachdrücklich beeinflussen. Schrittweise kann man beobachten, wie der private Brief den Charakter eines Essays annimmt – immer wieder durch die explizit angedeuteten, jedoch paraphrasierten und verallgemeinernden Referenten-Zitate aus dem Prätext der Adressatin und aus eigenem fiktionalen Prätext, unterstützt noch durch eine autoritäre fremde, in der Kunst Leiden verbietende „Stimme" (vgl. Bachtin 2002, 130 f.) im Zitat Goethes.

Die referentielle Struktur des Textes, die durch den Bezug auf den Prätext bestimmt wird, objektiviert sich in der Rekurrenz (als Fortführung) bestimmter sprachlicher Mittel. Die dadurch entstehende Expressivität der Äußerung wirkt stilbildend, was man auch in fiktionalen Texten Thomas Manns beobachten kann.

Im vorliegenden ED lassen sich grundsätzlich zwei Arten der referentiellen Bezogenheit auf den eigenen poetischen, narrativen Diskurs feststellen: essayistisch erörternde und verfremdend darstellende Mittel, die öfters ineinander übergehen. Im oben angeführten Textabschnitt wurde der erste Typ exemplifiziert.

Zur Signalisierung der Textfunktion werden mehrere sprachliche Mittel eingesetzt, so wie eine explizit zurückweisende formelhafte Äußerung: *„Sie fragen auch nach meiner Gesundheit"* – und wieder eine selbstironische Einstellung: *„es ist mit ihr das altbekannte, etwas vexatorische Lied"*.

1. *Verhaltensbeeinflussung*: Es wird angedeutet, dass die Fragen solcher (höflich-formellen) Art überflüssig sind und nicht wiederholt werden sollten. Thomas

Mann versucht zum Ausdruck zu bringen, dass er eine Art geistig bildender Arbeit mit der Adressatin verrichten will, indem er für die Bekräftigung seiner Auffassung der Kunst als Unterhaltung nicht nur auf eine Aussage Goethes Bezug nimmt, sondern auch ein Zitat aus seinem *Joseph*-Roman anführt, in dem er auf die unterhaltende Funktion der Kunst und auf ihren doppelten Spielcharakter hinweist. Der Autor will die Adressatin dazu bewegen, seine Einstellung der Kunst gegenüber zu akzeptieren und einzunehmen.

Die bekannte Ironie/Selbstironie Thomas Manns könnte wahrscheinlich generell durch diese intentionale *2. Einstellungsbekundung* erklärt werden, die in diesem konkreten Brieftextexemplar als indirekt signalisierte Textfunktion erscheint, in der *3.* die *persuasive Meinungsbeeinflussung* der Rezipientin identifiziert werden kann.

Zur Textthematik/ Textstruktur

Organisationsmuster (Themenentfaltung, thematische Handlungen, Gliedern und Strukturieren):

Dem Text liegt ein explikatives Muster zugrunde. Die Probe lässt einen KONTAKTBEZOGENEN Aspekt erkennen, indem die thematische/referenzielle Struktur des Textes durch den Bezug auf den Prätext (im Segment 1) bestimmt und in der Rekurrenz bestimmter sprachlicher Mittel realisiert wird. Es sind Textreferenten, realisiert mit lexikalischen („*Ihr Brief*", „*Sie fragen*") und syntaktischen Mitteln: variable, elliptisch-nominalisierte Wiederholung der ev. vollformulierten Fragesätze aus dem Prätext der Adressatin: „*Ein hartes Leben?*" (Segment 1), „*Die Politik? Die qualvolle und beschämende Weltgeschichte?*" (Segment 3) Durch rhetorische Fragen entsteht eine stilbildende Expressivität im Text.

Im Segment 2 liegt eine Explikation – ERÖRTERUNG des Wesens eines Künstlers – vor (explizite Unterordnung des Textsubjekts unter eine Art der Tätigkeitsdomänen – der Kunst: „*Ich bin Künstler, das heißt: ein Mensch, der sich unterhalten will.*"

Der Gebrauch der nachfolgenden idiomatischen Wendung, „*darüber soll man kein feierlich Gesicht ziehen…*", rückt die essayistisch erörternde Perspektive wieder in die interaktionale Perspektive der Beteiligten an der Briefkommunikation. Dann vollzieht sich eine Rückwendung zur Erörterung, die mit einem Zitat aus dem *Joseph*-Roman bekräftigt wird, mit dem alltagsgeprägten Modalwort „*freilich*" und „*es kommt darauf an*" eingeleitet: „*Freilich – und das ist wieder ein Joseph-Zitat – kommt es darauf an…*" Es folgt die Verallgemeinerung der Art der Kunst (als *Absolutem*) und des Bezugs auf das Spiel: „*In der Kunst hat man es mit dem Absoluten zu tun, und das ist kein Kinderspiel. Aber das Kinderspiel ist es dann eben doch wieder*" (EINSCHRÄNKEN und BEWERTEN).

Die Aussage ist als Paradoxon stilistisch markiert: „*…und ich vergesse nie das ungeduldige Wort Goethes: ‚Von Leiden kann ja bei Kunst keine Rede sein'*". Dabei verleiht das Adjektiv „*ungeduldig*" der nachfolgenden Aussage keine negative Konnotation, sondern es unterstreicht eher den verbindlichen/obligatorischen Charakter: „*von Leiden muss/darf in der Kunst keine Rede sein*". Mit einem negativen BEWERTEN ist auch seine Einstellung zur Weltgeschichte durch den in der Umgangssprache verbreiteten Vergleich gekennzeichnet: „*Nun ja, sie liegt einem wie eine Centnerlast auf der Brust.*"

Es lassen sich noch Briefe finden, die psychologische Grundlagen und theologische Voraussetzungen der Romantetralogie *Joseph und seine Brüder* auf eine sehr souveräne Art verfremdend darstellen und Briefe, in denen die leidenschaftlich bewegte Auseinandersetzung mit dem tragischen Schicksal des Komponisten Adrian Leverkühn über den Roman *Doktor Faustus* hinausweisend fortgesetzt und mit steter referenzieller Verweisung auf die Deutschland-Problematik als poetischer Kommentar zu politischen Vorgängen rezipiert wird.

Einen verfremdenden darstellenden referenziellen Bezug auf den eigenen narrativen Text können wir im folgenden Schlussabsatz des Briefes vom 14. Mai 1942 entdecken:

(Bd. 2. S. 275):
Die Arbeit am Joseph macht mir jetzt solchen Spaß, daß ich immer kaum den nächsten Vormittag erwarten kann. Der Band wird gegen das Ende hin immer lockerer, dramatischer, märchenhafter und amüsanter, was gut ist für den Leser. Eben wurde der Becher aus dem Sack gezogen. Die Brüder toben, aber Benjamin schweigt.

Ihr Thomas Mann

Der Autor betreibt ein ästhetisches Spiel, in dem er die Adressatin in die Gegenwart der fiktionalen Welt seines *Joseph*-Romans „versetzen" will.

Als Signal des Übergangs zum Narrativen dienen das Zeitadverb *eben* und die Zeitform „present scenique" (Weinrich 1964, 53), die auf die referenzielle Bezugnahme zum fiktionalen Text durch die geraffte Hineinnahme eines Details hinweisen und den Effekt der Transmodalisierung (Genette 1993, 382), also den Wechsel des Darstellungsmodus bewirken. Dieser Wechsel des Modus manifestiert sich im Zusammenfall der narrativen Handlung mit dem Redemoment des Autors als Briefpartner. Es vollzieht sich jedoch kein Wechsel der Systemreferenz, worauf nicht nur das einführende Segment des Mikrotextes, sondern auch die Unterschrift am Schluss des Textes hinweist.

Im nachfolgenden Segment findet keine Transformation, sondern nur eine Transposition, „Transmodalisierung" (Genette 1993, 382), d. h. ein Wechsel im Darstellungsmodus statt – vom Dialogischen zum Narrativen durch explizite Handlungsankündigung mit dem initialen, einführenden performativen Verb:

(Bd.2. S. 271–272)
Ich erzähle von Joseph und Benjamin: Joseph fächelt beim Essen mit der Hand des Kleinen, wie er es früher getan, wenn sie Hand herumstrichen. Dem Benjamin stockt natürlich das Herz. Es ist eine merkwürdige Sache: Er sieht einen Mann, in dem der Bruder ist. Das ist wohl Wiedererkennen, aber noch nicht Identifikation. Es ist eine große mentale Leistung, die erst durch das „Ich bin's" erzwungen wird, die beiden weit auseinander stehenden Gestalten als ein und dieselbe zu sehen. Da immer ein Scherz bei der Sache sein muß, erkläre ich Benjamins Seelenzustand für ganz unbeschreiblich, beschreibe ihn aber dabei.

Szenisches, darstellendes Präsens ersetzt hier das epische Präteritum (Hamburger 1957, 227). Wir können hier die Probleme nur erwähnen, die mit den spezifischen Strukturen des narrativen Modus zusammenhängen. Nach Genette ist der *Joseph*-Roman das Ergebnis einer Amplifikation, Entfaltung, Dehnung von Details des Urtextes der Bibelerzählung durch Beschreibungen, Einschübe, Steigerung der Zahl der Episoden und Nebenfiguren, die mit dem ursprünglichen Thema nicht verbunden sind. (Genette a.a.O., 360–371). Im Brief wird die narrative Struktur, auf die vom Autor verwiesen wird, mit Kommentaren (z. B. konstatierendes Präsens) wieder gerafft, kondensiert und als kurzer Kommentar essayistisch erörtert oder durch beiläufiges Zitieren (des eigenen fiktionalen Prätextes) in den Brieftext verfremdend darstellend integriert. Durch die Modalwörter „*natürlich*", „*wohl*" wird die Perspektive des Protagonisten durch die Perspektive des Autors in seiner paradoxen, selbstironischen Art kommentiert.

Das Hauptregister des zu interpretierenden ED ist Humor, der der ganzen Dichtung Thomas Manns eigen ist und zu dessen äußeren Kennzeichen z. B. im Joseph-Roman „eine pompösoffizielle Affektiertheit des floskelhaften Stils zählen kann" (Genette a.a.O.). Der Humor breitet sich in der bereitwilligen Langsamkeit seiner Tetralogie aus, denn er erfordert Raum: „Er benötigt Text, viel Text für seine Anbahnung und Vollendung" (Genette a.a.O). Diesen an sich unumgrenzten Raum kann man als Umsetzung des humoristischen Vermögens Thomas Manns in der Amplifikation des fiktionalen Textes wahrnehmen.

Im ED äußert sich dieses Vermögen im raffinierten, ästhetischen Spiel mit der intertextuellen Reflektierung eigener fiktionaler Texte durch Übernahme und Eingliederung ihrer Strukturteile in den begrenzten Raum einzelner Brieftexte.

(Bd. 2. S.346. 18. Juni 1943)
Der Titel lautet:

Doktor Faust
Das seltsame Leben Adrian Leverkühns
Erzählt von einem Freund

> *Die schlimme, deutsch mittelalterlich angehauchte Geschichte geht nähmlich durch das Medium eines durchaus Rational-humanistisch gesinnten Referenten und gewinnt dadurch die Durchheiterung, die sie braucht – und die ich brauche. Der Schreibende (er schreibt jetzt, 1943, in Deutschland) ist ein von den Nazis pensionierter Oberlehrer und heißt Dr. Phil. Serenus Zeitblom. In diesem Stil sind fast alle Namen gehalten. Nun denken Sie sich das Weitere!*
>
> *Ihr Thomas Mann*

Das ins Zentrum des Brieftextraums vorgerückte Segment aus dem Brief vom 18. Juni 1943 ist eine Art Imitation des Titelblattes, mit Verweis auf den Buchtitel und die zukünftige Narration im Untertitel. Die Intention des Autors wird im Initialsatz „*Der Titel lautet*" und durch die semiotischen Signale, den Doppelpunkt und die architektonische Aussonderung des Mikrotextes, explizit angedeutet.

Dies ist ein intertextuelles Spiel mit dem Erwartungshorizont der Partnerin, der unerfüllt bleibt – statt des Übergangs zur Narration findet auch hier die Transmodalisierung statt, d. h. die Modifikation, die den Bezug nicht auf den fiktionalen Prätext des Autors, sondern auf seinen Posttext nimmt, dessen Entwurf im Moment des Briefschreibens entsteht und vom Autor rasant und selbstironisch besprochen wird. Die zeitlichen Perspektiven des fiktiven Erzählers/Protagonisten und des Autors/Briefpartners fallen zusammen. Der dialogische Bezug auf den Posttext der Adressatin wird aktualisiert durch die humorvolle Aufforderung, am Gestaltungsprozess des zukünftigen Romans teilzunehmen.

Fazit

Wir haben den Briefwechsel Thomas Manns mit Agnes E. Mayer als Epistolaren Diskurs (ED) bezeichnet auf Grund der Dialogizität, der textuellen Reaktionen auf den „impulssetzenden" Prätext von Briefexemplaren, die in sich „das Prinzip der Wiederholung" einschließen, wodurch sich „ein Spiel der Texte in Texten" entfaltet. Über ihre „intertextuellen Verschränkungen" können sie somit als „seriell" im Sinne Foucaults bestimmt werden (vgl. Warnke 2002, 13).

Es lassen sich im ED Thomas Manns grundsätzlich zwei Arten der referenziellen intertextuellen Bezogenheit feststellen: Bezogenheit auf den Prätext der Adressatin, ein textsortenspezifisches konventionales Merkmal, und Verweis auf den eigenen poetischen, narrativen Diskurs (Mustermischung). Die Intention des Textproduzenten, ein virtuoses, ästhetisches Spiel mit der Sprache vor und mit der Briefpartnerin zu treiben, ist im ganzen ED zu beobachten. Auf solche Weise überschneidet sich die Textsorte „Dichterbriefe" mit der literarischen Gattung der fiktionalen Prosa von Thomas Mann.

Wir haben an diesen Beispielsanalysen gesehen, dass ein und derselbe Text Elemente mehrerer Klassen aufweisen kann und die Differenzierung nach der Textfunktion und der Themenbehandlung sogar nach der üblichen Unterscheidung zwischen fiktionalen/literarischen und nicht-fiktionalen (beispielsweise authentischen, in der Realität funktionierenden Gebrauchstexten) nur Beschreibungszwecken dieser „Mustermischungen“ dienen können, bei der eine Textfunktion mit einer anderen angereichert wird: Auch wenn für einen Brief eine informative Textfunktion charakteristisch ist, kann der Autor explizit oder implizit eine persuasive Absicht verfolgen. Dabei spielt nicht nur die Beziehungsgestaltung mit der Adressatin, sondern auch die Persönlichkeit des Autors (als Produzent, Textträger/Adressant), seine Selbstdarstellung durch sein sprachliches Formulierungsvermögen, eine entscheidende Rolle, was nach Fix (2007, 29.ff) zum „UNIKALISIEREN“ des Stils führt und als individuelle Leistung im Variieren oder auch Durchbrechen des Formulierungsverfahrens „DURCHFÜHREN“ bezeichnet werden kann.

Durch die Montage, den intertextuellen Bezug der Briefexemplare Thomas Manns auf seine literarischen Texte und somit durch die Mustermischung wird „die Standardwelt“ des privaten Briefes (als ein übliches, einmal erlerntes Schema) in eine „Welt des Spiels/der Fantasie“ überführt (Adamzik 2008, 153ff; 175). (Das „Erfinden von möglichen Welten und punktuelles Spielen mit den Welten“ erinnert an Nelson Goodmans „Weisen der Welterzeugung“. So Goodman 1984, 36: „Welten erzeugen heißt, sie zu konstruieren, wobei die Kreativität eine wichtige Rolle spielt, da sie in den Konstruktionsvorgang hineinwirkt und daraus Verstehen hervorgehen wird“.)

Aus solchen Gründen grenzt man Dichterbriefe als eine besondere Textsorte von der herkömmlichen Briefkommunikation (im 20. Jh) ab. Viele Briefe sind auffällig gestaltet, denn die schriftstellerische Tätigkeitsdomäne zwingt den Textträger, an die Nachwelt zu denken, dass die Möglichkeit ihrer Veröffentlichung einmal besteht. So kann man vermuten, dass die Autoren (Schriftsteller, Dichter) die Briefe als zum Nachlass gehörend betrachten und diese entsprechend ihrer Sprachgewandtheit und ihrer schöpferischen Einbildungskraft gestalten. Thomas Manns Briefe werden als Zeugnisse der Erinnerungskultur zu wichtigen Bestandteilen des gesamten Werkes des Autors.

Anschließend können wir auf Grund der durchgeführten Analysen die Funktion der Textsorte „Privatbrief“ und besonders Dichterbriefe mit dem Terminus als *dominant selbstdarstellende* (nach Dimter) oder auch als *meinungsbetonte* Textsorte bezeichnen, zu der auch das Tagebuch, die Lebensbiographie, die Autobiographie ein literarisches Tagebuch, aber auch Laudationes gehören. (Siehe auch Brinker 1997 und 2002.)

Meinungsbetonte Textsorten (am Beispiel der Lobreden/Laudationes)

Durch die Analyse der konkreten Textexemplare verschiedener Textsorten kann man die Besonderheiten der sog. „Feldnachbarn“ besser erfassen. Das Zuordnungsverhältnis von Textsorten und Textklassen versucht man als „eine Art Textsortenverwandtschaft“ darzustellen, indem ein und derselbe Text „in gewissen

Fällen eventuell sich zwei oder mehreren Großgruppen zuordnen lässt. Z. B. Leserbrief – als Brief und als Zeitungstext etc." (Siehe das Schema 6–15 aus Linke u. a. 2004, 253 in Abb. 65.)

1. Laudationes als Lebenskonstruktionen

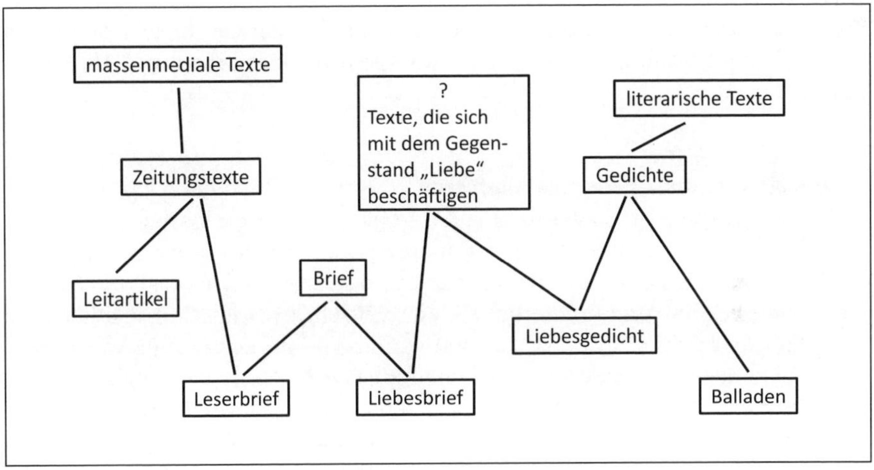

Abb. 65: Schema 6–15 aus Linke u.a. 2004, 253

Print- und digitale Medien wachsen immer stärker zusammen und gewinnen weiter an Einfluss auf das gesellschaftliche Leben. Medieninhalte können Einstellungen, Meinungen und Verhalten, Emotionen und Stimmungen sowie Wissen und Vorstellungen in der Gesellschaft bewirken, da viele massenmediale Texte nicht nur informationsvermittelnd sind (zu Themen wie Politik, Sport, Musik, Wissenschaft), sondern auch meinungsbildend und emotionsaktivierend. Interessant sind in dieser Hinsicht Textsorten und ihre Vernetzungen, die „alle Informationen über den Lebensweg eines Menschen enthalten", so wie: „Lebenslauf, Lexikonartikel zu einer Person, Kurzbiografien, Klappentexte vom Typ Über den Autor, Laudationes und Nachrufe, Biografien, Autobiografien, Memoiren" (Adamzik, 379 f.).

Wir begrenzen uns hier auf die Textsorte Laudationes, die thematische Ähnlichkeit mit der Textsorte Biografie als Mischform (Lebensbeschreibung) aufweist.

Die Lobreden (Laudationes, sing. Laudatio) zeichnen sich durch eine persuasive, meinungsbetonende Textfunktion aus. Sie können als Bericht oder als Feuilleton gestaltet werden, indem sie die künstlerischen oder wissenschaftlichen Leistungen von bekannten Persönlichkeiten in entsprechenden Tätigkeitsdomänen zu bestimmten Lebensdaten darstellen, und werden meistens zu nennenswerten Geburtstagen verfasst.

Bei der Gestaltung solcher schriftlich fixierten Reden ist nicht nur die Persönlichkeit entscheidend, der die Lobrede gewidmet wird („Lobredeträger“ als Textreferent – TR), sondern auch der Textproduzent, Verfasser des Textes (TP) sowie die mediale Verwirklichung und die Konstitution des Textes.

Textanalyse 1:
Wir führen zwei Texte für die Analyse der Lobreden an: Der erste Text ist Gija Kantsheli, dem berühmten georgischen Komponisten (gestorben am 2.10.2019 in Tbilisi), gewidmet.

Zum 80. Geburtstag von Gija Kantscheli

(1) Am 10. August 1935 wurde Gija Kantscheli in Tbilissi geboren. Von 1956 bis 1963 studierte er Komposition am Staatlichen Konservatorium von Tblissi bei Ilja Tuskija, arbeitete daraufhin als freier Komponist und komponierte Film- und Bühnenmusik. Ab 1970 lehrte er selbst am Staatlichen Konservatorium Komposition und wurde ein Jahr später musikalischer Leiter des Staatlichen Akademischen Rustaweli-Theaters in Tbilissi. Von 1984 bis 1989 war Kantscheli Vorsitzender des Georgischen Komponistenverbandes. 1991 zog er nach Berlin, wo er ein DAAD-Stipendium erhielt, und übersiedelte 1995 als Composer in residence der Flämischen Philharmonie Antwerpen nach Belgien, wo er seitdem lebt und freischaffend tätig ist.

(2) Kantschelis Kompositionen sind stark von der Geschichte und der Kultur seiner Heimat geprägt. Er bezieht sich sowohl auf politische Themen als auch auf die georgische Folklore, vor allem die mehrstimmigen volkstümlichen Gesänge seiner Heimat, ohne diese jedoch konkret zu zitieren. Kantschelis musikalischer Stil schwankt zwischen Modernität und Archaik. Atmosphäre erzeugt er durch mitreißende Klangspektren, die in ihrer Breite ihrer Sinnlichkeit und unterschwelligen Religiosität zutiefst bewegen. Kantschelis jüngste Werke sind oft von Tod, Trauer und Verlust geprägt.

(3) Kantscheli schrieb in den letzten drei Jahren auffallend viel Kammermusik und Kammerorchesterwerke: Seine „Brücken zu Bach“ (2010) gehören zu den von Gidon Kremer bei zehn Komponisten in Auftrag gegebenen Zyklus „The Art of Instrumentation“. Hier sollten Klavierwerke aus dem Repertoire von Glenn Gould für Streicher oder Streichorchester instrumentiert werden, was Gija Kantscheli in seiner Abneigung gegen Zitate eher zögerlich in Angriff nahm. Das Werk wurde ursprünglich für Violine, Flöte, Oboe, Vibraphon, Klavier und Streichorchester geschrieben, liegt aber auch in einer Bearbeitung für Violine, Vibraphon, Klavier und Streichorchester vor. „Chiaroscuro“ (2010) ist der Titel sowohl eines

Streichquartetts, das im Rahmen des 9. Internationalen Streichquartettwettbewerbs „Premio Paolo Borciani" im Juni 2011 uraufgeführt wurde, als auch eines Konzerts für Violine und Viola oder Violine, Streichorchester und Schlagzeug, das auf dem musikalischen Material des Streichquartetts beruht. Die Bezeichnung bezieht sich auf eine Maltechnik aus der Renaissance und dem frühen Barock, in der mit starken Kontrasten zwischen Schatten und Licht gearbeitet wird; dementsprechend effektvoll hört man hier das Spiel zwischen dem düsteren, von Pauken erschütterten Streicherteppich und zartem Soloviolinen-Flageolett mit Celestabegleitung. „Ninna Nanna für Anna" aus dem Jahr 2010 ist eine Streichorchesterversion der Originalfassung für Flöte und Streichquartett „Ninna Nanna", die zum zwanzigjährigen Jubiläum des georgischen Kammerorchesters Ingolstadt am 16. Juni 2010 uraufgeführt wurde. Auf Wunsch von Gidon Kremer fertigte Kantscheli 2012 eine Klaviertriofassung des Werkes „Statt eines Tangos" an, eines Stückes, das 1996 ursprünglich für Violine, Bandoneon, Klavier und Kontrabass geschrieben wurde. 2012 entstand im Auftrag des Istanbul Music Festival Kantschelis letztes großes Orchesterwerk. Es trägt den Titel „Lingering" und wurde unter der Leitung von Andres Mustonen am 11. Juni 2012 in Istanbul uraufgeführt.

(4) Ein wiederholt auftauchendes Thema in Kantschelis Werken ist die Auflehnung gegen Gewalt und Krieg, so etwa in seiner Oper „Musik für die Lebenden" (1983). Hier greift der Komponist auf Kinder als Darsteller zurück, die Unschuld, Reinheit und Offenheit verkörpern. Einen Kinderchor setzt Kantscheli neben Violine, Violoncello und Kammerorchester auch in seinem neuen Werk „Angels of Sorrow" aus dem Jahr 2013 ein. Uraufgeführt wurde dieses Werk am 5. Oktober 2013 mit Gidon Kremer, Giedre Dirvanauskaite, dem Kinderchor Shchedryk Kiew und der Kremerata Baltica unter Leitung von Nikoloz Rachveli. Zwei Tage später wurde es in der Berliner Philharmonie von denselben Interpreten bei der Veranstaltung „To Russia with Love" gespielt, die der sich verschlechternden Menschenrechtslage und politischen Gefangenen in Russland gewidmet war. Das Werk ist Michail Chodorkowski zu seinem 50. Geburtstag gewidmet.

(5) Gija Kantscheli kommentiert: *„Unwillkürlich beeinflussen im Unterbewusstsein die Geschehnisse in der Welt meinen kreativen Prozess. Ich kann den endlosen Erscheinungsformen von Rücksichtslosigkeit und Gewalt nicht gleichgültig gegenüber stehen, weshalb wahrscheinlich Trauer und Schmerz in meiner Musik vorherrschen. Mit Hilfe der unschuldigen Stimmen von Kindern und einfachsten melodischen Strukturen habe ich im Rahmen meiner Möglichkeiten versucht, mein Plädoyer für die Stärke des menschlichen Geistes zum Ausdruck zu bringen – die unbeugsame Kraft des Geistes, die ihn über ein unmoralisches Regime erhebt."*

(6) Eine ähnliche Thematik wie „Angels of Sorrow" hat auch das Stück „Amao Omi" für gem. Chor und Saxophonquartett. Der Begriff bedeutet auf Georgisch „Sinnloser Krieg". 2011 legte Kantscheli eine Fassung für Saxophonquartett und Kammerorchester unter dem Titel „Ilori" an. Im August 2013 wurde „Tranquillo" für kleines Ensemble vom Klangforum Wien im Rahmen des „Arcus Temporum"-Festivals in Ungarn uraufgeführt.
(7) Gija Kantscheli lebt gegenwärtig in Tbilissi und Antwerpen.

Quelle: (https://www.sikorski.de/9921/de/zum_80_geburtstag_von_gija_kantscheli.html)

Die Textfunktion
Mitteilende, informierende Funktion mit verdeckt appellierender Nebenfunktion:

- Durch die Beschreibung der wichtigsten Ereignisse und Daten der Biographie (Lebenskonstruktion, Werdegang) und die Aufzählung der Angaben bemerkenswerter Werke des Künstlers.
- Mit dem Ziel, den Leser oder die Leserin anzuregen (die Liebhaber seiner Musik sind oder solche werden können), den digitalen Text bis zum Ende zu lesen und dann auf die Weblinks des Komponisten mit seiner Musik zu kommen.

Die Struktur des Textes
„Stil ist die Art und Weise der Konstitution von Texten." (R. Harweg 1972, 71) Der Text der Laudatio von Gija Kantscheli wird nach den Punkten des Inhaltsverzeichnisses in Segmenten aufgebaut, wie es für Internetseiten üblich ist. Alle Punkte werden explizit behandelt, um die (auf den ersten Blick) vorherrschende Funktion mit der Illokution INFORMIEREN auszuführen. Auf die appellierende Funktion und Illokution (positiv BEWERTEN) wird meistens implizit in feststellenden neutralen Aussagen hingedeutet.

Segment 1:
Der Textproduzent bleibt anonym. Am Anfang der Seite steht das Foto des Künstlers, darunter ist sein Name in einigen Sprachen (Georgisch, Russisch, Englisch, Deutsch) angegeben. Damit wird angedeutet, dass der Komponist eine Prominenz in verschiedenen Ländern hat.

Biographische Daten: Die wichtigen Lebensschwellen bzw. Tätigkeitsbereiche des Textreferenten (sein Studium der Geologie und dann der Komposition am Konservatorium, sein Wirken in Bereichen der Film- und Theatermusik etc.) werden aufgezählt sowie die Datenangabe seiner Ausreise aus dem Land und weiterer Ortsangaben (Topoi), wo er danach lebte und sich aufhielt.

Segment 2:
Leistungen: Die ganze Liste seiner Kompositionen wird aufgeführt, die zum Teil auch charakterisiert wird durch Titel seiner Werke in musikalischen Lexika wie „Cluster mit archaisierenden Melodiebögen".

Charakteristika von Werken: „Kantshelis jüngste Werke sind von Tod, Trauer und Verlust geprägt". Der musikalische Stil wird antonymisch charakterisiert als einer, der „zwischen Modernität und Archaik schwankt".

Emotionale Einschätzungen: Die Atmosphäre wird durch verstärkende Attribute „mitreißende Klangspektren", „zutiefst bewegen", wieder antonymisch „in ihrer Breite ihrer Sinnlichkeit und unterschwelligen Religiosität" dargestellt.

Segment 3:
Werke: Alle seine Symphonien und andere Orchesterwerke werden aufgezählt sowie seine Bühnenwerke und Filmmusik. Das ganze Segment enthält mehrere Bezeichnungen von musikalischen Instrumenten und Termini: Konzert für Viola oder Violine, Streichorchester und Schlagzeug, Streichquartett etc.

Erwähnt wird der Streichquartettwettbewerb „Premio Paolo Borciani". Die Bezeichnung dient als eine Analogie zur Maltechnik aus der Renaissance und dem frühen Barock, „in der mit starken Kontrasten zwischen Schatten und Licht gearbeitet wird". Die Einschätzung „effektvoll" bezieht sich wieder auf das antithetisch dargestellte Spiel „zwischen dem düsteren, von Pauken erschütterten Streicherteppich und zartem Soloviolinen-Flageolett mit Celestabegleitung".

Segment 4:
Ein dominantes Thema seiner Musik: die Auflehnung gegen Gewalt, Krieg und gegen die sich verschlechternde Menschenrechtslage und politische Gefangene in Russland. Sein politisches Engagement wird explizit in der Widmung von „Angels of Sorrow" (2013) für den Dissidenten Michail Chodorkowski geäußert.

Segment 5:
Der Kommentar übt eine darstellende Funktion aus: Der Textreferent präsentiert sich selbstreferenziell, in seiner eigenen Lebenskonstruktion, als Kämpfer gegen Gewalt und Rücksichtlosigkeit der Machthabenden und gegen ein unmoralisches Regime, indem er in den Kinderstimmen versucht, sein *„Plädoyer für die Stärke des menschlichen Geistes zum Ausdruck zu bringen — die unbeugsame Kraft des Geistes, die ihn über ein unmoralisches Regime erhebt."*

Dieser Kommentar des Textreferenten aus seiner Biographie, angeführt von einem anonymen Autor, ist unüblich für eine Lobrede (verfasst immer in dritter Person), aber als Abweichung von dem Muster wirkt er sehr emotional und überzeugend und ist als Schlüssel zum autopoietischen Schaffen des Künstlers zu verstehen.

Kommunikationsbereich
Es wird ausführlich zum Thema Musik, besonders zu den in den letzten Jahren aktuellen Kammermusik- und Kammerorchester-Werken des Komponisten, berichtet. Referiert wird auf die Musik durch die Benennungen der musikalischen Werke mit Datenangaben der Uraufführungen wie *Brücken zu Bach* (2010), *Chiaroscuro* (2010), *Ninna Nanna*, Zyklus *The Art of Instrumentation, Statt eines Tangos, Lingering* (2012), in denen teils georgische, teils italienische und englische Überschriften dominieren. (Z. B. wird mit dem Titel des Stücks *Ninna Nanna* auf ein altes georgisches Wiegenlied angespielt und „Amao Omi" bedeutet auf Georgisch „Sinnloser Krieg".)

In den Schlusssegmenten des Textes wird das Hauptthema des Schaffens des georgischen Künstlers behandelt, wiederholt in Angaben/Titel seiner Werke, Daten der Aufführungen und Namen der Musiker und Aufführungsorte.

Als Beschreibungsdimension kann in diesem unerwarteten Abschluss des Textes (Segment 5) eine emotionell gefärbte, antithetische Themenbehandlung des eigenen Schaffensprozesses gelten – in Bezug auf negative Ereignisse in der Welt (geprägt durch Lexeme: „*Rücksichtslosigkeit und Gewalt*", „*weshalb wahrscheinlich Trauer und Schmerz in meiner Musik vorherrschen*"), denen er „*Mit Hilfe der unschuldigen Stimmen von Kindern und einfachsten melodischen Strukturen* [...] *die Stärke des menschlichen Geistes – die unbeugsame Kraft des Geistes, die ihn über ein unmoralisches Regime erhebt*", entgegen zu stellen versucht.

Lexikalisch-grammatische Mittel
Der ganze Text wird, der Lebensdomäne und dem Bereich der Kunst entsprechend, durch musikalische Termini und Kollokationen geprägt.

Der Text ist kohärent in Präsensformen gehalten, Ausnahmen bilden nur die Rückblenden – vergangene Uraufführungen mit Zeit und Ortsangaben sowie die Titel der Werke und Künstlernamen, die die Musik ausgeführt haben, syntaktische und emotionale, stilistische Markierung – im Schlusssegment einfache erweiterte Sätze mit Infinitivformen, die Intentionen des Künstlers andeuten und im nachgestellten Attributsatz präzisiert werden.

Die thematische Progression wird durch die Repetition der deiktischen pronominalen Ketten dargestellt. Themenentfaltung: deskriptiv, explikativ. Das Stilregister bleibt neutral.

Ähnliche Textsorten (Mustermischung):
Insgesamt steht der angeführte Text der Lobrede (Laudatio) dem Textmuster Biographie oder auch dem explizit dargestellten „Lebenslauf" sehr nah und *übt die Funktion des positiven Bewertens* aus durch die Lebenskonstruktion, die Beschreibung des Bildungs- und Berufswegs des bekannten georgischen Komponisten, durch die Darstellung der Tatsachen, die wahrheitsgetreu und nachweisbar sind. Da der Grundton eher sachlich ist, kann der Text den tatsachenbetonten Textsorten zugehörend wahrgenommen werden, der sich einer expliziten Meinungsäuße-

rung enthalten will. Die Form der impliziten Meinungsäußerung ist aber vorhanden: Die Meinung wird durch den Leser selbst gebildet, aufgrund der vom Text gelieferten und beschriebenen Fakten.

Durch das digitale Medium – die Webseite (die eigentlich nicht selbst dem Komponisten gehört) – wird zur gerafften Darstellung des Inhalts beigetragen.

Das im Schluss des Textes angeführte Zitat des Komponisten, das als eine Abweichung von der Konvention der Textsorte „Lobrede“ (vom Formulierungsmuster in der 3. Person) gelten kann, wirkt emotionsbetont durch die klar vorgetragene Lebensauffassung des TR und verstärkt die in den vorherigen Textsegmenten sekundär angedeutete appellierend-persuasive Funktion.

Textanalyse 2: Lobrede und Feuilletons:
Im Rahmen des journalistischen Pressemediums ist die „Zeitung” durch die Art ihrer medialen Vermittlung geprägt: „Die Zeitung stellt einen sozio-kommunikativen Raum dar, in dem sich mehrere Sprachhandlungen abspielen und dementsprechend mehrere Textsorten hergestellt werden.“ (Gventsadze 2001:365) Einerseits manifestiert sie sich als Aussageensembles, in denen je ein Thema auf gesellschaftlicher Ebene behandelt wird, andererseits ist sie aber nur in konkreten massenmedialen Texten zu fassen: „Jedes Massenmedium hat seine spezifischen Möglichkeiten und Beschränkungen, Texte und Textsorten bzw. Diskurse zu etablieren oder zu entwickeln. Die Printmedien haben ihr Publikum und beeinflussen die Art der Aneignung der Diskurse durch ihre Nutzer“ (vgl. Fraas/Klemm 2005, 11).

Nachfolgend analysieren wir Schritt für Schritt einen Text von Wolf Peter Klein im Feuilleton-Teil der *FAZ* vom 18.5.2006, S. 52.

Nicht zufällig steht der zu analysierende Text unter dem Titel

Der Obenflächenbügler
Fruchtbare Knicke am pädagogisch bewegten Silbengelenk:
Zum sechzigsten Geburtstag von Peter Eisenberg“

in der Rubrik Feuilleton.
Was ist ein Feuilleton? Hier eine kurze Definition aus dem *taz*-Archiv:

> „Die taz nennt das, was in Zeitungen wie der FAZ Feuilleton (aus dem Französischen, heißt Feuilleton: Blättchen) genannt wird, Kultur: In diesem (hinterem) Sektor einer Tageszeitung finden sich traditionell **meinungs- und befindlichkeitslastig gewirkte Besprechungen** zu Theater, Musik wie den übrigen Bereichen traditionsbürgerlicher Kultur. Das Feuilleton ergänzte den **Faktenjournalismus um Essays, Klatsch, Porträts und Rezensionen.** [...] Man beachtet und ergründet **Prominenzen auf hoch- wie niederkulturellem Parkett –** je nach gesellschaftlicher Perspektive [...] Hauptsache, mit ihnen lassen sich Geschichten erzählen, die ins Verallgemeinerbare weisen.“ (http://www.taz.de/!414363/, 19.10.2021, 12:20)

Der Oberflächenbügler

Fruchtbare Knicke am pädagogisch bewegten Silbengelenk: Zum sechzigsten Geburtstag von Peter Eisenberg

(1) Von allen philologischen Texten eignen sich grammatische Darstellungen vermutlich am wenigsten zur Bettlektüre. Hier wird nicht erzählt, sondern deduziert und impliziert. Dieser Darstellungsduktus mag dazu beitragen, dass grammatische Texte – nicht zuletzt bei manchen Geisteswissenschaftlern – als kleinlich und verstiegen gelten. Und in der Tat kommt bei der Lektüre mancher grammatischer Arbeit das dunkle Gefühl auf, dass hier hauptsächlich die Differenzierungskünste des Autors vorgeführt werden sollen.

(2) Die Schriften des Potsdamer Sprachwissenschaftlers Peter Eisenberg gehören nicht zu diesen Texten. Zwar finden sich auch hier die modernen Darstellungsmittel; wissenschaftlich sind die Arbeiten auf der Höhe unserer Zeit. Aber nie erhebt sich der Verdacht, dass symbolische Erkenntnistechniken um ihrer selbst willen erscheinen. (3) Theoretisch ist der – nicht unumstrittene – grammatische Ansatz Eisenbergs „oberflächenorientiert" und damit eher traditionell: Die sprachlichen Formen werden so beschrieben, wie sie tatsächlich vorkommen. Sie sollen nicht aus „tieferen", „fundamentaleren" oder gar „universalen" Einheiten abgeleitet werden. Während andere Sprachwissenschaftler in einer solchen Deduktion die wichtigste Form der linguistischen Analyse sehen, ergibt sich die Logik der sprachlichen Phänomene in einer „Oberflächengrammatik" gewissermaßen aus ihnen selbst. Man versucht die Struktur der Wörter und Sätze zu ergründen, indem man die gegebenen Ordnungsmuster als solche zu analysieren versucht. Die Ergebnisse, die aus dieser Konzentration auf die sprachliche Oberfläche resultieren, sind freilich alles andere als oberflächlich. Im Gegenteil, sie sind tiefer als so manch andere, die in Untersuchungen vorgetragen wurden, in denen ständig von „Tiefenstrukturen" oder ähnlichen „Basiskomponenten" die Rede ist.

(3) Vor diesem Horizont hat Eisenberg beispielsweise dazu beigetragen, dass die Silbe als sprachwissenschaftliche Analysekategorie erheblich aufgewertet wurde. Für die germanistische Linguistik liegt darin ein nicht unerheblicher Erkenntnisfortschritt. Nicht wenige Eigenschaften der deutschen Phonetik und Orthografie lassen sich besser verstehen, wenn sie auf die silbischen Strukturen der Wörter bezogen werden. Darauf baut etwa die These auf, dass die Konsonantenverdoppelung in der deutschen Orthografie nicht primär dazu dient, die Kürze des vorhergehenden Vokals zu kennzeichnen; sie soll vielmehr ein so genanntes „Silbengelenk" anzeigen.

(4) Für Eisenberg ist es nicht nebensächlich, dass Probleme der Sprache auch außerhalb der Fachlinguistik diskutiert werden. In seinem wichtigsten Werk, dem mittlerweile zweibändigen Grundriss der deutschen Grammatik, hat er nicht nur einen Fachkollegen als Leser im Auge: „Adressat ist der kompetente Sprecher des Deutschen, der das grammatische System dieser Sprache verstehen möchte." Leicht lesbar ist seine Grammatik deshalb nicht, verständlich und hoch informativ schon. Sie offenbart überdies, dass ihr Autor diejenigen Personen nicht vergessen möchte, die in der Vergangenheit immer wieder die Kurzlebigkeit linguistischer Moden ausbaden mussten: Schüler und Lehrer. Das Ziel, im Gestrüpp der Lager die grammatische Urteilsfähigkeit zu fördern, motivierte auch seine sprachdidaktischen Beiträge. Als Kritiker der Rechtschreibreform wurde er zuletzt auch einem größeren Publikum bekannt. Als Lehrer, der seine Zuhörer in lebendigen Vorlesungen für die grammatische Analyse begeistern kann, ist er schon seit einiger Zeit eine linguistische Institution, die man in Berlin und Potsdam nicht missen möchte.

(5) Angesichts der pädagogischen Orientierung ist es bemerkenswert, dass Eisenbergs wissenschaftliche Anfänge eher technizistisch geprägt sind. 1968 bestand er das Tonmeisterexamen, 1969 erwarb er sein Diplom in Nachrichtentechnik. Erst mit knapp dreißig Jahren begann er sein Studium der Linguistik und Germanistik. In den siebziger Jahren publizierte er zur Computerlinguistik und Künstlichen Intelligenz. Die spätere Abkehr von diesen Themen in einer Zeit, die mehr denn je von Computern und Künstlichkeit in jeder Form geprägt ist, könnte demnach einen antizyklischen Charakter verraten: Nur weg von allen Trends! Die Technik spielt für Eisenbergs Arbeit heute nur noch im Sinne einer ausgefallenen Entspannungstechnik eine Rolle: Das Foto auf seiner Internetpräsentation zeigt ihn jedenfalls in ungewohnter Positur und mit unerwartetem Apparat: Der Linguistikprofessor erscheint weder souverän-überheblich vor der klassischen Bücherwand noch genialisch-locker am chaotischen Schreibtisch; er bügelt gerade Wäsche. Peter Eisenberg wird heute sechzig.
WOLF PETER KLEIN

(Quelle: *Frankfurter Allgemeine Zeitung*, 18.05.2000, Nr. 115, S. 52)

Schon der Titel „Der Obenflächenbügler" weist darauf hin, dass im Text ein provokativ-pointiertes unterhaltendes Stil-Register vorherrschen wird, das Neugierde weckt, die durch den Untertitel „Fruchtbare Knicke am pädagogisch bewegten Silbengelenk: Zum sechzigsten Geburtstag von Peter Eisenberg" verstärkt wird.

Dies kann eine paradoxe Wirkung auf die *FAZ*-Leser haben: Diejenigen, die über kein fachlinguistisches Wissen verfügen, werden die Metapher am Anfang nicht enträtseln können und somit höchstwahrscheinlich dazu verleitet, weiterzulesen. Diejenigen, denen der Name des Objekts der Rede bzw. der Bereich der Sprachwissenschaft vertraut ist, werden den Text aus verschiedenen Gründen lesen – aus Interesse an einem Prominenten, dem besonderen Datum in seinem Leben und aufgrund des Sprachduktus', in dem der Text verfasst ist.

Die erste Gruppe wäre vielleicht abgeschreckt, wenn im Text von dem Grammatiker, seinen Lebensetappen und seiner Beschäftigungsdomäne – Grammatik – neutral und sachbetont berichtet worden wäre. Deswegen wählt der Textproduzent, vermutlich ein erfahrener Journalist, kein neutrales, sondern ein auf den ersten Blick „bewußt unpassendes Register, um dadurch besondere Effekte zu erzielen (Komik, Verfremdung, Beleidigung etc.)" (vgl. Spillner 1974, 58).

Dominierende Textfunktion

Die dominierende Textfunktion ERSTAUNEN zeigt sich schon im Titel – im pointierten kreativen Einstieg mit der illokutiven Texthandlung.

Die Textfunktion ist appellierend, hier: argumentativ-persuasiv, mit dem Zweck, ein attraktives Porträt des Potsdamer Sprachwissenschaftlers zu erstellen und das Interesse bei allen Lesergruppen der *FAZ* (mehrfachadressiert) am Text zu erwecken.

Die sekundäre Funktion ist die Mitteilung, vorwiegend Wissensvermittlung durch eine populärwissenschaftliche Beschreibung der linguistischen Probleme und ausgehend von dem Textthema auch eine Art Werbung für traditionelle Oberflächengrammatik. Dafür greift der Textproduzent auch noch auf einige Parameter der Textsorte „Rezension des wissenschaftlichen Textes" zurück, indem er die Grammatik als Texthandlungsthema auswählt und durchgehend eine antithetische Argumentationsstrukturen anführt: von der kritischen Haltung gegenüber den auf Tiefenstrukturen orientierten Ansätzen der Sprachwissenschaft, und auch den damit beschäftigten Sprachwissenschaftlern (was eigentlich auf die mangelnden Kenntnisse des TP im Bereich der Sprachwissenschaft hinweist), hin zur positiven Einschätzung und zum expliziten Lob der oberflächenorientierten Grammatik und ihres Autors. Damit wird die Intention des TP und die entsprechende Hauptfunktion der Textsorte „Laudatio" – bei den Rezipienten eine positive Einstellung zu bewirken – erfüllt.

In den Vordergrund wird „eine stilistisch ansprechende" und „unterhaltend-spielerische Funktion" gestellt, indem diese „die Reflexion mit Sinnsuche und Unterhaltung verbindet" und dadurch im Text einen „alternativen Lebensentwurf" verbalisiert (vgl. Fandrych/Thurmair 2011, 33).

Handlungsbereich

Als eine Laudatio lässt sich der Text nicht nur durch die dominierende persuasive Textfunktion definieren, sondern auch durch den Handlungsbereich – Wissenschaft (als textexterner Faktor), die den breiten Leserkreisen populär erläutert und durch die Bemühungen des TP attraktiv und zugänglich gemacht wird.

Der Bezug auf die Welt zeigt sich unter dem Gesichtspunkt „Begründbarkeit von Sachverhalten“ oder Begründungszusammenhänge (so wie die Authentizität, die Ablauftreue und die Kausalität biografischer Angaben).

Als übergeordnete Texthandlung wird die Argumentation ausgeführt. Argumentative Beweisführungen werden auf zweierlei Arten durchgeführt: Der TP versucht die eigene Position aus der Perspektive des Textreferenten argumentativ zu beweisen, indem er Argumente für die Beweisführung gegen andere, im Text negativ geschilderte Stellungnahmen zur Sprachwissenschaft anführt.

Daher kommen gegensätzliche Standpunkte systematisch zugunsten des Referenten im Text vor.

Segment 1:
Eingeführt wird mit einer explizit kontroversen Äußerung, die im zweiten Satz verstärkt wird durch eine ironisch eingefärbte wissenschaftliche Erläuterung – durch das modale Adverb „vermutlich“ für diejenigen Leser*innen/Rezipient*innen, die, wie es vom TP angenommen wird, sich in den wissenschaftlichen Verfahrensweisen nicht gut auskennen können:

> „Von allen philologischen Texten eignen sich grammatische Darstellungen vermutlich am wenigsten zur Bettlektüre. Hier wird nicht erzählt, sondern deduziert und impliziert.“

Der als Vermutung eingeführte dritte Satz dient als Argument für eine negative Einschätzung der Wissenschaftler*innen, die auf einer „Contra“-Position stehen:

> „Dieser Darstellungsduktus mag dazu beitragen, dass grammatische Texte – nicht zuletzt bei manchen Geistesswissenschaftlern – als kleinlich und verstiegen gelten.“

Untermauert wird der Satz mit der nachfolgenden ironisch gefärbten Vermutung zum Schluss des Segments 1:

> „Und in der Tat kommt bei der Lektüre mancher grammatischer Arbeit das dunkle Gefühl auf, dass hier hauptsächlich die Differenzierungskünste des Autors vorgeführt werden sollen.“

Segment 2:

> (1) „Die Schriften des Potsdamer Sprachwissenschaftlers Peter Eisenberg gehören nicht zu diesen Texten. Zwar finden sich auch hier die modernen Darstellungsmittel; wissenschaftlich sind die Arbeiten auf der Höhe unserer Zeit. Aber nie erhebt sich der Verdacht, dass symbolische Erkenntnistechniken um ihrer selbst willen erscheinen.“

Hier wird die Position „Pro“ für die Tätigkeit des Wissenschaftlers angenommen, freilich wieder durch die Gegenüberstellung zur vorher geäußerten negativen Wertung der „Contra“-Position mit einiger Einschränkung, über die Darstellungsmittel, die vorhin kritisiert wurden, aber wieder im Gegensatz zum Negativen und aus der Perspektive des Biographieträgers – positiv.

> (2) „Theoretisch ist der – nicht unumstrittene – grammatische Ansatz Eisenbergs „oberflächenorientiert“ und damit traditionell: Die sprachlichen Formen werden so beschrieben, wie sie tatsächlich vorkommen. Sie sollen nicht aus „tieferen“, „fundamentaleren“ oder gar „universalen“ Einheiten abgeleitet werden. Während andere Sprachwissenschaftler in einer solchen Deduktion die wichtigste Form der linguistischen Analyse sehen, ergibt sich die Logik der sprachlichen Phänomene in einer „Oberflächengrammatik“ gewissermaßen aus ihnen selbst.“

Hier wird noch einmal eingeräumt, dass der grammatische Ansatz nicht unumstritten, jedoch gerechtfertigt ist im Gegensatz zu oben erwähnten Ansätzen, durch deren Repetition in Form von Zitaten (in Anführungszeichen) der Textproduzent versucht, einen ironischen Kontext zu schaffen, um die Leser zu überzeugen und noch mehr zum „oberflächenorientierten Ansatz“ zu überreden:

Dafür gebraucht er wieder eine antithetische Darstellungsart vom Positiven zum Negativen und umgekehrt:

> (3) „Man versucht die Struktur der Wörter und Sätze zu ergründen, indem man gegebene Ordnungsmuster als solche zu analysieren versucht. Die Ergebnisse, die aus dieser Konzentration auf die sprachliche Oberfläche resultieren, sind freilich alles andere als oberflächlich. Im Gegenteil, sie sind tiefer als so manch andere, die in Untersuchungen vorgetragen wurden, in denen ständig von „Tiefenstrukturen“ oder ähnlichen „Basiskomponenten“ die Rede ist.“

Segmente 3 und 4

Die Segmente 3 und 4 bilden die architektonische Mitte des Textes. Der Produzent wirft mit einer für die Textsorte „Lobrede“ charakteristischen Beschreibung, eingeleitet mit „vor diesem Horizont“, Verdienste des prominenten Wissenschaftlers auf, argumentiert durch populärwissenschaftliche Erläuterungen der fachlinguistischen Thesen, phonetischen Erscheinungen und Termini in seiner Grammatik, darunter auch den im Untertitel am Anfang des Textes metaphorisch wirkenden Fachausdruck „Silbengelenk“, den er mit dem Modalausdruck „so genanntes“ einführt:

> „Vor diesem Horizont hat Eisenberg beispielsweise dazu beigetragen, dass die Silbe als sprachwissenschaftliche Analysekategorie erheblich aufgewertet wurde. Für die germanistische Linguistik liegt darin ein nicht unerheblicher Erkenntnisfortschritt. Nicht wenige Eigenschaften der deutschen Phonetik und Orthographie lassen sich

besser verstehen, wenn sie auf die silbischen Strukturen der Wörter bezogen werden. Darauf baut etwa die These auf, dass die Konsonantenverdoppelung in der deutschen Orthographie nicht primär dazu dient, die Kürze des vorhergehenden Vokals zu kennzeichnen, sie soll vielmehr ein so genanntes „Silbengelenk" anzeigen."

Segment 4

„Für Eisenberg ist es nicht nebensächlich, dass Probleme der Sprache auch außerhalb der Fachlinguistik diskutiert werden. In seinem wichtigsten Werk, dem mittlerweile zweibändigen Grundriss der deutschen Grammatik, hat er nicht nur einen Fachkollegen als Leser im Auge „Adressat ist der kompetente Sprecher des Deutschen, der das grammatische System dieser Sprache verstehen möchte". Leicht lesbar ist seine Grammatik deshalb nicht, verständlich und hoch informativ schon."

Der Textproduzent hebt die offene Position des Biographieträgers gegenüber den Problemen der Sprache auch für die Laien hervor, indem er den Leserkreis durch das Zitat aus seinem wichtigsten Werk, dem zweibändigen *Grundriss der deutschen Grammatik*, erwähnt, in dem der Adressat des Werkes bestimmt wird. Der Textproduzent vollzieht hier implizit eine persuasive Sprachhandlung.

„Sie offenbart überdies, dass ihr Autor diejenigen Personen nicht vergessen möchte, die in der Vergangenheit immer wieder die Kurzlebigkeit linguistischer Moden ausbaden mussten: Schüler und Lehrer. Das Ziel, im Gestrüpp der Lager die grammatische Urteilsfähigkeit zu fördern, motivierte auch seine sprachlichen Beiträge. Als Kritiker der Rechtschreibreform wurde er zuletzt auch einem größeren Publikum bekannt. Als Lehrer, der seine Zuhörer in lebendigen Vorlesungen für die grammatische Analyse begeistern kann, ist er schon seit einiger Zeit eine linguistische Institution, die man in Berlin und Potsdam nicht missen möchte."

Im angeführten zweiten Teil des Segments 4 vollzieht sich die explizite Lebenskonstruktion: Erwähnt werden die positiven menschlichen Eigenschaften des Autors, eventuell gestützt auf gesellschaftlicher Meinung. Implizit positiv dargestellt wird auch seine Einstellung als Kritiker der Rechtsschreibreform.

Zum Schluss des Segments 4 wird er als erfolgreicher Professor, mehr noch – als eine linguistische Institution bezeichnet und damit wird die Zuordnung des Textes zum Muster der Textsorte „Lobrede" festgehalten.

Segment 5

„Angesichts der pädagogischen Orientierung ist es bemerkenswert, dass Eisenbergs wissenschaftliche Anfänge eher technizistisch geprägt sind. 1968 bestand er das Tonmeisterexamen, 1969 erwarb er sein Diplom in Nachrichtentechnik. Erst mit knapp

> dreißig Jahren begann er sein Studium der Linguistik und Germanistik. In den siebziger Jahren publizierte er zur Computerlinguistik und Künstlichen Intelligenz. Die spätere Abkehr von diesen Themen in einer Zeit, die mehr denn je von Computern und Künstlichkeit in jeder Form geprägt ist, könnte demnach einen antizyklischen Charakter verraten: Nur weg von allen Trends!"

Die biographische Stadienkonstruktion von wichtigen Beschäftigungsdomänen des Biographieträgers ist unüblich abschließend angegeben. Die Sprachhandlungsweise aus der gegebenen Situation bezeugt noch eine (außer dem Titel) gelungene Individualisierung im Exemplartext, der sich nun definitiv der Textsorte „Lobrede" (gestützt auf die Textsorte „Biographie") zuordnen lässt. (Vgl. mit dem vorherigen digitalen Text der Lobrede.)

Für eine emotionelle Charakterisierung dient der Ausrufesatz wieder mit einer negativen Semantik, die positiv wahrzunehmen ist.

Das „ORIGINALISIEREN" oder „Abheben", das dem „UNIKALISIEREN" (Fix 2007, 31 ff) des Portraits des prominenten Sprachwissenschaftlers dient, wird mit der Rückblende auf seine technische Ausbildung abgeschlossen im zeitlichen Gegensatz: damals/heute, und die Beschreibung endet wieder in antithetischen negierenden und bejahenden Äußerungen zugunsten des Textreferenten – diesmal durch die Beschreibung des für diese Textsorte ungewöhnlichen Fotos beim Bügeln, womit er sich wieder von anderen abhebt.

> „Die Technik spielt für Eisenbergs Arbeit heute nur noch im Sinne einer ausgefallenen Entspannungstechnik eine Rolle: Das Foto auf seiner Internetpräsentation zeigt ihn jedenfalls in ungewohnter Positur und mit unerwartetem Apparat: Der Linguistikprofessor erscheint weder souverän-überheblich vor der klassischen Bücherwand noch genialisch-locker am chaotischen Schreibtisch; er bügelt gerade Wäsche. Peter Eisenberg wird heute sechzig."

Der letzte Satz korreliert mit dem Titel und somit wird der Kreis erfolgreich geschlossen. Wie aus der Analyse ersichtlich, ist die Themenentfaltung argumentativ und explikativ.

Die Beschreibung sprachlicher (lexikalischer, syntaktischer) und stilistischer Mittel: Lexikalische Hinweise auf das Vorhandensein gegensätzlicher Standpunkte sind zugleich auch emotionale, manchmal stilistisch geprägte Äußerungen: *„kleinlich und verstiegen, kommt das dunkle Gefühl auf, (er ist) eine linguistische Institution"* (Metonymie).

Der TP spielt mit der linguistischen Terminologie, um seine ironische Einstellung darzustellen: *„Grammatische Darstellungen (gehören) vermutlich am wenigsten zur Bettlektüre"* (das Modalwort *„vermutlich"* – Ironie); einzelne Adjektive als Zitate *„tieferen", „fundamentaleren" oder gar „universalen" Einheiten, im Gestrüpp der Lager.*

Termini: *„oberflächenorientiert", „Oberflächengrammatik", „die sprachliche Oberfläche", „resultieren", „Tiefenstrukturen" „Basiskomponenten"* (ironisch gebraucht), *„Silbengelenk"* als Metapher und als Fachausdruck.

Syntax: Bevorzugt werden komplexe Sätze (mehrere Objekt- und Attributsätze besonders in den ersten 3 Segmenten). Bei der emotionsgeladenen persuasiven Beschreibung dominieren einfache Sätze mit semiotischen Zeichen – auffallender Interpunktion (zwei Sätze im Segment 5) und ein Ausrufesatz für die Bezeugung der Originalität des Lobtextträgers.

Der Text ist kohärent in Präsensformen durchgehalten, außer den Datenangaben zum Studium (im Präteritum) des Lobredeträgers. Die Thematische Progression wird durch die Repetition der deiktischen pronominalen Ketten dargestellt, auf deren Beschreibung wir aus Platzgründen verzichten müssen.

Wie es aus den oben angeführten Beispielen ersichtlich ist, müssen bei der Analyse und Interpretation konkreter Textexemplare die geltenden „Homogenitätskriterien" der Textsorten(muster) in bestimmten Fällen aufgegeben werden

> „zugunsten der Einsicht, daß auch die „Bedeutung" sprachlicher Zeichen, Sätze oder Texte ein Phänomen sein kann, das in sich noch weiter nach Typen oder Funktionsarten differenziert werden kann und muß." (Busse 1991, 3)

Fazit

Anhand der hier beispielhaft ausgeführten Analysen von Texten verschiedener Textproduzenten in verschiedenen Lebenswelten und Kommunikationsbereichen können wir schlussfolgern, dass Texte und Textsorten in ihrer Eigenständigkeit der sprachlichen Gestaltung Stile haben:

> „Niemand formuliert genauso wie der andere. [...]" Das spezifisch Stilistische realisiert sich in der „sprachlichen Aktualisierung situativer Gegebenheiten durch ein Individuum mit seinen jeweiligen sprachlichen Fähigkeiten und kommunikativen Erfahrungen" (Fix u.a. 2003, 26).

In der Einheitlichkeit der realen Textexemplare, die sinnlich wahrnehmbare, materialisierte Erscheinungsformen sprachlichen Handelns sind, drückt sich das Spezifische dieses Handelns aus. „Die Gesamtheit aller in einem Text verwendeten Stilelemente in ihrem Zusammenwirken macht den Stil aus." (a.a.O.)

Wir haben versucht, nicht nur Textexemplare in ihrer Stilrelevanz zu berücksichtigen, die den Textsortenmustern entsprechend gestaltet sind, sondern auch komplexe Texte, durch deren Form Text- und Wortbedeutungen zur Geltung kommen, indem sie sich ihren Grund- und sekundären Funktionen nach, sowie anderen Kriterien und Merkmalen entsprechend, vorwiegend als Textsortenmischungen darstellen.

Wir schließen mit den Worten von Fritz Hermanns: „Es bleibt die Frage nach einem pragmatisch/sozial bestimmten Kulturbegriff, der der Tatsache gerecht wird, dass Kulturen sich durch die in ihnen gängigen Textsorten, sowie durch deren (kulturübliche) Gestaltungsformen unterscheiden“ (Hermanns 2003, 369). Die Untersuchung der kulturspezifischen Differenzierungen, Einstellungen und Sichtweisen der Texte wäre aber das Thema einer anderen Textsorten-und Stilbeschreibung.

11. Kleine deutsche Sprachgeschichte: Epochen des Deutschen von den ersten Anfängen bis zur heutigen Standardsprache

Die Geschichte der deutschen Sprache fängt streng genommen erst im 8. Jahrhundert nach Christus an, in dem die Überlieferung deutschsprachiger Schriftquellen einsetzt. Erst dann, im Reich Karls des Großen (747–814), hat sich der sprachsoziologische und sprachmediale Übergang vollzogen, der in erstmaligen Ansätzen zu einer Verschriftlichung der „Volkssprache" (im Gegensatz zum bei Gelehrten, Priestern, Mönchen und Herrschenden üblichen Latein) vom *Germanischen* zum *Deutschen* geführt hat. Die germanischen Dialekte vor diesem Zeitpunkt kann man allenfalls als „vordeutsch" bezeichnen, auch wenn sie im späteren deutschen Sprachgebiet anzusiedeln sind. Schon zu dieser Zeit sind aber über 550 Wörter und Wortstämme aus dem Lateinischen ins Germanische entlehnt worden. Das spätere Deutsche wird dann zur Gruppe der „kontinental-westgermanischen" Dialekte bzw. Sprachen gezählt. Üblicherweise teilt man die Sprachgeschichte des Deutschen (auf der Basis vor allem lautgeschichtlicher Unterschiede und Prozesse) seit Jakob Grimm in *Althochdeutsch* (ca. 750 bis ca. 1050), *Mittelhochdeutsch* (ca. 1050 bis ca. 1350) und *Neuhochdeutsch* (seit ca. 1350) ein. Da bei dieser Einteilung das Neuhochdeutsch doch eine sehr lange Epoche mit erheblichen sprachlichen Entwicklungen umfasst, wurde von späteren Forschern die Epoche (und Bezeichnung) *Frühneuhochdeutsch* hinzugefügt (von ca. 1350 bis ca. 1650), von der man dann das *neuere Neuhochdeutsch* (seit ca. 1650) unterscheidet.

Weder zur Zeit des Althochdeutschen noch zu der des Mittelhochdeutschen gab es eine einheitliche, im ganzen deutschen Sprachraum von allen Bevölkerungsschichten und zu allen kommunikativen Zwecken verwendete Gemeinsprache bzw. Standardsprache bzw. Schriftsprache. Vielmehr gab es höchstens das, was in der Sprachgeschichtsforschung auch als „Schriftdialekte" bezeichnet wird. Erst mit der Epoche des Frühneuhochdeutschen sind die sprachlichen Vereinheitlichungsprozesse im deutschen Sprachraum so weit fortgeschritten, dass man von einer „gesamtdeutschen" Standard- oder Schriftsprache sprechen kann. (Vollständig ausgebildet ist diese eigentlich erst im 18. und 19. Jahrhundert.) Aus diesem Grunde sagen manche Sprachhistoriker*innen (so von Polenz 1991, 79), dass die „deutsche Sprachgeschichte" im Sinne der Geschichte einer einheitlichen National- oder Standardsprache streng genommen erst *nach* dem Mittelhochdeutschen, also etwa ab 1350 einsetzt.

11.1 Althochdeutsch

Als „Althochdeutsch“ (Ahd.) bezeichnet man seit Jakob Grimm die oberdeutsche Sprachform seit Beginn der ersten Schrifttextüberlieferungen Mitte des 8. Jahrhunderts bis ungefähr zum 11. Jahrhundert (um 1050), das heißt also die deutsche Sprache des Frühmittelalters. Die Tatsache, dass die Quellen, die man heute zur Epoche des Althochdeutschen rechnet, in keiner Weise repräsentativ sind für die gesamte damalige Sprachsituation in dem Gebiet, das heute von der neuhochdeutschen Standardsprache abgedeckt ist, hat vor allem drei Gründe:

(1) Als „Startpunkt“ für das Althochdeutsche (die dieses von den Vorstufen des Westgermanischen abgrenzt) gilt die sog. 2. oder „hochdeutsche“ Lautverschiebung. Da diese aber nur von den in Süddeutschland gebräuchlichen oberdeutschen Dialekten vollzogen wurde und die in Norddeutschland gesprochenen niederdeutschen Dialekte davon nicht erfasst wurden, entstand eine „Sprachspaltung“ zwischen den süd- und mitteldeutschen einerseits und den niederdeutschen Dialekten andererseits. Das heutige „Hochdeutsch“ ist daher eigentlich aus den in Süddeutschland gebräuchlichen oberdeutschen Dialekten entstanden. Für die Bewohner*innen der niederdeutschen Gebiete war es sprachsystematisch gesehen fast eine Fremdsprache. (Der Wortbestandteil „hoch“ in „hochdeutsch“ steht ursprünglich ausschließlich für „das in den hoch [oder höher] gelegenen Teilen Deutschlands gesprochene Deutsch“. Man sagte damals auch „wir fahren nach Hochteutschland“, während man heute sagen würde: „wir fahren nach Süddeutschland“.) „Althochdeutsch“ sind also nur Textquellen, die im Süden des deutschen Sprachraums (in Süddeutschland, Österreich und der Schweiz) verfasst und aufgefunden wurden. Der gesamte niederdeutsche Sprachraum wird dadurch nicht repräsentiert.

(2) Abgesehen von einigen wenigen sehr knappen Textformen (vor allem sog. „Zauber-“ und „Segens-Sprüche“)

2. Merseburger Zauberspruch (um 750)

Phôl ende Wuodan fuorun zi holza.	Phol und Wotan ritten in den Wald.
dû wart demo balderes folon sîn fuoz birenkit.	Da hat sich das Balder-Fohlen den Fuß verrenkt.
thû biguol en Sinthgunt, Sunna era swister;	Da besprach ihn Sinthgunt und Sunna, ihre Schwester,
thû biguol en Frîja, Folla era swister;	da besprach ihn Frija, und Volla, ihre Schwester,
thû biguol en Wuodan, sô hê wola conda:	da besprach ihn Wotan, der es wohl verstand:
sôse bênrenki, sôse bluotrenki, sôse lidirenki:	Wie Knochenverrenkung, so Blutverrenkung, so Gliederverrenkung:
bên zi bêna, bluot zi bluoda,	

lid zi geliden, sôse gelîmida sîn.	Knochen zu Knochen, Blut zu Blut, Glied zu Gliedern, wie geleimt sollen sie sein!

sowie den wenigen Fragmenten einer Heldensage (dem *Hildebrandslied*, von dem nur 68 Zeilen überliefert sind)

Beginn des Hildebrandslieds (um 830):

Ik gihorta dat seggen, dat sih urhettun ænon muotin,	Ich hörte es berichten, dass sich Herausforderer einzeln begegneten:
Hiltibrant enti Hadubrant untar heriun tuem.	Hildebrand und Hadubrand zwischen zwei Heeren.
sunufatarungo iro saro rihtun.	Sohn und Vater bereiteten ihre Rüstung,
garutun se iro gudhamun, gurtun sih iro suert ana,	richteten ihre Kampfgewänder, gürteten sich ihre Schwerter um,
helidos, ubar hringa, do sie to dero hiltiu ritun,	die Helden, über die Rüstung, als sie zu diesem Kampf ritten.
Hiltibrant gimahalta [Heribrantes sunu]: her uuas heroro man,	Hildebrand sprach, Heribrands Sohn, er war der ältere Mann,
ferahes frotoro; her fragen gistuont fohem uuortum, hwer sin fater wari	des Lebens erfahrener, er begann zu fragen, mit wenigen Worten, wer sein Vater gewesen sei
fireo in folche, ...	unter den Männern im Volke

sind die aus der althochdeutschen Epoche überlieferten Texte weit überwiegend im Zusammenhang mit der Christianisierung und christlichen Lehre und Liturgie entstanden.

alemannisches „Vaterunser" (8. Jhd.)	Hands. St. Gallen (Matthäus VI., 9–13)
Fater unsêr, thû pist in himile, uuîhi namun dînan, qhueme rîhhi dîn, uuerde uuillo diin, sô in himile sôsa in erdu. Prooth unsêr emezzihic kip uns hiutu, oblâz uns sculdi unsêro, sô uuir oblâzêm uns sculdîkêm, enti ni unsih firleiti in khorunka, ûzzer lôsi unsih fona ubile.	Vater unser, (der) du bist im Himmel, weihe deinen Namen, komme dein Reich, werde dein Wille, wie im Himmel, so (auch) auf der Erde. Unser regelmäßiges Brot gib uns heute, erlasse uns unsere Schuld, wie wir (sie) erlassen unseren Schuldnern, und verleite uns nicht in Versuchung, (aus-)löse uns von dem Übel.

Sie umfassen also nur sehr wenige, hoch-kulturelle, meist religiös geprägte Inhaltsbereiche und haben vor allem den Zweck, christlich-religiöses Wissen und Inhalte, die in Latein überliefert und theologisch diskutiert wurden, den 97–99 % der Bevölkerung nahezubringen, die nicht über Kenntnisse des Lateinischen verfügten. Wie diese übergroße Mehrheit der Bevölkerung damals in den (süddeutschen/schweizerischen) Entstehungs- und Überlieferungsgebieten der wenigen Texte tatsächlich gesprochen hat, kann man aus den überlieferten Quellen in keiner Weise erschließen.

(3) Die überlieferten Texte, die heute (künstlich vereinheitlichend), dem „Althochdeutschen" zugerechnet werden, bilden keineswegs eine kontinuierliche ununterbrochene Textüberlieferung.

Otfrid von Weißenburg (* um 790; † 875), war eine Benediktinermönch, der um 790 im Elsass geboren wurde. Er starb im Kloster Weißenburg (Elsass). Zuvor hatte er in Fulda bei dem berühmten Gelehrten Hrabanus Maurus studiert und zwischen 863 und 871 eine Evangelienharmonie erstellt, die als erste deutschsprachige Dichtung angesehen wird. Verfasst ist sie in südrheinfränkischer Mundart.

Zwischen den frühen Bemühungen Otfrids von Weißenburg Mitte/Ende des 9. Jahrhunderts (um 850) und den Texten von Notker (III.) von St Gallen (um 1015) gibt es keine ununterbrochene Sprach- und Text-Überlieferung, sondern höchstwahrscheinlich einen Traditionsbruch.

Notker von St Gallen (III.), genannt *Notker Labeo, Notker Teutonicus* oder *Notker der Deutsche* (* um 950 im Thurgau; † 29. Juni 1022 in St. Gallen), war Benediktinermönch und Leiter der Klosterschule in St. Gallen. Er war der erste Aristoteles-Kommentator des Mittelalters und der bedeutendste Übersetzer vor Luther. Er übersetzte einzelne Werke der antiken lateinischen Literatur, die im Frühmittelalter zum Pensum der Klosterschulen gehörten, in das Althochdeutsche. Bedeutend ist insbesondere auch seine Übersetzung und Kommentierung des Psalters. Zu den von ihm übersetzten Autoren gehören außerdem *Boethius, Martianus Capella* sowie das Buch Hiob aus dem Alten Testament. Von Boethius übersetzte er unter anderem Aristoteles-Übertragungen und -Kommentare. Notkers Übersetzungstechnik ist nicht einseitig auf das Verständnis des lateinischen Textes ausgerichtet, sondern zielt vielmehr auch auf einen treffenden (althoch)deutschen Ausdruck ab. Er hat erste Ansätze für eine neue Wissenschaftssprache und eine mit künstlerischem Feingefühl durchsetzte deutsche Literatursprache geschaffen.

Als Notker um das Jahr 1000 erneut die Anstrengung und das Wagnis unternimmt, für die Übertragung der lateinisch-christlichen Bildung in die Volkssprache neue Sprachmöglichkeiten zu erfinden und zu entwickeln, hat er von seinen karolingischen Vorgängern 200 Jahre vorher (wie Otfrid u.a.) nichts gewusst. Man kann daher auch in zeitlicher Perspektive eigentlich nicht von einer einheitlichen Sprachform „Althochdeutsch" sprechen. Wenn man diesen Begriff überhaupt verwenden will, müsste man von zwei zeitlich und textuell deutlich separaten und voneinander entfernten althochdeutschen Sprachstufen sprechen: (a) das Althochdeutsche im engeren Sinne (von 770 bis 870) und (b) das Spät-Althochdeutsche von Notker u.a., das streng genommen schon eine Übergangsperiode vom Althochdeutschen zum Mittelhochdeutschen darstellt. (Die zeitliche Lücke zwischen beiden Perioden bzw. Text-Überlieferungs-Zeiträumen könnte mit dem Zerfall des von Karl dem Großen begründeten fränkischen Reiches zusammenhängen.)

Wenn man zusammenfassend die **Eigenschaften des Ahd.** einschätzen will, dann kann man feststellen, dass es (nach Sonderegger 1980, 574 f.)

(1) eine *Übersetzungs*sprache darstellt, die der Übersetzung der lateinisch verfassten antiken-christlichen Bildung in die Volkssprache dient, es kann
(2) als *Übergangs*sprache bezeichnet werden, die eine Zwischenstufe auf dem Weg vom Germanischen zum späteren Deutschen darstellt; es ist
(3) eine *Expansions*sprache, die neue Möglichkeiten in Wortschatz, Syntax und Dichtungsformen ausprobiert, von denen längst nicht alle später beibehalten werden; es ist
(4) eine *Entlehnungs*sprache, da sie wesentlich durch sprach- und bildungsgeschichtliche Entlehnungen v.a. aus dem Lateinischen beeinflusst ist, und
(5) als *überregionale Volkssprache* kann das Ahd. schließlich wohl nur mit starken Einschränkungen bezeichnet werden; eine solche Funktion hatte es vermutlich nur für eine kleine Schicht von gebildeten Schriftkundigen, ansonsten zerfällt sie in verschiedene regional bestimmte Schreibdialekte; am größten sind die überregionalen Übereinstimmungen noch im Wortschatz, vor allem im Spät-Ahd. des 9. bis 11. Jahrhunderts.

11.2 Mittelhochdeutsch

Als „Mittelhochdeutsch" gilt die Sprache des Hochmittelalters, d. h. der sog. „höfischen Zeit" von etwa 1050 bis ca. 1350. Wichtige Kriterien zur Abgrenzung dieser sprachgeschichtlichen Epoche in der Entwicklung hin zum heutigen Deutsch sind weniger sprachsystematische Kriterien (wie beim Althochdeutschen) als vielmehr sprachsoziologische und funktionalstilistische Aspekte. Charakteristisch für die als mittelhochdeutsch geltenden überlieferten Texte ist etwa: Die Texte stehen nicht mehr allein oder vorwiegend im Dienste kirchlicher Verkündigung und schulischer Unterweisung, sondern sind Teil der Entwicklung einer Literatursprache hochhöfischer Dichtung, für die sich allmählich festere Schreib- und Stilkonventionen herausbilden. Deutsch hat also nicht mehr nur rein dienende Funktion (der volkssprachlichen Vermittlung der lateinischen Bildung), sondern tritt gleichberechtigt neben die Kultursprache Latein. Wichtig für die Entstehung des Mittelhochdeutschen, das medial, sozial und funktional gesehen weit überwiegend die Sprache höfischer schöngeistiger Literatur war, waren diejenigen historischen Rahmenbedingungen, die zum Entstehen eines Rittertums und insbesondere der neuen staatstragenden Schicht eines Dienstadels, der sog. „Ministerialen", führten. Diese Schicht ist sprachhistorisch deshalb von Bedeutung, weil mit ihr im Hochmittelalter zum ersten Mal im deutschen Sprachbereich eine soziale Schicht wichtig wird, die nicht mehr des Lateinischen mächtig ist und daher eine volkssprachliche Schriftkultur herauszubilden beginnt.

Ministeriale (mittellateinisch, zu lateinisch *ministerialis*; Plural: *die Ministerialen*) waren Mitarbeiter eines Fürsten bzw. Herrschers, die von ihren Aufgaben her dem entsprachen, was heute Beamte sind. Sie waren im Frühmittelalter ab dem 11. Jahrhundert zuerst Unfreie, die z.B. als Verwalter für Königsgüter, für Klöster oder später auch für den Adel tätig waren. Sie wurden für ihre Dienste häufiger mit eigenen Lehen belohnt; dadurch bildete sich dann ab dem 11. Jahrhundert der Stand des niederen Adels (einfache Ritter) heraus.

Dies nimmt später noch zu, da die deutschen Könige und Kaiser sich politisch und wirtschaftlich zunehmend auf die dadurch immer mächtiger werdenden freien Reichsstädte stützen, wodurch städtische Bürgerschichten (mit ihren Handwerkszünften und Händlergilden) eine eigene, nicht mehr durch das Lateinische beeinflusste Schriftkultur auszuprägen beginnen.

Wichtig für die Sprach- und Literaturgeschichte des Hochmittelalters ist, dass im 12. Jhd. die großen weltlichen Fürstenhöfe gleichsam zu literarischen Zentren wurden und dass dort auf Betreiben der fürstlichen Mäzene eine höfische Literatur entstand, die sich stark an französischen und provencalischen Vorbildern orientierte, der sog. „Minnesänger-" oder „Troubadour-Literatur", und die sich besonders deutlich an Interessen, Vorstellungen und Idealen der höfischen Gesellschaft orientierte. Sprachsoziologisch wichtig ist dabei aber, dass es zur Blütezeit der hochhöfischen mittelalterlichen deutschen Literatur um 1200 nur sehr wenige große Fürstenhöfe gab, die überhaupt als Publikum der höfischen Literatur fungierten und als ihre Adressaten und Rezipienten infrage kamen. Kurz gefasst: Dasjenige, was in der idealisierenden romantischen Rückschau und im Zusammenhang mit dem Entstehen der deutschen Nationalbewegung im 19. Jahrhundert von den damaligen Literaturforschern idealisierend als „Mittelhochdeutsch“ und „mittelhochdeutsche Literatur“ konstituiert wurde, ist im Grunde die hochliterarische Spezialsprache einer ausgesprochen kleinen und nur auf wenige Typen von Inhalten konzentrierten Schicht von Dichtern und ihres gebildeten höfischen Publikums – soziolinguistisch gesprochen also eine hoch artifizielle Spezialsprache (literarischer *Funktio*lekt und schichtbezogen höfischer *Sozio*lekt), die wenig repräsentativ für die wirkliche Alltagssprache der damaligen Menschen ist. (Von den Volksmundarten ist schriftlich nichts überliefert worden, auch nicht von der „Umgangssprache der gehobenen Schichten“ und auch nicht von der alltäglichen literaturfernen Schreibsprache.)

Prägend für die überlieferten Texte und Stilschichten des Mittelhochdeutschen sind die oberdeutschen (= süddeutschen) und west-mitteldeutschen Schriftdialekte (Alemannisch, Bairisch, Rheinfränkisch, Moselfränkisch). Typisch sind die Minnelieder, inhaltlich oft Gedichte zur Verherrlichung einer *frouwe,* d. h. einer adligen Herrin. Als Beispiele nachfolgend zwei Gedichte von dem bekanntesten Dichter, Walther von der Vogelweide.

Walther von der Vogelweide (* um 1170, Geburtsort unbekannt; † um 1230, möglicherweise in Würzburg) gilt als der bedeutendste deutschsprachige Lyriker des Mittelalters. Von Walther sind 500 Strophen überliefert. Inhaltlich sind dies 90 Lieder (Minnelieder) und 150 sog. „Sangsprüche“, d. h. Gedichte mit politischem bzw. Welt-reflektierendem Inhalt.

Weitere wichtige Dichter waren etwa *Wolfram von Eschenbach* (* um 1160/80 in Franken, wahrscheinlich in Obereschenbach; † um/nach 1220), *Gottfried von Straßburg* († um 1215), *Hartmann von Aue* († vermutlich zwischen 1210 und 1220) und *Reinmar von Hagenau* (keine Lebensdaten überliefert).

Die bei weitem umfangreichste Sammlung mittelhochdeutscher Gedichte befindet sich in der so genannten „Großen Heidelberger Liederhandschrift“, einer Prachthandschrift, die um 1300 (von manchen etwas später datiert) verfertigt wurde; möglicherweise für den Zürcher Bürger und Ratsherrn Rüdiger Manesse.

Sie enthält Gedichte von über 100 Autoren des 12. und 13. Jahrhunderts; mehrere Schreiber haben an ihr gearbeitet. In ihr befindet sich auch das berühmte Bild Walthers (siehe Abb. 66), das dem ‚ersten Reichsspruch‘ nachempfunden ist: Walther, wie er (traurig bzw. melancholisch *ûf eime steine* sitzt.

Zum einen das wohl berühmteste Minnelied *Under der linden*:

Walther von der Vogelweide
(ca. 1170 – ca. 1230)
Under der linden

Under der linden an der heide, dâ unser zweier bette was, Dâ muget ir vinden schône beide gebrochen bluomen unde gras. Vor dem walde in einem tal, tandaradei, schône sanc diu nahtegal.	Unter der Linde, auf der Wiese, dort wo das Bett von uns zweien war, da könnt ihr sehen, liebevoll gebrochen, Blumen und Gras. Vor einem Wald in einem Tal, tandaradei, sang schön die Nachtigall.
Ich kam gegangen zuo der ouwe: dô was mîn friedel komen ê. Dâ wart ich empfangen, hêre frouwe, daz ich bin saelic iemer mê. Kuster mich? wol tûsentstunt: tandaradei, seht wie rôt mir ist der munt.	Ich kam gegangen zu der Wiese: Mein Geliebter war schon vor mir da. Und so begrüßte er mich, heilige Jungfrau, daß ich darüber für immer glücklich bin. Ob er mich küsste? Sicherlich tausendmal: tandaradei, seht, wie rot mein Mund ist.
Dô het er gemachet alsô rîche von bluomen eine bettestat. Des wirt noch gelachet inneclîche, kumt iemen an daz selbe pfat. Bî den rôsen er wol mac, tandaradei, merken wâ mirz houbet lac.	Er hatte aus Blumen ein herrliches Bett hergerichtet. Darüber wird sich jeder von Herzen freuen, der dort vorübergeht. An den Rosen kann er noch gut, tandaradei, erkennen, wo mein Kopf lag.
Daz er bî mir laege, wessez iemen (nu enwelle got!), sô schamt ich mich. Wes er mit mir pflaege, niemer niemen bevinde daz, wan er und ich. Und ein kleinez vogellîn: tandaradei, daz mac wol getriuwe sîn.	Dass er mit mir schlief, wüsste das jemand (nein bei Gott!), dann schämte ich mich. Was er mit mir tat, niemand jemals soll das wissen außer ihm und mir. Und jenem kleinen Vogel: tandaradei, der wird sicherlich verschwiegen sein.

Abb. 66: Bild zu Walther aus der Manessischen Liederhandschrift (Univ.-Bibl. Heidelberg)

Überliefert sind aber auch Dichtungen zu politischen Themen, am bekanntesten der sog. „Reichston“ *Ich saz ûf eime steine*:

Walther von der Vogelweide
Der Reichston – Ich saz ûf eime steine

Ich saz ûf eime steine,	Ich saß auf einem Stein
und dahte bein mit beine;	und schlug ein Bein über das andere;
dar ûf satzt ich den ellenbogen;	darauf setzte ich den Ellenbogen;
ich hete in mîne hant gesmogen	in meine Hand hatte ich das
daz kinne und ein mîn wange.	Kinn und eine Wange geschmiegt.
dô dâhte ich mir vil ange,	So dachte ich eindringlich nach,
wie man zer werlte solte leben:	auf welche Weise man auf der Welt leben müsse:
deheinen rât kond ich gegeben,	Keinen Rat konnte ich aber geben,
wie man driu dinc erwurbe,	wie man drei Dinge so erwerben könne,
der deheinez niht verdurbe.	ohne dass eines von ihnen zugrunde ginge.

diu zwei sint êre und varnde guot, der ietwederz dem andern schaden tuot, daz dritte ist gotes hulde, der zweier übergulde. die wolte ich gerne in einen schrîn.	Zwei von ihnen sind Ehre und Besitz, die einander oft schaden, das dritte ist Gottes Gnade, die viel mehr wert ist als die beiden andern. Diese wollte ich gerne zusammen in einem Kästchen.
jâ leider desn mac niht gesîn, daz guot und werltlich êre und gotes hulde mêre zesamene in ein herze komen. stîg unde wege sint in benomen: untriuwe ist in der sâze, gewalt vert ûf der strâze; fride unde reht sint sêre wunt. diu driu enhabent geleites niht, diu zwei enwerden ê gesunt.	Aber leider ist es nicht möglich, dass Besitz und weltliche Ehre und Gottes Gnade zusammen in ein Herz kommen. Weg und Steg sind ihnen genommen: Verrat liegt auf der Lauer, Gewalt beherrscht die Straße; Friede und Recht sind schwer verwundet. Die drei haben keine Sicherheit, bevor die zwei nicht gesund werden.

Zusammenfassend kann die „Mittelhochdeutsch" genannte Sprachepoche folgendermaßen eingeschätzt werden: Die mittelhochdeutsche Sprachgeschichte unterscheidet sich wesentlich von der althochdeutschen. Während das Althochdeutsche und seine Merkmale eine Periode der Sprachgeschichte im engeren Sinne, also eine Geschichte der sprachsystematischen Veränderungen ist, ist das Mittelhochdeutsche zum größten Teil eine Periode der Geschichte des Stils, das heißt eine Veränderung in den Normen der Sprachverwendung und eine Geschichte neuer Textsorten und Funktionalstile. Sprachsystematisch gesehen werden im Mittelhochdeutschen nur Tendenzen fortgesetzt, die im Althochdeutschen bereits angelegt waren. Wichtig sind vor allem die sprachfunktionalen und sprachsoziologischen Veränderungen: Die Volkssprache bekommt nun zum ersten Mal im deutschen Sprachraum einen Eigenwert als vollgültige Literatursprache (selbst wenn auch hier auswärtige Muster, etwa in den Ritterromanen und der Minnelyrik, nachgebildet werden). Dadurch, und dadurch, dass das Deutsche überhaupt als Identifikationsmerkmal der Sprachteilhaber*innen aufgefasst wird, ist es möglich, dass sich ab jetzt die Volkssprache immer weitere Verbalisierungsbereiche erobert. Während sich aufgrund politisch-sozialgeschichtlicher Entwicklungen im hohen Mittelalter eine höchst artifizielle Dichtersprache herausbildet, entwickeln sich (wiederum infolge außersprachlicher sozialgeschichtlicher Vorgänge) von der Mitte des 13. Jahrhunderts an neue Prosafunktiolekte. Das Deutsche ist nunmehr auf dem Weg, gleichrangig neben die klassischen Kirchen- und Bildungssprachen Latein, Griechisch und Hebräisch zu treten. Insofern ist Luthers Bibelübersetzung als Hauptereignis auf dem Weg zum Neuhochdeutschen nicht mehr und nicht weniger als ein konsequent erreichter Höhepunkt dieser bereits zuvor angelegten Tendenzen.

11.3 Frühneuhochdeutsch

Während Jakob Grimm zu Anfang des 19. Jahrhunderts nur drei Epochen der deutschen Sprachgeschichte unterschied (Althochdeutsch, Mittelhochdeutsch, Neuhochdeutsch), geht die heutige Sprachgeschichtsforschung seit Scherer (1878) davon aus, dass es notwendig ist, zumindest eine weitere, vierte Epoche anzunehmen, die er Frühneuhochdeutsch genannt hat. Diese Epoche wird üblicherweise von ca. 1350 bis ca. 1650 datiert. Geprägt ist diese sprachgeschichtliche Epoche durch gegenüber der Zeit des Mittelhochdeutschen völlig neue soziokulturelle Verhältnisse, die mit den Stichworten *Stadtentwicklung*, *Ostbesiedlung* (Besiedlung der östlich der Elbe gelegenen Gebiete, in denen bis dahin eine rein slawische Bevölkerung lebte, mit Siedlern aus Westdeutschland und Gebieten der späteren Niederlande), *Buchdruck* und *Reformation* charakterisiert werden können und die die Basis für die Entstehung einer zunehmend einheitlicher werdenden neuhochdeutschen Schriftsprache bildeten. Die Abgrenzungskriterien für den Beginn und das Ende der Epoche des Frühneuhochdeutschen sind weniger sprachlich-systematisch im engeren Sinne als vielmehr überwiegend kulturell-sozialhistorisch. Im Unterschied zum Mittelhochdeutschen sind frühneuhochdeutsche Texte für deutsche Muttersprachler*innen weitgehend ohne Hilfe und Übersetzung verstehbar. Ein Problem bei der Beschreibung ist es, dass auch im Frühneuhochdeutschen (wie bereits im Mittelhochdeutschen) kein einheitlicher Sprachzustand festgestellt werden kann; stattdessen muss man korrekt von verschiedenen, regional unterschiedlichen Schriftdialekten sprechen. Erst gegen Ende der frühneuhochdeutschen Epoche um 1650, und wesentlich beeinflusst durch die Wirkung von Luthers Bibelübersetzungen und anderer großräumig rezipierter reformatorischer Schriften, wird in Grammatiken und Wörterbüchern erstmals ein einigermaßen einheitlicher Sprachstand beschrieben. Damit ist die deutsche Sprache auf europäischem Niveau ein „Nachzügler“, was die Entwicklung hin zu einer einheitlichen Schrift-, Literatur- und Nationalsprache angeht, deutlich später als etwa das Französische und das Englische.

Die Vielgestaltigkeit und Unterschiedlichkeit der sprachlichen Gegebenheiten in verschiedenen Texten, Textsorten, Funktionsbereichen der Sprache bilden auch ein Problem für die Abgrenzung des Frühneuhochdeutschen zum Mittelhochdeutschen. Während in der Epoche des Spät-Mittelhochdeutschen hochliterarische Texte existieren, die eher dem aus literarischen mittelhochdeutschen Quellen bekannten Sprachstand ähnlich sind, existieren aus teilweise identischen Zeiträumen alltagssprachliche Quellen und Textsorten, die einen ganz anderen Sprachstand aufweisen, der eher demjenigen zugerechnet werden kann, was in der Forschung „Frühneuhochdeutsch“ genannt wird. Ist also die Differenz zwischen „Mittelhochdeutsch“ und „Frühneuhochdeutsch“ im Grenz- und Überschneidungsbereich beider Epochen weniger eine Differenz zweier Epochen als vielmehr nur ein sozio-stilistischer und textsorten-basierter Unterschied zwischen verschiedenen Funktiolekten? Diese schwierige Forschungsfrage ist bis heute nicht zufriedenstellend geklärt und entschieden.

Ein anderes großes Forschungsproblem, das zu tiefen Kontroversen im Fach Germanistik geführt hat, ist die Frage, was die eigentlichen Ursachen und Anstöße für das letztendliche Entstehen einer einheitlichen deutschen Schriftsprache gegen Ende der frühneuhochdeutsche Periode waren.

Die Entstehung der deutschen Schriftsprache ist seit den Anfängen ihrer Erforschung ein Streitthema in der Sprachwissenschaft. Es gibt keine einheitliche These zu ihren Ursprüngen und den Faktoren, die ihren Verlauf und Ausbau begünstigt haben. Unmittelbar nach Luther wurde über viele Jahrhunderte die These vertreten, dass Luther das Neuhochdeutsche geradezu „erfunden" habe. Eine solche „Genie-Hypothese" vertritt heute niemand mehr, auch wenn der große Einfluss der Bibelübersetzung Luthers und anderer reformatorischer Schriften auf die (neu-)hochdeutsche Sprachgeschichte nicht geleugnet werden kann. Im Folgenden werden die drei wichtigsten Positionen der wissenschaftlichen Kontroverse des 19. und 20. Jahrhunderts kurz beschrieben.

Konrad Burdach (1859–1936) vertrat die *Prager These* oder auch *Kanzeleisprachen-These.* Er sah die Ursprünge der Schriftsprache im schriftlichen Bereich und ging davon aus, dass die deutschen Kanzleien, insbesondere die Kanzlei Kaiser Karls IV. und der Humanistenkreis an seinem Hof in Prag in der Mitte des 14. Jahrhunderts den Ursprung der neuhochdeutschen Schriftsprache darstellen. Er führte die These auf das zeitweilig besondere Prestige des Ostmittelhochdeutschen zurück, eine Sprachform, die auch Luther benutzte, obwohl er selbst aus einer anderen (niederdeutschen) Sprachregion stammte.. Burdachs Hypothese basiert auf Beobachtungen der ostmitteldeutschen und oberdeutschen Schreibsprachen des 17. und 18. Jahrhunderts, die seines Erachtens seine Annahme stützen.

Theodor Frings (1886–1968) vertrat die *These der „kolonialen Ausgleichssprache".* Er sah den Ursprung der Schriftsprache in der gesprochenen Sprache. Er stellte 1936 die Hypothese auf, die Schriftsprache sei durch eine Wechselwirkung verschiedener Dialekte untereinander entstanden. Er äußerte die Annahme, die überregionale Schriftsprache habe sich auf der Basis einer „kolonialen Ausgleichssprache" aufgrund von „Siedlermischungen" ausgebildet. Seine Überlegungen stützen sich unter anderem auf die Zusammenhänge der wirtschaftlichen und territorialen Situation der damaligen Zeit. Für ihn bietet das Deutsch in und um Meißen (Sachsen) die Grundlage der neuhochdeutschen Schriftsprache. Die Theorie betont die Bedeutung der Kolonisation des (zuvor nur von slawisch-sprachiger Bevölkerung besiedelten) ostmittelhochdeutschen Raums seit Beginn des 10. Jahrhunderts. Der Sprachausgleich

durch die Siedlermischung und die dadurch bedingte Dialektmischung führt nach Frings in Ostmitteldeutschland leichter zum Ausgleich der Sprache als im zersplitterten Westen. Durch den kulturellen und politischen Aufschwung im Osten entwickelte sich durch die Ausgleichssprache seiner Meinung nach eine „mündliche Verkehrssprache" sowie eine „schriftliche Geschäftssprache des ausgehenden Mittelalters". Frings sagt: „Die Volkssprache hat die Kanzlei erobert, nicht umgekehrt." Durch diese Aussage wird deutlich, dass er auf sozio-linguistischer Ebene von einer Beeinflussung der unteren Schichten auf die oberen Schichten ausgegangen ist.
Werner Besch (*1928) geht von der Annahme aus, die Schriftsprache sei ein Produkt eines Sprachausgleichs zwischen regional verschiedenen Schreibdialekten. Seiner Meinung nach bestand die größte Schwierigkeit eines Sprachausgleichs darin, die jeweiligen Sprachlandschaften des 15. Jahrhunderts im Bereich der Lexik zu vereinen. Besonders die Bereiche der Lexik und der Phonologie seien es, die eine „Abgegrenztheit einer Landschaft" verdeutlichten. Ein Charakteristikum der geschriebenen Sprache des 15. und beginnenden 16. Jahrhundert ist der „Doppelausdruck" auf der Ebene des Wortschatzes, hingegen nicht im „lautlichen und flexivischen Bereich". (Beispiel: norddeutsch *Ziege*, süddeutsch *Geiß*.) Der Doppelausdruck zeige die Bemühungen der Schreiber, auf Unterschiede der lexikalischen Begriffe innerhalb einer Sprachlandschaft einzugehen. Besch schreibt Luther die spätere Aufhebung dieser Doppelformen durch eine „überordnende Auswahl" zu.

Weiterhin stellt das sog. „Frühneuhochdeutsche" für die Sprachgeschichtsforschung auch deswegen ein besonderes Problem dar, weil die Unterschiede in den aus dieser Periode überlieferten Texten so groß sind und die Variationsskala der sprachlichen Formen so breit ist, dass von einer einheitlichen „Sprache" *Frühneuhochdeutsch* kaum gesprochen werden kann.

Bedeutsam für die Entwicklung des Frühneuhochdeutschen und schließlich für die allmähliche Entstehung einer einheitlichen Schriftsprache sind vor allem folgende sozialhistorischen und kulturellen Entwicklungen: (a) die wachsende politische, wirtschaftliche und kulturelle Bedeutung der Städte mit ihrem nichtadligen Bürgertum; (b) der Humanismus mit einem neuen Bildungsideal, das (neben anderen, z. B. wirtschaftlichen Faktoren, insbesondere Fernhandel) zu einer zunehmenden Aneignung schriftsprachlicher Fähigkeiten auch außerhalb des Klerus und hohen Adels, also im städtischen Bürgertum beiträgt; (c) der umfassende Medienwandel, der mit der Entstehung des Buchdrucks einhergeht und der zu einem exponentiellen Wachstum der Zahl, Verbreitung und natürlich Rezeption von Schrifttexten führt; (d) der zunehmende Bedarf an Organisation territorialer Herrschaft, der zu einem zunehmenden Ausbau und vor allem einer

Professionalisierung fürstlicher Kanzleien, aber auch von Kanzleien im städtischen und wirtschaftlichen Bereich (Handelskontore) führt; (e) eine zunehmende Eingrenzung des Heiligen Römischen Reichs Deutscher Nation auf die deutschsprachigen Gebiete, was zu einer Stärkung der Volkssprache in den Verhandlungen und insbesondere auch Akten der Reichstage und der königlich-kaiserlichen Herrschaft führt; (f) und schließlich die Reformation und die mit ihr verbundenen Volksbewegungen, die – in Verbindung mit dem neuen Massenmedium des Buch- und vor allem Flugblatt-Drucks – zu einer exponentiellen Zunahme der Menge von Texten und insbesondere auch zu einem erhöhten Bedarf an überregionaler Verbreitung von Schrifttexten führt.

Allerdings führt keiner dieser Faktoren allein schon zu einer Vereinheitlichung der Schriftsprache. Vielmehr wurden Bücher und Flugschriften, wenn sie für einen regional weit entfernten Markt gedacht waren, durchaus sprachlich für den Verkauf im Zielbereich angepasst. So konnte es vorkommen, dass süddeutsche oder schweizerische Drucker, z. B. in Straßburg oder Basel, Bücher und Flugschriften, die für den Export in das nördliche Rheinland in und um Köln gedacht waren, in der kölnisch-rheinischen Schriftsprachtradition druckten, während die Versionen derselben Texte, die in der Region der Drucker vertrieben werden sollten, im dortigen regionalen Schriftdialekt verfasst waren. Infolge des durch die Reformation angestoßenen Religionsstreits und der damit einhergehenden politischen Konflikte hätten sich beinahe im Zuge auseinanderstrebender Text-Tradierungen, Diskurslinien und sprachlicher Vereinheitlichungsbestrebungen eine „katholische" und eine „evangelische" Schriftsprache ausgebildet.

Festzuhalten bleibt aber, dass es in der frühneuhochdeutschen Periode viel weniger eine einheitliche deutsche Schriftsprache gab als in den überlieferten Quellen der mittelhochdeutschen hochhöfischen Dichtung oder in den wenigen überlieferten althochdeutschen Texten. Stattdessen gab es eine Vielzahl sprachlich unterschiedlicher sog. „Schriftdialekte". Man unterscheidet hier etwa „Kanzleisprachen" (z. B. unterscheidet sich die Sprache der Prager Kanzlei der Kaiser etwa von der der Wettiner Kanzlei in Meißen oder gar der Kanzlei der Stadt Köln), „Druckersprachen" (je nach Ort der Druckerei oder regionaler Herkunft der Drucker oder Redakteure und Korrektoren) und die „Geschäftssprachen" der Handelshäuser und Handwerker (und Handwerkergilden). Das heißt, dass sich unterschiedliche Schreibtraditionen zunächst nach *Schreibzentren* und *Schreibzwecken* ausbildeten. Die sprachlichen Unterschiede sind dennoch meist regionalsprachlich (dialektal) bedingt, jedoch konnte ein Kanzleischreiber etwa in Osnabrück durchaus im Schriftdialekt der zweihundert Kilometer entfernten Kanzlei der Stadt Köln schreiben, wenn er dort ausgebildet worden war. Generell schlagen dialektale Variationen viel stärker in Schrifttexten durch als in anderen Epochen der deutschen Sprachgeschichte.

Aber schon 1593 fasst ein Zeitgenosse die hochdeutschen (= süddeutschen) Druckorte in nur noch drei sprachliche Gruppen zusammen:

- *mitter teutsch* (Mainz, Speyer, Straßburg, Erfurt, Würzburg ...)

- *donauisch* (schwäbisch, bairisch, österreichisch)
- *höchst rheinisch* (alemannisch, z. B. Basel, Zürich)

Eine wichtige Entwicklung ist, dass trotz einer kurzfristig lebendigen niederdeutschen Schriftsprachentwicklung, die im Zuge der mächtigen Hanse mit ihren weitreichenden Handelsbeziehungen und Sprachwirkungen bis nach Norwegen (Bergen) und Russland (Nowgorod) reichte, infolge der Verbreitung der lutherschen Bibelübersetzung und der reformatorischen Texte in den weitgehend protestantisch gewordenen norddeutschen Regionen sich die oberdeutsche („hochdeutsche") Schriftsprachtradition durchzusetzen beginnt und die niederdeutsche Schriftsprache schließlich vollständig verdrängt.

Neu ist eine starke Erweiterung der Textsorten gerade auch im Bereich der Alltagssprache. Exemplarisch dafür nachfolgend die Textanfänge der Autobiographien des Baseler Humanisten, Druckers und Lehrers Thomas Platter und seines Sohnes und berühmten Arztes Felix Platter.

Thomas Platter der Ältere (* 10. Februar 1499 in Grächen/Wallis; † 26. Januar 1582 in Basel) wuchs als Hirtenkind auf einer Alm auf, erlernte später die alten Sprachen (Latein, Altgriechisch und Hebräisch) und wurde dann zu einem bedeutenden Anhänger der Reformation und Buchdrucker im Kreis der Baseler Humanisten. Er korrespondierte u.a. mit Erasmus von Rotterdam und ist heute v.a. bekannt durch seine Autobiographie.

Sein Sohn *Felix Platter* (* 28. Oktober 1536 in Basel; † 28. Juli 1614 ebenda) war ein später durch seine medizinischen Schriften sehr bedeutender Schweizer Arzt, Anatom und Psychiater, der in seiner Autobiographie z.B. seine abenteuerliche Reise zum Studium ins Französische Montpellier beschreibt.

Ein weiterer, vergleichbarer frühneuhochdeutscher Text ist das sog. „Buch Weinsberg", ein autobiographischer, tagebuchartiger Text, verfasst von Hermann von Weinsberg (* 3. Januar 1518 in Köln; † 23. März 1597 ebenda), einem Kölner Advokat und Ratsherr.

Die will du, lieber sun Felix, nun ettlich mall an mich begaert hast, des glichen ouch andre verriempte und glerte menner, die vor ettlich iaren in ir iugent mine discipuli gsin sind, ich soelle von iugend uff min laeben beschriben, dan du, wie ouch sy manchmall von mir gehoert habend, in was grosser armût von muotter lyb an, demnach in wie vill grosser gferden ich offt bin gsin mins lybs und laebens, erstlich als ich gedient han in den grusamen gebirgen dem nach als ich den schuolen in miner iugend nach hin zogen, ouch wie ich in die ee bin kummen, mich mit miner hußfrouwen mit grosser sorg, mue und arbeit mit den minen ernert hab.	Da du, lieber Sohn Felix, nun schon oft von mir begehrt [gewollt] hast, genauso wie auch andere berühmte und gelehrte Männer, die vor vielen Jahren in ihrer Jugend meine Schüler gewesen sind, ich solle mein Leben von Jugend auf beschreiben, dann hast du, wie auch sie, manchmal von mir gehört, in welch großer Armut von Geburt an [von Mutters Leib an] und danach in wie vielen großen Gefahren meines Leibes und Lebens ich oft gewesen bin, zuerst als ich in den grausamen Gebirgen gedient habe, danach als ich in meiner Jugend zu den Schulen gezogen [gereist] bin, auch wie ich in die Ehe gekommen bin [und] mich mit meiner Ehefrau mit großer Sorge, Mühe und Arbeit mit den Meinen ernährt habe.

Abb. 67: Anfang der Autobiographie von Thomas Platter

Anno Christi 1536 bin ich durch gottes deß allmechtigen ewige firsechung gnodt und giete ein lebendiger mensch in diese welt geboren, in welchem jar der hochgelert herr Erasmus Roterodamus im julio verscheiden was und ich hernoch in dem monat octobris in diß liecht kam. Der geburts tag ist mir nit anzeigt, jedoch wol abzenemmen, daß es wenig tag vor Simonis und Judae beschaechen, wil man meiner muoter, alß sy noch meinen kindts hinder dem umhang [oder: umgang] lag, den meskrom doselbst im bett, wie sy oft erzelt hatt, abgewunnen hatt und meinem vatter um den meßkrom, den mein muoter im durch mich seinen ersten sun geben hette, gelick gewist ist worden, welces ouch auß meines vetters brief, Simons zuo [Straßburg] an meinen vatter geschriben, abzerechnen ist, so uf Simonis und Judae datiert, dorinnen er die kindbetteren grießen laßt und iren in die kindbette einen pfennig 4 batzen vereert und dem vatter wegen seines geborenen suenlins congratuliert.	Im Jahre Christi 1536 bin ich durch Gottes des Allmächtigen Vorsehung, Gnade und Güte [als] ein lebendiger Mensch in diese Welt geboren [worden], in welchem Jahr der hochgelehrte Herr Erasmus von Rotterdam im Juli verstorben war und ich danach im Monat Oktober das Licht der Welt erblickte [in dieses Licht kam]. Der Geburtstag wurde mir nicht angezeigt, jedoch ist es anzunehmen, dass es wenige Tage vor Simon und Judas [= 28.10.] geschehen ist, da man meiner Mutter, als sie noch wegen meiner Geburt hinter dem Umhang lag, den Meßkrom [= Meßgeschenk] daselbst im Bett, wie sie oft erzählt hat, erhalten hat und meinem Vater durch den Meßkrom, da meine Mutter ihm durch mich seinen ersten Sohn geschenkt hat, Glück zuteil geworden ist, was auch aus dem Brief meines Vetters Simon aus Straßburg, geschrieben an meinen Vater, abzuleiten ist, der auf Simon und Judas datiert ist, worin er die Kindbetterin [die nach der Geburt im sog. im Kindbett liegende] grüßen lässt und ihr in das Kindbett einen Pfennig und 4 Batzen verehrt und dem Vater wegen seines geborenen Söhnleins gratuliert [hat].

Abb. 68: Anfang der Autobiographie von Felix Platter

Kennzeichnend ist für viele frühneuhochdeutsche Texte das Fehlen einer einheitlichen Schreibung (oder gar Rechtschreibung), bis hin zum Schwanken der Schreibung in ein und demselben Text ein und desselben Verfassers, sowie die fehlende Abgeschlossenheit von Sätzen, also ein Schreib- und Erzählfluss, bei dem man oft nicht weiß, wo im Sinne heutiger neuhochdeutscher Syntaxregeln ein Satz oder Teilsatz anfängt und wo er aufhört. Besonders spürbar ist dies in den oft seitanlangen Satzgebilden des Urkunden- und Kanzleistils, wie an folgendem Auszug aus einer Reichstagsurkunde deutlich wird:

„Nachdem im Heil. Reich Teutscher Nation gute Wüllen-Tücher gemacht wurden, also daß man fremder Nation Tücher wohl entrathen und das Geld, so für dieselbige fremde Tücher gegeben, in Teutscher Nation behalten möchte, daß sie in dem solche gute Ordnung fürnemen solten, damit die Wullnweber an Wollen nicht Mangel litten, sondern dieselbige um einen ziemlichen Kauff bekommen möchten, und die Wolle nicht also mit Hauffen in fremde Nation verführt würden", daß dessen doch unangesehen der schädlich und verderblich Mißbrauch des Vorkauffs und Verführung der Wollen je länger je mehr überhand nehme, dergestalt daß nicht allein durch solche Verführung der Wollen in fremde Nation die Welschen Tücher und Wahr dadurch gefälscht und folgends in der Teutschen Nation mit doppeltem Werth bezahlet werden, sondern auch also in derselben Nation vertheuret, daß kein Meister des Wüllen-Handwercks zu gleichmässigen Kauff der Wollen mehr kommen möge, derowegen die inländischen Tuch steigen, der gemeine Mann dardurch zu seiner Nothdurfft beschwert und dannoch gedacht Handwerck in die Länge und zuletzt in endlichen Abfall gerathen müsse, wo solches nicht durch ernstlich Einsehen fürkommen und abgestellt werden solte. Dieweil uns dann [...] gebührt, hierin Einsehens zu tun, so haben wir uns [...] verglichen und vereinigt, daß [...] auch hinfür niemand, wer der in- oder ausserhalb des Reichs sei, einige Wollen bey Verlust derselben Wollen und dann einer zweyfachen oder gedoppelten Geld-Straff, so viel dieselbig Wolle werth ist, aus dem Heil. Reich Teutscher Nation mit Hauffen verkauffe, verführe, vertreibe oder verhandele, sondern daß solche Wollen im selbigen Reich Teutscher Nation behalten und dem inländischen Handwerck der Geschlachtwander, Wandmächer, Wullnweber oder andern, die dieselbige zum Tuchweben oder sonst zu andern nutzbarlichen Sachen verarbeiten und gebrauchen, um ein ziemlichs verkaufft und dardurch dasjenig, so einem großen Theil Teutscher Nation hochnützlich und ersprießlich, gefördert werde, alles bey Pön und Straff, in obangeregter Policey-Ordnung und Constitution verleibt und begriffen, auch der Kayserl. Majestät, Unsere und des Reichs schwere Ungnad zu vermeiden.
(Auszug aus: Abschied des Reichstags zu Augsburg vom 25. September 1555; zit. nach: Zeumer 1904, 306 ff.)

Insgesamt nimmt die Zahl und Variationsbreite der deutschsprachigen Textsorten sehr stark zu: Akten, Urkunden, Memoiren, Chroniken, Bibelübersetzungen, Predigten, Politische Texte, Flugschriften, Zeitsatire, Fabeln, Schwänke, Volksbücher und Romane, Schauspiele, Volkslieder, Kirchenlieder, Meistergesang, Sachliteratur, erste „Zeitungen", um nur die wichtigsten zu nennen.

Als Abschluss der frühneuhochdeutschen Epoche, welches mit 1650 angesetzt wird, wird allgemein das Erscheinen der erstmaligen Gesamtdarstellung einer schon weitgehend vereinheitlichten neuhochdeutschen Schriftsprache in Justus Georg Schottelius' (1612–1676) Buch *Teutsche Sprachkunst* von 1641 angesehen (siehe das Titelblatt seines etwas später erschienenen, noch einflussreicheren Buches „Ausführliche Arbeit von der Teutschen Haubt-Sprache" von 1663 in Abb. 69).

Ausführliche Arbeit
Von der
Teutschen
Haubt Sprache/
Worin enthalten
Gemelter dieser HaubtSprache Uhrankunft/
Uhraltertuhm/ Reinlichkeit/ Eigenschaft/ Vermögen/ Unvergleichlichkeit/ Grundrichtigkeit/ zumahl die SprachKunst und VersKunst Teutsch und guten theils Lateinisch völlig mit eingebracht/ wie nicht weniger die Verdoppelung/ Ableitung/ die Einleitung/ Nahmwörter/ Authores vom Teutschen Wesen und Teutscher Sprache/ von der verteutschung/ Item die Stammwörter der Teutschen Sprache samt der Erklärung und derogleichen viel merkwürdige Sachen.
Abgetheilet
In
Fünf Bücher.
Ausgefertiget
Von
JUSTO-GEORGIO SCHOTTELIO D.
Fürstl. Braunschweig: Lüneburg. Hof- und Consistorial-Rahte und Hofgerichts Assessore.
Nicht allein mit Röm: Käyserl. Maj. Privilegio, sondern auch mit sonderbarer Käyserl. Approbation und genehmhaltung/ als einer gemeinnützigen und der Teutschen Nation zum besten angesehenen Arbeit/ laut des folgenden Käyserl. Privilegii.
Braunschweig/
Gedrukt und verlegt durch Christoff Friederich Zilligern/ Buchhändlern.
Anno M. DC. LXIII.

Abb. 69: Titelblatt von Justus Georg Schottelius' (1612–1676) Buch „Ausführliche Arbeit von der Teutschen Haubt-Sprache" von 1663

11.4 Neuhochdeutsch

Als eigentliches *Neuhochdeutsch* wird heutzutage die sprachgeschichtliche Epoche bezeichnet, die sich an das Frühneuhochdeutsche anschließt, also ab etwa 1650 bis heute. Natürlich ist auch dies kein einheitlicher sprach- und textsortenstilistischer Raum; vielmehr sind die Kriterien dafür, von einer Epoche des „modernen Deutsch" zu sprechen, eher sprachsystematischer Art, da seit etwa 1650 (a) die Grundprinzipien der Syntax mit den auch für die heutige Sprache noch geltenden syntaktischen Möglichkeiten, (b) die wichtigsten morphologischen Veränderungsprozesse (insbesondere im Bereich der Flexionsformen) sowie (c) die phonologischen Prozesse (Lautwandel) und (d) die wichtigsten Prozesse im lexikalischen Bereich der Funktionswörter (v.a. Konjunktionen und dadurch bedingte Satzbaumöglichkeiten) weitgehend abgeschlossen sind. Sprachwandel findet seitdem im Wesentlichen im Bereich des sonstigen Wortschatzes (v.a. Nomina), der Semantik sowie der Sprach- und Textsortenstile statt.

Wegen des langen, mehr als 370 Jahre umfassenden Zeitraums seit 1650 ist es üblich, die neuhochdeutsche Periode in verschiedene Entwicklungsschritte und -stufen sowie Teil-Epochen aufzuteilen:

(1) Entwicklung zu einer erstmals normierten Einheitssprache im 17. und 18. Jahrhundert (= Periode des Barock von etwa 1650 bis ca. 1770).

(2) Entwicklung zu einer verfeinerten bürgerlichen Hoch- und Literatursprache, in der fast eineinhalb Jahrhunderte lang als anzustrebendes sprachliches Vorbild die stark idealisierten sprachstilistischen und hochliterarischen Formen der Sprache der Klassik (z. B. Goethe und Schiller) und Romantik (1770 bis 1830) galten. Daran schließt sich die Zeit des literarischen Realismus und einer sich verfestigenden Bürgerkultur an (1830 bis 1918).

(3) Entwicklung zu dem, was manche Sprachhistoriker*innen etwas abwertend eine (im Vergleich zu dem unter (2) erwähnten hoch-idealisierten Stand) „nivellierte" Standard- und Umgangssprache nennen, in der die Schriftsprache großen Einfluss auch auf die mündliche Umgangssprache hat und die Dialekte zunehmend zurückgedrängt werden (ab Reichsgründung 1871). In diesen Zeitraum fällt die Entstehung der modernen Massenmedien (Zeitungen) und einer „Demokratisierung" der Schriftsprachkultur durch Ausweitung des Gebrauchs der nun zur echten Standardsprache werdenden Schriftsprache auf zunehmend mehr Bevölkerungskreise. Die Landflucht in Richtung der großen Städte und der entstehenden industriellen Ballungszentren führt zu einer zunehmenden Bevölkerungsmischung, was den Rückgang des Dialektgebrauchs und die Ausbreitung einer der Schriftsprache nahen allgemeinen Alltags- und Umgangssprache stark befördert.

(4) Modernes Deutsch im 20. (und 21.) Jahrhundert, also ab etwa 1918, gekennzeichnet durch einen zunehmenden Einfluss der mündlichen Sprache auf die Schrift- und Standardsprache sowie durch starke Entlehnungen (Fremdspracheneinfluss), insbesondere aus dem Englischen und Amerikanischen.

Wichtige Beiträge zu einer ersten Normierung der neuhochdeutschen Sprache waren neben dem bereits erwähnten Schottelius, dessen zweite Gesamtdarstellung des Sprachsystems des Neuhochdeutschen, die „Ausführliche Arbeit von der Teutschen Haubt Sprache“ von 1663 sehr einflussreich war, Martin Opitz‘ (1597–1639) „Buch von der Deutschen Poeterey“, in dem er erstmals für das Deutsche ein Programm für die Behandlung des deutschen sprachlichen Ausdrucks in der Poesie vorlegte (also eine sog. „Regelpoetik“), Johann Christoph Gottscheds (1700–1766) „Deutsche Sprachkunst“ von 1748 sowie insbesondere die Werke Johann Christoph Adelungs (1732–1806), so seine „Deutsche Sprachlehre“ von 1771, sein „Grammatisch-kritisches Wörterbuch der hochdeutschen Mundart“ (5 Bände 1774–1786), seine „Vollständige Anweisung zur Deutschen Orthographie“ (1788) und seine normative Stillehre „Ueber den deutschen Styl“ (1785–1786, 3 Bde.).

Wichtig ist aber, dass auch in dieser Epoche die Schriftkultur in Deutschland noch stark durch Fremdsprachen, insbesondere Latein und Französisch, geprägt war. Wissenschaftssprache war noch lange das Lateinische und später das Französische. Erst 1687 wagte Christian Thomasius die erste Universitäts-Vorlesung auf Deutsch. Bis weit ins 19. Jahrhundert hinein mussten Doktor-Dissertationen in vielen Fächern auf Latein verfasst werden. Im 17. Jahrhundert kam es unter dem Einfluss des kulturellen Vorbilds des französischen Absolutismus (vor allem Louis XIV.) teilweise zu einer fast völligen Verdrängung der deutschen Sprache durch das Französische im Adel, aber auch in den gehobenen Schichten des Bürgertums, und später auch in der Wissenschaft. So wagte es etwa noch der berühmte Universalgelehrte Gottfried Wilhelm Leibniz (1646–1716) nicht, seine Vorschläge zu einer verstärkten Verwendung der deutschen Muttersprache in der Schriftlichkeit auf Deutsch zu veröffentlichen. Er publizierte seine Schriften ausschließlich in Fremdsprachen, zunächst auf Latein, ab 1695 nur noch auf Französisch (lediglich aus dem unveröffentlichten Nachlass sind von ihm deutschsprachige Schriften überliefert). Vom preußischen König Friedrich II. (1712–1786, auch „Friedrich der Große“ genannt) ist bekannt, dass er die damalige deutsche Schriftsprache überhaupt nicht beherrschte, sondern, wie es eine Anekdote überliefert, laut eigener Aussage „nur mit seinen Pferden“ (und den Stallknechten) Deutsch sprach, und zwar im Dialekt; als Standard- oder Schriftsprache beherrschte er ausschließlich das Französische.

Aber schon zu Beginn der Welle der „Französisierung“ der gehobenen Kommunikation an deutschen Fürstenhöfen und in bildungsbürgerlichen Familien setzte die Gegentendenz mit den Eindeutschungsbemühungen etwa im Rahmen der neu entstehenden Sprachgesellschaften ein, besonders radikal Philipp von Zesen (1619–1689), von dem unzählige Eindeutschungsvorschläge überliefert sind, von denen sich nur einige dann auch langfristig durchgesetzt haben. Starken Einfluss auf den weiteren Ausbau der Ausdrucksmöglichkeiten in der deutschen Sprache hatte die evangelisch-protestantische Bewegung des Pietismus im 17. und 18. Jahrhundert, in deren Kontext zahlreiche Neuprägungen im Bereich der Abstrakta zur Bezeichnung von seelischen und geistigen Zuständen und Empfindungen entstanden sind.

Großen Einfluss bis weit ins 19. Jahrhundert hinein, gerade auch auf die Literatur der Klassik und Romantik, hatte das Wörterbuch von Adelung. Spätestens mit dem Erscheinen der Deutschen Grammatik von Jakob Grimm (1785–1863) und dem Beginn der Arbeiten am „Deutschen Wörterbuch" der Brüder Jakob und Wilhelm Grimm (1786–1859) (Band 1 erscheint 1854) kann der Prozess des „Vollausbaus" des Deutschen zu einer funktional vollgültigen und umfassend für alle Inhaltsbereiche leistungsfähigen deutschen Schriftsprache als abgeschlossen gelten. (Die Brüder Grimm gelten auch als Begründer der wissenschaftlichen Disziplin Germanistik, die damals noch nicht in Sprach- und Literaturwissenschaft gespalten war.)

Während im 18. und auch noch lange Zeit im 19. Jahrhundert in der Amts- und Verwaltungssprache ein umständlicher Kanzleistil mit teilweise sehr langen Sätzen mit tief gestaffelten Hauptsatz-Nebensatz-Konstruktionen (den sog. „Perioden") üblich war, schafft die literarische Bewegung des „Sturm und Drang" (u.a. der frühe Goethe und frühe Schiller) eine sich davon und von den gesetzten Stilidealen der älteren Regelpoetik abgrenzende expressive und dynamische Sprache.

Mignon (entstanden 1783)
Kennst du das Land, wo die Zitronen blüh'n,
Im dunkeln Laub die Goldorangen glüh'n,
Ein sanfter Wind vom blauen Himmel weht,
Die Myrte still und hoch der Lorbeer steht,
Kennst du es wohl? Dahin! Dahin
Möcht' ich mit dir, o mein Geliebter, zieh'n.

Kennst du das Haus? Auf Säulen ruht sein Dach,
Es glänzt der Saal, es schimmert das Gemach,
Und Marmorbilder stehn und seh'n mich an:
Was hat man dir, du armes Kind, getan?
Kennst du es wohl?
Dahin! Dahin
Möcht ich mit dir, o mein Beschützer, zieh'n.

Kennst du den Berg und seinen Wolkensteg?
Das Maultier sucht im Nebel seinen Weg;
In Höhlen wohnt der Drachen alte Brut;
Es stürzt der Fels und über ihn die Flut.
Kennst du ihn wohl?
Dahin! Dahin
Geht unser Weg! o Vater, laß uns zieh'n!

Johann Wolfgang von Goethe (1749–1832)

Die weitere Entwicklung des Neuhochdeutschen im 19. Jahrhundert ist u.a. durch den Versuch gekennzeichnet, die Sprache der Hochklassik (v.a. Goethe und Schiller in ihrer „klassischen" Phase) als allgemeines und verbindliches Stilideal über die Schulen durchzusetzen (ein Ideal und gleichzeitig Normierungsbestreben, welches bis in die 1970er Jahre wirkmächtig war; siehe als Beispiel das Gedicht *Mignon* von Goethe), sowie durch die Einführung der allgemeinen Schulpflicht, die erstmals zu einer systematischen und breite Bevölkerungskreise erfassenden Erziehung in und zur deutschen Schrift- und Standardsprache führt. Insbesondere der gegen Ende des 19. Jahrhunderts exponentiell wachsende Einfluss der Entlehnungen aus dem Englischen führt an der Wende vom 19. zum 20. Jahrhundert zu einer erneuten, zweiten Welle des Sprachpurismus (Fremdwortfeindschaft und Eindeutschungsversuche). Eher inhaltlich-semantische Aspekte einer artifiziellen Sprache des Bürgertums, der akademischen Bildung sowie der öffentlichen Kommunikation (z. B. das u.a. durch Schiller – siehe sein Gedicht *Kassandra* – inspirierte Pathos öffentlicher Reden im Wilhelminischen Kaiserreich ab 1871, das von Heinrich Mann (1871–1950) in seinem Roman *Der Untertan* (1914/1918) so treffend karikiert wird) waren Anlass der sog. „Sprachkrise", in deren Verlauf Sprachkritik an einer von vielen als inhaltsleer empfunden Begrifflichkeit abstrakter Sprache geübt oder eine Haltung der Sprachskepsis (z. B. hinsichtlich ihrer erkenntnisprägenden Leistung) vertreten wird.

Kassandra (1802)
Freude war in Trojas Hallen,
Eh die hohe Feste fiel,
Jubelhymnen hört man schallen
In der Saiten goldnes Spiel.
Alle Hände ruhen müde
Von dem tränenvollen Streit,
Weil der herrliche Pelide
Priams schöne Tochter freit.

Und geschmückt mit Lorbeerreisern,
Festlich wallet Schar auf Schar
Nach der Götter heilgen Häusern
Zu des Thymbriers Altar.
Dumpferbrausend durch die Gassen
Wälzt sich die bacchantsche Lust,
Und in ihrem Schmerz verlassen
War nur eine traurge Brust.

Freudlos in der Freude Fülle,
Ungesellig und allein,
Wandelte Kassandra stille
In Apollos Lorbeerhain.
In des Waldes tiefste Gründe
Flüchtete die Seherin,
Und sie warf die Priesterbinde
Zu der Erde zürnend hin.

Friedrich Schiller (1759–1805)

So z. B. durch Hugo von Hofmannsthal (1874 – 1929) in seinem berühmten sprachreflexiven Text, der als fiktiver „Brief des Lord Chandos an Francis Bacon" (1902) bekannt und bis heute Gegenstand deutscher Schullektüre ist: „Die abstrakten Worte [...] zerfielen mir im Munde wie modrige Pilze." (Weitere wichtige Beiträger sind Fritz Mauthner (1894–19253) mit seinem Monumentalwerk „Beiträge zu einer Kritik der Sprache" (3 Bände, 1901–1902), Friedrich Nietzsche (1844–1900) und Karl Kraus (1874–1936), der den – insbesondere für Linguisten – schönen Spruch geprägt hat: „Je näher man ein Wort ansieht, desto ferner sieht es zurück" (in seiner berühmten Zeitschrift „Die Fackel" vom 8.7.1911).

Die weitere Entwicklung der deutschen Sprache im 20. Jhd. ist dann v.a. durch folgende Tendenzen gekennzeichnet:

Schon in den literarischen Bewegungen des *Realismus* (z. B. Gottfried Keller, Theodor Fontane u.a.) und des *Naturalismus* (z. B. Gerhart Hauptmann) im 19. Jahrhundert sind erste Tendenzen einer Abkehr vom vermeintlichen Sprachideal der Hochklassik erkennbar.

Vor mehreren hundert Jahren, heißt es, wohnte zu Seldwyla eine ältliche Person allein mit einem schönen, grau und schwarzen Kätzchen, welches in aller Vergnügtheit und Klugheit mit ihr lebte und niemandem, der es ruhig ließ, etwas zuleide tat. Seine einzige Leidenschaft war die Jagd, welche es jedoch mit Vernunft und Mäßigung befriedigte, ohne sich durch den Umstand, daß diese Leidenschaft zugleich einen nützlichen Zweck hatte und seiner Herrin wohlgefiel, beschönigen zu wollen und allzusehr zur Grausamkeit hinreißen zu lassen. Es fing und tötete daher nur die zudringlichsten und frechsten Mäuse, welche sich in einem gewissen Umkreise des Hauses betreten ließen, aber diese dann mit zuverlässiger Geschicklichkeit; nur selten verfolgte es eine besonders pfiffige Maus, welche seinen Zorn gereizt hatte, über diesen Umkreis hinaus.
Aus: Gottfried Keller (1819–1890): *Spiegel, das Kätzchen.* (1856)

Als Gerhart Hauptmann 1889 in seinem Theaterstück *Vor Sonnenaufgang* erstmals die handelnden Personen in halbwegs alltagsnaher Sprache, ja teilweise sogar im Dialekt reden ließ, provozierte das eine immense Aufregung und einen großen Theaterskandal.

Nicht minder groß war der literarische Skandal noch ein Vierteljahrhundert später zu Beginn der literarischen Strömung des *Expressionismus,* als Jakob van Hoddis (1887–1942) in seinem Gedicht *Weltende* (1911) erstmals in der deutschen Literatur die Anordnung einer „realen" Gedankenentwicklung oder Inhaltsfolge verließ und scheinbar unzusammenhängendes in einem Gedieht zusammenbrachte.

Weltende (1911)
Dem Bürger fliegt vom spitzen Kopf der Hut,
In allen Lüften hallt es wie Geschrei.
Dachdecker stürzen ab und gehn entzwei,
Und an den Küsten – liest man – steigt die Flut.

Der Sturm ist da, die wilden Meere hupfen
An Land um dicke Dämme zu zerdrücken.
Die meisten Menschen haben einen Schnupfen.
Die Eisenbahnen fallen von den Brücken.

Jakob van Hoddis (1887–1942)

Auch Techniken der literarischen Moderne, wie die als Beschreibung eines Bewusstseinsstroms (*stream of consciousness*) in Form eines inneren Monologs gestaltete Novelle *Leutnant Gustl* (1900) von Arthur Schnitzler (1862–1931), eröffneten der deutschen Schriftsprache völlig neue Möglichkeiten.

Wie lange wird denn das noch dauern? Ich muß auf die Uhr schauen ... schickt sich wahrscheinlich nicht in einem so ernsten Konzert. Aber wer sieht's denn? Wenn's einer sieht, so paßt er geradesowenig auf wie ich, und vor dem brauch' ich mich nicht zu genieren ... Erst viertel auf zehn? ... Mir kommt vor, ich sitz' schon drei Stunden in dem Konzert. Ich bin's halt nicht gewohnt ... Was ist es denn eigentlich? Ich muß das Programm anschauen ... Ja, richtig: Oratorium? Ich hab' gemeint: Messe. Solche Sachen gehören doch nur in die Kirche. Die Kirche hat auch das Gute, daß man jeden Augenblick fortgehen kann. – Wenn ich wenigstens einen Ecksitz hätt'! — Also Geduld, Geduld! Auch Oratorien nehmen ein End'! Vielleicht ist es sehr schön, und

ich bin nur nicht in der Laune. Woher sollt' mir auch die Laune kommen? Wenn ich denke, daß ich hergekommen bin, um mich zu zerstreuen ... Hätt' ich die Karte lieber dem Benedek geschenkt, dem machen solche Sachen Spaß; er spielt ja selber Violine.
Aus: *Leutnant Gustl* (1900), Novelle von Arthur Schnitzler (1862–1931)

Trotz der sprachlichen Experimente im Stile eines van Hoddis, die insbesondere in der Zeit um und kurz nach dem 1. Weltkrieg in den literarischen Strömungen des Expressionismus und Realismus florierten, fand die Literatursprache bald zu einem weniger experimentellen, „normalen" Sprachstil zurück. So in der Bewegung der Neuen Sachlichkeit, der das Gedicht von Kästner zuzuordnen ist.

Sachliche Romanze (1929)
Als sie einander acht Jahre kannten
(und man darf sagen: sie kannten sich gut)
kam ihre Liebe plötzlich abhanden.
Wie andern Leuten ein Stock oder Hut.

Sie waren traurig, betrugen sich heiter,
versuchten Küsse, als ob nichts sei,
und sahen sich an und wussten nicht weiter.
Da weinte sie schliesslich. Und er stand dabei.

Vom Fenster aus konnte man Schiffen winken.
Er sagte, es wäre schon Viertel nach vier
und Zeit, irgendwo Kaffee zu trinken.
Nebenan übte ein Mensch Klavier.

Sie gingen ins kleinste Café am Ort
und rührten in ihren Tassen.
Am Abend sassen sie immer noch dort.
Sie sassen allein, und sie sprachen kein Wort
und konnten es einfach nicht fassen.

Erich Kästner (1899–1974)

Parallel revolutioniert etwa Bertolt Brecht die Theatersprache (1898–1956). Jedoch gibt es auch eine erneute Hinwendung zu einem hochliterarischen, sog. „hohen Ton", wie etwa bei Hermann Broch (1886–1951):

> Stahlblau und leicht, bewegt von einem leisen, kaum merklichen Gegenwind, waren die Wellen des Adriatischen Meeres dem kaiserlichen Geschwader entgegengeströmt, als dieses, die mählich anrückenden Flachhügel der kalabrischen Küste zur Linken, dem Hafen Brundisium zusteuerte, und jetzt, da die sonnige, dennoch so todesahnende Einsamkeit der See sich ins friedvoll Freudige menschlicher Tätigkeit wandelte, da die Fluten, sanft überglänzt von der Nähe menschlichen Seins und Hausens, sich mit vielerlei Schiffen bevölkerten, mit solchen, die gleicherweise dem Hafen zustrebten, mit solchen, die aus ihm ausgelaufen waren, jetzt, da die braunsegeligen Fischerboote bereits überall die kleinen Schutzmolen all der vielen Dörfer und Ansiedlungen längs der weißbespülten Ufer verließen, um zum abendlichen Fang auszuziehen, da war das Wasser beinahe spiegelglatt geworden; perlmuttern war darüber die Muschel des Himmels geöffnet, es wurde Abend, und man roch das Holzfeuer der Herdstätten, sooft die Töne des Lebens, ein Hämmern oder ein Ruf von dort hergeweht und herangetragen wurden.
> Aus: Hermann Broch (1886–1951): *Der Tod des Vergil* (1945)

Ganz anders (unter dem Einfluss der Wahrnehmung des zweiten Weltkriegs) der Stil des nur fünf Jahre nach dem Text Brochs entstandenen Romans *Tauben im Gras* von Wolfgang Koeppen (1906–1996):

> Flieger waren über der Stadt, unheilkündende Vögel. Der Lärm der Motoren war Donner, war Hagel, war Sturm. Sturm, Hagel und Donner, täglich und nächtlich, Anflug und Abflug, Übungen des Todes, ein hohles Getöse, ein Beben, ein Erinnern in den Ruinen. Noch waren die Bombenschächte der Flugzeuge leer. Die Auguren lächelten. Niemand blickte zum Himmel auf. Öl aus den Adern der Erde, Steinöl, Quallenblut, Fett der Saurier, Panzer der Echsen, das Grün der Farnwälder, die Riesenschachtelhalme, versunkene Natur, Zeit vor dem Menschen, vergrabenes Erbe, von Zwergen bewacht, geizig, zauberkundig und böse, die Sagen, die Märchen, der Teufelsschatz: er wurde ans Licht geholt, er wurde dienstbar gemacht.
> Aus: Wolfgang Koeppen (1906–1996): *Tauben im Gras* (1950)

Abseits solcher literarischer Sprachtendenzen war die Sprache des 20. Jahrhunderts insbesondere geprägt durch die Massenpresse mit ihren immer stärker komprimierten und syntaktisch-stilistisch „entschlackten" Nachrichtentexten sowie einer Demokratisierung des Sprachstils durch Annäherung an die Alltagssprache, auch von bildungsfernen Schichten der Bevölkerung. Ebenfalls einschlägig ist die zeitweise starke Ideologisierung der Sprache, so etwa in der „Sprache des Nationalsozialismus", der Propaganda-Sprache der kommunistischen und sozialistischen Bewegungen sowie später der Sprache der sowjetisch beeinflussten „Deutschen Demokratischen Republik" (DDR, 1949–1990). Eine andere Tendenz ist der zunehmende Rückgang und das teilweise Verschwinden der Dialekte bzw. ihre „Aufweichung" in Richtung von grammatisch und lexikalisch an der Standardsprache angelehnten, meist nur noch phonetisch und durch Lautakzente spezifischen „Regionalsprachen" (siehe auch oben das Schichtenmodell von Wiesinger in Kap. 9.2).

11.5 Tendenzen der Gegenwartssprache

Will man die Tendenzen der deutschen Gegenwartssprache zu Beginn des 21. Jahrhunderts beschreiben, dann ist der wichtigste Aspekt sicherlich der Medienwandel, der durch die vielfältigen neuen Formen der Internet-gestützten Kommunikation initiiert wurde. Dieser Medienwandel ist sprachgeschichtlich gesehen ebenso bedeutend wie der revolutionäre Medienwandel in der frühen Neuzeit (in der Epoche des Frühneuhochdeutschen), den die Einführung des Buchdrucks und dadurch die erstmalige Massenverbreitung von Schrifttexten bedeutete. Sprachgeschichtlich ist der durch das Internet ermöglichte Medienwandel vor allem in einer Hinsicht bedeutsam: Bereits die Einführung des Buch- und Flugzettel-Drucks (später auch des Drucks von Zeitungen und Zeitschriften) bot erstmals die Möglichkeit, die Sprachproduktion einzelner Menschen für eine sehr große Zahl anderer Menschen lesbar zu machen. Auch dies hat schon erheblich zum Sprachwandel beigetragen, unter anderem, indem es die Tendenzen zur Vereinheitlichung der neuhochdeutschen Schriftsprache erheblich verstärkte und schließlich der Vereinheitlichung zum Durchbruch verhalf. Dass das durch die neue Technik des Buchdrucks ermöglichte neue Vervielfältigungs- und Verbreitungsverfahren für sprachliche Äußerungen letztendlich zu einer sprachlichen Vereinheitlichung führte, hatte nicht zuletzt auch wirtschaftliche Gründe: Je höher die (verkaufbare) Auflage eines Druckstücks, desto billiger das einzelne Exemplar; je billiger das einzelne Exemplar, desto mehr werden verkauft; je mehr verkauft werden, desto mehr Leser lernen die Sprachform des Druckstücks kennen; je öfter solche Leseprozesse stattfinden, desto eher beeinflusst das den eigenen Sprachgebrauch der Leserinnen und Leser. Die Ökonomie erzwingt also die Tendenz zur sprachlichen Vereinheitlichung (oder trägt mindestens stark dazu bei), weil nur das Aufheben dialektal bedingter Verstehens-Grenzen letztlich eine starke Erhöhung der Auflagen und damit eine Verbilligung der einzelnen Schriftstücke ermöglichte.

Im Unterschied zur vorher allein möglichen Verbreitung eines individuell handschriftlich erzeugten Schriftstücks, welches die Sprachgepflogenheit des einzelnen Schreibers (sehr selten einer Schreiberin) weiterverbreitet, dies aber notgedrungen wegen des mühsamen handschriftlichen Erzeugungsprozesses jedes einzelnen Schriftstücks nur sehr langsam und in sehr geringen Stückzahlen, die wiederum zu sehr geringen Leserzahlen führen, erfordert der Buchdruck aber eine aufwändige und auch sehr teure Technologie. Dies führt dazu, dass diejenigen, die über diese Technologie und damit über die Produktionsmittel der Druckerzeugnisse verfügen, einen ungleich stärkeren Einfluss auf die öffentlich verbreitete Sprache haben können als einzelne textverfassende Individuen. Drucker und Redakteure haben somit erheblich zur Sprachvereinheitlichung beigetragen und später zur Normierung der deutschen Standardsprache. Vollends mit dem Entstehen der modernen Massenpresse im späten 19. und 20. Jahrhundert liegt die Macht der sprachnormierenden Vorbilder der Textproduktion bei nur vergleichsweise wenigen Verlagen, Herausgebern, Redakteuren. Anders ausgedrückt: vergleichsweise wenige (professionelle Textarbeiter) schaffen die Sprachvorbilder für die Masse und die Gesamtbevölkerung. Zwar führen dann bereits Rundfunk und Fernsehen zu einer stärkeren öffentlichen Verbreitung auch mündlicher Sprache, doch bleibt die Kontrolle über die Sprachgestaltung dabei immer noch bei denjenigen, die über diese medialen Produktionsmittel verfügen.

In dieser Hinsicht schafft nun die zweite mediale Revolution der Einführung der Internet-gestützten Kommunikation einen radikalen Wandel der Produktionsprozesse, der dann auch auf den Sprachwandel durchzuschlagen beginnt. Die (sprachgeschichtlichen) Haupteffekte sind dabei die folgenden:

(1) Die Macht und Wirkung zentraler gesellschaftlicher Sprach-Normierungs-Instanzen (zu denen insbesondere auch die Redaktionen – in Print und Funk – und Verlage bzw. Sender gehörten) in Bezug auf die öffentlich verbreitete Sprache geht dramatisch zurück.

(2) Damit entsteht erstmals in der Geschichte die Situation, dass individuelle Sprachgestaltungen von Einzelpersonen zeitnah und massenhaft einem sehr großen Publikum zugänglich werden (können).

(3) Da sprachnorm-nahe Produktion von Schrifttexten auch heute noch einen größeren Aufwand an Energie und Mühe bedeutet als das alltägliche umgangssprachliche Vor-sich-hin-Reden, entfernt sich die öffentlich zugängliche Sprachproduktion zunehmend von der Norm und gleicht sich der teilweise (Sprachregel-normativ gesehen) unkorrekten oder (Norm-stilistisch gesehen) situations-unangemessenen Umgangssprache an.

(4) Insbesondere verwischen zunehmend die Grenzen zwischen den Regeln mündlicher und schriftlicher Sprach- bzw. Textproduktion (etwa in der E-Mail-, Chat-, Twitter- und Internet-Foren-Kommunikation).

(5) Es verwischen aber auch die Grenzen zwischen zwei Jahrhunderte lang mühsam in sprachnormierender Intention auseinandergehaltenen sprachstilistischen und soziolektalen Kommunikationsbereichen und Sprachgebrauchsformen (von Anhängern des Ideals einer Hochsprachen-literarischen Norm auch als „Sprachverfall“ angesprochen).

(6) Ein ebenfalls durch die Möglichkeiten der Internet-basierten Kommunikation verstärkter und sehr wichtiger Aspekt ist die zunehmende Internationalisie-

rung der öffentlichen Kommunikation mit dem dadurch bedingten exponentiell verstärkten Einfluss des Englischen und der Folge einer zunehmenden Sprachdurchmischung bzw. Fremdwort-Entlehnung.

Besondere sprachliche Merkmale der gegenwärtigen Veränderungsprozesse:

- parataktischer Satzbau, rudimentäre Syntax
- verlorene Textstruktur, variationsarme Lexik
- Vordringen dialektaler und umgangssprachlicher Ausdrücke
- Bevorzugung einfacher und kurzer (nicht-zusammengesetzter) Wörter
- Zunahme und zunehmende öffentliche Akzeptanz von Rechtschreibfehlern
- Verzicht auf Zeichensetzung, Tastatur-bedingte Fehler
- Nachahmung umgangssprachlicher phonetischer Assimilationen in der Schreibung („wärs“ statt „wäre es“, „geht’s“ statt „geht es“)
- Reduktionen im Wortausdruck („werd“ statt „werde“, „hab“ statt „habe“)
- Tilgungen („nen“ statt „einen“)
- Akronyme („MfG“ statt „Mit freundlichen Grüßen“, „HDGDL“ statt „(ich) habe dich ganz doll lieb“)
- Emoticons
- Lautmalerei („hmpf“, „boah“)
- syntagmatisch isolierte Inflektive („heul“, „grins“)
- Gesprächswörter („naja“)
- Ellipsen („übel müde geht gar nicht“)

Die Beeinflussung von schriftlicher und mündlicher Sprache ist dabei durchaus wechselseitig. Zum einen findet eine „Vermündlichung“ der Schriftsprache statt, wohl mit langfristigen Auswirkungen auf die Veränderung der schriftlichen Norm; andererseits zwingt das immer noch schriftliche Medium der Internet-Kommunikation dazu, den mündlichen Sprachgebrauch zeitweise auch zu „verschriftlichen“, um etwa spezifisch mündliche Ausdruckmöglichkeiten (Gesten, Lautstärke usw.) im Schriftlichen nachzubilden. Jedoch bleibt zu beobachten, ob nicht eine zunehmende Verbreitung mündlicher internet-gestützter Kommunikationsformen (wie es bereits heute bei Menschen mit geringer Schriftlichkeitskompetenz beobachtet werden kann, die sich über Messenger-Dienste bevorzugt mündlich ausgesprochene Sprechstücke zusenden, statt sie per Tastatur und schriftlicher Sprache zu kommunizieren) langfristig zu einer zunehmenden Zurückdrängung schriftlicher Kommunikation und Möglichkeiten führt. Eine Folge davon könnte sein, dass Schriftsprachkompetenz wieder eine Angelegenheit kleiner spezialisierter Schichten von Experten wird, während die dann weitgehend annähernd analphabetisierte Masse der Bevölkerung wieder fast ausschließlich mündlich kommuniziert. Die derzeit erlebbare massive Ausweitung der (medialen) Schriftlichkeit auf größte Bevölkerungskreise könnte sich dann als eine sehr kurze Zwischenphase erweisen, nach der eine Situation folgen könnte, die derjenigen des Mittelalters und der Antike (nur wenige Schriftkundige) ähnlicher wäre als der Situation auf dem Höhepunkt der (massenhaften Verbreitung der und Kompetenz für die) Schriftsprachkultur im 19. und 20. Jahrhundert.

Literaturhinweise

[Hinweis: Anders als sonst üblich, werden in diesem Buch zur besseren wissenschaftsgeschichtlichen Einordnung im Haupttext Werke von Klassikern mit dem Erscheinungsjahr der (fremdsprachigen) Erstveröffentlichung des jeweils erwähnten oder zitierten Werks angeführt. Soweit zitiert wird, ist dann im folgenden Literaturverzeichnis diejenige Ausgabe mit zutreffendem Erscheinungsjahr angegeben, aus der zitiert wurde. Bei fremdsprachiger Literatur werden Zitate im Haupttext des Öfteren mit Angabe des Erscheinungsjahrs der Originalausgabe, und dahinter in eckigen Klammern der Jahreszahl und Seitenangabe der deutschen Übersetzung, aus der zitiert wurde, angeführt, also z. B. „Grice (1975 [1979, 245 f.)]".]

Kap. 1 Einleitung: Geschichte der Germanistischen Sprachwissenschaft

Gardt, Andreas (1999): Geschichte der Sprachwissenschaft in Deutschland. Berlin.

Helbig, Gerhard (1973): Geschichte der neueren Sprachwissenschaft. München. (2.Aufl.)

Helbig, Gerhard (1990): Entwicklung der Sprachwissenschaft seit 1970. Opladen. (2.Aufl.)

Kap. 3 Grundbegriffe der Sprachwissenschaft

Einführungen in die Linguistik:

Angelika Linke/Markus Nussbaumer/Paul Portmann (2004): Studienbuch Linguistik. Tübingen (Reihe Germanistische Linguistik 121), 5. Auflage.

Albert Busch/Oliver Stenschke (2008): Germanistische Linguistik. Eine Einführung. 2. Aufl. Tübingen.

Lyons, John (1983): Die Sprache. München.

Zitierte oder erwähnte Klassiker und Handbücher:

Bloomfield, Leonard (1933): Language. London 1967. [zuerst 1933]

Bühler, Karl (1934): Sprachtheorie. Die Darstellungsfunktion der Sprache. Stuttgart 1965 [zuerst 1934].

Chomsky, Noam (1965): Aspekte der Syntaxtheorie. Frankfurt/M. 1969 [engl. Orig. 1965].

Chomsky, Noam (1981): Lectures on Government and Binding. Dordrecht.

Humboldt, Wilhelm von (1835): Ueber die Verschiedenheit des menschlichen Sprachbaus und ihren Einfluss auf die Entwicklung des Menschengeschlechts. In: Ders.: Schriften zur Sprachphilosophie. Werke Band 3. Darmstadt 1963. [Unterscheidung *ergon/energeia* auf S. 418]

Keller, Rudi (1985): Zeichentheorie. Zu einer Theorie des semiotischen Wissens. Tübingen.

Nöth Winfried (1985): Handbuch der Semiotik. Stuttgart.
Ogden, C. K./Richards, I. A. (1923): The Meaning of Meaning. New York, London.
Paul, Hermann (1880): Prinzipien der Sprachgeschichte. Tübingen.
Peirce, Charles Sanders (1931–35): Collected Papers. Vol. 1 8. Cambridge, MA: Harvard University Press 1931–1935, 1958. [Zitierweise: Bandnummer und Nummer des Textstücks, z. B. 2.275; Unterscheidung *type/token* in CP 4.537]
Peirce, Charles Sanders (1983): Phänomen und Logik der Zeichen. Hrsg. v. Helmut Pape. Frankfurt/M.
de Saussure, Ferdinand (1916): Grundfragen der allgemeinen Sprachwissenschaft. Hrsg. v. Ch. Bally und A. Sechehaye. Berlin 1967. [franz. Orig. 1916]

Kap. 4 Das Material der Sprache I: Laute, Silben, Morpheme
Kap. 4.1 Laute
Einführungen:
[Siehe auch die Kapitel zur Phonetik und Phonologie in den allgemeinen Einführungen von Linke u.a. und Busch/Stenschke (s. o. unter den Hinweisen zu Kap. 3)]
Ramers, Karl-Heinz (1998): Einführung in die Phonologie. München.

Zitierte oder erwähnte Klassiker:
Trubetzkoy, Nicolai S. (1939): Grundzüge der Phonologie. Göttingen 1971 [zuerst 1939].
Bloomfield, Leonard (1933): Language. London 1967. [zuerst 1933]

Kap. 4.2 Morpheme und Kap. 4.3 Morphemtypen
Einführungen:
[Siehe auch die Kapitel zur Morphologie in den allgemeinen Einführungen von Linke u.a. und Busch/Stenschke (s. o. unter den Hinweisen zu Kap. 3)]
Heringer, Hans-Jürgen (2009): Morphologie. (LIBAC Einführungen UTB 3204) Paderborn.
Bergenholtz, Henning/Mugdan, Joachim (1979): Einführung in die Morphologie. Stuttgart.
Bauer, Laurie (1994): Introducing linguistic morphology. Edinburgh.
Weber, Heinrich (1980): Morphemik. In: H.P.Althaus/ H.Henne/ H.E.Wiegand (Hrsg.): Lexikon der germanistischen Linguistik. 2. Aufl. Tübingen, 159–169.

Zitierte oder erwähnte Klassiker:
Baudouin de Courtenay, Jan (1895): Versuch einer Theorie phonetischer Alternationen. Straßburg.
Bloomfield, Leonard (1933): Language. London 1967 [zuerst 1933].
Trubetzkoy, Nicolai S. (1939): Grundzüge der Phonologie. Göttingen 1971 [zuerst 1939].

Kap. 5 Das Material der Sprache II: Wörter, Wortstrukturen, Wortbildung, Wortbedeutung

Kap. 5.1 Wortbegriffe, Worttypen, Wortarten

Einführungen:

[Siehe auch die Kapitel zur Morphologie und Lexikologie in den allgemeinen Einführungen von Linke u.a. und Busch/Stenschke (s. o. unter den Hinweisen zu Kap. 3)]

Schippan, Thea (1992): Lexikologie der deutschen Gegenwartssprache. Tübingen.

Kühn, Ingrid (1994): Lexikologie. Eine Einführung. Tübingen. (Germanist. Arbeitshefte 35)

Reichmann, Oskar (1976): Germanistische Lexikologie. 2. Aufl. Stuttgart. (Sammlung Metzler 82)

Kap. 5.2 Wortbildung

Einführungen:

[Siehe auch die Kapitel zur Wortbildung in den allgemeinen Einführungen in die Linguistik von Linke u.a. und Busch/Stenschke (s. o. unter den Hinweisen zu Kap. 3), sowie in den Einführungen in die Morphologie (s. o. zu Kap. 4.2) und Lexikologie (s. o. zu Kap. 5.1)]

Eichinger, Ludwig M. (1994): Deutsche Wortbildung. Heidelberg.

Fleischer, Wolfgang/Barz, Ingrid (1995): Wortbildung der deutschen Gegenwartssprache. Tübingen. (2. erg. Aufl.)

Naumann, Bernd (1986): Einführung in die Wortbildungslehre des Deutschen. Tübingen. (2. Aufl.)

Zitierte oder erwähnte Forschungsliteratur:

Selkirk, Elisabeth O. (1982): The Syntax of Words. Cambridge, Mass./London.

Heringer, Hans-Jürgen (1984): Wortbildung – Sinn aus dem Chaos. In: Deutsche Sprache 12, 1–13.

Kap. 5.3 Wortbedeutung/Wortsemantik

Einführungen:

Busse, Dietrich (2009): Semantik. München. (UTB LIBAC 3280)

Löbner, Sebastian (2003): Semantik. Eine Einführung. Berlin/New York.

Lyons, John (1980): Semantik. 2 Bände. München.

Lyons, John (1983): Die Sprache. München.

Lyons, John (1995): Linguistic Semantics. An introduction. Cambridge. (2. Aufl. 2002)

Polenz, Peter von (1985): Deutsche Satzsemantik. Grundbegriffe des Zwischen-den-Zeilen-Lesens. Berlin/New York.

Zitierte oder erwähnte Klassiker und Forschungsliteratur:

Carnap, Rudolf (1934): Logische Syntax der Sprache. Wien, 2. Aufl. 1968.

Carnap, Rudolf (1956): Meaning and Necessity. Chicago/London, erw. Ausg. 1956 [zuerst 1947].

Frege, Gottlob (1892): Über Sinn und, Bedeutung. In: Ders.: Funktion, Begriff, Bedeutung. Fünf logische Studien. Hg. u. eingel. v. G. Patzig. 5. Aufl. Göttingen 1980.

Frege, Gottlob (1891): Funktion, Begriff, Bedeutung. In: Ders.: Funktion, Begriff, Bedeutung. Fünf logische Studien. Hg. u. eingel. v. G. Patzig. 5. Aufl. Göttingen 1980.

Geeraerts, Dirk (1989): Prospects and problems of prototype theory – Introduction. In: Linguistics 27 (4), 587–612.

Greimas, Algirdas Julien (1971): Strukturale Semantik. Braunschweig [zuerst 1960].

Grice, Herbert Paul (1957): Meaning. In: Philosophical Review 66, 311 – 388. [Dt. in: Georg Meggle (Hrsg.): Handlung, Kommunikation, Bedeutung. Frankfurt a. M. 1979, 2 – 15.]

Grice, Herbert Paul (1975): Logic and Conversation. In: Peter Cole/Jerry L. Morgan (eds.): Syntax and Semantics Vol. 3: Speech Acts. New York/San Francisco/London, 41 – 58. [Dt. in: Georg Meggle (Hrsg.): Handlung, Kommunikation, Bedeutung. Frankfurt a. M. 1979, 243 – 265.]

Hjelmslev, Louis (1943): Prolegomena zu einer Sprachtheorie. München 1974. [dänische Erstfassung 1943]

Locke, John (1690): An Essay concerning Human Understanding. London: Printed for Tho. Basset. Sold by Edw. Mory,

Martinet, André (1949): La double articulation linguistique. In: Travaux du Cercle Linguistique de Copenhague 5, 30–37.

Morris, Charles W. (1938): Foundations of a Theory of Signs. Chicago. [dt. Grundlagen der Zeichentheorie. München 1972]

Putnam, Hilary (1979): Die Bedeutung von „Bedeutung“. Frankfurt am Main.

Rosch, Eleanor (1977): Human Categorization. In: N.Warren (ed.): Studies in Cross-cultural Psychology. Vol. 1. London/New York/San Francisco, 1 – 49.

Schippan, Thea (1992): Lexikologie der deutschen Gegenwartssprache. Tübingen.

Wiegand, Herbert Ernst/Wolski, Werner (1980): Lexikalische Semantik. In: H.P.Althaus/ H.Henne/ H.E.Wiegand (Hrsg.): Lexikon der germanistischen Linguistik. 2. Aufl. Tübingen, 199–211.

Wittgenstein, Ludwig (1915/1960): Tractatus logico-philosophicus. Frankfurt am Main.

Wittgenstein, Ludwig (1953/1971): Philosophische Untersuchungen. Frankfurt am Main.

5.4 Phraseologismen und idiomatische Wendungen

Einführungen:

Palm, Christine (1997): Phraseologie. Eine Einführung. 2. Aufl. Tübingen.

Burger, Harald (2007): Phraseologie. Eine Einführung am Beispiel des Deutschen. 3 Aufl. Berlin.

Fleischer, Wolfgang (1997): Phraseologie der deutschen Gegenwartssprache. 2 Aufl. Tübingen.

Wörterbücher, Lexika:

Duden Bd. 11 (2002): Redewendungen. Wörterbuch der deutschen Idiomatik. 2 Aufl. Mannheim.
Friederich, Wolf (1976): Moderne deutsche Idiomatik. Alphabetisches Wörterbuch mit Definitionen und Beispielen. 2. Aufl. München.
Görner, Herbert (1984): Redensarten. Kleine Idiomatik der deutschen Sprache. 4. Auflage. Leipzig.
Röhrich, Lutz (2003): Lexikon der sprichwörtlichen Redensarten. 3 Bände. 6. Aufl. Freiburg [u.a.].
Schemann, Hans (1993): Deutsche Idiomatik. Die deutschen Redewendungen im Kontext. Stuttgart.

Kap. 6 Die Struktur sprachlicher Äußerungen I: Sätze, Satzstrukturen, Satzbedeutung

Kap. 6.1 Begriff „Satz“ und Satzstrukturen (Grundzüge der Satzgrammatik des Deutschen)

Einführungen:

Linke, Angelika/Nussbaumer, Markus/Portmann, Paul R. (2004): Studienbuch Linguistik, 5. Erweiterte Aufl. Tübingen: Niemeyer. (Reihe Germanistische Linguistik. Band 121)
Dürscheid, Christa (2000): Syntax. Grundlagen und Theorien. Wiesbaden.
Hentschel, Elke/Weydt, Harald (1994): Handbuch der deutschen Grammatik. Berlin. (2. durchges. Aufl.)
Heringer, Hans-Jürgen/Strecker, Bruno/Wimmer, Rainer (1980): Syntax. München.

Zitierte oder erwähnte Grammatiken:

Eisenberg, Peter (2004a): Grundriss der deutschen Grammatik. Band 1: Das Wort. 2. Auflage. Stuttgart.
Eisenberg, Peter (2004b): Grundriss der deutschen Grammatik. Band 2: Der Satz. 2. Auflage. Stuttgart.
DUDEN. Bd. 4. Die Grammatik. Grammatik der deutschen Gegenwartssprache. Hrsg. v. der Dudenredaktion. 7. Auflage. Mannheim 2005. [auch zitiert: 4. Aufl. 1984]
Helbig, Gerhard/Joachim Buscha (1981): Deutsche Grammatik. Ein Handbuch für den Ausländerunterricht. Leipzig.

Zitierte, erwähnte oder verwendete Forschungsliteratur:

Brinker, Klaus (1977): Modelle und Methoden der strukturalistischen Syntax. Stuttgart.
Drach, Erich (1937): Grundgedanken der deutschen Satzlehre. Diesterweg, Frankfurt am Main [4. unveränderte Auflage 1963]
Grewendorf, Günther/Fritz Hamm/Wolfgang Sternefeld (1987): Sprachliches Wissen. Eine Einführung in moderne Theorien der grammatischen Beschreibung. Frankfurt a.M. (Kap. IV, S. 150–252.)
Heringer, Hans-Jürgen (1970): Theorie der deutschen Syntax. München.
Heringer, Hans-Jürgen (1972): Deutsche Syntax. Berlin.
Heringer, Hans-Jürgen/Strecker, Bruno/Wimmer, Rainer (1980): Syntax. München.

Hundsnurscher Fritz (1980): Syntax. In: K.P.Althaus/H.Henne/H.E.Wiegand (Hrsg.): Lexikon der Germanistischen Linguistik. Bd. 1. Tübingen.
Lakoff, George (1987): Women, Fire, and Dangerous Things. Chicago u.a.
Ries John (1931): Was ist ein Satz? Prag.
Tesnière, Lucien (1959): Eléments de syntaxe structurale. Paris. [Dt.: Grundzüge der strukturalen Syntax. Hg. und übs. von U. Engel. Stuttgart 1980] [Auszüge in: Ludger Hoffmann (Hrsg.): Sprachwissenschaft. Ein Reader. Berlin: de Gruyter 1996, 517 -542].
Welke, Klaus M. (1988): Einführung in die Valenz- und Kasustheorie. Leipzig.
Ziem, Alexander/Lasch, Alexander (2013): Konstruktionsgrammatik. Konzepte und Grundlagen gebrauchsbasierter Ansätze. Berlin/Boston.

Kap. 6.1 Satzsemantik

Einführungen:

Busse, Dietrich (2009): Semantik. München. (UTB LIBAC 3280)
Löbner, Sebastian (2003): Semantik. Eine Einführung. Berlin/New York.
Polenz, Peter von (1985): Deutsche Satzsemantik. Grundbegriffe des Zwischen-den-Zeilen-Lesens. Berlin/New York.

Kap. 7 Die Struktur sprachlicher Äußerungen II: Texte, Textstrukturen, Textbedeutung

Kap. 7.1 Der Begriff „Text" und Kriterien für Textualität und Kap. 7.2 Analyse von Textstrukturen

Einführungen und Handbücher:

Brinker, Klaus (1985): Linguistische Textanalyse. Eine Einführung in Grundbegriffe und Methoden. Berlin.
de Beaugrande, Robert-Alain /Wolfgang Ulrich Dressler (1981): Einführung in die Textlinguistik. Tübingen.
Heinemann, Wolfgang/Dieter Viehweger (1991): Textlinguistik. Eine Einführung. Tübingen.
Vater, Heinz (1994): Einführung in die Textlinguistik. Struktur, Thema und Referenz in Texten. München (UTB).
Antos, Gerd/Klaus Brinker/Wolfgang Heinemann/Sven F. Sager (Hrsg.) (2000): Text- und Gesprächslinguistik. Ein internationales Handbuch zeitgenössischer Forschung. 1. Halbband. (Handbücher zur Sprach- und Kommunikationswissenschaft, Band 16.1) Berlin/ New York.

Zitierte oder erwähnte Forschungsliteratur:

Mathesius, Vilém (1929): Die Funktionale Linguistik. In: Beneš, E./Vachek, J. (Hrsg.): Stilistik und Soziolinguistik. Beiträge der Prager Schule zur strukturellen Sprachbetrachtung und Spracherziehung. Berlin 1971, 1–18. [zuerst 1929]
Polenz, Peter von (1985): Deutsche Satzsemantik. Grundbegriffe des Zwischen-den-Zeilen-Lesens. Berlin/New York.

Schmidt, Siegfried J. (1976): Texttheorie. Probleme einer Linguistik der sprachlichen Kommunikation. München.
Searle, John R. (1971): Sprechakte. Ein sprachphilosophischer Essay. Frankfurt am Main.
Toulmin, Stephen (1958): The Uses of Argument. [Dt.: Der Gebrauch von Argumenten. Weinheim 1996[2].]
Ziem, Alexander (2010): Welche Rolle spielt der Kontext beim Sprachverstehen? Zum Stand der psycholinguistischen und kognitionswissenschaftlichen Forschung. In: Klotz, Peter/Portmann, Paul R./Weidacher, Georg (Hgg.): Text-Zeichen und Kon-Texte. Studien zu soziokulturellen Konstellationen literalen Handelns, Tübingen.

Kap. 7.3 Textbedeutung/Textsemantik

Zur Einführung:

Busse, Dietrich (2009): Semantik. München. (UTB LIBAC 3280) [Kap. 7.3]
Busse, Dietrich (2015): Sprachverstehen und Textinterpretation. Grundzüge einer verstehenstheoretisch reflektierten interpretativen Semantik. Wiesbaden. [Kap. 6.2]

Zitierte oder erwähnte Forschungsliteratur:

Agricola, Erhard/Viehweger, Dieter (1983): Textlinguistik. In: E. Agricola u.a.: Kleine Enzyklopädie: Deutsche Sprache. Leipzig, 211 – 237.
de Beaugrande, Robert-Alain /Wolfgang Ulrich Dressler (1981): Einführung in die Textlinguistik. Tübingen.
Biere, Bernd Ulrich (1989): Verständlich-Machen. Hermeneutische Tradition – Historische Praxis – Sprachtheoretische Begründung. Tübingen.
Brinker, Klaus (1985): Linguistische Textanalyse. Eine Einführung in Grundbegriffe und Methoden. Berlin.
Dijk, Teun A. van (1980): Textwissenschaft. Eine interdisziplinäre Einführung. Tübingen.
Fillmore, Charles J. (1984): Lexical semantics and text semantics. In: James E. Copeland (ed.): New Directions in Linguistics and Semantics. Houston, 123–147.
Greimas, Algirdas Julien (1971): Strukturale Semantik. Braunschweig [zuerst 1960].
Kallmeyer, Werner/Klein, Wolfgang/Meyer-Hermann, Reinhard/Netzer, Klaus/Siebert, Hans-Jürgen (1974): Lektürekolleg zur Textlinguistik. Band 1: Einführung. Königstein/Ts., 3. Auflage 1980 [Zuerst 1974]
Kallmeyer, Werner/Meyer-Hermann, Reinhard (1980): Textlinguistik. In: Hans Peter Althaus/Helmut Henne/Herbert Ernst Wiegand (Hrsg.): Lexikon der germanistischen Linguistik. Tübingen: Niemeyer, 242 – 258.
Scherner, Maximilian (1984): Sprache als Text. Ansätze zu einer sprachwissenschaftlich begründeten Theorie des Textverstehens. Tübingen.
Schmidt, Siegfried J. (1976): Texttheorie. Probleme einer Linguistik der sprachlichen Kommunikation. München.

Kap. 8 Funktionen und Gebrauch sprachlicher Äußerungen: Sprechakte und andere Aspekte der linguistischen Pragmatik

Einführungen:

[Siehe auch die Kapitel zur Pragmatik in den allgemeinen Einführungen von Linke u.a. und Busch/Stenschke (s. o. unter den Hinweisen zu Kap. 3)]

Levinson, Stephen (1990): Pragmatik. Tübingen.

Hindelang, Götz (2010): Einführung in die Sprechakttheorie. (5. neubearbeitete und erweiterte Auflage.) Tübingen.

Meibauer, Jörg (2001): Pragmatik. (Zweite, verbesserte Auflage.) Tübingen.

Busse, Dietrich (2009): Semantik. München. (UTB LIBAC 3280) [Kap. 3 Pragmatische Semantik]

Zitierte oder erwähnte Klassiker und Forschungsliteratur:

Austin, John L. (1962): Zur Theorie der Sprechakte. (How to do things with Words.) Stuttgart 1972 [engl. Orig. 1962]

Bühler, Karl (1934): Sprachtheorie. Die Darstellungsfunktion der Sprache. Stuttgart 1965 [zuerst 1934].

Frege, Gottlob (1891): Funktion, Begriff, Bedeutung. In: Ders.: Funktion, Begriff, Bedeutung. Fünf logische Studien. Hg. u. eingel. v. G. Patzig. 5. Aufl. Göttingen 1980. [zuerst 1891].

Gazdar, Gerald (1979): Pragmatics: Implicature, presupposition, and logical form. New York.

Grice, Herbert Paul (1975): Logic and Conversation. In: Peter Cole/Jerry L. Morgan (eds.): Syntax and Semantics Vol. 3: Speech Acts. New York/San Francisco/London, 41 – 58. (Dt. in: Georg Meggle (Hrsg.): Handlung, Kommunikation, Bedeutung. Frankfurt a. M. 1979, 243 – 265.) [zuerst 1968].

Heringer, Hans-Jürgen (1974): Praktische Semantik. Stuttgart.

Heringer, Hans-Jürgen/Öhlschläger, Günther/Strecker, Bruno/Wimmer, Rainer (1977): Einführung in die Praktische Semantik. Heidelberg.

Morris, Charles W. (1938): Foundations of a Theory of Signs. Chicago. [dt. Grundlagen der Zeichentheorie. München 1972]

Rolf, Eckhard (1994): Sagen und Meinen. Paul Grices Theorie der Konversations-Implikaturen. Opladen.

Russell, Bertrand (1903): The Principles of Mathematics. Cambridge.

Searle, John R. (1965): What is a speech act? In: Horst Holzer/Karl Steinbacher (Hrsg.): Sprache und Gesellschaft. Hamburg 1972. S. 153–173. [amerikan. Orig.: Speech Acts. 1965].

Searle, John R. (1971): Sprechakte. Ein sprachphilosophischer Essay. Frankfurt am Main. [amerikan. Orig.: Speech Acts. 1969].

Strawson, Peter F. (1950): On Referring. In: Ders.: Logico-linguistic Papers. London 1971, 1 – 27. [Zuerst in: Mind LIX, 1950, 320 – 344.]

Strawson, Peter F. (1952): Introduction to Logical Theory. London.

Wittgenstein, Ludwig (1953/1971): Philosophische Untersuchungen. Frankfurt am Main.

Kap. 9 Erscheinungsformen der Sprache I: Varietäten (Dialekte, Soziolekte, funktionale, mediale und situative Varianten der Sprache)

Allgemeine Einführungen und Handbücher zur Soziolinguistik/Varietätenlinguistik:

[Siehe auch die Kapitel zur Soziolinguistik in den allgemeinen Einführungen von Linke u.a. und Busch/Stenschke (s. o. unter den Hinweisen zu Kap. 3)]

Löffler, Heinrich (1994): Germanistische Soziolinguistik. Berlin.

Steger, Hugo (1980): Soziolinguistik. In: H.P.Althaus/H.Henne/H.E.Wiegand (Hrsg.): Lexikon der Germanistischen Linguistik. Tübingen, S. 245–254.

Dittmar, Norbert (1997): Grundlagen der Soziolinguistik: Ein Arbeitsbuch mit Aufgaben. Tübingen.

Veith, Werner H. (2002): Soziolinguistik. Ein Arbeitsbuch. Tübingen.

Ammon, Ulrich/Dittmar, Norbert/Mattheier, Klaus J. (Hrsg.) (1987/1988): Sociolinguistics/Soziolinguistik. Ein internationales Handbuch zur Wissenschaft von Sprache und Gesellschaft. 2 Bände. Berlin; New York.

Braun, Peter (1993): Tendenzen in der deutschen Gegenwartssprache. Sprachvarietäten. Stuttgart.

Zitierte oder erwähnte Forschungsliteratur (im Einleitungsteil des Kapitels):

Steger, Hugo (1988): Erscheinungsformen der deutschen Sprache. In: Deutsche Sprache 16, S. 289–319.

Kap. 9.1 Dimensionen sprachlicher Vielfalt/Variationstypen der Sprache

Zitierte oder erwähnte Forschungsliteratur:

[Siehe auch die allgemeinen Einführungen in die Soziolinguistik von Löffler, Dittmar, Veith und Steger (s. o. unter den allgemeinen Hinweisen zu Kap. 9)]

Busse, Dietrich (2006): Sprachnorm, Sprachvariation, Sprachwandel. Überlegungen zu einigen Problemen der sprachwissenschaftlichen Beschreibung des Deutschen im Verhältnis zu seinen Erscheinungsformen. In: Deutsche Sprache, 34. Jg., Heft 4, 314 – 333.

Kap. 9.2 Dialekt als Varietät: räumlich, sozial oder situativ?

Einführungen, Handbücher und Überblicksartikel:

[Siehe auch die Kapitel zur Dialektologie in den allgemeinen Einführungen in die Soziolinguistik von Löffler, Dittmar, Veith und Steger (s. o. unter den allgemeinen Hinweisen zu Kap. 9)]

Niebaum, Hermann/Macha, Jürgen (1999): Einführung in die Dialektologie des Deutschen. Tübingen.

Löffler, Heinrich (1980): Probleme der Dialektologie. Eine Einführung. 2. durchges. u. erw. Auflage. Darmstadt.

Löffler, Heinrich (1980): Dialekt. In: H.P.Althaus/H.Henne/H.E.Wiegand (Hrsg.): Lexikon der Germanistischen Linguistik. Tübingen, S. 453–457.

König, W. ([10]1994): dtv-Atlas zur deutschen Sprache. München.

Besch, Werner/Ulrich Knoop/Wolfgang Putschke/Herbert Ernst Wiegand (Hrsgg.) (1982/83): Dialektologie. Ein Handbuch zur deutschen und allgemeinen Dialektforschung. 2 Halbbde. Berlin.

Zitierte oder erwähnte Forschungsliteratur:

Wiesinger, Peter (1980): „Sprache“, „Dialekt“ und „Mundart“ als sachliches und terminologisches Problem. In: Joachim Göschel/Pavle Ivić/Kurt Kehr (Hrsg.): Dialekt und Dialektologie. (= Zeitschrift für Dialektologie und Linguistik, Beiheft Neue Folge 26) Wiesbaden, 177–198.

Wiesinger, Peter (1983) Die Einteilung der deutschen Dialekte. In: Werner Besch/ Ulrich Knoop/Wolfgang Putschke/Herbert Ernst Wiegand (Hrsgg.), Dialektologie. Ein Handbuch zur deutschen und allgemeinen Dialektforschung. Berlin/New York, 807–900.

Kap. 9.3 Soziolekte/Gruppensprachen

Einführungen, Handbücher und Überblicksartikel:

[Siehe auch die Kapitel zu Soziolekten in den allgemeinen Einführungen in die Soziolinguistik von Löffler, Dittmar, Veith und Steger (s. o. unter den allgemeinen Hinweisen zu Kap. 9)]

Löffler, Heinrich (1994): Germanistische Soziolinguistik. Berlin.

Hartig, Matthias (1998): Soziolinguistik des Deutschen. 2. überarb. Auflage. Berlin.

Bausch, Karl-Heinz (1980): Soziolekt. In: H.P.Althaus/H.Henne/H.E.Wiegand (Hrsg.): Lexikon der Germanistischen Linguistik. Tübingen, S. 358–363.

Steger, Hugo (1980): Soziolinguistik. In: H.P.Althaus/H.Henne/H.E.Wiegand (Hrsg.): Lexikon der Germanistischen Linguistik. Tübingen, S. 245–254.

Kubczak, Hartmut (1987): Soziolekt. In: Ammon/Dittmar/Mattheier (Hg.): Soziolinguistik. Halbbd. 1. Berlin; New York, S. 268–273.

Ammon, Ulrich/Dittmar, Norbert/Mattheier, Klaus J. (Hrsg.) (1987/1988): Sociolinguistics/Soziolinguistik. Ein internationales Handbuch zur Wissenschaft von Sprache und Gesellschaft. 2 Bände. Berlin; New York.

Zitierte oder erwähnte Forschungsliteratur:

Havránek, Bohuslav (1969): Die Theorie der Schriftsprache. In: Detlef C. Kochan (Hg.): Stilistik und Soziolinguistik. Beiträge der Prager Schule zur strukturellen Sprachbetrachtung und Spracherziehung. Berlin 1971, 19–37. [zuerst 1969]

Henne, Helmut (1986): Jugend und ihre Sprache. Darstellungen, Materialien, Kritik. Berlin/New York.

Steinig, Wolfgang (1976): Soziolekt und soziale Rolle. Untersuchungen zu Bedingungen und Wirkungen von Sprachverhalten unterschiedlicher gesellschaftlicher Gruppen in verschiedenen sozialen Situationen. Düsseldorf.

Kap. 9.4 Fachsprachen und Institutionensprachen

Einführungen, Handbücher und Überblicksartikel:

Roelcke, Thorsten (1999): Fachsprachen. Berlin.

Fluck, Hans-Rüdiger ([2]1989): Fachsprachen. Einführung und Bibliographie. Tübingen.

Fluck, Hans-Rüdiger (1998): Fachsprachen und Fachkommunikation. Heidelberg.

Möhn, Dieter/Pelka, Roland (1984): Fachsprachen. Eine Einführung. Tübingen.

Hahn, Walther von (1980): Fachsprachen. – In: H.P.Althaus/H.Henne/H.E.Wiegand (Hrsg.): Lexikon der Germanistischen Linguistik. Tübingen, S. 390–396.

Hoffmann, Lothar/Hartwig Kalverkämper/Herbert Ernst Wiegand (Hrsg.) (1999): Fachsprachen – Ein internationales Handbuch zur Fachsprachenforschung und Terminologiewissenschaft. 2 Bände. (=Handbücher zur Sprach- und Kommunikationswissenschaft 14.1 und 14.2) Berlin/New York.

Kap. 9.5 Standardsprache

Einführungen und Überblicksartikel*:*

Ammon, Ulrich (1995): Die deutsche Sprache in Deutschland, Österreich und der Schweiz. Das Problem der nationalen Varietäten. Berlin.

Jäger, S. (1980): Standardsprache. In: H.P.Althaus/H.Henne/H.E.Wiegand (Hrsg.): Lexikon der Germanistischen Linguistik. Tübingen, S. 375ff.

Bichel, Ulf (1980): Umgangssprache. In: H.P.Althaus/H.Henne/H.E.Wiegand (Hrsg.): Lexikon der Germanistischen Linguistik. Tübingen, S. 379–383.

Eggers, Hans (1980): Deutsche Standardsprache des 19./20. Jahrhunderts. In: H.P.Althaus/H.Henne/H.E.Wiegand (Hrsg.): Lexikon der Germanistischen Linguistik. Tübingen, 603–608.

Glinz, Hans (1980): Deutsche Standardsprache der Gegenwart. In: H.P.Althaus/H. Henne/H.E.Wiegand (Hrsg.): Lexikon der Germanistischen Linguistik. Tübingen, S. 609–618.

Baum, Richard (1987): Hochsprache, Literatursprache, Schriftsprache. Darmstadt.

9.6 Schriftlichkeit und Mündlichkeit

Handbücher Überblicksliteratur:

Glück, Helmut (1987): Schrift und Schriftlichkeit. Eine sprach- und kulturwissenschaftliche Studie. Stuttgart.

Günther, Hartmut/Ludwig Otto (1994/96) (Hrsg.): Schrift und Schriftlichkeit. Ein interdisziplinäres Handbuch internationaler Forschung. 2 Halbbde. (HSK 10.1; 10.2) Berlin/New York.

Zitierte Forschungsliteratur:

Koch, Peter/Oesterreicher, Wulf (1985): Sprache der Nähe – Sprache der Distanz. Mündlichkeit und Schriftlichkeit im Spannungsfeld von Sprachtheorie und Sprachgeschichte. In: Romanistisches Jahrbuch 36/85, 15–43.

Koch, Peter/Oesterreicher, Wulf (1994): Schriftlichkeit und Sprache. In: Hartmut Günther/Otto Ludwig (Hrsg.): Schrift und Schriftlichkeit. Writing and Its Use. Ein interdisziplinäres Handbuch internationaler Forschung. An Interdisciplinary Handbook of International Research. Berlin/New York, 587–604.

Kap. 10 Erscheinungsformen der Sprache II: Textsorten und Textstile

Einführungen, Handbücher und Überblicksartikel:

Brinker, Klaus (1985): Linguistische Textanalyse. Eine Einführung in Grundbegriffe und Methoden. Berlin.

Brinker, Klaus/Ausborn-Brinker, Sandra (2010): Linguistische Textanalyse. Eine Einführung in Grundbegriffe und Methoden. 7., durchges. Aufl. Berlin. (ESV basics, 29).

Fix, Ulla/Poethe, Hannelore et al. (2003): Textlinguistik und Stilistik für Einsteiger. Ein Lehr- und Arbeitsbuch. 3., durchges. Aufl. Frankfurt am Main (Leipziger Skripten1).

Heinemann, Wolfgang/Dieter Viehweger (1991): Textlinguistik. Eine Einführung. Tübingen.

Antos, Gerd/Klaus Brinker/Wolfgang Heinemann/Sven F. Sager (Hrsg.) (2000): Text- und Gesprächslinguistik. Ein internationales Handbuch zeitgenössischer Forschung. 1. Halbband. (Handbücher zur Sprach- und Kommunikationswissenschaft, Band 16.1) Berlin/ New York.

Kap. 10.1 Analyse und Typologie der Textfunktionen

Zitierte oder erwähnte Forschungsliteratur:

Antos, Gerd (1982): Grundlagen einer Theorie des Formulierens : Textherstellung in geschriebener u. gesprochener Sprache. Tübingen,

Bühler, Karl (1934): Sprachtheorie. Die Darstellungsfunktion der Sprache. Stuttgart 1965 [zuerst 1934].

Große, Ernst U. (1976): Text und Kommunikation. Eine linguistische Einführung in die Funktionen der Texte. Stuttgart.

Sandig, Barbara (2006): Textstilistik des Deutschen. 2., völlig neu bearb. und erw. Aufl. Berlin.

Searle, John R. (1971): Sprechakte. Ein sprachphilosophischer Essay. Frankfurt am Main.

Kap. 10.2 Analyse und Typologie der Textsorten

Zitierte oder erwähnte Forschungsliteratur:

Adamzik, Kirsten (2001) Die Zukunft der Text(sorten)linguistik, Textsortennetze, Textsortenfelder, Textsorten im Verbund. In: Ulla Fix/Stephan Habscheid/Joseph Klein (Hrsg): Zur Kulturspezifik von Textsorten. Tübingen, S. 15–30.

Bickes, Christine (1993): Wie schreiben Griechen und Deutsche? Eine kontrastive textlinguistische Analyse. München.

Dimter, Matthias (1981): Textklassenkonzepte heutiger Alltagssprache. Tübingen.

Fix, Ulla (1999): Textsorte – Textmuster – Textmustermischung. Konzept und Analysebeispiel. In: Marie-Helene Perennec (Hrsg.): Textlinguistik: An- und Aussichten. Cahiers d'études Germaniques 1999/2, No. 37, S. 11–26.

Fix, Ulla (1997): Kanon und Auflösung des Kanons. Typologische Intertextualität, ein „postmodernes" Stilmittel? Eine thesenhafte Darstellung. In: Gerd Antos/Heike Tietz: Die Zukunft der Textlinguistik. Traditionen, Transformationen, Trends, Tübingen, S. 97–108

Fix, Ulla/Poethe, Hannelore et al. (2003): Textlinguistik und Stilistik für Einsteiger. Ein Lehr- und Arbeitsbuch. 3., durchges. Aufl. Frankfurt am Main (Leipziger Skripten1).

Linke, Angelika/Markus Nussbaumer/Paul Portmann (2004): Studienbuch Linguistik. Tübingen (Reihe Germanistische Linguistik 121), 5. Auflage.

Kap. 10.3 Grundzüge der linguistischen Stilistik

Einführungen, Handbücher und Überblicksartikel zur Linguistischen Stilistik (des Deutschen):

Graubner, Hans (1973): Stilistik. In: H.L. Arnold/V. Sinemus (Hrsg.): Grundzüge der Literatur- und Sprachwissenschaft. Bd. 1. München, 164 – 187.

Püschel, Ulrich (1980): Linguistische Stilistik. In:: H.P.Althaus/H.Henne/H.E.Wiegand (Hrsg.): Lexikon der Germanistischen Linguistik. Tübingen, 304 – 313.

Sandig, Barbara (1978): Stilistik. Sprachpragmatische Grundlegungen der Stilbeschreibungen. Berlin.

Sandig, Barbara (1986): Stilistik der deutschen Sprache. Berlin.

Sandig, Barbara (1995): Tendenzen der linguistischen Stilforschung. In: Gerhard Stickel (Hrsg.): Stilfragen (= Jahrbuch 1994 des Instituts für deutsche Sprache Mannheim) Berlin, 27 – 61.

Sandig, Barbara (2006): Textstilistik des Deutschen. 2., völlig neu bearb. und erw. Aufl. Berlin.

Sandig, Barbara (Hrsg.) (1983): Stilistik I. Probleme der Stilistik. Hildesheim.

Sandig, Barbara (Hrsg.) (1983): Stilistik II. Gesprächsstile. Hildesheim.

Sandig, Barbara (Hrsg.) (1993): Stilistik III. Argumentationsstile. Hildesheim.

Sowinski, Bernhard (1988): Deutsche Stilistik. Frankfurt am Main.

Sowinski, Bernhard (1999): Stilistik. Stuttgart.

Fix, Ulla/Poethe, Hannelore et al. (2003): Textlinguistik und Stilistik für Einsteiger. Ein Lehr- und Arbeitsbuch. 3., durchges. Aufl. Frankfurt am Main (Leipziger Skripten1).

Stickel, Gerhard (Hrsg.) (1995): Stilfragen. Berlin.

Fleischer, Wolfgang u.a. (Hrsg.) (1993): Stilistik der deutschen Gegenwartssprache. Frankfurt a. Main.

Riesel, Elise/Schendels, E. (1979): Deutsche Stilistik. Moskau.

Zitierte oder erwähnte Forschungsliteratur:

Busse, Dietrich (1997): Sprachstil – Sprachnorm – Sprachgebrauch. Zu einem prekären Verhältnis. In: Ulla Fix/Gotthard Lerchner (Hrsg.): Stil und Stilwandel. (= Festschrift für Bernhard Sowinski) Frankfurt am Main/Bern/Nancy/New York, 63 – 81.

Busse, Dietrich (2001): Öffentliche Sprache und politischer Diskurs. Anmerkungen zu einem prekären Gegenstand linguistischer Analyse. In: Hajo Diekmannshenke/ Iris Meißner (Hrsg.): Politische Kommunikation im historischen Wandel. (= Festschrift für Josef Klein) Tübingen, 31 – 55.

Fluck, Hans-Rüdiger (^{2}1989): Fachsprachen. Einführung und Bibliographie. Tübingen.

Schlobinski, Peter u.a. (1993): Jugendsprache. Fiktion und Wirklichkeit. Opladen.

Kap. 10.4 Linguistisch-philologische Analyse von Textsorten und Textstilen

Textquellen/Primärtexte

Mann, Thomas (1961): Briefe 1889–1936. Frankfurt am Main.

Mann, Thomas/Mann, Erika (1965): [Correspondence.]. Briefe, 1948–1955 und Nachlässe. Hrsg. von Erika Mann. Frankfurt am Main.

Mann, Thomas (1968): Briefe und Nachlässe 1947–1955. Hrsg. von Erika Mann. Frankfurt am Main.

Zum 80.Geburtstag von Gija Kantscheli: (https://www.sikorski.de/9921/de/zum_80_geburtstag_von_gija_kantscheli.html)

Klein, Wolf Peter: Der Oberflächenbügler. Fruchtbare Knicke am pädagogisch bewegten Silbengelenk: Zum sechzigsten Geburtstag von Peter Eisenberg. Im Feuilleton-Teil der FAZ vom 18.5.2006, S. 52.

Zitierte oder erwähnte Forschungsliteratur:

Adamzik, Kirsten (2001) Die Zukunft der Text(sorten)linguistik, Textsortennetze, Textsortenfelder, Textsorten im Verbund. In: Ulla Fix/Stephan Habscheid/Joseph Klein (Hrsg): Zur Kulturspezifik von Textsorten. Tübingen, S. 15–30.

Adamzik, Kirsten (2008): Textsorten und ihre Beschreibung. In: Nina Janich (Hrsg): Textlinguistik. 15 Einführungen. Tübingen. S. 150 – 175.

Adamzik, Kirsten (2010): Sprache: Wege zum Verstehen. Tübingen/Basel.

Adamzik, Kirsten (2011): Textsortennetze. In: Stephan Habscheid (Hrsg): Textsorten, Handlungsmuster, Oberflächen. Linguistische Typologien der Kommunikation. Berlin/New York, 367 – 387.

Adamzik, Kirsten (2016): Textlinguistik: Grundlagen, Kontroversen, Perspektiven. Berlin/ Boston.

Bachtin, Michael (2000): Michel M. Bachtin. Autor und Held in der Ästhetischen Tätigkeit. Herausgegeben von Rainer Grübel, Edward Kowalski und Ulrich Schmid. Frankfurt am Main.

Bachtin, Michail M. (2002): Die Ästhetik des Wortes. Hrsg. Rainer Grübel, Frankfurt am Main.

Brinker, Klaus (1997): Zum Zusammenhang von Text- und Stilanalyse am Beispiel eines Offenen Briefes von Günter Grass. In: Ulla Fix/Hans Wellmann (Hrsg.): Stile, Stilprägungen, Stilgeschichte: Über Epochen-, Gattungs- und Autorenstile, Sprachliche Analysen und didaktische Aspekte. Heidelberg, 195 – 206.

Brinker, Klaus (2002): Textsortenbeschreibung auf handlungstheoretischer Grundlage (am Beispiel des Erpresserbriefes). In: Kirsten Adamzik (Hrsg): Texte. Diskurse.

Interaktionen. Analysen zur Kommunikation im öffentlichen Raum. Tübingen, 41–59.

Brinker, Klaus/Ausborn-Brinker, Sandra (2010): Linguistische Textanalyse. Eine Einführung in Grundbegriffe und Methoden. 7., durchges. Aufl. Berlin (ESV basics, 29).

Broich, Manfred (1985): Zur Einzeltextreferenz. In: Broch, Ulrich und Pfister, Manfred (Hrsg.): Intertextualität. Formen, Funktionen, anglistische Fallstudien. Tübingen, S. 1–30.

Busse, Dietrich (1991) Textsorten und Textfunktionen als Problem der sprachwissenschaftlichen Beschreibung. http://www.germanistik.hhu.de/fileadmin/redaktion/Fakultaeten/Philosophische_Fakultaet/Germanistik/Germanistische_Sprachwissenschaft/Dateien/Busse/Text/Busse-UP-1991–02.pdf (19.10.2021, 17:50)

Busse, Dietrich/Teubert, Wolfgang (1994): Ist Diskurs ein sprachwissenschaftliches Objekt? Zur Methodenfrage der historischen Semantik. In: Busse, Dietrich/Hermanns, Fritz/Teubert, Wolfgang (Hrsg.): Begriffsgeschichte und Diskursgeschichte. Methodenfragen und Forschungsergebnisse der historischen Semantik. Opladen: Westdeutscher Verlag S. 10 – 28.

Dimter, Matthias (1981): Textklassenkonzepte heutiger Alltagssprache. Kommunikationssituation, Textfunktion und Textinhalt als Kategorien alltagsprachiger Textklassifikation. Tübingen.

Ermert, Karl (1979): Briefsorten. Untersuchungen zu Theorie und Empirie der Textklassifikation. Tübingen. (Reihe germanistische Linguistik, 20).

Fandrych, Christian/Thurmair, Maria (2011): Textsorten im Deutschen. Linguistische Analysen aus sprachdidaktischer Sicht. Tübingen.

Fix, Ulla/Poethe, Hannelore et al. (2003): Textlinguistik und Stilistik für Einsteiger. Ein Lehr- und Arbeitsbuch. 3., durchges. Aufl. Frankfurt am Main (Leipziger Skripten 1) (zuerst 2001).

Fix, Ulla (2006): Was heißt Texte kulturell verstehen? Ein- und Zuordnungsprozesse beim Verstehen von Texten als kulturellen Entitäten. In: Hardarik Bühdorn/Eva Breindl/Ulrich Hermann Waßner (Hrsg.): Text–Verstehen. Grammatik und darüber hinaus. Berlin/ New York, 254 – 276.

Fix, Ulla (2007): Stil – ein sprachliches und soziales Phänomen. In: Irmhild Barz/Hannelore Poethe/Gabriele Yos (Hrsg.): Beiträge zur Stilistik. Berlin, 25 – 37.

Foucault, Michel (1981): Archäologie des Wissens. Übersetzt von Ulrich Köppen. Frankfurt am Main.

Fraas, Claudia/Klemm, Michael (Hrsg.) (2005): Mediendiskurse: Bestandsaufnahme und Perspektiven. Frankfurt am Main.

Gansel, Christina (2011): Textsortenlinguistik. Wien. Köln. Weimar.

Genette, Gérard (1993): Palimpseste. Die Literatur auf zweiter Stufe. Frankfurt am Main.

Goodman Nelson (1984): Weisen der Welterzeugung. Frankfurt/M.

Gregor-Dellin, Martin (1965): Die Wiederbegegnung mit Deutschland. Thomas Manns Autobiographie in Briefen. In: Christ und Welt, Stuttgart, Ausgabe vom 2.12.1965.

Gventsadze, Msia (2001): Textsorten als linguistisches und sprachdidaktisches Problem. In: Eva Maria Jakobs/Annely Rothkegel (Hrsg.): Perspektiven auf Stil. Tübingen, 361 – 372

Hamburger, Käte (1957): Die Logik der Dichtung. Stuttgart.

Harweg, Roland (1972) Stilistik und Textgrammatik. In: Zeitschrift für Linguistik und Literaturwissenschaft (LiLi) Heft 5, 71 – 82.

Heinemann, Wolfgang/Viehweger, Dieter (1991): Textlinguistik. Tübingen (Reihe germanistische Linguistik, 115. Kollegbuch).

Heinemann, Wolfgang (2005): Textlinguistik versus Diskurslinguistik? In: Mariola Wierzbicka/Malgorzata Sieradzka/Jaromin Homa (Hrsg.): Moderne deutsche Texte. Beiträge der internationalen Germanistenkonferenz in Rzeszów 2004. Frankfurt am Main.

Hermanns, Fritz (2003): Interkulturelle Linguistik. In: Alois Wierlacher/Andrea Bogner (Hrsg.): Handbuch interkulturelle Germanistik. Stuttgart/Weimar, 363 – 372.

Jakubinskij, Lew P.: (1923/1986), O dialogiôeskoj reí i. In: Ders.: Izbrannye raboty: Jazyk i ego funkcionirovanie, M. 1986: 17–58. (Dt. Übersetzung von Kerstin Hommel und Katharina Meng: Über die dialogische Rede. In: Konrad Ehlich/Katharina Meng (Hrsg.): Die Aktualität des Verdrängten: Studien zur Geschichte der Sprachwissenschaft im 20. Jahrhundert. Heidelberg 2004, 383 – 433).

Klein, Josef (2000): Intertextualität, Geltungsmodus, Texthandlungsmuster. Drei vernachlässigte Kategorien der Textsortenforschung – exemplifiziert an politischen und medialen Textsorten. In: K. Adamzik (Hrsg): Textsorten: Analysen und Reflexionen. Tübingen. S.31–44,

Linke, Angelika/Markus Nussbaumer/Paul Portmann (2004): Studienbuch Linguistik. Tübingen (Reihe Germanistische Linguistik 121), 5. Auflage.

Meng, Katharina (1984): L. P. Jakubinskij und der Beginn der sowjetischen Dialogforschung, in: Zeitschrift für Phonetik, Sprachwissenschaft und Kommunikationsforschung 37, 26 – 36.

Pfister, Manfred (1985): Zur Systemreferenz. In: Broch, Ulrich/Pfister, Manfred (Hrsg.): Intertextualität. Formen, Funktionen, anglistische Fallstudien. Tübingen, S. 1–30.

Polenz, Peter von (1985): Deutsche Satzsemantik. Grundbegriffe des Zwischen-den-Zeilen-Lesens. Berlin (Sammlung Göschen, 2226).

Sandig, Barbara (1995): Tendenzen der linguistischen Stilforschung. In: Gerhard Stickel (Hrsg.): Stilfragen (= Jahrbuch 1994 des Instituts für deutsche Sprache Mannheim) Berlin, 27 – 61.

Sandig, Barbara (2006): Textstilistik des Deutschen. 2., völlig neu bearb. und erw. Aufl. Berlin (de Gruyter Studienbuch).

Spillner, Bernd (1974): Linguistik und Literaturwissenschaft. Stilforschung, Rhetorik, Textlinguistik. Stuttgart/Berlin/Köln/Mainz.

Warnke, Ingo (2002): Texte in Texten. Poststrukturalistischer Diskursbegriff und Textlinguistik. In: Kirsten Adamzik (Hrsg): Texte. Diskurse Interaktionsrollen. Analysen zur Kommunikation im öffentlichen Raum. Tübingen, 1 – 17.

Weinrich, Harald (1964): Tempus. Besprochene und erzählte Welt. München. [Neuauflage 2001]
Wenzel, Georg (1969): Thomas Manns Briefwerk. Berlin.

Kap. 11 Kleine deutsche Sprachgeschichte

Einführungen und Handbücher:

Stedje, Astrid (1989): Deutsche Sprache gestern und heute. München. (UTB 1499)
Polenz, Peter von (1978): Geschichte der deutschen Sprache. Berlin. (Sammlung Göschen 2206) [v.a. Kap. IV u. V]
Wolff, Gerhart (1990): Deutsche Sprachgeschichte. Tübingen. (UTB 1581)
Polenz, Peter von (1991): Deutsche Sprachgeschichte vom Spätmittelalter bis zur Gegenwart. Bd. I: Einführung, Grundbegriffe, Deutsch in der frühbürgerlichen Zeit. Berlin. (Sammlung Göschen 2237)
Polenz, Peter von (1994): Deutsche Sprachgeschichte vom Spätmittelalter bis zur Gegenwart. Bd. II: 17. und 18. Jahrhundert. Berlin.
Polenz, Peter von (1999): Deutsche Sprachgeschichte vom Spätmittelalter bis zur Gegenwart. Bd. III: 19. und 20. Jahrhundert. Berlin.
Wells, Christopher J. (1990): Deutsch: Eine Sprachgeschichte bis 1945. Tübingen. (Reihe germanistische Linguistik 93)
Besch, Werner/Oskar Reichmann/Stefan Sonderegger (Hrsg.) (1985): Sprachgeschichte. Ein Handbuch zur Geschichte der deutschen Sprache und ihrer Erforschung. Berlin/New York (Handbücher zur Sprach- und Kommunikationswissenschaft 2.1, 2.2 und 2.3) [darin auch Artikel zu allen Sprachstufen des Deutschen]

Kap. 11.1 Althochdeutsch

Einführungen:

[Siehe auch die Kapitel zu Ahd. in den allgemeinen Einführungen von Stedje, Wolff, von Polenz sowie die Artikel im Handbuch Besch u.a. (s. o. unter den Hinweisen zu Kap. 11 allgemein)]

Sonderegger, Stefan (1987): Althochdeutsche Sprache und Literatur. Berlin/New York.
Wolf, Norbert Richard (1981): Althochdeutsch – Mittelhochdeutsch. Heidelberg. (= Moser/Wellmann/Wolf: Geschichte der deutschen Sprache. Band I.)

Textsammlungen und Wörterbücher:

Schlosser, Horst-Dieter (Hrsg.) (1989): Althochdeutsche Literatur. Ausgewählte Texte mit Übertragungen. Frankfurt am Main (Fischer TB 6889)
Schützeichel, Rudolf (1969): Althochdeutsches Wörterbuch. Tübingen.

Kap. 11.2 Mittelhochdeutsch

Einführungen:

[Siehe auch die Kapitel zu Mhd. in den allgemeinen Einführungen von Stedje, Wolff, von Polenz sowie die Artikel im Handbuch Besch u.a. (s. o. unter den Hinweisen zu Kap. 11 allgemein)]

Wolf, Norbert Richard (1981): Althochdeutsch – Mittelhochdeutsch. Heidelberg. (= Moser/Wellmann/Wolf: Geschichte der deutschen Sprache. Band I.)
Seidel, Kurt Otto/Schophaus, Renate (1994): Einführung in das Mittelhochdeutsche. Wiesbaden. [Kap. 6, 8, 9]
Ehrismann, Otfried/Ramge, Hans (1976): Mittelhochdeutsch. Eine Einführung in das Studium der deutschen Sprachgeschichte. Tübingen.

Textsammlungen und Wörterbücher:

Mettke, Heinz (1987): Altdeutsche Texte. Leipzig.
Lexer, Matthias (1992): Mittelhochdeutsches Taschenwörterbuch. Stuttgart.

Kap. 11.3 Frühneuhochdeutsch

Einführungen:

[Siehe auch die Kapitel zu Fnhd. in den allgemeinen Einführungen von Stedje, Wolff, von Polenz sowie die Artikel im Handbuch Besch u.a. (s. o. unter den Hinweisen zu Kap. 11 allgemein)]
Hartweg, Frederic/Wegera, Klaus-Peter (1989): Frühneuhochdeutsch. Eine Einführung in die deutsche Sprache des Spätmittelalters und der frühen Neuzeit. Tübingen.
Philipp, Gerhard (1980): Einführung in das Frühneuhochdeutsche. Sprachgeschichte – Grammatik – Texte. Heidelberg. (UTB 822)
Penzl, Herbert (1984): Frühneuhochdeutsch. Bern/Frankfurt/ Nancy/New York.
Polenz, Peter von (1991): Deutsche Sprachgeschichte vom Spätmittelalter bis zur Gegenwart. Bd. I: Einführung, Grundbegriffe, Deutsch in der frühbürgerlichen Zeit. Berlin. (Sammlung Göschen 2237)
Besch, Werner (1980): Frühneuhochdeutsch. In: K.P.Althaus/H.Henne/H.E.Wiegand (Hrsg.): Lexikon der Germanistischen Linguistik. Tübingen, S. 588–597.

Textsammlungen und Wörterbücher:

Reichmann, Oskar/Wegera, Klaus-Peter (1988): Frühneuhochdeutsches Lesebuch. Tübingen.
Kettmann, Gerhard (1985): Frühneuhochdeutsche Texte. Leipzig.
Götze, Alfred (1967): Frühneuhochdeutsches Glossar. Berlin.
Anderson, Robert, A./Ulrich Goebel/Oskar Reichmann (Hrsg.) (1986 ff.): Frühneuhochdeutsches Wörterbuch. Bd. 1 ff., Berlin 1986 ff.

Kap. 11.4 Neuhochdeutsch

Einführungen und Handbücher:

[Siehe auch die Kapitel zum neueren Nhd. in den allgemeinen Einführungen von Stedje, Wolff, von Polenz sowie die Artikel im Handbuch Besch u.a. (s. o. unter den Hinweisen zu Kap. 11 allgemein)]
Polenz, Peter von (1994): Deutsche Sprachgeschichte vom Spätmittelalter bis zur Gegenwart. Bd. II: 17. und 18. Jahrhundert. Berlin.

Polenz, Peter von (1999): Deutsche Sprachgeschichte vom Spätmittelalter bis zur Gegenwart. Bd. III: 19. und 20. Jahrhundert. Berlin.

Wimmer, Rainer (Hrsg.) (1991): Das 19. Jahrhundert. Sprachgeschichtliche Wurzeln des heutigen Deutsch. Berlin u.a.

Gardt, Andreas/Mattheier, K.J./Reichmann, O. (Hrsg.) (1995): Sprachgeschichte des Neuhochdeutschen. Gegenstände, Methoden, Theorien. Tübingen.

Mackensen, Lutz (1971): Die deutsche Sprache in unserer Zeit. Zur Sprachgeschichte des 20. Jahrhunderts. Heidelberg.

Stickel, Gerhard (Hrsg.) (1990): Deutsche Gegenwartssprache. Tendenzen und Perspektiven. Berlin/New York (= Jahrbuch 1989 des Instituts für deutsche Sprache)

Eggers, Hans (1973): Deutsche Sprache im 20. Jahrhundert. München.

Braun, Peter (1987): Tendenzen in der deutschen Gegenwartssprache. Sprachvarietäten. Stuttgart u.a.

Drosdowski, Günther/Henne, Helmut (1980): Tendenzen der deutschen Gegenwartssprache. In: H.P. Althaus/H. Henne/H.E. Wiegand (Hrsg.): Lexikon der Germanistischen Linguistik. Tübingen, S. 619–632.

Heringer, Hans Jürgen u.a. (1994): Tendenzen der deutschen Gegenwartssprache. Tübingen.

Kap. 11.5 Tendenzen der Gegenwartssprache

Schlobinski, Peter (Hrsg.) (2006): Von *hdl* bis *cul8er*. Sprache und Kommunikation in den neuen Medien. Mannheim.

Siever, Torsten (Hrsg.) (2005): Websprache.net. Sprache und Kommunikation im Internet. Berlin.

Bittner, Johannes (2003): Digitalität, Sprache, Kommunikation. Eine Untersuchung zur Medialität von digitalen Kommunikationsformen und Textsorten und deren varietätenlinguistischer Modellierung. Berlin.

Marterer, Julia Johanna (2006): Sprache und neue Medien. Analyse des Sprachgebrauchs in den neuen Kommunikationsformen E-Mail und Chat. Diss. Univ. Gießen. Gießen.

Dürscheid, Christa/Franc Wagner/Sarah Brommer (2010): Wie Jugendliche schreiben. Schreibkompetenz und neue Medien (= Linguistik. Impulse und Tendenzen. Bd. 41). Berlin.

Dürscheid, Christa/Karina Frick (2016): Schreiben digital. Wie das Internet unsere Alltagskommunikation verändert (= Einsichten. Bd. 3). Stuttgart.

Übungsaufgaben

Aufgaben zu Kap. 3

3.1 Was ist nach Saussure der Unterschied von „langue“ und „parole“ und in welcher Beziehung stehen sie zueinander?

3.2 Was untersucht die „synchrone“ und was die „diachrone“ Sprachwissenschaft?

3.3 Was versteht man unter „syntagmatischen“ und was unter „paradigmatischen“ Beziehungen der Zeichen?

3.4 Versuchen Sie zu folgendem Satz für die einzelnen Wörter paradigmatische Reihen zu bilden: *Der Mann geht nach Hause.*

3.5 Was versteht man unter der *Arbitrarität* von sprachlichen Zeichen?

3.6 Was versteht man unter der *Konventionalität* von sprachlichen Zeichen?

3.7 In welchem Verhältnis stehen Arbitrarität und Konventionalität zueinander?

Aufgaben zu Kap. 4.1

4.1 Was ist der Unterschied zwischen *Laut* und *Phonem*?

4.2 Was versteht man unter „distinktiven Merkmalen“?

4.3 Bilden Sie zu den Wörtern aus der folgenden Liste (phonologische) Minimalpaare. Geben Sie jeweils die unterscheidenden Phoneme an: *Haus, Wille, Tag, gerne, Wäsche, Mais, Waage, Schirm, Draht, saß, Hut, Teak*

Aufgaben zu Kap. 4.2

4.4 Was ist der Unterschied zwischen einem *Morphem* und einer *Silbe*?

4.5 Was ist der Unterschied zwischen einem *Morphem* und einem *Phonem*?

4.6 Zerlegen Sie die Wörter der folgenden Liste in Morpheme. Versuchen Sie, die Funktion der einzelnen Bestandteile zu benennen und zu erklären. *Macht, suchen, willst, hustet, Niemandsland, Himbeere, jeder, mir, Bohrer, Finger*

4.7 Geben Sie an, welche der unterstrichenen Buchstabengruppen in folgenden Wörtern Morpheme sind und welche nicht.

Gebäude,	*gekommen,*	*gestern,*	*Gebet,*	*General;*
er sagt,	*er bat,*	*er lacht,*	*geliebt,*	*Gift*
Vater,	*Fahrer,*	*Bohrer,*	*Mutter,*	*Meister*

Aufgaben zu Kap. 4.3

4.8 Welche Typen von Morphemen werden unterschieden und wie werden die Unterschiede zwischen diesen Typen bestimmt (definiert)?

Aufgaben zu Kap. 5.1

5.1 Welche Wortbegriffe müssen (oder können) in der Linguistik unterschieden werden und wie werden sie voneinander abgegrenzt?

5.2 Was versteht man unter Flexion, und was unter Derivation? Worin unterscheiden sich diese beiden Arten von morphologischen Prozessen?

5.3 Welche Wortarten können im Deutschen unterschieden werden? (10-Wortarten-Lehre)

5.4 Bestimmen Sie die Wortarten der Wörter in folgenden Beispielsätzen:
Hans ist ganz schön blöd. *Hans ist schön und blöd.*
Schreib jetzt endlich schön! *Nun arbeite schön!*
Lena erzählt immer schöne Geschichten.
Die schönsten hat sie aber gestern ausgelassen.
Auf dem Ball tanzten nur die elf Schönen.

Aufgaben zu Kap. 5.2

5.5 Welche Formen der Wortbildung werden unterschieden?
Worin unterscheiden sie sich?

5.6 Was versteht man unter einem Wortbildungsmorphem?

5.7 Nennen Sie einige wichtige Wortbildungsmorpheme des Deutschen.

Aufgaben zu Kap. 5.3

5.8 Benennen Sie die drei Seiten des klassischen Zeichenmodells und erläutern Sie die Art ihrer Beziehungen untereinander.

5.9 Welche Auswirkungen haben die beim Zeichenbegriff besprochenen Grundbegriffe „*type*“ (Zeichentyp, Muster, Regel) und „*token*“ (Zeichenexemplar) auf den Begriff „*Bedeutung*“?

5.10 Was versteht man unter einem „*semantischen Merkmal*“?

5.11 Geben Sie für fünf Wörter aus folgender Liste eine merkmalsemantische Beschreibung:
Haus *Hütte* *Palast* *Gefängnis* *Universität*
Demokratie *Liebe* *Frust* *und* *oder* *doch*

5.12 Was ist der Kerngedanke der sog. „Prototypentheorie der Bedeutung“ und worin unterscheidet sie sich von der Merkmalsemantik?

Aufgaben zu Kap. 6

6.1 Was besagen die Begriffe *Referenz* und *Prädikation*?
6.2 Wie kann man *Satz* definieren?
6.3 Was ist der Unterschied zwischen *Satz* und Äußerung?
6.4 Was versteht man unter einem *Satzglied*?
6.5 Welche Satzglieder werden im Deutschen unterschieden?
6.6 Erklären Sie den Begriff *Valenz*.
6.7 Geben Sie eine Strukturbeschreibung des folgenden Satzes:
Der Junge holt das Wasser vom Brunnen.

Aufgaben zu Kap. 7

7.1 Welche Kriterien muss eine Folge sprachlicher Zeichen aufweisen, damit man sie „*Text*" nennen kann?
7.2 Was besagt der Begriff der Textkohärenz?
7.3 Welche Formen von Wiederaufnahme im Text können unterschieden werden?
7.4 Nennen Sie die wichtigsten Grundformen der thematischen Entfaltung und beschreiben Sie ihre Unterschiede.
7.5 Was besagt das „Thema-Rhema-Konzept"? Geben Sie Beispiele.

Aufgaben zu Kap. 8.1

8.1 Mit welchen Gegenständen beschäftigt sich die linguistische Pragmatik?
8.2 Erläutern Sie die wichtigsten Elemente des Organon-Modells der Kommunikation von Karl Bühler
8.3 Was versteht man unter einer Proposition?
8.4 Was versteht man unter einem Sprechakt? Nennen und erklären Sie die einzelnen Komponenten von Austins oder Searles Sprechaktmodell.
8.5 Nennen Sie die Sprechakt-Typen nach Searle oder Austin.
8.6 Nennen Sie die wichtigsten Indikatoren der Sprechakt-Rolle (Illokution).
8.7 Beschreiben Sie die einzelnen Teilakte am Beispiel:
„Der Tee ist heiß."
„Die Sonne scheint schon den ganzen Tag."
„Ich werde immer bei dir sein."
8.8 Was sind Performative Verben? Welche Beispiele gibt es? Nennen Sie auch Beispiele aus Ihrer Muttersprache

Aufgaben zu Kap. 8.3

8.7 Was versteht man unter *Deixis* bzw. *deiktischen Ausdrücken*?
8.8 Welche Typen von Deixis werden unterschieden? Nennen Sie Beispiele.

Aufgaben zu Kap. 8.4

8.9 Was versteht man unter *Präsuppositionen*? Geben Sie Beispiele.
8.10 Welche Typen von Präsuppositionen werden unterschieden?

Aufgaben zu Kap. 8.5

8.11 Was versteht Grice unter Konversationsmaximen und welche Maximen werden unterschieden?
8.12 Was versteht man unter einer *konversationellen Implikatur*? Erläutern sie ihre Funktionsweise und geben Sie ein Beispiel.
8.13 Beschreiben Sie die Äußerungen pragmatisch bezogen auf Implikaturen:
Susi: *„Es zieht!"*
Michael schließt daraufhin das Fenster.
Susi: *„Hast du ein Taschentuch"?* Michael: *„Da drüben liegt meine Jacke?"*
Diskussion: Gibt es in Ihrer Muttersprache vergleichbare Beispiele?

Aufgaben zu Kap. 9

9.1 Was versteht man unter einer *sprachlichen Varietät*? Geben Sie eine Definition und nennen Sie die wichtigsten Typen von Varietäten.
9.2 Welche Ebenen der Variation kann man unterscheiden??
9.3 In welchem Verhältnis stehen die Begriffe *Varietät* und *Standardsprache* zueinander?
9.4 Betrachten Sie das Verhältnis der drei Begriffe *Standardsprache, Umgangssprache* und *Dialekt* zueinander und versuchen Sie eine Abgrenzung.
9.5 Was versteht man unter einem *Soziolekt*? Nennen Sie Beispiele.
9.6 In welchem Verhältnis stehen die *Fachsprachen* zur sog. *„Gemeinsprache"*? Geben Sie Beispiele für Einflüsse der Fachsprachen auf die Gemeinsprache.

Aufgaben zu Kap. 10

10.1 Was ist mit dem Begriff *Textfunktion* gemeint? Versuchen Sie, eine Definition zu geben.

10.2 Welche Typen von Textfunktionen gibt es und anhand welcher Kriterien werden sie klassifiziert?
10.3 Was versteht man unter *Textsorten*? Geben Sie Beispiele.
10.4 In welchem Verhältnis steht der Begriff *Textsorte* zum Begriff *Textfunktion*? Worin unterscheidet sich die Klassifikation von Textsorten von der von Textfunktionen und worin berühren sich beide?
10.5 Nennen Sie drei verschiedene Definitionen/Auffassungen von „Stil“ und beschreiben Sie die Unterschiede zwischen diesen.
10.6 Erläutern Sie, was man unter *Stilintention* und *Stilwirkung* verstehen kann.
10.7 Beschreiben Sie mindestens fünf verschiedene Stilmerkmale (Stilmittel) an einem der Textbeispiele in Kap. 10.2. Berücksichtigen Sie dabei sowohl Stilmittel des Satzbaus als auch solche der Wortwahl.

Aufgaben zu Kap. 11

11.1 Nennen Sie die Epochen der deutschen Sprachgeschichte und geben Sie die jeweiligen Zeiträume (Grenzen) an.
11.2 Warum kann das sog. „Mittelhochdeutsche“ nicht mit der heutigen deutschen Standardsprache verglichen werden?
11.3 Wann ungefähr war der Prozess der Entstehung der heutigen deutschen Standardsprache in den wichtigsten sprachsystematischen Merkmalen (Phonologie, Morphologie, Syntax) abgeschlossen?
11.4 Durch welche weiteren Prozesse und Aspekte ist die weitere Entwicklung der modernen neuhochdeutschen Sprache vom 19. bis 21. Jahrhundert (Gegenwart) gekennzeichnet?

Ausführliches Inhaltsverzeichnis

Abbildungsverzeichnis und Nachweise: